インターネット・情報社会と法

――日独シンポジウム――

松本博之
西谷　敏 編
守矢健一

信山社

Internet und Informationsgesellschaft und Recht

Japanisch-deutsches Symposion Freiburg 2001

HERAUSGEGEBEN

VON

HIROYUKI MATSUMOTO

SATOSHI NISHITANI

KENICHI MORIYA

SHINZANSHA VERLAGSBUCHHANDLUNG

TOKYO 2002

編者　はしがき

本書は、二〇〇一年九月五日から八日までドイツ・フライブルク大学において開かれた大阪市立大学法学部とフライブルク大学法学部を中心とする日独法学シンポジウムの講演原稿に加筆した研究成果を公刊する論文集である。このシンポジウムは、一九九一年以来、両法学部のスタッフを中心に他大学に属する研究者の参加をも得て、二、三年に一度の割合でフライブルクと大阪で交互に開かれているものである。第五回のシンポジウムの統一テーマは「インターネット・情報社会における法的諸問題」であった。日独両国におけるインターネット・情報社会の現状、それぞれの分野において生じている法的諸問題、デジタルデバイドの問題など盛り沢山なテーマについて、各分野の専門家一七人による合計一九の講演があった。

今日インターネットの普及は目ざましく、人々の意見発表の機会を増大させ、民主主義社会にとって有用なツールとなり、また電子商取引・低廉な費用での株式取引の活発化、株主総会の電子投票など、現代社会において不可欠の手段となりつつある。その他、最近では電子政府の推進も図られている。他方、インターネットは既存の法制度に様々な挑戦を突きつける。すなわち、情報社会における国家と国際機関の役割、電子商取引の構造、インターネット犯罪、インターネットによる名誉毀損・商標権侵害、個人情報の保護、企業情報の保護、国際的な電子商取引によって生じる訴訟についての国際裁判管轄など、従来見られずまたは従来とは様相を異にする様々な法的問題が生じ、または今後増大すると予想される。住民基本台帳情報ネットワークの稼働を前に個人情報保護法の制定が頓挫し、改めて個人情報の扱いに関し社会の注目を集めていることも記憶に新しい。

本研究は、インターネットを初めとする情報社会の将来をバラ色に描くものでも、またそれがもたらすかもしれない弊害ないし望ましくない諸現象を過度に強調するものでもない。もちろん、単なる解説書ではない。情報社会から生ずる法的諸問題を冷静に見据え、学問的な検討を加え、問題解決の提案を行おうとする姿勢に貫かれている。とくにドイツの情報社会の進展と法的諸課題に対する各分野の最新かつ詳細な研究は、この一〇数年の間に著しい進展を遂げたドイツ情報社会と情報法の現状を的確に伝えるものであり、この問題の普遍性に鑑み日本の研究の促進にも大いに貢献するものと期待される。本書が日本の広義の情報法研究の基本文献になれば、編者として望外の喜びである。

今回のシンポジウムでは学外から、平田健治教授（大阪大学大学院・民法）の参加を得ることができた。ハンス・ペーター・マルチュケ教授（ハーゲン通信大学）には前回と同様、ディスカッションの通訳として加わっていただいたほか、大勢の方々から種々の助力を得ることができた。ディーター・ライポルド教授（フライブルク大学）は開催責任者としてシンポジウムの準備と実施に指導的な役割を果たされた。これらの方々に対し深甚なる感謝の念を表したい。

最後に、本書の出版を前四回と同様快く引き受けていただいた信山社出版と本書の制作を担当された渡辺左近さん、柴田尚到さんにも厚く感謝申し上げる次第である。

二〇〇二年八月盛夏

松本博之
西谷　敏
守矢健一

目　次

第一部　公法・経済法

情報社会における支配的企業の責任
――オープンアクセスと競争法―― 和久井理子 83

第二部　労働法

日本における電子商取引の法的諸問題

オンライン有価証券取引における銀行および証券会社の義務

第五部　国際民事手続法

インターネットにおける人格侵害
――国際裁判管轄と準拠法――……マルク・レオンハルト〔松本博之訳〕……463

〈執筆者・訳者一覧〉

松本博之	大阪市立大学大学院教授
西谷　敏	大阪市立大学大学院教授
守矢健一	大阪市立大学大学院助教授
和久井理子	大阪市立大学大学院助教授
中原茂樹	大阪市立大学大学院助教授
藤田勝利	近畿大学法学部教授・大阪市立大学名誉教授
高橋英治	大阪市立大学大学院助教授
平田健治	大阪大学大学院教授
浅田和茂	大阪市立大学大学院教授
トーマス・ヴュルテンベルガー	フライブルク大学教授
ライナー・ヴァール	フライブルク大学教授
カトリーン・ホェルティング	フライブルク大学研究助手
フリードリヒ・ショッホ	フライブルク大学教授
アンドレアス・フォスクーレ	フライブルク大学教授
ウルズラ・ケーブル	フライブルク大学教授
ペーター・シュレヒトリーム	フライブルク大学教授
ウベ・ブラウロック	フライブルク大学教授
クリストーフ・アン	フライブルク大学教授
マルクス・レネンバッハ	フライブルク大学研究助手

執筆者・訳者一覧

アルビン・エーザー　フライブルク大学教授
マルク・レオンハルト　フライブルク大学研究助手

基調講演

情報社会における法の変遷※

トーマス・ヴュルテンベルガー〔松本博之訳〕

この二〇年は、互いに促進し合い、浸透し合う二つの静かな革命[(1)]によって刻印づけられる。すなわち、インターネットという技術革命と情報社会における知識の革新である。かかる革命的変革が生活世界を変える場合、——多分革命的な——法の変遷が起こらざるを得ない。

一　インターネットと情報社会による生活世界の革命的変化

インターネットと情報社会による生活世界の革命的変化は、閉ざされたプロセスではない。その意義をめぐるいくつかの論争にもかかわらず、以下の領域において、変動の注意深い中間貸借対照表を作成することができる[(2)]。

1　空間の境界の消滅（die Entgrenzung des Raums）

国民国家の時代においては、領土の境界が同時に情報の境界でもあった。だが、情報の境界はラジオとテレビによって透過的となった。そして、インターネットと新たなリンガフランカ語（lingua franca）の頒布によって、情報境界は終局的に均された[(3)]。グローバルで遍在的な個人情報は、内国の新聞や国営通信社のこれまでの情報独占を無力にする。

インターネットという新たなディメンションは、受像管によって仲介されたグローバルな経験世界が物理的場所という経験世界に並行する点にある。伝統的なメディアとは異なり、殆どすべての情報は個別に、迅速に、何時でも、具象的に、どこででも入手できる。先祖伝来の土地の経験世界は、新しいバーチャルな経験世界による競争を知る。この新しいバーチャルな現実は、新たなメディアにより映し出されるすべての現実と同様、一種のパラレル世界である。このことは法にも当てはまる。すなわち、インターネットで、そしてデータバンクでますます提供される法情報は、法のバーチャルな世界として性質づけることができる。この点については、後に立ち帰る（二2）。

2　情報社会の新局面

情報処理と情報流布の変化は、同時に社会の文化的、経済的、法的および政治的基礎をも変える。図書の出版、一八世紀以来の新聞社による世論の形成について、および二〇世紀におけるマスメディアの領域について、このことは繰り返し記述されてきた。現代の情報社会[4]への道は、ここでは量的飛躍のみならず質的飛躍をも意味する。[5]新しい情報社会の最初の示唆を与えたのは、六〇年代の半ば、日本の生物学者で人類学者である梅沢棹夫である。彼の見解によれば、社会は農業社会から工業・サーヴィス社会を経て情報社会へと発展する。彼の「情報産業論」（Informationsindustrien）に関する研究は、早くも「情報化（Johoka）」つまり社会の情報化の政治へのきっかけであった。[6]情報社会は、したがって、まず支配的な「情報経済」[7]、したがって通信産業をもつ社会である。通信産業の意味の増大とともに、情報通信の可能性が個人、集団および国家の領域において強まる。

情報の生産、分配およびネットワーク化は新局面を経験し、持続的に個人および集団の行動を変える。会話と文化にとって、経済と広告にとって、法と政治にとって、ならびに学問にとって、インターネットは本質的な情報メディアになった。知的な絵文字認識プログラム（Bild-und Texterkennungsprogramme）の開発は、近いうちにインターネットにおける諸概念の探求に少なくとも部分的には取って代わるであろう(8)。

情報社会の質的飛躍は、情報が同時に、かつ所在と無関係にアクセス可能なことを本質とする。したがって情報社会は国境を越えるものであり、グローバルであるが、しかし情報の処理においては分散的で（dezentral）、ローカルである。情報へのアクセスにおける特権（Privilegien）、たとえば図書館または情報保持者に手を伸ばす可能性は、ますます除かれる。これとは逆に、データバンクまたはインターネットにおいて準備された情報は部分的には高価であり、現実の情報可能性の制限となる。

新しいデジタル社会（degitale Öffentlichkeit）は、たしかに一八世紀末以来の市民社会（bürgerliche Öffentlichkeit）ではない。市民社会は民主的で法治国家的な国家の基礎であったし、現在でもそうであるが、デジタル社会は、大量の間引きと、有り余るはるかに余分な情報によって、いずれにせよ現在のところ比較しうる正統化を行うものではない(9)。

情報社会は、存在する利用可能性と付き合うことができる者と、アクセスを有しないか、ないしは、これと付き合うことができないか、またはそうしようとしない者の、不平等社会（Gesellschaft der Ungleichkeit）であろう。この「リンクされているか、いないか（to be linked or not to be linked）」から、新たな分裂（Segmentierung）が生ずる。すなわち、貧困と富裕、労働をする国民と労働をしない国民間の古い分裂は、補充される。すなわち、新しい通信手段を使いこなす能力とその用意のある国民と、そうでない国民とが成立する。ここにおいて法的および社会的平等の問題が生ずる。これには後に立ち帰るであろう(10)。

情報社会への道は、でこぼこである。情報の流れは、従来は構造をもっていた（strukturiert）が、情報社会は今のところ情報のあらゆる構造的選択を欠く。殆ど見通しの利かない大量の情報から、決定にとって有用な情報を選択するという課題が生ずる。この選択は個人個人極めて区々となる。周知のように、必要な時間の消費は計り知れない(11)。

3　情報社会の促進効果

情報社会は知識の進展、したがってまた経済的、技術的または学問的な発展を促進する。印刷および印刷物の販売による時間的遅延はなくなる。まさに自然科学の領域においては、インターネット出版の結果、専門的な議論の強化および学問的論争が生じた。

この促進の裏面は、知の急激な陳腐化である。かつては一度到達した知識水準は職業的キャリアの確実な基礎であったかもしれないが、今日では職業活動に随伴する学習および情報セクターでのイノベーションとの確実な付き合いが必要である。

4　情報社会から知識社会へ

これまで記述された情報社会は、もっと大袈裟に知識社会と呼ぶこともできる。新しい情報技術は、新しい形式の知識の創造、流布、処理および利用に至る。すでに六〇年代の半ば、Daniell Bell（ダニエル・ベル）はポスト工業社会を「知識社会」と特徴づけた。[12] 知識社会では、情報への包括的なアクセス、急速に進歩する学問認識および高い学問水準が経済的、社会的進歩の牽引車となる。ここでのキーワードは、知識の技術化、知的財産の商業化および、情報と知識の流れのグローバル化である。[13]

高い知識水準は、経済的競争において社会に競争力と将来力をもたせるリソースである。[14] 情報通信技術は経済成長にポジティブな効果をもつ――ニュー・エコノミーの一時的な経済的困難にもかかわらず、そうである。知識社会への道を促進することは、超国家的（supernational）[15] および国内的（national）[16] 政治の中心的目標である。

知識社会では、国家的および社会的な知識伝達機関が特別の意義をもつ。――もちろん、このことは連邦およびラントの予算計画において嘆かわしいほど僅かしか見積もられていないのだが。[17] 大学は、新しい授業単位

(Lehr-und Lerneinheit) によって、情報社会における未曾有の量の「知識提供」との付き合いへと手引きする任務をようやく徐々に認識し始めているばかりである。[18]

知識社会のパラドックスに属するのは、不知の意識の増大が利用できる知識の増大と相関することである。[19] したがって、知識社会は社会の不知を意識し、そしてこの不安定性を法的にも処理しなければならない社会である。

二　法的変遷の領域

新しい形式のコミュニケーションと急速に進歩する情報社会によって影響されない法的領域は、もはや殆ど存在しない。個別問題（三）に入る前に、まず法獲得過程を情報処理のプロセスと解し、情報社会という新しい生活世界に組み入れられるべきである。

法は、何が法的に妥当するか、または妥当すべきかについての情報とコミュニケーションのプロセスとして（も）、法に関する共通の見解の樹立のためのコミュニケーションのプロセスとして、そして、情報処理による裁判発見のプロセスとして把握することができる。[20] 本稿は、規範論的または行為理論的分析に、法の情報理論的、コミュニケーション理論的分析を補充することと結びつくパラディグマの転換を深める場所ではない。[21] このパラディグマの転換の際、「法コミュニケーションは、周知のように規範的情報を生み出し知らせるのに仕える基礎的オペレーションとして現われる」。[22]

この端緒は伝統的な人文科学的、法学的ヘルメノイティークにとっては次のことを意味する。すなわち、法的現実を正しく評価するためには、それは新しい情報通信技術を法獲得の理論の中に取り込まなければならないことである。変遷する情報通信の構造を法に取り込まないヘルメノイティークは、現実に目を塞いだもの (realitätblind) である。

結局、この場合、法の手続的考察の新しいバリエーションが問題なのである。[23] この考察は、情報獲得、コミュニケーションおよび情報処理のプロセスの変動により、同時に法も変動するということに目を向けさせる。手続思考[24]または国家コミュニケーション[25]の強調は、これまでもすでに、法の発見および法の実行のプロセスに対する手続的なものの意味を際立たせた。法の発見と法の実行は、法のインターネット化によって新たな質を獲得し、[26] その結果、新たな問題提起も生ずる。七つのテーゼにおいて、情報社会における法的変遷の領域を追究すべきである。その際重要なのは、法的な情報とコミュニケーションの変化とともに法的思考のシステムにおける変動を記述することである。次いで、終章においては、規範的に有効な（normativ wirksam）ものとしての法における変動を略述する。[27]

1　法のインターネット化の進展

法のインターネット化の進展[28]は、法律家の仕事の仕方と法事業の現実を変える。「インターネットにおける法（law in the internet）」は「動く法（law in action）」の本質的な要素になる。

近時、ワールド・ワイド・ウェブには、法律文献とその出版社が見られる。将来はオンラインの法律専門雑誌[29]またはオンラインで利用可能な専門雑誌（たとえば www.njw.de）が、はっきりと増加するであろう。判例・法律文献データバンク、連邦およびラントの立法状況についてのデータバンク、インターネットによる分別調査（Internet-Differenzrecherche）（たとえば www.kugelit.de）の可能性をもつ CD-Rom、インターネットにおける法律討論フォーラム、[30] なかんずく特別の法律探査機（juristische Suchmaschienen）は、法律家の仕事を図書館から画面に移す。[31] アメリカの弁護士は、その労働時間の八〇パーセントをオンライン調査のために用いる。その際、レキシス＝ネキシスでは、呼出可能な書類の数は一〇億の限界を超え、一週当たり一二〇〇万の新書類が加えられている。

このことは、「法律家の注意義務」にかなりの影響をもつ。ますます迅速になる法律改正、アクチュアルに変遷する判例およびこれらを処理する文献の最新の状況をインターネットによって（もまた）確かめることは、弁護士または裁判官の負う注意義務に属するからである。以前は、コンメンタールを一瞥しないことができたが、今日インターネットを一瞥しないことは弁護士の個人責任の原因たりうるのである。[32]

裁判所の判決へのインターネットによるアクセスは、ドイツではこれまで部分的にしか保証されていない。他の最上級の連邦裁判所が、その裁判が掲載されるかどうかをデータバンクの運営者に委ねているのに対して、連邦憲法裁判所はその裁判をインターネットに載せている。[33] たしかにデータバンク・ユリス（JURIS）によって非公表の多数の裁判も呼び出すことができる。[34] しかし、インターネットをベースとするデータバンク経由での判例への包括的なアクセスは、まだ可能ではない。しかし、将来は期待できる。

この法のインターネット化に、法秩序全体への積極的な作用が期待されている。すべての法的判断（juristische Entscheidungen）が、それが処理する情報と同じくらいよいものであるということが正しければ、今や自由に使えるようになる多数の法史的、比較法的、法解釈理論的、法理論的および法実際的情報[35]は、法ドグマーティクとその隣接領域の著しい質的飛躍へと至るかもしれない。[36] その他、判例が自己の裁判活動を包括的に知ることは、法的安定性と法的平等を高めると言われる。法的討論は、万人がこれまで交換された議論への平等なアクセスを得ることにより合理性を獲得すると言われる。認識論的なパースペクティヴでは、これは、討論理論（Diskurstheorie）の側で実際の判断の合理性のための試金石と見なされる、「普遍的コミュニケーション共同体」における「理想的状況」への接近を可能にするかもしれない。

しかし、以上の楽観的な予測に代わり、他のシナリオも考えられるように思われる。すなわち、インターネット経由で呼び出しうる法的見解の洪水の結果、すべてが主張され、主張可能と見え、その結果、法的安定性の喪失が生ずるというものである。具体的に言えば、こうである。たとえば、日常的な民事裁判実務について、下級審裁判所を含むすべての先例または文献における関係するすべての意見表明へのアクセスを可能にする全文テキスト・データバンクが伝統的なパラントの注釈書に代わるならば、これまでは要旨に凝結したコンメンタール文献により減じられていた複雑さが、今や判断主体自身によって取り除かれなければならない。(37) このことは、選択的な、したがって結局は偶然的な情報処理の危険性を暗示する。したがって情報がもっと多くなると、必然的に法的安定性の増大になるとは限らず、その喪失にもなり得るのである。

これとは無関係に、JURISの現時点での不足は、批判的に論じられなければならない。すなわち、判決が全文テキストにおいて包括的に掲載されるのに対して、雑誌論文は著作権法上の理由から非常に短かい要約の形でしか提供されない。――したがって、著しい影響のポテンシャルを伴う第二次情報である。現在、JURISで調べて、JURISにないものは法律の世界にはないと信頼する者は、なお根本的に法学上の議論の状況を、(38) したがって法の現実世界と仮想世界のかなりの距離を看過している。モノグラフィーは、JURISでは包括的には検証(nachweisen)されず、このことが利用者に直ちに認識できるのではないから、法の司法指向的発展(eine justizorientierte Fortentwicklung des Rechts)の危険は除去できない。

2 法曹養成による法の変遷(39)

昔から法曹養成の変遷が、法の変遷に寄与している。情報社会における法曹養成は、もはや古い書物本位の法曹養成に限られないであろう。

現代の講義の草稿は、インターネット経由で呼び出すことができる。インターネットは、立法資料への、法条への、裁判所の判例・コンメンタールにおける関係文節への、雑誌への、およびメタ法律的テキストへのリンクを統合する。かかるインターネットに基礎を置く理論は、ドイツでは現在構築されつつあるが、(40) はっきりした批判にも遭遇している。(41) マルチメディアに基礎を置く法曹養成の成功のチャンスが批判的に判断される場合にも、いずれにせよ一つのことが必要である。それは、授業において、授業の際に若い法律家は法学研究におけるインターネットとの交わりを学ばなければならないことである。

アメリカ合衆国では、法学部はすでに情報社会における法学の変遷にさまざまに考慮を払っている。法律家のための実際的な知識システムの構築におけるパイオニアの一人であるMark Lauritzen（マルク・ラウリッツェン）は、敢えて次の予言を行っている。「若干の法学部は電子的ブロードバンド・ネットワーク（ein elektronisches Breitbandnetzwerk）によって複数の国際的なキャンパスと結び付けられ、真にグローバルにもなるであろう。法学の授業は、当然サイバースペースにおいて、電子的道具を用いて行われる。われわれは、仮想のキャンパスと講義室をもち、ゼミナールの参加は遠隔出席による」[42]。

しかし、教育内容も変わる。すなわち、インターネットが格段に利用される通信手段になったならば、それは法学教育の対象にならなければならない。それは、インターネット法の社会的、経済的に重要な領域のみに当てはまるのではない。グローバルな情報秩序の新たな構成部分としての法律情報システムのデザインも、将来、法学教育と法律実務に重大な関与をするであろう。

知識社会に適当な法曹養成は、現実主義的に見れば、自然科学におけると同様、活字メディアを用いてでなく、むしろインターネットその他の情報通信システムを用いて仕事をする法曹世代を養成するであろう。このことは、大陸的法思考にとってひょっとすると壊滅的な効果をもつかもしれない。すなわち、法実務と法学研究は法素材の体系的浸透を指向するのではなく、データバンクから呼び出しうる事案＝問題解決を一気に探す。たとえば、目端のきく学生は、自分で宿題の解答を始める前に、宿題の解決をまずHausarbeit. de経由で探す。このように見れば、インターネット化は、法曹教育を通して、この展開に抗して関連的思考（das Denken in Zusammenhängen）や一般的な法原則をもってする議論が従来以上に明瞭に仲介されなければ、閾下でケイス・ロー思考になり、または自分の問題解決能力の喪失にも至る[43]。

3 法学図書館の価値の低下

これまで図書館は、法曹の決定的な道具である。伝統的な図書整理システムは、同時に法律知識全体の体系的整理でもある。法律家が読んだもの、法律図書館において法律家がアクセスできたものが、彼の法感情と彼の法的判断を決定的な方法で刻印する。[44]

この法律図書館の秩序力、刻印力は、法のインターネット化[45]によって失われる。インターネットは多数の公表された裁判・非公表の裁判と、あらゆる出所（Provenienz）の多数の法的態度決定と、要するに下位の、その重要性において明らかでない多数の情報に直面する。このことは二つの帰結をもつであろう。

第一に、法曹には、知的なコミュニケーション・システムの開発によって体系的でかつ秩序付けられた方法でインターネットから多様な情報を摑み得るという課題が生ずる。他方、少なくともヨーロッパ大陸の領域では、法秩序の体系性と法適用の方法論に捧げられた、法律図書館における作品は依然不可欠である。したがって自己の蔵書における、そして自己の蔵書または公的図書館を用いてするコミュニケーションは、さまざまにネットされた通信および検索によって補充されるであろう。いかなる範囲で法学のスタンダード作品へのオンライン利用が可能となるか、そしてオンライン図書館が競争的に物理的な図書館の力になるかは、後にならないと分からない。[46]

4 法学研究と法学上の認識の促進

法のインターネット化は、法における認識の進歩の促進をもたらす。以前には立法理由書や、法律改正の背景であった、旧法律の前地（Vorfeld）における政治的論議にアクセスするには非常に時間を要したが、インターネットでは詳細な調査の場合でさえせいぜい数秒の問題である。人生の一部を法概念の系譜学（Genealogie）に捧げた法史家は、(現在ではまだであるが、しかし)将来は、オンラインでかつ探索概念を使って、殆どすべての印刷された法史上の法源に遡って論じることができる——したがって、新局面における法源研究である。完成のためにほぼ四分の一世紀を要したBrunner/Conze/Koselleckの事典「歴史的基礎概念(Geschichtliche Grundbegriffe)」は、歴史的資料を電算機によって利用するのが可能であったとすれば、調査のかなり短い期間に、そして多分なお信頼できる形で(しかし多分、錯綜した形で)実現していたであろう。(47)

情報社会に固有な促進効果は、法の領域においても新たな問題提起の処理における促進となる。出版当時はその分野の状態を信頼できる形で映し出していたたいていの教科書やハンドブックは、遅くとも一〇年後には古紙である。

5　法の制御能力(Steuerungsfähigkeit)の増大

情報社会は法の認識可能性と透明さを向上させ、したがって法の制御能力を向上させる。(48) しばしば記述される規制の洪水(Regelungsflut)に対して、国家と私人はたいてい法的基準値(Vorgabe)の選択的感知(Wahrnehmung)で対応した。中規模の企業がたとえば自己に関するヨーロッパ共同体の法を知る際の困難は、繰り返し書かれてきた。データバンク、または、インターネットをベースとする情報システムは関係法規範とその実施指令へのはるかに効率的なアクセスを期待させる。(49) 官報を一瞥することにより現行法のすべては確かめることができるというすばらしい擬制は、インターネットにより、そしてデータバンクにより現実になる。(50)

加えて、インターネットでは、法は素人のために、そして各々の職業グループのために選別されることができる。古い「法の手引き(Ratsgeber Recht)」は、新しい情報社会では市民ならびに商工業者に、少なくとも単純な法律問題については包括的に情報を提供することができる。そこから社会的な流れ(Anlaufe)への法のより強い統合が期待できる。法知識(可能性)の普及は、新たな(制御の)局面を獲得する。

増加する法的複雑性は、インターネット検索とデータバンクの利用により、(発見できないか、発見が困難な)単なる書面的な記録の利用だけの場合よりも克服され易いということによっても、社会の法的制御の増大が期待できる。[51] このように見れば、法のインターネット化により法的な過度規制(Hyperregulierung)の新たな局面が生ずる。

以上すべては、長い目で見れば、法に関するコミュニケーションをはっきりと変えるであろう。すなわち、以前は調停的および法助言的な活動が法による社会制御の前面に出ていたが、将来は法に関する(知的な)情報が新局面を獲得する。[52] 将来は、グローバルな情報インフラ・ストラクチュアのシステムの中でのそれに相応しい位置を法情報に与えることが、法曹の課題に属する。長期目標は、あらゆる私的な、経済的な、文化的なまたは社会的な形成における包括的な法情報――法的情報秩序の全社会的情報システムへの統合であろう。

すでに述べた「インターネットにおける法」ないしは「生ける法」にとっての帰結は、こうである。データ・ハイウェーにおいてアクセス可能な法情報は、法律や裁判所の裁判のような第一次的法テキストができるよりも早く、かつ、より直接的に、私的な行動および社会的な行動を制御することができるということである。[53] 将来的には、何が法的に妥当するかという点についての情報の、インターネットおよびデータバンクによる選別の国家による管理または証明(Zertifizierung)の問題が生ずる。法治国家においては、法情報の信頼性は、その保証責任を引き受けるべき国家の任務に属する。

6　行政の仕事の変化

インターネットと情報社会は、基本的に行政の仕事を変える。[54] すなわち、電子的書類作成、行政のオンライン所在、官庁のイントラネット、オンライン・アクセスについての官庁の情報提供は、ここでは若干のキー項目に過ぎない。行政の公開性(Verwaltungsöffentlichkeit)はもっと詳細な議論を必要とする。[55] 市民に身近な行政とは、将来的には、インターネットにおいて所在し行動する行政である。公と私のパートナーシップの新たなモデルはインターネットに基礎を置く情報交換によって最適化される。手続法的な公衆関与（Öffentlichkeits-beteiligung）は、インターネットにおける書類と計画草案［の公開］によって簡易化されうる。官庁の事案解明義務（die behördliche Sachaufklärungspflicht）（行政手続法二四条）は、インターネットの包括的利用を義務づけている。職務支援（Amtshilfe）の法（行政手続法五条）は、情報援助の領域については、(56) オンライン・アクセスが容易になるように形成されるべきである。(57)

このことが意味するのは、透明性と公開性、情報調達と情報処理、コミュニケーションと相互作用が行政の仕事のための新たな枠組みを設定することである。(58) たとえ国家の内部領域において包括的な情報化はまだ端緒についたばかりであり、同じことは国家と市民との間にも当てはまるにしても、発展のポテンシャルは紛れもない。(59) 一つのことは今日すでに見通しうる。すなわち、情報社会と知識社会は、公開性の流動化に本質的に寄与する方向知識（Orientierungswissen）を打ち建てるということである。社会（Öffentlichkeit）ないし利害関係者と行政との間の討論は、万人に供される（殆ど）同じ情報＝知識源に依拠する。(60)

しかし、このように非常に楽観的な将来ビジョンにあっては、現在最大で国民の三〇パーセント［しか］インターネット・アクセスを有しないことが考慮されなければならない。著しい成長率にもかかわらず、インターネットは依然誰でも同様に使えるわけではない通信手段である。このことは、市民に身近な行政の伝統的な仕組みを将来も放棄することができないことを意味する。ひょっとすると、新しい情報エリートの政治的な関与＝成功機会が、インターネットに基礎を置くのでない利益定式の顧慮の強化によって調整されなければならない。(61)

7　直接および間接デモクラシーの領域での無変遷

情報社会における法の変遷についての熟慮は、いかなる領域において法は変遷しないかという反対問題

(Gegenfrage) を挑発する。新しい電子メディアにより新たな形式の政治参加 (politische Beteiligung und Partizipation) が生じ、デジタル・デモクラシーまたはeデモクラシーへの移行は時間の問題に過ぎないとの指摘が繰り返し見られる。この方向の最初の一歩はすでにある。すなわち、アメリカ合衆国で「予備選挙」がオンラインで行われた。オスナーブリュック大学の学生会議のオンライン選挙も行われた[62]。たしかに、将来的には、選挙をオンラインで実施し、他の可能性として郵送投票や投票所における各自の投票の可能性が提供されるかもしれない。アメリカの経験によれば、それと投票率の上昇が結びつくかもしれない。

デジタル・デモクラシーへの道は、だが、それではない。なるほど、政治的決定が望ましいかとか、政治家または大臣が多数派形成能力を有するかとかについての世論調査アンケートはオンラインで行われ得るであろう。それは、選挙で戦わされた論争後の統治者 (Souverän) の表明とは関係がない。統治者が選挙と投票によってその権力を行使する場合、これは民主国家においては集中的な政治的討論の後に行われる[63]。

この原則的な国家論上の疑念を別としても、インターネットは現在も、ほぼ将来も、政治参加のために利用されない。ヨーロッパ人権章典の作成に随伴した非常に僅かなインターネット論議は、このことに関係する[64]。直接参加民主主義にとって、インターネットはそれだけ一層重要となり得る[65]。とくに地方レベルでは、市民にインターネットを通じて、これまで以上にローカルな議事日程を知らせ、計画および許可の手続をきっかけに彼らと直接接触する可能性が存在する。参加に関心を有する市民と社会的グループは包括的な情報提供によって行政の決定準備と決定の発見に組み入れられることができる。

三　情報社会における法の内容的変遷について

これまでは法律家の仕事と法学方法論の変遷が考慮の前面に出ていたが、別の問題として、情報社会では法の内容の変遷も生ずるかという問題が生ずる。

この問題は完全に肯定できる。殆どすべての領域で、情報社会は法に新しい問題を持ち込む。キー事項として、電子商取引、新データバンク法による知的財産権の保護、公的安全の保護、とりわけ青少年保護[66]、消費者保護またはインターネットによって生み出された法律問題の克服だけを挙げれば足りる[67]。このように見れば、情報社会では法発展と分離独立（Ausdifferenzierung）の新たな領域が生ずる。

情報秩序の法的規律は遠い目標であろう。新たに作られるべき情報法典は分野を跨る公法上、私法上、刑法上の諸規定を集めることになろう。これは、データ保護を超え、コミュニケーションの自由（kommunikative Freiheit）という指導理念のもとでデータコミュニケーション＝情報法（Datenkommunikations- und Informationsrecht）を定立しなければならないであろう。データの安全、人格保護、秘密保護、データアクセス権、情報提供義務等がデータ流通＝情報秩序の要素として規律されることになろう[68]。

そのような情報秩序の法化は、冒頭に書いた国家の形成権力の実際上の限界に服する。情報社会では、情報＝コミュニケーション秩序の非国家化が生ずる。国境を超えた、そしてグローバルな社会として、それは必然的に超国家的ないしは国際的情報法秩序ということになる。新たに発生するグローバルな経済マーケットは、新たなグローバルな法規制を要求する[69]。

内国の情報法秩序は、超国家的または国際的水準に適合することを余儀なくされる。情報と知識の創造および分配に関する内国の障害は、不可避的に競合する社会との競争上、不利益になる。たとえば、遺伝子工学上の研究の限界に関する現在行われている論争は、ドイツにおいても、いかなる倫理的要求が他国において法上保証されるかという点に注意しなければならないであろう。このことは再び基本法上の人間の尊厳保障の解釈への遡及効をもち得る。

情報秩序の憲法化は、将来の課題である。それは、その正統な規制領域がこれから画されなければならない四つのレベルで行われる。［第一に］基本法の情報憲法（Informationsverfassung）[70]は、基本法上の情報保護と情報自由という発展途上の領域を超えて、国家行為の公開性と受容保証の新たな可能性をもつ民主的法治国家の情報秩序へと手を伸ばす。［第二に］基本法の情報憲法は、ヨーロッパ連合の情報秩序によって断片化される[71]。超国家的法はすでに現在内国情報法を支配している[72]。第三のレベルでは、「情報の自由な流れ（free flow of information）」が、国際法上の原則として更なる具体化を経験するであろう。なかんずく第四のレベルにおいて、ネット運営者と情報産業は自己規制的に[73]、そして基準形成的に活動するであろう[74]。

インターネットの法的浸透は、将来の課題である。すなわち、概要を述べた尺度を背景にして、インターネットは法から解放された領域であってはならず、またそうではないであろう。「仮想空間への逃避[75]」は、社会が民主的な立法の現実のプロセスにおいてまたは新たな規範形成手続自体に基づき課する規範の拘束を免れしめるものではない。

段階的な情報秩序が法的にどのように見えるかは、予言することができない。あらゆる促進効果にもかかわらず、Hegel の言葉のままである。すなわち、ミネルバの梟は夜間になって飛行を始めるのだ。かくて、情報秩序の包括的な法律上の規制もやっぱり、まだわれわれの時代の立法使命には属さないであろう。

※　原稿の議論につき、私は Prof. Dr. Dirk Heckmann, Dr. Ralf Schenke の両氏および Ursula Seelhorst に心から感謝する。

（1）　So *Helmut F. Spinner*, Die Wissensordnung, 1994, S. 51, 60.

（2）　以下については、*Bernd Guggenberger*, Das digitale Nirwana, 1997 ; *Klaus W. Grewlich*, Konstitutionalisierung des "Cyberspace", 2001, S. 15 ff.; *Rupert Stettner*, Information als Verfassungsgut, in : FS für Knöpfle, 1996, S. 351（「第二の産業革命」としての情報社会への道）; *Wolfgang Hoffmann-Riem / Eberhard Schmidt-*

Aßmann (*Hrsg.*), Verwaltungsrecht in der Informationsgesellschaft, 2000; *Richard Susskind*, The Future of Law. Facing the Challenges of Information Technology, 1996.

(3) 確かに、インターネットの世界地図にはまだ白いところ――インターネット密度の低い国やインターネット・カフェがない国――がある。しかし、これも漸次変わるであろう。社会のインターネット化は独裁国家においてですら政治的目標と宣言されている。なぜなら、そこでも、インターネット化がなければ経済的発展や社会発展のダイナミズム化をもち得ないと認識されているからである。「中華人民共和国におけるインターネット、電子商取引およびデジタル・ディバイド」の批判的棚卸を提供するのは、*Karsten Giese*, CHINA Aktuell 2001, S. 33 ff. である。

(4) 情報社会の概念について、*Wolfgang Hoffmann-Riem/Eberhard Schmidt-Aßmann* (*Hrsg.*), Verwaltungsrecht in der Informationsgesellschaft, 2000, S. 9, 10; *Andreas Voßkuhle*, Der Wandel von Verwaltungsrecht und Verwaltungsprozeßrecht in der Informationsgesellschaft, ebd, S. 349 ff.; *Peter Glotz*, Auf dem Weg in die Informationsgesellschaft, Jahrbuch Telekommunikation und Gesellschaft, 2000, S. 16 ff.

(5) 八〇年代に始まる情報社会への道については、*Klaus R. Allerbeck*, Zur Sozialstruktur der Informationsgesellschaft, in: Wolfgang Glatzer (Hrsg.), Ansichten der Gesellschaft, 1999, S. 165 ff.

(6) *Nu. Tauss/Kallbeck/Mönikes*, Wege in die Informationsgesellschaft, in: dies. (Hrsg.) Deutschlands Weg in die Informationsgesellschaft, 1996, S. 14, 20.

(7) *Thomas Vesting*, Zum Wandel normativer Leitdifferenzen in der "Informationsgesellschaft" in: Imhof/Jarren/Blum (Hrsg.), Steuerungs- und Regelungsprobleme in der Informationsgesellschaft, 1999, S. 267 ff. mit Kritik am Informationsbegriff.

(8) (知識〔knowledge〕、〔知Wissen〕およびロボット〔robot〕、作業〔Arbeiten〕からなる) ノボット (Knowbots) は人の知能の働きをシュミレーションするソフトウエア・プログラムである (たとえば、すでに裁判された比較できるケイスを識別する会話認識プログラム)。法実務のためのこの種のプログラムは、法律家の仕事のどの部分がソフトウエアによって代替できるかという問題を追っている（この種の intelligent agents のプロフィールについては，*Susskind,*（N. 2），S. 110 ff.参照）。

(9) Vgl. *Gerard Raulet,* Neue Medien - Neue Öffentlichkeit?, in : Hoffmann-Riem/Vesting（Hrsg.），Perspektiven der Informationsgesellschaft, 1995, S. 31 ff.

(10) 後述二**6**末尾および注(58)を伴う二**7**。情報の非対称については，*Spinner*（N. 1），S. 68 n.Nw.

(11) 提起される問題は，どこに知識（についての情報）があるか，そして情報を知的ならしめるか，したがって情報を選び出し，問題の解決に当てるかを知ることである。知のナヴィゲーターとしてサイバースペースにおける秩序を創り出すことができる者がいるだけである（*Norbert Bolz,* Ordnung im Cyberspace?, in : Manfred Jochum（Hrsg.），Recht, Moral und Datenhighway, 1998, S. 5, 13）。

(12) *Daniel Bell,* Die nach-industrielle Gesellschaft, 1979, S. 214 ff.; vgl. *Martin Heidenreich,* Die Debatte um die Wissenschaft, http://uni-bamberg. de/sowi/europastudien/erlangen. htm

(13) この点につき詳しくは，*Spinner*（N.1），S. 114 ; *Nico Stehr,* Wissen und Wirtschaften, 2001, S. 117 ff.; *Jeannette Hofmann,* Digitale Unterwanderungen : Der Wandel im Innern des Wissens, Aus Politik und Zeitgeschichte B 36/2001, 3 ff.: *Nico Stehr,* Moderne Wissensgesellschaft, ebd., S.7 ff. m. Nw.

(14) OECD, The knowledge-based Economy, 1996, S.7.

(15) Weißbuch der Kommission der Europäischen Gemeinschaften : Wachstum, Wettbewerbsfähigkeit, Beschäftigung, Bulettin der Europäischen Gemeinschaften 6/93, S. 103 ; Bericht der Kommission an den Rat und das Europäische Parlament vom 27. 02.2000 ; Gedanken zur Bildung von morgen—Förderung der Innovation durch den Einsatz neuer Technologien, KOM（2000），23 endg ; vgl. insb. Die politische Initiative der Kommissien eEurope, dazu : Mitteilung der Kommission an den Rat und das Europäische Parlament vom 29.11,2000 : eEurope 2002-Aktueller Stand, KOM（2000），783 endg., sowie zuletzt Mitteilung der Kommission vom 25.9. 2001 : eEurope 2002—Zugang zu öffentlichen Webseiten und deren Inhalten, KOM（2001），529 endg.

(16) BMWi, Deutschlands Wege in die Informationsgesellschaft, 1996.

(17) 経済・社会システムの国際競争力の前提としての、将来の要求に対応する教育および再教育による人的資本（Humankapital）というリソースの最適化について、*Thomas Würtenberger*, Zehn Thesen zur Reform von Ausbildung und Forschung, Ritsumeikan Law Review, März 1999, S. 79, 84.

(18) ドルトムント社会研究所の「高等教育における電子的学術情報の利用」についての研究によれば、情報能力の増進は二〇の学部の一つにおいて、習得すべき研究能力の構成部分として試験法に定着しているに過ぎず、質問を受けたすべての大学教師の三分の一が学生の情報能力を自己の授業の枠内で増進しているに過ぎない。この研究はプロジェクトのホームページ www.stefi.de. によりインターネットで呼び出すことができる。Forschung und Lehre, 2001, S. 399.

(19) *Martin Heidenreich*, Die Organisationen der Wissensgesellschaft, in: Christoph Hubig（Hrsg.）, Unterwegs zur Wissensgesellschaft, 2000, S. 107, 108 m. Nw.

(20) この端緒については、*Susskind*（N. 2）, S. 71 ff.: “Law as information”; *Werner Krawietz*, Recht als Information und Kommunikation in der modernen Informationsgesellschaft - Normen- und Handlungstheorien im Übergang, in: FS für Blankenburg, 1998, S. 175 f.（S. 176 :「規範的および社会的コミュニケーションとしての法」; S. 181:「規範的コミュニケーション」の概念の発展）。

(21) *Spinner*（N. 1, S. 59）は、これを、「社会的事実（soziale Tatbestände）は今や全く異なる風に、はるかに良く、情報プロセスとして把握されることができ、その際、決定的な説明上重要なアスペクトは情報の創出、処理、分配、活用、利用である」ことに見る。

(22) *Krawietz*（N. 20）, S. 179.,

(23) 行政手続における、および行政手続による法の具体化につき、*Thomas Würtenberger*, Rechtliche Optimierungsgebote oder Rahmensetzungen für das Verwaltungshandeln? VVDStRL 58（1999）, S. 139, 166 ff. m.Nw.

(24) 「手続法理論の体系性」について、*Erberhard Schmidt-Aßmann*, Das allgemeine Verwaltungsrecht als Ord-

nungsidee, 1998, S. 299 ff.; *ders.*, Verwaltungsrecht in der Informationsgesellschaft : Perspektiven der Systembildung, in : Hoffmann-Riem/Schmidt-Aßmann (N. 2), S. 405, 418（市民—国家間のコミュニケーションの枠組みおよび外形としての行政手続)。

(25) Vgl. *Hermann Hill*, Staatskommunikation, JZ 1993, S. 330.

(26) この点につき、*Ehtan Katsch*, The Electronic Media and the Transformation of Law, 1989.

(27) この差別化について、*Krawietz* (N. 20), S. 177.

(28) ドイツにおける発展について、*Hellmut Morasch*, Blankenburg im Internet : Virtuelle Visionen zur Zukunft der Rechtssoziologie, in : FS für Ehrhard Blankenburg, 1998, S. 1, 3 ff.; 以下につき、vgl. *Detlef Kröger*, Rechtsdatenbanken, 2001.

(29) たとえば、JurPC - Internet-Zeitschrift für Rechtsinformatik (ww.jurpc.de).

(30) 法曹のためのみならず、とくに法律の素人のためにも、そうである。インターネットはその限りで、たとえば「ドイツ法フォーラム (Forum Deutsches Recht)」(www.recht.de) における寄稿から引き出される新しい討論＝論争文化を支える。

(31) アメリカの弁護士事務所における自明の情報手段としてのインターネット検索について、*Christian Duve*, Nutzung des Internets in US-amerikanischen Anwaltskanzleien, in : K & R 1998, S. 388 ff.

(32) *Fridolin M. R. Walther*, Die Digitalisierung des Rechts, Recht 2000, 1 m.Nw.

(33) 「公表価値のある判例」への限定につき、BVerwGE 104, 105, 108 ff.

(34) JURIS について、vgl. *Jochen Schneider*, EDV und Recht— Rechtsinformatik, in : Kaufmann/Hassemer (Hrsg.), Einführung in die Rechtsphilosophie und Rechtstheorie der Gegenwart, 6. Aufl., 1994, S. 504, 520 ff. m.Nw.

(35) Vgl. *Thomas Würtenberger*, Staatsrechtliche Probleme politischer Planung, 1979, S. 72.

(36) 別の問題は、データ処理に基づく法律問題の解決の新たな端緒が存するか、または将来存在するであろうかということである。七〇年代以降、現代の情報技術は注文の多い法律問題の解決において有用たり得るかどうかが論争されている（*Fritjof Haft*, Juristen und die Informationsgesellschaft, in : FS für Helmut Schüppel, 1996, S. 35, 61 f.）。それは、これまでは疑問とされた。というのは、新しい問題提起の解決は、良き司法によって、解決の諸観点の革新的な取り上げ（ein innovatives Aufgreifen von Lösungsgesichtspunkte）によって、そしてウエイト付けならびに基準形成によって特徴づけられる考量のプロセスを前提とするからである。かかる考量のプロセスは、最も知的な電子計算機プログラムも及ばない。それにもかかわらず、「相当な時機」のような「類型概念（Typus-begriffe）」または考量のやり方（Abwägungsmodi）を、相当性の調査（Verhältnismäßigkeitsprüfung）の枠内で従来の事例経験に立ち返ることにより、比較しうる事例の、比較しうる方法での解決を保証するように処理することは可能であるように思われる。同時に、新しい判例は、自己学習的システムにおいてその側でシステム準則に影響を及ぼすような形でシステムの中にインプットされることができる（Haft, S. 62）。この可能性は、Fritjof Haft によって Tübinger LEX-Projekt の枠内で研究された。しかし Haft が考えるように実際に「解釈学的神託の時代が終わり、より偉大な知識の時代によって取って代わられる」であろうかどうか、まだ確かでない。なにしろ、Haft の提案するコンピュータに依拠したダイナミックなシステムは、伝来の判例とドグマーティクの現状を反映することだけはできるが、みずからは革新的には作用することができないのであるから。

(37) ハイパーテキストの形成の将来ビジョンについて、*Susskind* (N. 2), S. 114 ff.

(38) 著しく大量の判例と雑誌論文に対立するのは、法学モノグラフィーの引証における著しい欠缺である。この情報の隙間は、判例、弁護士の書面におけるこの文献種類（Literaturgattung）の考慮に影響を及ぼさざるを得ない。

(39) 社会改革の基礎としての教育改革について、*Thomas Würtenberger*, Staatsrechtliche Probleme politischer Planung, 1979, S. 72.

(40) Dirk Heckmann（ディルク・ヘックマン）はパッサウ大学の法学部で、現実の講師が仮想の講師の援助による積極的な予習の、復習のおよび情報提供のストラクチュアによって補充されるパイオニア・プロジェクトを展開している。オンライン原稿は種々の利用要求に調整され、オンライン・フォーラムは質問と議論を可能にし、オンライン試験モジュールは学習効果の相互コントロールに資する（LIMBO : Lehre in Massenfächern - online betreut, in : Universität Passau, Nachrichten und Berichte, Nr. 104, April 2001, S. 19 ff.）。

（41） *Filippo Ranieri,* Der Computer, mein Repetitor, JZ 2001, 856 はマルチメディアに基礎を置く教育提供が独自の法学的思考に導かず、決して講師に取って代わることができないと警告する。

（42） *Mark Lauritzen,* Ein Jurist für die Zukunft—Rechtsanwendung auf dem Weg nach vorn, in : Mayer-Schönberger/Schneider-Manns-Au（Hrsg.）, Der Jurist am Info-Highway, 1997, S. 205, 209. ——ドイツでは、そうこうするうちに、この方向での第一歩が踏み出された。パッサウ大学の Dirk Heckmann はゼミナールをインターネットで提供し、その成績証明は司法試験局（Justizprüfungsamt）によって承認されている。

（43） So *Walther,* Recht 2000, 10.

（44） *Thomas Würtenberger,* Die Geschichte juristischer Bibliotheken als Teil einer Rechts- und Wissenschaftsgeschichte, in : FS für Martin Kriele, 1997, S. 1103 ff.

（45） ここではフォローできないが、印刷された法文書と電子的法文書の利点と欠点については、*Walther,* Recht 2000, 3 ff.

（46） この点と、全世界を包括する唯一の仮想図書館の将来ビジョンについては、*Walther,* Recht, 2000, 8.

（47） 比較可能な方法で、外国法秩序へのインターネット・アクセスは比較法における殆ど楽園的な状態になる（*Walter,* Recht 2000, 11 m.Nw.）。

（48） この関係について、*Reinhold Zippelius,* Das Wissen des Rechts, 5. Aufl. 1997, S. 106.

（49） Vgl. *Felix Gantner,* Info-Highway Europe : Der Zugang zum EU-Recht, in : Mayer-Schönberger/Schneider-Manns-An（Hrsg.）, Der Jurist am Info-Highway, 1997, S. 92 ff.

（50） *Suskind*（N. 2）, S. 99 ; データバンクにおける法律へのアクセスについて、*Kröger*（N. 28）, S. 58 ff., 152 ff., 216 ff.

（51） *Susskind*（N.2）, S. 95 zur “increasing lawyered society”; S. 101 zur“ society integrated--- with the law” und zum damit verbundenen “fundamental shift in legal paradigm”.

(52) この点と「法の将来」についての更なるビジョンについて、*Suskind* (N. 2), S. 269 ff.

(53) So *Suskind* (N. 2), S. 277.

(54) 以下につき、*Andreas Voßkuhle,* Die Verwaltung in der Informationsgesellschaft - informationelles Verwaltungsorganisationsrecht, in: diesem Band (本書一三七頁以下); *Hoffmann-Riem* (N. 4), S. 21 ff.; *Klaus Lenk,* Außerrechtliche Grundlagen für das Verwaltungsrecht in der Informationsgesellschaft, in: Hoffmann-Riem/Schmidt-Aßmann (N. 4), S. 59 ff.; *Alexander Roßnagel,* Möglichkeit für Transparenz und Öffentlichkeit im Verwaltungshandeln - unter besonderer Berücksichtigung des Internet als Instrument der Staatskommunikation, ebd., S. 257 ff.

(55) *Hierzu Voßkuhle* (N. 4), S. 384 ff.; *Rolf Wägenbaur,* Die Zukunft Europas im Internet, ZRP 2001, 389 ff. (ヨーロッパの発展という将来問題のドイツのインターネット発表に対する明瞭な批判を伴う)。

(56) *Hoffmann-Riem* (N. 4), S. 34 f.- それを超えて、広範な情報提出義務、データ伝達義務が、「通信における監督措置の技術的および組織的実施に関する規則」(通信監督規則—TKÜV) により私的なネット=通信事業者に課される。

(57) *Hoffmann-Riem* (N. 4), S. 34 f.; 従来の裁判指向的な行政手続法の、情報およびコミュニケーション指向の行政手続法による補充については、*Schmidt-Aßmann,* Verwaltungsrecht (N. 2), S. 418 ff.; *Voßkuhle* (N. 4), S. 355.

(58) これと結びつく改善された基本権保障について、*Roßnagel* (N. 54), S. 265 ff.

(59) *Firedrich Schoch,* Öffentlich-rechtliche Rahmenbedingungen einer Informationsordnung, VVDStRL 57 (1998), S. 158, 161 ff.

(60) 決定の受容に対する包括的な情報交換の意味については、*Voßkuhle* (N. 4), S. 366; *Heinrich Reichermann,* Das Internet und die öffentliche Verwaltung, DÖV 1999, S. 20, 22 f.

(61) Vgl. *Schmidt-Aßmann*, Verwaltungsrecht (N. 2), S. 422.

(62) *Herbert Kubicek/Martin Hagen*, Gesellschaftliche Voraussetzungen für die informationstechnische Unterstützung politischer Beteiligung, in: Christoph Kubik (Hrsg.), Unterwegs zur Wissensgesellschaft, 2000, S. 181, 188; *Jörg Tauss*, E-Vote: Die elektronische Briefwechsel als ein Beitrag zur Verbesserung der Partizipationsmöglichkeiten, Jahrbuch Telekommunikation und Gesellschaft, 1999, S. 285 ff.

(63) *Hans Peter Bull*, Demokratie braucht Zeit, Jahrbuch Telekommunikation und Gesellschaft, 1999, S. 293 ff. ――もっとも、代表民主制に直接民主制の要素を補充する未来シナリオは考えられよう。すなわち、ある政治的な原則問題の集中的討論に続いて（個人投票〔persönliche Stimmabgabe〕の補充的な可能性を伴う）インターネット投票（internet-Referendum）が行われ得るであろう。直接投票民主制（Referendumdemokratie）が望ましいかどうかという基本的な問題を別にすれば、オンラインアクセスを有する情報エリートは、投票所に行くことまたは郵送投票を強いられている者よりもよりよい参加機会をもつかという、事実上の選挙権の平等問題が生ずるであろう。

(64) *Roßnagel* (N. 54), S. 267 ff. ――これに対して、あたかも「仮想の邪道（virtueller Irrweg）」と思われるのは、特定の人、企業または官庁の取引態度または政治的態度に反対して示威行動をするために、たとえばサーバーが機能麻痺を起こすオンライン・デモのために集会の自由を宣言することである。Vgl. www.online-demonstration.org.

(65) *Hermann Hill*, Bürgermitwirkung unter neuen Perspektiven in multimedialen Zeitalter, in: Jahrbuch Telekommunikation und Gesellschaft, 1999, S. 234, ff. m.Nw.

(66) *Arved Greiner*, Die Verhinderung verbotener Internetinhalte im Wege polizeilicher Gefahrenabwehr, 2001, S. 44 ff.; *Michael Germann*, Gefahrenabwehr und Strafverfolgung im Internet, 2000; Marco Gercke, Rechtswidrige Inhalte im Internet, 2000.

(67) Überblick bei *Thomas Hoeren*, Internet und Recht - Neue Paradigmen des Informationsrechts, NJW 1998,

S. 2849 ff.; *Haratsch/Kugelmann/Repkewitz* (*Hrsg.*), Herausforderungen an das Recht der Informationsgesellschaft, 1996; *Carine Doutrelepont/Paul van Binst/Luc Wilkin* (*Hrsg.*), Libertes, Droits et reseaux dans la Société de l'information, 1996.

(68) *Michael Kloepfer,* Informationsgesetzbuch—Zukunftsvision? K & R 1999, S. 241 ff. ; *ders.,* Geben moderne Technologien und die Europäische Integration Anlaß, Notwendigkeit und Grenzen des Schutzes personenbezogener Informationen neu zu bestimmen? Gutachten D zum 62. DJT, 1998, S. 86 ff., 90 ff.

(69) ヨーロッパ連合の領域については、vgl. *Grewlich* (N.2), S,. 23 ff., 61 ff. (規制草案の概観)。

(70) Vgl. *Stettner* (N. 2), S. 353 f.

(71) *Wolfgang Kahl,* Der europarechtlich determinierte Verfassungwandel im Kommunikations- und Informationsstaat Bundesrepublik Deutschland, in: Haratsch (N. 67), S. 9 ff.

(72) 情報秩序の法のヨーロッパ化について、*Schoch* (N. 59), S. 182 ff.

(73) メカニズムは、自己義務づけ、データ保護監査 (Datenschutz-Audits)、一般的な行動規制等であろう。Vgl. *Alexander Roßnagel,* Regulierung und Selbstregulierung im Datenschutz, Jahrbuch für Telekommunikation und Gesellschaft, 2000, S. 385 ff.

(74) 自己規制と国際化のプロセスにおける国家の責任について、*Robert Grünewald,* Ohne Gewähr - Selbstregulierung im Internet, in: Die Politische Meinung, August 2001, S. 75 ff.

(75) Vgl. *Dirk Heckmann,* E-Commerce: Flucht in den vituellen Raum?, NJW 2000, S. 1370 ff.

日本における情報化社会と法

西谷　敏

はじめに

私は、一九八二年にフランクフルト大学のシミティス教授のお世話で半年間の研究生活を送ったことがある。教授は、労働法を担当すると同時に、当時すでに情報保護分野の第一人者でもあった。ある時、教授から日本における情報保護の法的整備と議論の状況について質問されたが、私は日本では法律もないし議論もきわめて低調であると答えざるをえなかった。私の答えは、教授を大いに失望させたようであったが、それが当時の日本の現実であった。そうした状況は、情報公開制度、知的財産保護その他、情報にかかわる法制度に共通していた。日本では、一九六〇年代から情報社会（Information Society）という言葉が用いられ、また一九八〇年代初頭には、高度情報通信システム（ＩＮＳ＝Information Network System）という言葉がある種のフィーバーと名づけうるほどマスコミで氾濫していた。にもかかわらず、それにかかわる法的整備はきわめて立ち後れていたのである。

その後、日本においても、情報にかかわる法制度は徐々に整備されてきた。たとえば、個人情報保護についていえば、一九八八年に「行政機関に保有する電子計算機に係る個人情報に関する法律」が制定され、またより包括的な「個人情報保護法」の制定をめぐって活発な論議が展開されている。また、情報公開法は、二〇〇一年四月から施行されている。なぜ、このような整備が進んできたのかの説明は簡単である。それは、すさまじい勢いで展開してきた情報化そのものが法的整備を必然的なものとしたからであり、また国際的な共通規制が進められるなかで、日本は孤立するわけにいかなかったからである。しかし、なぜ法的対応がこのように遅れてきたのか、の説明はそれほど簡単ではない。それは、伝統的な日本の法文化に関係しているといえよう。たとえば、国民におけるプライヴァシー意識の遅れ、民主主義の定着度の低さ、行政目的を法律によってではなく行政指導によって実現しようとしてきた国の態度、等々である。

「情報化社会と法」という問題をめぐっては、「情報化」のもつグローバルな性格のゆえに、おそらく先進国の間で様々な点で共通性を確認しうることであろう。しかし、同時に、情報化の基盤となる「社会」の異質性に規定されて、多くの異なった現象も見られるはずである。この種の問題の比較研究においては、共通性の確認と同時に、異質性とその原因の解明まで論議が深化することが期待される。

本稿においては、まず日本における情報化の進展と政府の政策を紹介（一）したうえで、「情報化と法」というテーマがもつ意味内容を明確にし（二）、そのうえで、情報化が社会に及ぼす影響について検討し（三）、最後にそれが法に及ぼしうる影響について考えてみたい（四）。

一　日本における情報化の進展と政策

1　日本におけるインターネットの普及

政府の推計によると、二〇〇一年末において、六歳以上でインターネットを利用していたのは五五九三万人であり、これは、二〇〇〇年末に比較すると一九％の増加であり、人口普及率は四四・〇％となっている。また、二〇〇一年末におけるインターネットの世帯普及率は六〇・五％（前年は三四・〇％）、事業所普及率は六八・〇

%(前年は四四・八%)、従業員三〇〇人以上の企業では普及率は九七・六%となっている。インターネット利用を端末機別に見ると、パソコンによる利用者は四八九〇万人、携帯電話・PHS、携帯情報端末からの利用は二五〇四万人となっている。パソコンによる利用者も順調に伸びているが、一九九九年二月から携帯・PHSからの利用が開始され、それが爆発的に伸びていることが、インターネット利用を全体として急激に増加させている原因である。(1)

それでは、インターネットはどのような目的のために利用されているのか。利用率が最も高いのが、「電子メールの送受信」(九六・四%)であり、次いで「メールマガジン」(七六・三%)、「情報収集・検索」(七〇・〇%)などとなっている。ショッピングのために用いている者が五二・二%、オークションに利用している者が三六・六%、各種予約・購入のために利用している者も二一・四六%となっている。(2)こうして、日本社会はまさに情報社会あるいはネットワーク社会に入ったということができる。

2　日本における情報化政策の展開

このようなインターネット利用の急成長は、ある程度まで政府の政策の結果であり、またそうした普及そのものが政府の現在の「IT(Information Technology)戦略」の背景をなしている。

上述のように、一九八〇年代初頭に高度情報通信システム(INS)が叫ばれたが、その背景には、当時「三重苦」といわれた長期不況、財政破綻、貿易摩擦があり、そこから脱出するために経済を活性化させるという目的で高度情報通信システムの構築が志向されたのであった。現在、政府が積極的に進めようとしている「IT革命」も基本的に同様の性格をもっている。

アメリカで生まれた「IT」あるいは「IT革命」の言葉は、二〇〇〇年初め頃よりマスコミを席巻する。そして、二〇〇〇年七月沖縄で開催されたサミットが「IT憲章」を採択し、「ITは二一世紀を形づくる最も有力な推進力の一つである」と宣言して以来、政府のIT志向は一層加速される。政府は、ITを最重要戦略と位置づけ、「産業新生会議」や「IT戦略会議」を設置して、予算上の措置などによってそうした方向を強力に推進してきたが、二〇〇〇年一一月には、日本の情報社会化を急速に進めることを宣言した「高度情報通信ネットワーク社会形成基本法」(IT基本法)が制定され、そうした政策が法律的にもオーソライズされた。

IT戦略会議が二〇〇〇年一一月に提出した「IT基本戦略」は、その後、IT戦略推進本部の「e-Japan戦略」(二〇〇一年一月二二日)となった。これは、重点政策分野として、次の四つをあげている。(3)

① 超高速ネットワークインフラ整備および競争政策

五年以内に超高速アクセスが可能な世界最高水準のインターネット網の整備を促進する。少なくとも三〇〇〇万世帯が高速インターネットアクセス網に、また一〇〇〇万世帯が超高速インターネットアクセス網に常時接続可能な環境を整備する。

② 電子商取引と新たな環境の整備

事業者間の取引、事業者消費者間の取引における電子商取引化を飛躍的に推進する。そのために、既存ルールの解釈の明確化、裁判外紛争処理メカニズムの整備、独禁法ガイドラインの整備(電子商取引、知的財産関連ガイドラインの整備)、電子商取引を阻害する規制の改革(対面行為、事務所の必置など)、電子契約や情報財契約のルール等や個人情報保護のための法的手当、株主総会の招集通知・議決権行使等におけるインターネット利用のための商法改正などを行う。また、コンピュータ犯罪に対応するための刑事法制の見直しをする。

③ 電子政府の実現

電子政府とは、行政内部や行政と国民・事業者との間で書類や対面で行われている業務をオンライン化し、情報ネットワークを通じて省庁が横断的に、国・地方が一体的に情報を瞬時に共有・活用する新たな行政を実現するものである。そのためには、省庁が横断的な類似業務の整理を行い、制度や法令の見直しを実施し、行政の簡素化・効率化、国民・事業者の負担の軽減をはかる。それによって、自宅や職場からインターネットを経由して、二四時間にわたってすべての行政手続をとることを可能とし、国民や企業の利便性を飛躍的に向上させる（二〇〇三年までに、すべての行政手続をインターネット経由で可能とする）。

また、インターネットを活用した国民と行政の間での双方向の情報交流を強化する。

④　人材育成の強化

すべての国民の情報リテラシーの向上を図る。そのための人材育成を強化する。またそのために大学制度の改編も進める。

ＩＴ戦略会議議長・出井伸之（ソニー会長）は、この政府の政策について、「ＩＴは個人の幸せを保証するものでもなければ、情報格差（デジタルデバイド）を完全に解消するものでもない。まず国だけでも他国に遅れないように同じスピードで高速道路を走ることだ。車の衝突を避けるとか、車内の快適性は次の段階といえる」と述べている。[4]この発言に、政府や財界の、この「ＩＴ戦略」にかけた強い決意が如実に表現されている。そして政府は、その後この戦略を具体化するために、「e-Japan 重点計画」（二〇〇一年三月）、「e-Japan 2002 プログラム」（二〇〇一年六月）などを策定し、さらに二〇〇二年三月には「ＩＴ人づくり計画」を策定している。

しかし、こうした計画がほんとうに実施されるのか疑わしいだけでなく、経済主導の観点からＩＴ問題をとらえる発想に対する強い懸念も表明されている。[5]情報技術の体系も、その他の社会的諸制度や国民生活の様式とバランスがとれて初めて順調に発展するものであり、情報技術のみを突出させて、その他の要素をすべてそれに依存させると、社会の歪みが大きくなるのではないか、という危惧である。[6]これは、ネットワーク社会のもたらす「陰」の問題（三）に関係している。

二 「情報社会と法」の二つの領域

「情報社会と法」をテーマとする場合、二つの問題を区別する必要がある。

1 情報法の展開

まず第一は、情報化の進展、とくにネットワーク化の進展がもたらす諸問題の解決のために、どのような法的手段がとられるべきか、法は何をなしうるか、の問題である。これを、「情報法」(Informationsrecht) の問題と名づけることができよう。(7) 具体的には、個人情報保護、情報公開、電子商取引の規制、インターネット時代の知的財産権の保護、インターネット犯罪への対応などである。

これらの領域、とくにネットワーク化の問題については、インターネットのグローバルな性格からして国際的に共通の問題が多い。とくに、経済的合理性が中心的役割を果たす電子商取引などの分野では、国際的に共通する法的規制は不可欠であるといえる。たとえば、日本、韓国、台湾、シンガポールなどのアジア各国政府やIT関連業界は、アジア共通の電子商取引市場を築こうとしている。そのために、それぞれの国や地域における制度・商慣習や技術の相違を調査したうえで、その違いをできるだけ小さくして安全な商取引ができるよう法制度の整備や技術の標準化を図ろうとしている。またIT導入が遅れた国への技術支援や電子署名法の制定支援を行っているという。(8)

しかし、インターネットがグローバルな性格をもつからといって、それに対応する法のあり方が各国において当然に共通したものになると考えるべきではない。むしろ、既存の社会、文化、法、国家のあり方に対応して、インターネットにかかわる法においても多様な形態をとる領域が多いと考えられる。

たとえば、インターネットなどの情報に関して「社会」の自生的秩序がある程度機能しうる場合には、法が果たさなければならない役割はそれだけ低下する。(9) また、個人情報保護法制のあり方は、国民におけるプライヴァシー意識と密接に関連している。さらに、インターネット犯罪への対応の仕方についても、伝統的な刑法のあり方を離れて考えることはできない。したがって、情報法と名づけうる領域に関する国際比較においても、規制の技術の共通性を前提として、どの国がより進んでいるか、といった視角だけから問題を把握することは、決して妥当ではないと考えられる。

2 情報化による法全体の変化

「情報社会と法」に関するもう一つの問題は、情報化やネットワーク化の進展が法の全体的なあり方や構造をどのように変えるか、である。情報化の進展によって、すでに、法律や判例に関する情報をインターネットで得られる、判決書が二〇〇一年初めから横書になっている、裁判官が弁護士にフロッピーの提出を要請する、といった変化が生じているが、問題はそうした表面上の変化にとどまらない。ここで問題とすべきは、情報化が法の基本的なあり方そのものに大きい影響を及ぼすのではないかということである。

「IT革命」を推進する論者は、工業社会を情報社会に転換するIT革命は、農業社会から工業社会をもたらした産業革命に匹敵すると主張する。たとえば、総務省は、「加速するIT革命――ブロードバンドがもたらすITルネッサンス」を副題とする『平成一三年版情報通信白書』において、「IT革命が、一八世紀に英国で始まった産業革命に匹敵する歴史的大転換を社会にもたらすとの認識は、我が国においてもほぼ定着したものと思われる」と述べている。情報化が産業革命に匹敵するかどうかはともかく、それが社会にきわめて大きい影響を及ぼすものであることだけはたしかであろう。

そうなると、それは必然的に法にも抜きがたい影響を及ぼすことになるであろう。なぜなら、「人間の基本的な社会関係が、したがって、その一部である法律関係も、本質的には情報の交換様式によって形成されている」(10)

と考えられるからである。情報化の進展が国民の法意識や時代精神（Zeitgeist）に影響を及ぼし、それがさまざまな形で法のあり方を変えていくことが予想される。また、グローバルな次元での情報化の進展が各国における法の統一化を促進し、さらにそれが国家機能を後退させるという事情も、法のあり方に大きい影響を及ぼしうる要因となるであろう。

もっとも、それが日本において具体的にどのような形で進行していくのか、の予測は決して容易ではない。情報化、ネットワーク化による社会の変化そのものが未知の領域に属する。しかも、インターネットなどの情報技術の浸透は独立変数ではなく、社会の構造や社会の要請に対応した形態で発展するのである。たとえば、日本における高いインターネット利用率と独特のインターネット利用形態（とくに携帯電話の比率が高いという問題）を生み出したのは、社会の要請によるところ大である。社会のあり方と情報化・ネットワーク化とは、相互作用において展開していくというのは、多くの社会学者がほぼ共通して強調する点である(11)。要するに、社会のあり方が情報化の進展の度合いとその形態に影響を及ぼし、情報化がまた社会のある側面を肥大化させ、他の側面を後退させるという形で社会に影響を及ぼしていくのである。

こうした複雑な過程で進行していくであろう情報化と社会の変化を正確に予測することは不可能である。そこで、ここでは、情報化が社会に及ぼす影響として一般に指摘されていることを、とくに日本社会の構造や日本人の意識との関係において考察し、最後に法との関係をごく概括的に考察することにとどめざるをえない。

三　情報化の社会への影響

1　ネットワーク化の特質

インターネットに代表されるネットワークは、大きく括れば二つの点でそれ以前の情報技術と大きい差異をもっている。

第一は、それによって瞬時に世界中の、きわめて多様な領域にわたる膨大な情報にアクセスしうることである。しかも、情報内容も、文字情報や静止画像にとどまらず、動画、音声にまで拡がっている。それらが、利用する人間の精神生活を大きく豊かに発展させる可能性を秘めていることは明らかであろう。

第二に、人々が、従来のように単なる情報の受け手にとどまるのではなく、発信者にもなり、相互性をもって(interactive に)対話ができる点に、インターネットの大きな特徴がある。これによって、各個人が政府や大企業とさえ対等に渡りあえる可能性を見る見解がある。[12] また、インターネットを利用して、場所や時間に拘束されない人間関係が空間的にも社会的にも拡大し、そこから様々な市民の運動が発展することを期待する者もいる。つまり、インターネットによって新たな共同体(バーチャル・コミュニティ、インターネットコミュニティ、オンライン共同体などといわれる)が形成され、それを通じて社会や政治への個人の能動的参加、つまり民主主義が発展することが期待されているのである。

2　ネットワーク社会の「陰」

しかしながら、日本では、むしろそうした情報化社会に様々な「陰」の側面があることを強調する論者が多い。これらの論者は、インターネットが上記のような積極的な意味をもつ可能性は否定しないものの、人々の情報との関わり方によっては、それが単なる可能性にとどまる場合が多いし、またインターネットが様々なネガティブな問題をもたらすというのである。

(1)　有益な情報の入手?

まず、人々が膨大な情報にアクセスする可能性があるという問題について考えてみよう。たしかに、インターネットでアクセスできる情報は、宝の山であろうが、しかし、それは無限の無意味もしくは有害な情報が氾濫するゴミの山でもある。宝とゴミの混在する情報群から自分にとって真に有益な情報を見つけだして、自分の成長や豊かな生活につなげうるかどうかは、各個人の能力に依存する。「ネット・サーフ」が膨大な時間を浪費させるという問題を別としても、人が自分に関心のある情報だけにアクセスし、その分野に沈潜していくならば、知的好奇心がかえって狭隘化していくという問題もある。

しかも、そうした有益な情報を発見する知的能力そのものは、インターネットからは得られない。かえって、多種多様な情報の氾濫のなかで、人々が自主的判断を放棄して情報に感覚的に接することによって情報に流され、合理主義的な行動様式が後退していく危険性のあることが指摘されている。[13] マルチメディアは感性に訴える技術だからである。[14] こうした危険性の程度は国民によって大きく異なるであろうが、元来情緒的に行動する傾向の強い日本人[15]の場合に、とくに大きいと考えられる。

(2) 新たな共同体?

インターネットの利用によって場所や空間に拘束されないコミュニケーションが広がっていくという問題はどうか。[16] この点については、そもそも人々がそれほど多数の他者と社会を形成できるかという疑問が出される。人類学者の見解によると、人類はせいぜい一五〇人の仲間しかもてないという。[17] そこで、インターネットによるコミュニケーションは、対面的関係に比較して「薄口」にならざるをえない。[18] 人々は、おそらくこのような形態だけでは、十分なコミュニケーションをはかることはできないであろう。あるいは、バーチャル・コミュニティにのめり込むことによって、かえってリアル・コミュニティに適応できなくなるというインターネット中毒の問題もある。

また、インターネットが参加者からの発信による双方向的なコミュニケーションを可能にするという点についても、必ずしもそのように進行するとは限らない。たとえば電子掲示板上での議論は、少数のアクティブなメンバーによって展開されており、大多数は聞き役にすぎないことが指摘されている。[19] また、匿名性ゆえの無責任さ、誹謗中傷の応酬（いわゆるフレーミング framing）もインターネットを利用したコミュニケーションの問題としてしばしば指摘されるところである。

このように、インターネットを通じて形成される人間関係、いわばバーチャル・コミュニティは、現実社会とは異質な論理をもっている。[20] そうしたバーチャル・コミュニティの問題性がリアル・コミュニティに持ち込まれると、社会を一層不健全なものにするおそれが強い。二つのコミュニティが明確に分離されるべきだとしても、[21] 同一の人間がそれに関わり合う以上、両者の厳密な使い分けは事実上不可能であり、バーチャル・コミュニティの論理・発想が現実社会に持ち込まれるのは、必然的であるといえよう。

もっとも、電子メールや携帯電話による通信の容易化は、一見すると人間関係を緊密化しうるように見える。しかし、若い世代が授業中であれ列車内であれ携帯電話を用いて知人とメール交換をするのは、たえず友人とメールでつながっていないと不安に駆られるためであって、その内容は通常は他愛ないものといわれる。それは、果たして友人関係を緊密にしているのであろうか。より大きい問題は、彼らにとっては、まるで周囲に他の乗客、学生、あるいは教師でさえ存在しないかの如く見える点である。日本人は、狭い集団を形成しその中に閉じこもり、外に対しては排他的になる傾向があることは早くから指摘されてきたが、[22] 情報化の進展が、こうした傾向を変えるのではなく、かえって強化する可能性があるといわねばならない。

(3)　民主主義の定着？

インターネット利用の拡大は、必ずしも民主主義の定着に寄与するとは限らない。たしかに、政治意識に目覚めた強い個人にとっては、インターネットは国あるいは自治体における政治への参加の可能性を大きく開くものであろう。しかし、日本においてそうした個人は少数派であり、全体として国民の政治意識が決して高いといえないことは周知のとおりである。そうした実情の下では、インターネットが興味本位に用いられ、結果として民主主義を後退させ、ときの政権による政治支配を強化する役割を果たす。

一例をあげよう。日本では、小泉内閣発足後八〇%の国民がそれを支持し、それによって昨年の参議院選挙では自民党が圧勝したが、小泉人気がその政策への支持によるよりも、多分に情緒的なものであったという見方については、おそらく異論のないところであろう。そうした雰囲気づくりについては、マスメディアが果たした役割が決定的であったといえようが、小泉氏のメールマガジンを短期間のうちに二〇〇万人以上の国民が読んだという事実も関係していることは否定しえない。また、国会の質問で、小泉総理大臣や田中外務大臣（当時）を批判したとたんに、批判した議員に「彼らをいじめるな」という抗議メールが殺到したという事実をどのように理解すべきであろうか。これは、小泉内閣を支持するかどうかとはまったく別次元の、国民における政治的民主主義の定着にかかわる問題である。これらの事実は、民主主義の定着度の低い国においては、情報化が国民の情緒的行動を強め、かえって民主主義を後退させる危険性のあることを示すものではないか[23]。

さらに、電子政府による個人情報の掌握、住民基本台帳のネットワーク化による住民の一元的・集中管理、また通信傍受法によって事実上可能となった警察によるメールの監視[24]などによって、民主主義の対極にある管理社会化が進行するのではないかとも危惧される。また情報化の進行によって、居ながらにして情報を入手できるので、東京一極集中が終わりそれぞれ個性ある都市が生まれると期待する向きもあるが、現実には地方分権・分散ではなく、情報の東京一極集中が一層加速されてきたといわれる[25]。

(4) デジタルデバイド（digital divide）による貧富の差の拡大

インターネット利用における個人属性別の格差が存在することは、いずれの国でも大きい問題として意識されている。日本においてもそうした傾向は顕著である。たとえばインターネット利用者を年代別に見ると、一〇歳代の七二・八%、二〇歳代の六八・五%に比較して、六〇歳代はわずか一五・九%にとどまっている。また、年収による差異も顕著であり、世帯年収一〇〇〇万円以上の利用率五五・七%に対して、世帯年収四〇〇万円未満の利用率は三〇・二%にとどまっている[26]。学歴による差異も指摘されている[27]。こうした格差が放置されたまま、インターネット利用の範囲が拡大していくならば、社会のなかで様々な便宜から取り残される階層が出現し、それが貧富の差を拡大するおそれが強い。情報教育の推進とならんで、誰でもネットワークを容易に利用しうるようなインフラの整備、公正かつ低廉な料金によるサービス提供などが課題となろう。

また、インターネットにアクセスしない自由をどのように保障するかも課題となる。とくに、行政手続について「電子政府」化が進行したとしても、インターネットを用いなくても同様に簡単に手続が行えるように制度を整備する必要がある。公衆電話の数が急速に減らされ、多くの者が携帯電話をもつよう事実上強制されるという事態がインターネットについても生じることはゆゆしき問題である。

さらに、障害者の問題を配慮しなければならない。障害者が利用できる情報機器が開発され、それが利用可能となれば、インターネット利用は障害者にとって健常者と対等に会話できる機会を提供する意味をもつが、そうした開発もしくは利用可能性が保障されない場合には、障害者と健常者の格差が一層拡大されるおそれがある。

(5) インターネット犯罪（サイバー・テロ）

サイバー・テロと呼ばれるインターネットへの攻撃の防止は、各国共通の重要課題である。こうした犯罪は、国境を越えて行われるので、国際的な共同の取組が必要とされ、しかも技術的な対応が重要となる。しかし、問題をそうした次元だけでとらえるのは正しくあるまい。犯罪は、一般に社会の問題であり、モラルの問題である。インターネット犯罪もその点では異なるわけではない(28)。その意味では、具体的な犯罪対策だけでなく、そうした犯罪の温床をどのように除去するかが重要な課題となる。

そのことは、インターネットを用いた犯罪行為、たとえばインターネットを利用したわいせつ画像などの有害情報の販売、ネット詐欺、インターネットによる毒物のやりとり（たとえば「ドクターキリコ事件」）、名誉毀損、プライヴァシー侵害などについては、より強く妥当する。

(6) 速すぎる情報化のスピード

情報化、ネットワーク化は、人間生活を豊かにする可能性をもつと同時に、上述の様々な問題を惹起するおそれがある。いずれの側面が現れるかは、既存の社会の構造や人々の意識、行動形態に左右される。人々が情報の奴隷になるのではなく、情報を武器として使いこなすためには、それだけの理性と批判能力が要求されるが、情緒に流されやすい日本人においてはとくにその点が問題だと考えられる。しかも、今日のような情報化、ネットワーク化は、人間にとって未知の領域であるだけに、そのネガティブな側面が社会にどのような影響を及ぼすか、予測が困難なのである。このような状態において、速すぎる情報化の進展は、社会に深刻な問題をもたらす可能性をはらんでいる。政府や産業界のように、情報化のスピードアップを至上命題にするのではなく、むしろ意図的にそのスピードを落とすこと（slowing）が必要と考えられる(29)。

四　情報化による法化

1　日本人の法意識と情報化

情報化、ネットワーク化が情報法の分野を越えて、法にどのような影響を及ぼすかは、法学における今後の重要な検討課題である。そのためには、本来、多くの問題について多面的な検討を必要とするが、ここでは、日本社会の法化が情報化によってどのように進行していくのかについて考えるにとどめたい。

日本人の法意識の特質として、これまで、とくに法規範と現実ないし社会規範との分離ということが指摘されてきた。すなわち、多くの日本人にとって、ヨーロッパやアメリカの強い影響を受けて体系化された制定法は、本来遵守されるべきタテマエとしての意味はもっているが、実際の社会生活はそれと異なった規範によって営まれているという問題である(30)。そのことは、たとえば企業内においては労働諸法規が想定するのと別個の規範が支配しているという問題、あるいは取引においても法律が予定していない慣行（たとえば署名の他に印鑑を押す）が広く普及している、といった形で現れている。もちろん、そのことは必ずしも日常生活において法律が守られないということを意味するわけではない。しかし、法律が遵守される場合でも、それは法律が自分たちに内在している規範あるいは正義感情に合致するからではなく、単に上からの命令であるからにすぎないという点に特徴がある。そのことは、また法と権利の峻別という発想に結びつく。ヨーロッパにおいて客観的法と主権的法がいずれも正義（Gerechtigkeit）と親密な関係にあるRechtによって表現されるのに対して、日本では、法（客観的法）と権利（主観的法）が峻別されていること、また法（客観的法）が上から課せられるものと観念されるのに対して、権利は利益と密接な関係をもち、私的なものとされる傾向が強いこと、などを特徴として指摘しうる。[31]こうした法意識は、権利行使としての訴訟を回避する傾向と結びつく。日本における訴訟件数がドイツなどと比較してきわめて少ないことは、[32]様々の要因にもとづくことではあるが、日本人の法意識のあり方も重要な役割を果たしていると考えられる。

こうした法意識は、長い歴史的な背景をもっていることは疑いないが、情報化がそうした法意識にどのような影響を及ぼすであろうか。

2　法的知識の普及

国民が、インターネットを通じて法律や判例に関する情報を得やすくなったのは事実である。それは、研究者、法曹、企業実務家、学生などにとっては、大変便利であろう。もっとも、日本においては、法律の条文は日常用語とかなり隔たっており、判決・決定もまた決して読みやすいものではない。そこで、法学の教育を受けていない者が、インターネットを通じて法律の文言や判例を生半可に知ることは、かえって法の誤解にもとづくトラブルを発生させるおそれがある。本来、法律の文言をできるだけ日常用語に近づけて平易なものにするとともに、判決・決定を一層わかりやすいものにする努力が必要であるが、それでも限界がある。そこで、法学教育を受けていない一般の人々に正しい法律的知識を与えるためには、適切な解説が必要である。わかりやすい法的知識を提供するホームページや市民の法律相談に応じる公的・私的な団体のインターネット上のサービスが広がってくれば、人々の法律知識の普及に役立つであろう。それは、社会上の諸問題が法律にもとづいて解決されるという傾向、すなわち法化を促進することになるであろう。

3　情報化と国家権力の強化

社会関係の法化は、また別の面からも、すなわち社会規範の後退ということによって促進される可能性がある。まず、サイバースペースあるいはバーチャル・コミュニティにおいては、自律的規範が成長しにくいことが指摘されている。したがって、そこで生じる問題――ネット犯罪、プライヴァシー侵害、誹謗中傷など――は法律によって解決されるほかないことになる。さらに、そうしたバーチャル・コミュニティの普及が現実社会に影響を及ぼすことは避け難い。全体として、情報の氾濫のなかで、人々の理性的判断能力が後退し、また「多様化」による価値の相対化によって、「行動の基準となる普遍的な規範が弱化もしくは消滅」するおそれのあることが指摘されている。[33] あるいは、情報化の進展により、「工業社会において人々を結びつけていた家族、市町村、企業、国家といった従来の共同体も徐々に崩壊の危険にさらされ……われわれの行動を律しているモラルや価値観もゆらいでいく」ことが懸念されている。[34]

このように、情報化の進展によって、人々が自己に内在的な規範――普遍的なものであれ特定の共同体のものであれ――を失っていくとすれば、社会を律するために、法の果たすべき役割は大きくならざるをえない。しかしながら、それが望ましいかどうかは大いに疑問である。社会の自律的規範の喪失のなかでの法化の進行は、ある意味で社会と法律の乖離を一層進行させるからである。換言すれば、法律はこれまで以上に、自己の所属する社会から生み出されたがゆえに当然に遵守すべきものとする法的確信に支えられるのではなく、社会の外から、すなわち上から課せられるものとしての性格を強めていくことになる。また先に指摘した民主主義の後退の可能性が、法と国民の乖離を一層促進する。

こうして、少なくとも日本においては、情報化の進展が国家権力を肥大化させ、法の権力化的色彩を強める可能性がある。法はもはや国民の権利の体系ではなくて、義務の体系になる。国民は一層国家に依存し、管理社会化が進行する。情報化の――しかも急速な――進行がそのような事態をもたらすおそれがあるとすれば、法学はそれにどのように立ち向かうべきか。ここにこそ、情報化時代の法学の最も重要な課題があるといえるかもしれない。

(1) 以上については、総務省編『平成14年版情報通信白書』四頁以下参照。
(2) 同右書七〇頁。
(3) 以下については、長田好弘『「IT革命」を考える』(二〇〇一年・新日本新書) 一一〇頁以下参照。
(4) 二〇〇〇年一〇月一七日東京新聞。
(5) たとえば、西垣通『IT革命――ネット社会のゆくえ――』(二〇〇一年・岩波新書) 一〇頁は、「少なくとも二一世紀前半の三〇―五〇年にわたる、長期的な文明史的事件」であるIT革命を、生産者側の効率の問題としてのみとらえるのはいかにも視野が狭すぎると批判する。さらに、同書一八一頁以下参照。
(6) 長田・前掲書九八頁参照。
(7) 狭義の情報法 (Informationsrecht) は、個人情報保護や情報公開にかかわる法あるいはコンピュータにかかわる法だけを指すことが多いようであるが、ここでは、「情報の基本的な生活過程、つまり情報の生産・流通・処理ないし消費の各レベルを総合的に対象とする法分野」を広義の情報法ととらえておく (これらの概念については、石村善治・堀部政男編『情報法入門』(一九九九年・法律文化社) 三三以下 [浜田] 参照)。
(8) 長田・前掲注 (3) 一二一頁以下参照。

（9）石村・堀部編・前掲注（7）四二頁［浜田］。

（10）石村・堀部編・前掲注（7）二九頁［浜田］。

（11）江下雅之『ネットワーク社会の深層構造――「薄口」の人間関係へ――』（二〇〇〇年・中公新書）ii頁以下、カルチュラルエコロジー研究委員会編『情報革命の光と影』（二〇〇一年・NTT出版）三七頁、須藤修『複合的ネットワーク社会』（一九九五年・有斐閣）一頁。

（12）立花隆『インターネットはグローバル・ブレイン』（一九九七年、講談社）二三七頁以下。

（13）浜田純一『情報法』（一九九三年・有斐閣）二〇二頁以下。

（14）西垣・前掲注（5）一〇六頁。

（15）たとえば中根千枝『タテ社会の人間関係』（一九六七年・講談社現代新書）参照。

（16）こうしたコミュニティは、その機能によって、交流・コミュニケーション型、討論・ディベート型、支援・動員型、ファンクラブ型、仮想ゲーム型、協働・コラボレーション型、商取引・マーケット型に分けられるといわれる（カルチュラルエコロジー研究委員会編・前掲注（11）一三二頁以下。

（17）西垣・前掲注（5）一一四頁以下。

（18）江下・前掲注（11）参照。もっとも、江下氏は、元来都会の人間関係はそうした「薄口」であることを特徴としており、メディア上のそれは、都会的人間関係の「きわまった」形態であるにすぎず、「電子コミュニティをことさら異質な存在として対立的に位置づける根拠は乏しい」とする（同書iv頁以下）。

（19）カルチュラルエコロジー研究委員会編・前掲注（11）一五一頁。

（20）桂木隆夫「情報社会と人間」『岩波講座・現代の法10・情報と法』（一九九七年）六頁以下は、この社会の特徴は、①変化への開放的な姿勢、②プライヴァシー保護や自己責任の原則、③相互に不信を抱く他者の間との信頼関係の構築という、市場経済の発想と共通の考え方にあるとし、それを「日本社会に特徴的な共同体的閉鎖性や同胞的信頼関係あるいは仲間意識の存在、およびそれと背中あわせの相互依存性の意識」と対置している。

（21）桂木・前掲注（20）一三頁以下。

(22) たとえば、中根・前掲注（15）参照。
(23) なお、直接民主主義に懐疑的な立場から、個人が巨大な言論手段をもつことをアメリカにおける個人の銃保持になぞらえてとらえる見解もある（江下・前掲注（11）七四頁）。
(24) 警察は、通信傍受法にもとづき、今年中にプロバイダーのサーバー・コンピュータに届くメールをすべて傍受できる専用の装置を主要警察本部に設置するという。
(25) 長田・前掲注（3）三九頁。
(26) 総務省編・前掲注（1）八八頁以下。
(27) 西垣・前掲注（5）五一頁。
(28) 長田・前掲注（3）六五頁、西垣・前掲注（5）一一一頁。
(29) カルチュラルエコロジー研究委員会編・前掲注（11）二一六頁。
(30) とくに川島武宜『日本人の法意識』（一九六七年・岩波新書）参照。
(31) 日本人の法観念については、さらに、*Hirowatari*, Das japanische Rechtsverständnis und die Gemeinschafts-bezogenheit, in: Schweidler (Hrsg.), Menschenrechte und Gemeinsinn - westlicher und östlicher Weg?, 1996, S. 385 ff.; *derselbe*, Postwar Japan and the Law: Mapping Discourses of Legalization and Modernization, in: Social Science Japan Journal Vol. 3 No. 2, 2000, p. 155 ff.
(32) 佐藤岩夫「〈司法と法〉を考える」西谷敏・笹倉秀夫編『新現代法学入門』（二〇〇二年・法律文化社）二〇六頁以下参照。
(33) 浜田・前掲注（13）二〇四頁以下。
(34) 西垣・前掲注（5）一一三頁。

第一部　公法・経済法

情報秩序の国際化

ライナー・ヴァール／カトリーン・ホェルティング〔守矢健一訳〕

一　問題の概観

1　情報部門とグローバル化との関係

現代の情報・コミュニケーション技術の発展は凱旋行進さながらである。まずは当然、技術的な点においてそうであるが、その結果、情報の流れがより大きく、より速く、そしてより自由になっている。このなんの妨げもない情報の流通は、同時に、あらゆる政治的な境界の解体を、ないしは急激なその意義の減少を意味している。現代の情報技術は国境を消し、脱領域的に作用する。かつては個々の国家と社会は、情報の流通および市民の情報〔へのアクセス〕可能性に関しみずからを隔壁で仕切り、いわば「クローズド・ショップ」として活動することができた（書籍・新聞・映画の流入の統制、妨害信号の発信によるラジオ放送の遮断）が、今日では事態は基本的に異なる。このような発展はもとより技術のみに由来するのではない。この発展は、法によっても受容され、強化されなければならなかった。それゆえ、技術の凱旋行進と相並んで、情報自由の原則の凱旋行進もあったのである。〔情報自由という〕この国際法上の原則が、繰返しためらわれたり反対されたりしながらも、一歩一歩拡大し貫徹するということがなければ、今述べたような形での発展はなかったであろう。以下では、さし当り別のテーマを扱うので、このことを冒頭で強調させていただきたい。

このシンポジウムのテーマは、国家および社会の情報化という基本的プロセスを伴う今日の情報秩序である。[1]この大きなテーマを扱うに当っては、初めに、情報部門とグローバル化との関係を規定することが不可欠である。その際、決定的なのは、情報・コミュニケーション部門（Informations- und Kommunikationssektor, IuK）はグローバル化の誘発者であり、かつその一部分である、ということの確認である。[2]殆どすべてのグローバル化現象は同じ基礎を有する。すなわち、それは二〇世紀の、交通手段とコミュニケーション技術の爆発的な発展である。その限りで、コミュニケーションと交通の技術的発展は、一方で、グローバル化の条件であり、この部門は、他の経済諸部門のグローバル化のための基礎である。しかしながら他方では、情報・コミュニケーション部門それ自体がグローバル化されており、この部門自体がグローバル化現象の一部である。その限りで情報・コミュニケーション部門はまさに鍵を握る部門である。このプロセスを促進し、加速させるのは、――このこともまた重要なメルクマールであるが――国家やかつての独占的な情報行政ではなく、[3]私的なプレーヤーであり、とりわけ国際的に活動する企業である。最近一〇年間のプロセスの総体は、非常に単純化して言えば、二つの大きな発展過程に要約することができるだろう。すなわち、グローバル化と情報活動の自由化とである。

2　情報活動のグローバル化

情報活動のグローバル化は、関係するサーヴィスが国の枠を大きく越えた場で提供される点に示される。情報による脱国境化と言うことができる。情報・コミュニケーション活動過程が国境の隔てなく機能しているからである（その主要な例がインターネット[4]）。今日情報関係企業は典型的に多国籍（または国際的）企業である。法にとって、このことは情報法秩序の国際化の必要性を意味する。

3　情報活動の自由化

情報技術の領域では、典型的な形である原則的な変化、すなわち情報活動の自由化が起った。かかる基底的事態は、情報部門のみならず、ほとんどすべての経済的活動、また多くの文化的活動にかかわる。情報部門自体においては、それは、国家によって運営される固有の行政活動から私人による私経済的活動[5]——しかもこの活動は、次第に多国籍企業によって担われるようになってきている。——への根底的な転換である。その際、情報・コミュニケーションの領域では、このような国家行政の撤退は、情報ネットそのものにも、そのネットを通じて伝達されるサーヴィスにも関わっている。この領域に上記の変化と自由化が押し寄せてきたのである。[6]民営化されたテレコム部門においては、さまざまの配線、たとえば電話回線は、民営化された企業の所有物である。ということは、それらはドイツでは、旧ドイツ連邦郵便（Deutsche Bundespost）の後継企業としてのドイツテレコム株式会社の所有物なのである。

4　情報活動のグローバル化と自由化

グローバル化と自由化という二つの展開は、多彩でかつ重要な帰結をもたらす。すなわち、国家によって行われる生存配慮（Daseinsvorsorge）から、民営の、市場を通じて獲得されるサーヴィスへの変化は、国の枠内（だけ）ではなく、世界の各地で、かつ全世界的な枠組で起ったのである。そこから生ずるのは、この発展およびこれと結び付く諸問題の複雑な全体像である。

すなわち、市場による私的な民営サーヴィスは高権的な規制を要する以上、誰によって規制がなされるべきなのか、内国官庁によってか[7]、それとも国際的な官庁によってかという原則的な問題が生ずる。後者の選択肢が優れているように見えるかもしれないが、それは性急なことがすぐ分かるであろう。なぜなら、今のところ、世界カルテル規制官庁も、世界不当競争防止官庁も世界規制官庁もないのであって、テレコム部門においては、周知の内国規制官庁があるばかりである。したがって、地球規模で活躍する企業と内国官庁との間に不均衡が生じている。この不均衡を是正する方策は必然的に複雑なものにならざるを得ない。

(1)　内国官庁はその活動に際し国際法上規律された秩序の中に入り、より上位の国際法の拘束を受けなければならない。こうして規制主体としての内国官庁は幾重にも国際的な規制に縛られることになる。まさにコミュニケーションと交通技術の領域では、諸国家が協働することが強く要請されるのであって、これに伴って、精密な国際法的規範の必要性も生じている（諸国家に対する相互的協働要請）。

(2)　すべての問題を官庁が規制する必要がなくなってから久しい。多くの問題は市場および市場参加者の自主規制に委ねるべきであるし、またそうすることができる。(8)その場合、ひとつ条件がある。つまり市場は機能し得なければならない。すなわち、そのために必要な枠条件を調えておかなければならない。まず何よりも、個々の国家においてそもそも市場が成立しなければならない。したがって、まずは規制緩和と自由化が必要である。現存の国家的独占は徐々に解体され、情報活動は市場経済を志向する企業に委譲され、同時に外からの市場参入が可能にされなければならない。そのためには国際的な規制が必要である。それはＷＴＯの諸規定（ＧＡＴＴおよびＧＡＴＳによる規制）の形においても存在する。これらの規制の任務は、自由化のプロセスを全世界に広げかつおしすすめることである。それが成し遂げられてこそ、世界規模でサーヴィスの自由な往来が成立するから。その長い経過過程においては、これまでの独占企業の行動に特に注意が払われ、コントロールされなければならない。――そのためには、特別のタイプの官庁、すなわち規制官庁が必要である。サーヴィスの自由な往来への経過期間が過ぎた後は、不正競争防止官庁とカルテル規制官庁による持続的な競争〔確保のための〕規制が必要である。その際、個々の国の内国官庁間の調整が必要である。したがって全体として、複雑な全体状況が生ずる。情報部門の国際化は、規範定立なしには機能しない。ということは、規制なしでは機能しないのである。

二　自由化以前の情報秩序
——給付者としての、および国際的な調整および協働の主体としての主権国家

情報秩序の現在の状況の諸特徴は、先行する時代と比較することで明らかになる。この比較から、この二つの時代がそれぞれ、情報秩序についての法発展のそれぞれ異なった段階に属していることが分かるだろう。それだけでなく、この二つの時代は、国際法についての、および国際法と国家法との全体的相互関連についての、異なった段階をよく表わしてもいる。国家法と国際法という二つの大きな公法領域は緊密に結びついており、また相互的連関関係に立つ。主権に軸足を置く国際法は、主権を強調する国家法に属する。(9)

1　国家の次元

情報部門における（自らによる情報提供と）国家独占の諸理由として、歴史の中に多くのものが存在した。すなわち、軍事的な理由、経済のためのインフラの用意（インフラの用意による近代経済の助産婦役としての国家）、とくに情報部門のインフラにおける助産婦としての国家——それには（万人のための）全国をカヴァーする供給（flächendeckende Versorgung）という社会国家的目的が伴う——、および生れながらの独占である。アメリカ合衆国とイギリスを例外として（私的独占）、どこにでも国による電話管理があり、国営郵便があった。(10)時代とともに、そして著しい遅れを伴いつつも電話回線網が出来上がった。それも比較的密度の高く、全国をカヴァーする電話回線網である。郵便の場合には密接な郵便局網と、練り上げられた運送システムが確立した。

2　国際的次元

国際的な情報・コミュニケーション秩序の起源は、すでに一九世紀半ば——電気通信技術の初期——にまで遡る。国境を越える電信通信を——次いで時代の進展と共に、電話通信およびラジオコミュニケーションを——まずそもそも可能ならしめるために、まず第一歩として、多数の内国法秩序間でないしはそれらの行政間で（最初は二国間の、次に）多国間の協働が国際的な、国際法的な次元で成立した。国際電信コミュニケーション連合（Internationale Telekommunikations-Union, ITU）はそのような国際的組織であったし、いまもそうである。[11] 共通の技術的スタンダードを利用するという目標を持って、ＩＴＵは、一八六五年に、国際電信連合として設立された。[12] ＩＴＵの歴史は電信通信が国境を越えるようになったその始まりから今日に至るまでの、国際テレコム秩序の発展をも映し出している。

この初めての国際組織の設立の際に——ＩＴＵはそれ自体、引き続いて設立された国際組織のモデルとなった[13]——したがって初めて電信電話行政間の調整秩序（Koordinationsordnung）が出来上がり、それはその後、急速に、かつ初めて国際法において協働秩序（Kooperationsordnung）へと発展していった。国境を越えるコミュニケーションを可能にすること——それは当時の用語によれば遠距離通話サーヴィス（Fernsprechdienst）の準備である——は国家の任務として国家の行政により受け止められた。国際諸組織に代表を送ったのは国家の行政であり、国家の行政が必要な調整に配慮した。その他の点では、テレコムは主権国家の国内法秩序にだけ服した。

もともとは、ＩＴＵは国家だけを構成員とする調整フォーラムであった。[14] ＩＴＵがおよそ国家間の初めての組織であったことは、強調されるべきである。ＩＴＵはその後の国際組織を規律する法を本質的に規定し、[15] 長い間、文句なく世界遠距離通信秩序の中心に位置した。[16] ＩＴＵはいろいろの意味で、（いずれにせよ最初の一二〇年間は）もっとも効率的な世界的組織の一つだとされてきた。ＩＴＵに特徴的なことは、これが電信電話について不可避的に生ずる国境横断的な諸現象を、締約国の主権に忠実な方法で規律していたことである。[17] ＩＴＵは従来国家主権を可能な限り大事に扱ってきた。国際テレコム秩序の形態と構造は、かくて、国家主導によるテレコムサーヴィスの展開に対応するものであった。[18] とくに印象深く、かつ実りが多かったのは、規格設定の領域におけるＩＴＵの活動であり、それは過少評価すべきでない業績である。それがなければ、国境を越えた情報の流れは、すでに技術的に不可能であったであろう。

三　自由化以降の情報秩序
——テレコムサーヴィスに関わる私企業および世界商業秩序

テレコム（および情報秩序一般）の自由化は、最近二〇年間の発展における基底的事象である。[19] どのような変化であれ情報部門に変化が起こると、それは常に二重の性質を持つことになる。まずこれはテレコム部門自体を持続的に変える。同時にそれは、前提条件、すなわち他のすべての経済活動のためのインフラストラクチャーと人の生活環境をも変える。ここでは、国内分野および国際分野におけるテレコムおよび情報の広範な変化が関心を惹く。基底の自由化（Basisliberalisierung）によって、二つの部分に分かれた法秩序が生じた。すなわち、私企業の法としての自由化されたテレコム法と、国家による——テレコム法よりはつつましやかな役割を担った——規制任務という二つである。もとより両者は（ヨーロッパ法および）国際法により著しく変形され、影響された。

1　国内領域における自由化

国家の独占的供給（staatliche Monopolversorgung）から（八〇年代に始まる）私経済的ないしは私的に実施さ

れるサーヴィス（privatwirtschaftlich bzw. privat erbrachte Dienstleistung）への移行は、複数のファクターにより条件づけられ、支援されてきた。[20] その結果、国家はこのサーヴィスの実施から撤退することになった。国家がみずからサーヴィスを用意し実施する場合と異なり、私的経済活動には法的な枠組規制が必要である。このことは、何よりもまず、比較的長期にわたる移行段階について当てはまる。国家はこの長く続くプロセスをその法秩序によって可能にし、刺激し、促進しなければならない。その際、投資促進法が効果的に作用する。国家はさらに、これまでの（そして今日では民営化された）独占企業に今後は競争における（単なる）プレーヤーとしての新たな役割を担わせ、内国競争業者の利益のためだけでなく――この点が重要なのだが――国際法的に保証された市場参入に関心を持つ外国企業の利益のためにもこれを監督しなければならない。換言すると、国家は、自由化された市場の固有の規制枠組（Rahmenordnung）を用意するだけでなく、市場において、かつての独占企業と新たな市場参画者との間でフェアに行われるよう、規制任務を引き受け、規制官庁によりこれを行わせなければならない。個別的には、内国法秩序と規制官庁は次のような任務を担う。

・典型的にかつての独占企業、ドイツならばドイツテレコム株式会社が所有しているネットへの、新たな競争業者のアクセス条件を差別なく定め、実施すること。
・利用料を「手ごろな値段に（erschwinglich）」という目標に照らして規制すること（ユニヴァーサルサーヴィスにつき、テレコム法（Telekommunikationsgesetz, TKG）一七条一項一段に定めがある）。
・新たなサーヴィス提供者ないしサーヴィスの認可という継続的任務（テレコム法六条以下を参照）。
・一般的な競争法の諸問題および一般競争促進官庁（ドイツの場合は、調整官庁と連邦カルテル庁）との協力。

2　国際的秩序（WTO／GATSおよびITU）

強調するに値するのは、情報・コミュニケーション領域における、上述の大転換が国際的（そしてヨーロッパの）次元から引き起こされたということである。先駆者であるアメリカ合衆国および連合王国だけが、自由化を自国の決定によって始め、実施した。これに対して、たいていの国では、その中では特にドイツでも、後になって国際法的な（ヨーロッパではヨーロッパ共同体法による）刺激および法的行為（Rechtsakte）が決定的かつ義務付け的刺激機能（Anstoßfunktionen）を果たした。全体として二つの線を分けることができる。

（1）自由化という基底的事象は、国際的な次元では世界貿易機構（World Trade Organization, WTO）の規則（Regelwerk）に刺激を受け、それに沿って整序されたものである。[21] GATTの後継として一九九四年に設立された世界貿易機関のテレコム部門への「介入」がすでに、遠距離電話サーヴィスの国家主導の用意から、市場経済的競争のなかでテレコムサーヴィスの実施への根本的な転換を、力強く明らかにした。介入の目的は、包括的で公正で透明度の高い世界貿易システムの確立である。[22] 自由な世界貿易という基本原則は、一九九四年にGATS協定（General Agreement on Trade in Services）によりサーヴィスの分野にも拡張された。テレコムにとって意義深いのは、この部門のために特に設けられた同じく一九九四年の関連付属文書（Annex on Telecommunications）である。[23] この付属文書は、わけてもテレコムが独立の経済部門であると同時に他の経済諸部門のためのコミュニケーション媒体でもあるという二重の役割を有することを明確にする。[24]

だが、GATS協定を、WTOの独立のテレコム法と見なすことはできない。なぜなら、この協定には、余りにも多くの制限が規制の端緒（Regelungsansatz）に含まれているからである。すなわち、協定加盟国は一般的かつ等しく自由化する義務を負うのではない。個々の加盟国の義務の範囲は、加盟国がしかるべく義務を負おうとするサーヴィス部門を挙げる加盟国リストから明らかになる。もっとも、そうこうするうちに、EUも日本の加わった一九九七年のGATS第四議定書に関する合意によって、決定的な前進が得られ、テレコム市場の広範な開放が合意されることができた（一九九八年一月一日より発効）。ドイツにおいても、これは一九九八年一月一日以降、包括的自由化に向けての決定的なきっかけとなった。

この第四議定書の重要な構成要素を為すのは、追加的な譲歩（Zugeständnisse）を含み、自由化のためのさらなる刺激を誘発する「リファレンス・ペーパー」[25]である。このペーパーは加盟国の国内テレコム市場と加盟国の法秩序に対する競争法上の要求を定めている。これにより、何よりも、サーヴィス提供者は誰でも、ある加盟国の内部でも国境を越える場合でも、テレコムネットとテレコムサーヴィスに適切かつ平等な条件でアクセスできるように保証されることとなる。ペーパーの一般的な目標設定からして、これまでの独占企業が容易に手に入れる市場支配的地位の濫用は阻止さることとなる。

この「リファレンス・ペーパー」の第五号においては、加盟国はテレコムの領域について独立の規制官庁を設置する義務をも負う。「規制官庁は、基本テレコムサーヴィスの提供者の誰からも切り離され、かつどの提供者に対しても責任を負わない。規制機関の決定と手続はすべての市場参加者との関係で公平（unparteiisch）である[26]」。

五年後に予定されているWTO新ラウンドは、とくにテレコムサーヴィスの領域におけるより一層の自由化に当てられるとされる。しかし周知のように、この目論見は一九九九年のシアトルでの協議ではさしあたり失敗した。

(2)　ITUもまた、変容を遂げたテレコムの世界にあって、改革および変革の強い圧力を受けている。八〇年代末まではITUは何よりも加盟国ないし「内国テレコム組織」によって構成される国際組織であったが、この組織のイメージはそれ以来変った[27]。新たに増大したテレコム部門での自由化の必要性に対して、従来の組織構造はもはや時代にそぐわなくなっていた[28]。国際的なコミュニケーション市場で活動するもっとも重要なアクターたち、すなわち、多国籍企業ないしおよそすべての企業が満足のいくやり方で取り込まれなければならない。一九九二年の新しいITU憲章[29]は、それゆえ、とくに国際次元での長距離通信ないしテレコム事業の問題へのより広いアクセスを可能かつ容易にしようとしている。この目的のために、他の国家間の地域的組織、国際的な組織との協力、および、この領域を扱っている非政府組織（ＮＧＯ）との協力が促進されるべきだとされる。しかし、国家は調整を行う立法者と規制官庁としての役割で（今やその役割でのみ）参画するのに対し、今や（国際的なまたはその他の）私企業がその最も重要なアクターになっているテレコム部門における根本的な転換を工夫するのに対処するという課題がＩＴＵには今も残されている。新たな組織構造、および、「会員国家（Member States)」とならぶ、いわゆる「部門会員（Sector Members)」の参画は、新たな端緒を反映するものである。ＩＴＵは一八九の加盟国と六六〇のいわゆる「部門会員」[30]を抱えるものになっている。

(3)　国際秩序の領域には、衛星を利用した種々のサーヴィスのための衛星の投入も数えられる。[31]ここでは多数の利用可能性が急速に生じた。これは、古典的な電信通信に始まって、（衛生）ラジオ・テレビ放送を経て、遠隔地探索、天気観察、宇宙研究、および言うまでもなく軍事的利用にまで及ぶ。任意の高度にある衛星と、とくに需要が高まっているところの、いわゆる静止軌道にある衛星（地表から約三六〇〇〇キロのところに位置し、その速度が地球の自転に対応し、そのため一見したところ静止している衛星）とを区別しなければならない。受信性能の弱い受信機（衛星アンテナ、モバイル電話または自動車などに備え付けの受信装置）向けのサーヴィスの場合には、より強い電波を受信できるよう、衛星が地表により近いところにあることが必要である。

全体として、最新技術の最高の水準において、供給不足の問題が再浮上することとなった。すなわちこれらすべてのサーヴィスについて、一方で、衛星の位置（これは基本的に宇宙法の問題である）が、他方で周波数の授与（これによって障害が回避される）が規律されなければならない。技術が（地表に近い）宇宙に飛び立って以来、情報法は宇宙法にまで及んでいる。情報法は、一九六七年の宇宙条約（および他の宇宙関連の諸条約）を顧慮しなければならない。この分配の課題を管轄するのは、主に再びＩＴＵであり、そのためにＩＴＵは、衛星ラジオ放送について世界規模のラジオ放送運営会議（ＷＲ(Ａ)Ｃ、一九七一年より）を使っている。その他にも特殊なタイプの衛星について、たとえばＩＮＴＥＬＳＡＴ、ＩＮＭＡＲＳＡＴまたはＥＵＴＥＬＳＡＴのような別の国際組織が存在する。[32]

個別的には、簡単に叙述することができない複雑なシステムが発生した。[33] 分配の決定はそれ自体二分される。いわゆる宇宙セグメントの中の宇宙における［衛星の］位置と、周波数帯の割当てとは、国際的な委員会、具体的にはＩＴＵおよびその他の放送行政会議の責務である。具体的な周波数の許可は、内国の官庁が行う（これについての具体例とそこから出てくる諸問題についてはすぐ後の**四**で扱う）。非常に種々の経済的な利益と内国の利益が衝突しているところでは、単純な権限構造（Kompetenzstruktur）は期待されてはならない。

様々な関連問題の中から、ここで扱われる規制構造の観点にとって非常に重要である問題、すなわち、分配の（［衛星の］位置と周波数に別々に関係する）基準問題に触れておこう。静止軌道衛星を利用するための放送周波数の分配については、一九七一年まではＩＴＵ内部において先着手主義（das Prioritätsprinzip）（「早い者勝ち」）が妥当した。国際電信条約三三条の一九七三年における新規定によって、次のことが初めて宣言された。すなわち、周波数および静止衛星の周回軌道は「限りある天然資源（begrenzte natürliche Ressourcen）」[34] であり、個々の国または国家グループがこの周回軌道や周波数へアクセスすることを可能にするために、この天然資源は有効かつ経済的な仕方で利用されなければならない。自由な立入権および自由なアクセスの代わりに、多くの者から計画経済的と批判された分配秩序が登場した。静止軌道には、こうして、特別な地球外の資源保護ゾーンの地位が保証されるべきものとされた。一九七七年の、衛星放送に関する世界放送運営会議（W［A］RC-77）[35][36] は、次いで、ある運営協定において、直接電波を発信するラジオ放送衛星につき周波数と位置を定めた。

国際的に経営される、衛星利用のサーヴィスは、他の点においても法における継続的形成と革新、とくに、とりわけ国際法の相当な拡充を要求する。ここでもまた国際的な競争秩序の必要性について繰り返し注意が促されてきた。[37] 国民国家による伝統的な規制の試みは必然的に現実政治的な重要性を失っている。国際カルテル法が実体法上も手続法上も調整されておらず、あるのは内容の異なる内国競争秩序の、規律を欠く並列だけである。[38] テイーティエ（Ch. Tietje）に従って、次のように要約することができる。[39] 元来国家主権によって特徴づけられる行為自由はこの領域では今日包括的な国際的な行政に服している。[40] 電気通信事業ないしテレコム事業の法的規律は、正当にも、現代の協働国際法（Kooperationsvölkerrecht）の枠内における本質的な一要素と見なされるのである。[41]

四　一つの例
——衛星を利用した個人的コミュニケーションシステム（S-PCS）

われわれはみな、衛星を利用したコミュニケーションと情報の利点をすでに享受し利用しており、[42] 将来はこれをもっと広げたいと思っている（GPS〔Grobal Positioning System〕や、これを基礎としている車のナヴィゲーション・システム、あるいは世界中どこでも利用できる携帯電話を想起するだけでよい）。[43] こういった便利なサーヴィスすべてに衛星を必要とし、しかも技術上の理由から（よりよく電波を発信するため、小さな受信機でよりよく受信できるように）、低い（静止衛星よりもより低い）軌道にある衛星を必要とする（低軌道衛星システム〔LEOs〕）。[44] このような衛星は地球に対して静止していることができない。つまり、低軌道衛星はまさに地球および地球にある受信基地から見て常に同じ位置にはなく、一〇〇分程度で地球を低軌道で一周する。それ故、この衛星によって可能となるサーヴィスの利用が保証されるのは、複数の衛星——いわば衛星ネット——がコーディネイトされて、その都度信号の受信・転送を行う地上の受信基地と恒常的に連絡を取り合う場合だけである。こういった移動型衛星コミュニケーション（MSS）の周波数は、調整された形式でのみ有意義に配分でき、世界中で統一的に利用することができる。こうして結局は、——国が違うと経営者に対して与えられるライセンスがまちまちであるにもかかわらず——同一周波数については統一的認可が事実上強制されるという事態が生ずる。多数の国家と企業がかかるコミュニケーションシステムに世界的な規模で参入する場合に、この課題はどのようにして達成できるのだろうか。

この目的のために恒常的に国家間で交渉し、または（既存または新たな）国際組織に委託してすべての国に共通の規範と指針とを確立するということがありえよう。日本は一九九四年に、新たな国際的調整組織を提案したが、この提案は、とくに合衆国サイドから、しかし他の多くの国によっても拒否された(45)。そうこうするうちに、アメリカ合衆国は、一九九二年および一九九五年の世界規模の通信管理会議（W［A］RC-92およびW［A］RC-95）においてITUがS‐PCSネットのために予定した周波数の大部分を、一方的に、合衆国で優勢な経営者に譲与し、それによって完全な既成事実を作り上げてしまった(46)。

五　情報秩序における開かれた国家

1　現在の国家類型としての開かれた国家

国家の変遷に関して、ドイツでは二つの主要な傾向およびモデル（Leidbild）が看取される。その際、出発点は、ドイツおよびヨーロッパ大陸で理論上、また現実的にとりわけ強く形成されてきた主権ある国民国家である。国民国家を特徴づけるのは、強度の領域化（starke Territorialisierung）、国境の強調、内と外の強度の区別、人と物の国内流入に対するコントロール、主権による装甲（Souveränitätspanzer）、不浸透性（外から中への侵入不能および内から外への脱出不能、内から外へ、または外から内への道が国家のコントロールに服していること）である。

技術、とくにコミュニケーション技術に関しては、それは次のことを意味する。郵便および通信の国家独占は、国境を越える手紙・新聞・電話通話などをコントロールするあらゆる可能性を用意していることを意味した(47)(48)。ほんのスケッチされただけのこのような出発点から、長い移行期間を経て、二つの方向に、見るべき変遷があった。

(1) その一は、主権ある国民国家から、ヨーロッパ共同体・ヨーロッパ連合へ統合された国家への変遷、すなわち、超国家的共同体の一構成員としての国家への変遷である。このことは、ドイツおよびドイツの法を観察する外国人および非ヨーロッパ人がしばしば耳にするところである。しかし彼らにとっては、自国にこれに対応する現実も、比較可能な事象もなく、それは結局彼らの現実の横を通り過ぎてしまうであろう。ヨーロッパ連合は今のところ、他にも同じように緊密な世界地域共同体があってそれの先駆者である、というわけではない。それゆえ、以下ではヨーロッパ化のプロセスにおける個別的な事柄やそのメルクマールを扱うべきではあるまい。

(2) 実際に世界的に、地球規模で存在するもう一つの傾向は、開放的で協調へと開かれた国家へ発展する傾向である。(49) このモデルはヨーロッパ連合とは無関係であり、すべての国に妥当する。かようなモデルは、「主権による装甲」は疾くに崩れ去り、または穴だらけになってしまい、国境および高権領域は通り抜け可能になってしまった個々の国家の、帰結に富んだグローバルな「開放過程(Öffnungsvorgang)」を示す。その帰結として、「国家の」国民とその領域に対する、以前は完全であったコントロールが、著しく減った。

国家領域におけるこれらの変遷、国家の開放的な国家への変身は当然、国際法にも反映している。国際法は、国家の発展と似たような形で、またそれと並行した形で、いくつもの時代を経過してきた。ヨーロッパの古典的国際法は(それ自体自然状態で、つまり法的に規律されていない自然状態にあるものとして理解された)主権国家の法として成立した。この原初的な古典的国際法は、端緒としてはすでに一九世紀において次のような発展を遂げた。すなわち、

- 調整の法としての国際法(条約や合意の締結)へ、続いて、
- 協動の法としての国際法(国際組織の設立)へ、そして最近では、
- 憲法化の諸要素をも含む、したがって諸国家共同体利益の、国家を拘束する諸価値や財をも含む国際法へ、という発展である。

調整法と協働法はわれわれの主題にとって重要である。主権の意義が強調された一九世紀でさえ、当時すでに、国境を越え、克服さえしてしまう潜在的な可能性を持っていた、当時それぞれに新しかったモダンな技術の領域について条約や調整が存在していた。調整法から協働法への進展は、一九世紀においては、まさにここで関心のある情報秩序領域において（ＩＴＵを想起せよ）明らかになり、後には、なんと言っても、一九四五年以来とくにさまざまな国際組織を傘下に納めている巨大な国連ファミリーのような、重要かつ強力な国際組織の形成において明らかになる。[50] その限りにおいて、情報秩序と情報法は、国際化のプロセスにとって典型に他ならない。国際化はこの分野でもっともよく進展し、この分野で最強の形態を形作っている。

2　国際化された情報秩序における国家の任務

情報秩序および情報法の領域では、国家主権は対外的に限定される。これは、国境を超えて機能するという、情報とコミュニケーションの属性による。このことは、スローガン風に、国家空間・経済空間・社会空間の一体性が次第に解消される、という定式に要約されてきた。[51] 一体性の代わりにあるのは、国民国家と国際秩序とから成り立つ重層システム（ein Mehr-Ebenen-System）である。ヨーロッパでは三層システムがある。なぜならヨーロッパ法秩序という意味深い中間層が［国家と国際秩序の間に］加わるからである。かかる絡み合いに鑑み、国家法上の中心的な問題は、この全体状況の中での国家の特別の任務は何かという問題である。これをここで立ち入って分析するまでもなく、次のような国家の任務一覧表を作成することができる。[52]

・自由化された情報・コミュニケーションのためのインフのための秩序枠組の制度化
・情報事象（informationelle Vorgänge）の安全確保制度の創設
・国家が、メディアの権限を仲介し、研究を促進し、実験的プロジェクトを主導し、法的に支えることによる、さらなる発展の触媒機能

・国際的協働の刺激
・情報社会への発展を社会適合的に形成し、自由の諸前提を保持するコミュニケーションインフラの用意(Vorhaltung)[53]
・その他、国家が条約法および調整の方法で国際法の成立に参画し協力することから各国に生ずる極めて大きくかつ重要な任務
・最後に、電子署名、データの暗号化、インターネットのドメイン名、知的財産権(商標権、特許権、著作権)、広い意味における思想の自由、プライヴァシーに対する権利等の諸領域についての、国際的な法およびこれに適合した国内法ないし規制の、とくに国際的またはグローバルな需要

書き留めるべきことは、国内法は大規模に置き換えられ、ないしは少なくとも組み替えられなければならないという一般的な所見である[54]。これと結び付き得るのは、国内法の欠点や弱点が他の国々の「よりよい」解決方法(経済により近い、よりリベラルな規律、技術革新を促進する法秩序)を取り入れることにより除去されるという期待である。しかし原則として、よりよい国際的な法へのこのような期待は、現実的でも蓋然的でもない。むしろ逆に、国際的な法は、その妥協的な性格、その妥協的な成立方法の「お陰で」(国内法よりも成立に要する時間は長い)、しばしば内的な一貫性(Kohärenz)と内的な体系性に欠ける。――あるいは、国際的な法は一面的に別の法秩序から借用されていることがあり、この場合にはそれは本来国際法ではなく、万人に対して拡張された国内法である。国際法にあっては当然、その成立に当り力関係、とくにヘゲモニーの問題がものを言う。

国民国家への影響はインターネットによって先鋭化する。この点につきエンゲル(Ch. Engel)のいくつかのテーゼに言及させていただきたい[55]。「インターネットにおいては領域に関する高権はなまくらになる。国家は情報や貨幣や価値に対する高権を失う。自治は維持できないほど高くつく。……インターネットは国家というもの(Staatlichkeit)を変えてしまう。インターネットは新たな国際紛争のポテンシャルを抱え持っている。……イン

ターネットは超国家的な規範の需要を生む。関税・租税はインターネット取引を阻害する。インターネットによる提供者も利用者も、私法社会における全世界的に機能する制度を必要としている。……インターネットではアナーキーは支配しない。多数の操縦装置がすでに発達してきている。他の操縦装置も見込まれる。国家はむしろ補完的に新たな支配装置を獲得することになる。……インターネットの多数の規制問題は、自己規制で解決するのが適しい。……」

六　情報の自由という基本

紙幅と時間の理由から、この基本的なテーマについては最後にいくつかのキーワードとテーゼを挙げるに止めざるを得ない。情報秩序に関するまさに洪水のごとき著作群が一般に、この全秩序の基礎、すなわち情報の自由を十分に中心に据えてはいないという問題がある。むろん、このテーマは扱われてはいるが、（テレコム）企業の営業の自由および職業の自由や、自由化の長所を論じているものの、その基礎――多数の個人の、人の情報の自由――は、この視点においては、しばしば不十分な扱いしか受けていない。だが何といっても全情報秩序が整えられるのは人々、個々の人間のためにである。

情報自由に関する国際法上の規制は、情報秩序の人権的基礎を含む。この人権的基礎はとりわけ、市民的政治的権利に関する国際条約の一九条[(56)]、さまざまの国連決議、情報自由についての宣言、ユネスコの枠組でのいくつかの協定（さらにヨーロッパではとくにヨーロッパ人権条約一〇条[(57)]）のなかに含まれている[(58)]。人権法上の側面における、国際的な情報秩序の中核的要素は、国境を超える自由な情報の流れの原則であり、これは現行の国際法秩序において一方では個人の主観的権利として、他方では客観的な秩序原則として、すでに定着しているものである[(59)]。キーワードはさしあたり、原則として障害のない情報へのアクセスとして、また情報の頒布の自由として理解される、――人権として理解される――自由な国際的な情報の流れ（free flow of information）である。情報を頒布する自由はもちろん一定の制限に服する。たとえば、（国内的な、または地域的な）文化保護が枠組規制として承認され、たとえば割合規制によってそれに配慮することができる。ヨーロッパ法上の、放送法の領域における国内プログラムおよび地域プログラムの優先のための放送時間条項（Öffnungsklausel）はその例である。(60)

このような列挙もキーワードも、それらが認められる前にどのような衝突があり、それらの承認への道程がどれほど長かったのか、東西対立の時代にはこの承認がイデオロギーの対立によってどれほど激しく争われたか、先進工業国と発展途上国との間の対立点がどれほど大きかったか、ということを余り認識させない。今日決定的なのは、情報の自由な流れの原則によって、全情報秩序のための人権上の基礎が見出され、承認されていることである。法全体においても、さまざまの層のどこを見ても、法規範のピラミッドのどのレベルにおいても、個々人の、人間の諸権利が表現されており、全情報秩序も最終的にはこの人間の権利のために打ち建てられたのである。

七　結　び

法の協働と調整がヨーロッパ次元のみならず国際的次元においても喫緊の課題だと見ると、これはなんとも厄介で、時間のかかる、単純では到底あり得ない大事業だということが明らかになる。超国家構造を持つヨーロッパ連合の次元においてすでに、その一五の加盟国を一つにまとめることはしばしば至難の技である。国際的なレベルでは、それは非常に費用がかかり困難であるかを示すのに多言を要しない。

（1）　これについて、*F. Schoch*, Öffentlich-rechtliche Rahmenbedingungen einer Informationsordnung, VVDStRL

(57) 1998, S. 158, 事実関係について一六〇、一六二頁、特徴および事実の進展について一六九頁以下。さらなる論点として、国家、経済および社会の情報への依存性について、影響を及ぼす要素としての、また権力の要素としての情報について、国家主権の変遷について、順次一七九頁以下で論じられている。

(2) 本文は、*K. Dicke*, Erscheinungsformen und Wirkungen von Globalisierung in Struktur und Recht des internationalen Systems auf universaler und regionaler Ebene sowie gegenläufige Renationalisierungstendenzen, in: ders./*W. Hummer*/*K. Boele-Woelki*/*Ch. Engel*/*J. A. Frowein*, Völkerrecht und Internationales Privatrecht in einem sich globalisierenden internationalen System-Auswirkungen der Entstaatlichung transnationaler Beziehungen, 2000, S. 13, 15 f. に従っている。Vgl. auch *Ch. Engel*, Das Internet und der Nationalstaat, ebenda, S. 353, 355.

(3) この国家による独占は、初期の段階には——関係法規定によって——国際的または超国家的に活動することを著しく妨げられた。

(4) 今日の技術は情報の流れの脱領域化を惹起している。その一例はECテレビ指令である。これにつき *F. Schoch* (N. 1), S. 158, 171 m. Fn. 50. この指令はいわゆる発信国原則を採用している。すなわち、構成国のうちの一国で許可された番組に関しては、他の構成国の国家高権の及ぶ範囲においても、自由な受信と、妨害されることのない伝播とが保障されていなければならないという原則である。

(5) *K.-H. Ladeur*, Die Globalisierung der Telekommunikation und die kooperative Herausbildung einer neuen transnationalen Rechtsordnung - das Beispiel des mobilen Satellitenrundfunks, ArchPT 1998, S. 243, 244 f. ここでは、国家による——または国家の監督を受けた私企業による——独占的なテレコムサーヴィスの供給から、多数のサーヴィス提供者間のさまざまなテレコムサーヴィスをめぐる規制緩和下の競争への転換が、論じられている。法学的見地からは、*H.-P. Schwintowski*, Ordnung und Wettbewerb auf Telekommunikationsmärkten, CR 1997, S. 36 ff. いずれにせよ、技術的に条件づけられた多様なサーヴィス提供とその実行の方法が規制緩和の出発点であった。

（6） 鉄道のような他のインフラストラクチャー領域では、規制緩和は（ヨーロッパでも日本でも）サーヴィスの民営化を目指しているが、情報ネットはまだ国家が担っている。

（7） この場合にもしかし、内国官庁の裁量のみによるのではなく、国際法と調整されている必要がある。

（8） これはしばしば、部分的に規制された自己規制という形式で行われる。

（9） *R. Wahl*, Der Einzelne in der Welt jenseits des Staates, Der Staat 40（2001）, S. 45, 70.

（10） A. *Tegge*, Die internationale Telekommunikations-Union, 1994, S. 28 f. m. w. N.

（11） ＩＴＵのＨＰは、http://www.itu.int である。

（12） 一八七六年以降、それは国際電信電話連合（Internationale Telegraphen- und Telephon-Union, ITTU）と改称し、一九〇六年からは無線通信の普及に伴い、国際無線電信連合（Internationale Radiotelegraphen/Union, IRU）が加わった。両者は一九三二年の世界報道条約（Weltnachrichtenvertrag）によって国際テレコム連合（Internationale Telekommunikations-Union, ITU）として引き継がれている。このような発展は、新技術とともにこの国際機関の任務が増大し、国際機関が成長することを反映している。第二次世界大戦後、ＩＴＵはとりわけ一九四九年以来国際連合の下部機関であるが、一九四七年のアトランティックシティーでの会議および一九五一年のブエノスアイレスでの国際電信電話条約（Der Internationale Fernmeldevertrag）から、ＩＴＵの新体制が始まった。この体制は長い間の安定の後、六〇年代および七〇年代に動揺が起き、八〇年代の終わり頃には、経済上および技術上の転換に直面して新たな改革の必要性が明らかになった。一九九三年以後、包括的な構造改革により改革が着手された。だが、テレコム部門のたえざる変動は、さらに大きな組織的、機能的改革力をＩＴＵに求めている。この点については**三 2**(2)を見よ。

（13） 最初の段階のＩＴＵの歴史についての古典的な記述は、G.A. *Codding*, The International Telecommunication Union - An Experiment in International Cooperation, 1952（Neudruck 1972）.この世界組織の変遷については、A. Tegge, a.a.O.（N 10）.

（14） 今日ではＩＴＵは、なかんずく六六〇に及ぶ「部門会員（Sector Members）」（unten N. 30）を擁すことからしても、政府と民間部門との協働原則によるものと解されている。ＩＴＵは今日では、政府と産業がコンセンサスを得ることを目標に共同作業をすることができる地球規模のフォーラムと理解される。

(15) *A. Tegge*, a.a.O.（N. 10）, S. 27.

(16) *A. Tegge*, a.a.O.（N. 10）, S. 283, 301 ff.

(17) これについて、*A. Tegge*（N. 10）, S. 30 ff. は、一八五八年以降、大陸間テレコムを導く国際海底ケーブルを例に論じている。

(18) ＩＴＵの構成員はおのおの内国電信電話組織であったことにつき、*K.-H. Ladeur*（N. 5）, S. 243.

(19) *E.-J. Mestmäcker*（Hrsg.）, Kommunikation ohne Monopole II, 1995；*Ch. Koenig/J. Kühling/H. Schedl*, Liberalisierung der Telekommunikationsordnungen - ein Rechtsvergleich, 2000.

(20) 提供されるサーヴィスの爆発的発展がまさに観察されるところであるが、単純な、いわゆる基礎的サーヴィスから、部分的に豪華と称される種々の、いわゆる付加価値サーヴィスに至るまで多様である。市場通用性（Marktgägigkeit）が達成され、サーヴィスは福祉部門を超えて消費部門に移る。このことはいずれにせよ、モバイル通信の領域に当てはまるが。加えて、国家の軍事的視点からすると、この部門の支配への関心の後退が見られ、かくて、情報技術が民間市場へ開放される。その一例がインターネットであり、これは三〇回目の誕生日を最近祝ったのである。もともと軍部によって開発され、その後徐々所にに学問上の情報交換のために拡張され使用されたが、九〇年代中頃から私的な利用、そして徐々に商業利用の凱旋行進に至った。

(21) ＷＴＯのＨＰは、http://www.wto.org である。

(22) この点につき、Art. VI GATS. 法文は、*W. Benedek*（Hrsg.）, Die Welthandelsorganisation, 1998 および Vgl. auch *Ch. Tietje*, in：*E. Grabitz/M. Hilf*（Hrsg.）, Das Recht der Europäischen Union, Bd. 2（EG-Sekundärrecht, E. Außenwirtschaftsrecht, hrsg. von H. G. Krenzler）, Stand Juli 2000, E 27, Rn. 213-234.

(23) BGBl. II 1994, S. 1503 ff.（engl.）, S. 1664 ff.（deutsch）. Vgl. auch *B. Holznagel/Ch. Enaux/Ch. Nienhaus*, Grundzüge des Telekommunikationsrechts, 2001, S. 202 ff.

(24) これにつき *Ch. Tietje* (N. 22), E 27, Rn. 203.

(25) BGBl. 1997 II; S. 2000 (abgedr. bei *Ch. Tietje* (N. 22), E 27, Rn. 259).

(26) この定義は共同体法の定義に対応しており、共同体法上の要求をさらに拡張するものではない。これについて、*M. Paulweber*, Regulierungszuständigkeiten in der Telekommunikation, S. 96 f. 共同体法によっても、ＷＴＯ法によっても、調整官庁が独立でなければならないというのが最重要な要求である。この点につき詳細は、関連規範を文字通り引用している *M. Paulweber*, a. a. O., S. 94 ff.

(27) *K.-H. Ladeur*, a.a.O. (N. 5), S. 243, 244.

(28) ＩＴＵのＨＰ（http:www.itu.int）のITU-Reformの項をクリックして見ると、以下の説明に出会う："The Plenipotentiary Conference (Minneapolis, 1998), through Resolution 74, invited the Council to establish an open working group of Member States and Sector Members to review the management, functioning and structure of the Union as well as the rights and obligations of Member States and Sector Members. It also instructed the Secretary General and the Directors of the Bureaux to report to Council on the further changes for improving the organization and working methods that are necessary to ensure that ITU is able to meet its objective as set forth in the Constitution and developed in the strategic plan."

(29) 一九九四年一〇月一四日の種々の改正による。BGBl. II, 1996, S. 1308 ff. 一九九四年に京都で改正された法文での一九九二年のＩＴＵ憲章とＩＴＵ協約（ITU- Konstitution und -Konvention）は、条約当事者の関係において一九八二年のナイロビ条約を廃棄し、これに代わった。その際、基礎的文書として憲章は協約によって補充される。憲章は通信制度につき規律する各国の無制限の権利をも確認する。ＩＴＵは、諸国民の平和的関係と国際協力、ならびに、経済的社会的発展を機能的な通信サーヴィスによって容易にするものとされる。ますます情報技術に刻印されたグローバルな経済および社会の国際化についてとくに言及されている。

(30) 「部門」というのは、ＩＴＵにおける三つの組織領域、すなわちラジオ通信、テレコムの規格化ならびにテレコムの発展であり、これらは一九九三年以来存在している。Vgl. A. *Tegge* (N. 10), Anh. 6, S. 342.「部門会員」

には、「会員国家」のほか、ラジオとテレコムの領域において活動する、種々のＩＴＵ構成国の組織と企業も属する。これらはその活動領域に応じて上述の一または複数の部門において構成員である。ＩＴＵのウエブサイト http://www.itu.int を、"About Us" と "Sector Members" のキーワードにより参照（二〇〇一年一二月段階）。

（31）　アメリカ合衆国とドイツにおけるテレコム衛星システム規制についてアクチュアルで比較による概観を与えるものとして、*J. Cloppenburg*, Die Regulierung von Telekommunikations-Satellitensystemen in den Vereinigten Staaten und in Deutschland - Ein Vergleich, K & R 2001, S. 329 ff. がある。

（32）　これについて詳しくは、*R. Wolfrum*, in: *K.-H. Böckstiegel* (Hrsg.), Handbuch des Weltraumrechts, 1991, S. 367, 381 ff.; *Ch. Patermann*, Weltraumpolitik regionaler und bereichsspezifischer Organisationen, in: *K. Kaiser/St. Frh. V. Welck* (Hrsg.), Weltraum und Internationale Politik, 1987, S. 463 ff.; vgl. auch *Ch. Tietje* (N. 22), Rn. 25；たとえば国際テレコム衛星機構（International Telecommunication Satellite Organization, INTELSAT）は、いわゆる宇宙部門を設けており、静止軌道衛星および、商業ベースで与えられるこの衛星に必要な地上制御ステーションは、宇宙部門の一部である。より詳しくは、*H. Fischer*, in: *K. Ipsen*, Völkerrecht, 4. Aufl. 1999, §. 56 Rn. 76 ff.

（33）　これにつき、*R. Wolfrum*, a.a.O.（N. 32), S. 367, 379 ff. sowie S. 395, 408 ff.

（34）　BGBl. II 1976, S. 1089 ff.

（35）　*H.Fischer*, a.a.O.（N. 32), Rn. 52. 静止軌道上で、四〇〇〇キロの間隔で全体で六〇の衛星の駐車場が決められた。各国（一九八三年の独自の地域会議によりアメリカ合衆国は例外）は、指定された「駐車場」に衛星位置の割当てを受ける。詳しくは、電波発信の方向、発信のエネルギーおよび受信ゾーンが各国の高権領域を顧慮しつつ規律された。最後のものは、余剰ゾーン（Overspill-Zonen）の存在を考慮して、国境を超える衛星直接放送プログラムをかなり制限することになる。未利用の衛星駐車場はＷ［Ａ］RC-77 により他の国に利用させてはならない（恐らく中期的には駐車場の八〇パーセントがそうであろう）。

（36）　*A. Tegge*, a.a.O.（N. 10), S. 233 ff. テレコム市場の変化とＩＴＵの構造改革によって、周波数帯の配分をできるだけ規制せず、あらゆる種類のテレコムのために最大限可能な利用機会を提供する努力が始められた。

(37) *M. Paulweber* (N. 26), S. 260 は、現状の世界貿易秩序は、国家の側からの競争の歪曲に殆ど専ら合わせており、それゆえ競争への私人の影響との関係で拡大を必要としていることを重要な証拠を掲げつつ興味深く論じている。

(38) *M. Paulweber*, a.a.O. (N. 26), S. 260 f. 全く争いがないわけでない影響原則（Auswirkungsprinzip）が行われるが、これは領土外の法適用要求（extraterritorialer Rechtsanwendungsanspruch）と承認された手続規範の欠缺のために相当な意見の対立を内包する。アメリカ合衆国、カナダ、ヨーロッパ連合、ドイツおよびオーストラリア間での二国間条約も、永続的な解決をもたらすものではない。「国際反トラスト法典草案（Draft International Antitrust Code, DIAC)」と題する一つの討議提案が学問の側から一九九三年に提出されているが、これまでのところ、何ら効果を示さなかった。これについて、*M. Paulweber*, a. a. O., S. 261 における引証を参照。

(39) *Ch. Tietje*, a.a.O. (N. 22), Rn. 27.

(40) なんと言っても、問題は宇宙における位置である。この領域はようやく二、三〇年前から人間による利用が可能になったに過ぎない。この領域はそもそも国家主権の構成要素ではなかったのである。

(41) *R. Wolfrum*, a.a.O. (N. 32), S. 367 und 394. ヨーロッパ連合も、この所与の協調的国際法の枠組の内部においてその政治をなし得るに過ぎない。その際、この領域では国際法的に行動するという法的高権（Rechtsmacht）を持っているのは加盟国自身だけだという特殊性が、顧慮されるべきである。ヨーロッパ連合は加盟国の利益を調整する役割を有するに過ぎない。*K.-H. Ladeur* (N. 5), S. 243 ff.; vgl. auch *Ch. Koenig/Ch. Zeiss*, EG-Telekommunikationsrecht und Lizenzierung von satellitengestützten persönlichen Kommunikationssystemen, EuZW 1999, S. 133 ff.

(42) これにつき *B. Mehner*, Die grenzüberschreitende Wirkung direkt empfangbaren Satellitenfernsehens aus völkerrechtlicher Sicht, 1999, S. 5 ff.

(43) 衛星による私的コミュニケーションシステムについては、vgl. *Ch. Koenig/Ch. Zeiss* (N. 41).

(44) この点、および以下の論点につき *K.-H. Ladeur*（N. 5), S. 243 ff. m. w. N.; *Ch. Koenig/Ch. Zeiss*（N. 41).

(45) *K.-H. Ladeur*, a.a.O.（N. 5), S. 245.

(46) 参照、*K.-H. Ladeur*, a.a.O.（N. 5）および *Ch. Koenig/Ch. Zeiss*, a.a.O.（N. 41).

(47) これにつき、*J. Delbrück/Ch. Tietje*, Grundzüge und rechtliche Probleme der internationalen Informationsordnung, in: Hans-Bredow-Institut（Hrsg.), Internationales Handbuch für Hörfunk und Fernsehen, 2000/2001, 25., Aufl., 2000, S. 15.

(48) 第二次世界大戦の戦争当事国およびその国民は、互いに相手国のことを何も知らなかった。ドイツ人も英国人もそうであったし、日本人はアメリカ人を知らず、アメリカ人も日本人もそうであった。この（情報）事情にあっては、国家として敵のイメージを作り保持するのは困難ではない。

(49) 類似の概念ないしは言い換えを列挙すると、開かれた国家（offene Staatlichkeit)、ドイツ国家の国際的開放性（internationale Offenheit des deutschen Staates)、境界なき立憲国家（entgrenzter Verfassungsstaat)、国際協調を支持する憲法裁判または協調的立憲国家（Verfassungsentscheidung für die internationale Zusammenarbeit oder kooperativer Verfassungsstaat）がある。Vgl. *R. Wahl*, Internationalisierung des Staates, in: FS für Hollerbach, S. 194 f. mit Nachw. in den Fn. 6-9.

(50) これについて、*E. Klein*, in: *W. Vitzthum*（*Hrsg.*), Völkerrecht, 1997, 4. Abschn. III 1, Rn. 222-234.

(51) *F. Schoch*, a.a.O.（N. 1), S. 181.

(52) 以下の表は、*H.-H. Trute*, Öffentlich-rechtliche Rahmenbedingungen einer Informationsordnung, VVDStRL (57) 1998, S. 216, 267 による。「ガヴァナンス」のコンセプトとそのグローバルなコミュニケーションに対するその帰結について、*K.W. Grewlich*, Governance in "Cyberspace", Access and Public Interest in Global Communications, 1999, S. 133 ff., S. 171-300（Chapters 6-9）も参照。

(53) もっともこれらの課題は実現の方法とその限界について、まだ何も語っていない。Vgl. *H.-H. Trute*, a. a. O., m. w. N.

(54) 本当にすべての国際的に重要な規制の必要性が第三の次元で実際に規律され、または規律され得るか、または、おのおのの内国法秩序において何を規律すべきかを諸国家が調整の上決定するところの単なる国家間協調は成立しないであろうかどうかという点は、まだ全く白紙である。
(55) *Ch. Engel*, a.a.O. (N. 2), S. 353, 433 f.
(56) 積極的および消極的情報自由は、はっきりとした言及はないけれども、一九条二項に保障される表現の自由に論理必然的に前提とされている。*B. Mehner*, a.a.O. (N. 42), S. 43 ff.
(57) 一九四八年の世界人権宣言一九条も思想=情報の自由に関する言明を行っている。しかし、世界人権宣言の法的拘束力については若干の論争がある。国連の通常総会はその点で拘束力ある国際法を定立する権限を有していないので、この宣言は道徳的に義務づけるものと見るのが多数説であり、正当である。*B. Mehner*, a.a.O. (N. 42), S. 33-38. また一九七五年ヘルシンキにおけるヨーロッパ安全協力会議 (Konferenz über Sicherheit und Zusammenarbeit in Europa, KSZE) の最終文書と、その後の当会議の最終ドキュメントも、拘束力ある国際法上の条約ではない。そこでは法的拘束意思がなく、たびたび遵守表明 (Absicherungserklärungen) だけが定式化されたのであり、また合意の実行のための手段も存在しないからである。A. a. O., S. 102, insbes. 105 ff.
(58) この点につき詳しくは、B. Mehner (N. 42), S. 30-126 ; sowie J. Delbrück/Ch. Tietje (N. 47), S. 27 f.
(59) *J. Delbrück/Ch. Tietje*, a.a.O. (N. 44), S. 28.
(60) その全体については、*J. Delbrück/Ch. Tietje*, a.a.O. (N. 47), S. 27 ff. (「統制経済 (Dirigismus) 対リベラルな情報秩序――自由な情報の流れの制限のためのさまざまの規制傾向」との表題が付いている)。「先の合意」のコンセプトによってむしろリベラルな規制傾向が貫かれている情報秩序の他の領域とは異なり、このことは宇宙空間の利用との関係での重要な局面――たとえば衛星による遠隔地探索、静止軌道へのアクセスの問題、発信周波数の割当、一般的には、通信技術に対する平等な参加の問題 (技術移転) ――にはまさに当てはまらない。こうした「宇宙の利益 (space benefit)」については、発展途上国は宇宙=月条約に依拠して、公共の福祉の留保と、したがって統制主義的な傾向、すなわち静止軌道における少なくとも一つの位置の保証による軌道位置の計画的割当を押し通すことができた。

附録1　日本の法状態

五〇年代の初め　日本電信電話公社の郵政省からの切離し
一九五三年　国際電信電話部門の独立、独立の私企業としてのKDD、国家の持分は僅か一〇パーセントであるが、NTTとKDDは独占権を有し著しい国家統制に服した。
八〇年代中葉　独占的地位の段階的消滅の開始
一九八五年　日本のテレコム法（JTKG/JTCL）とNTT会社法
九〇年代半ば　NTTは事実上の独占的地位を取得した。
一九九七年まで　回線接続と市場参入の制限的規定
一九九七年以後　さらなる自由化、新認可システム
一九九八年　KDDの完全自由化
二〇〇〇年初めの状況　七〇〇〇以上のテレコムの提供者、ネット事業のライセンスをもつ二三五の企業、固定電話網と国際サーヴィスの認可を有する二〇の企業
NTTグループは固定電話網において九二パーセントの市場占有率を有する。新たな提供者は一六パーセントの仲介占有率を有する。

規制は形式的には総務省長官と公正取引委員会により行われるが、事実上、外に向けては全く一義的に前者が支配している。

附録2　国際テレコム連合（ITU）の発展

一八六五年　国際電信連合（ITU）

一八七六年　国際電信＝電話連合（ＩＴＴＵ一九〇九年）
一九三二年　国際テレコム連合（ＩＴＵ）世界報道条約
一九四七年　ＩＴＵは国連下位機関になる。
一九五二年　ブエノス・アイレスの国際電話条約

ＩＴＵ　の活動領域
ラジオ・コミュニケーション（ＩＴＵ-Ｒ）
テレコムの規格化（ＩＴＵ-Ｔ）
テレコムの途上国援助

附録3　スケッチ（次頁参照）

附録4　条文

ＧＡＴＳの「レファレンス・ペーパー」(※)
ヨーロッパ共同体とその構成国の付加的義務(BGBl. 1997 II S. 2000.)
一　競争保護のための定め（競争のためのセイフガード）
一・一　テレコムにおける競争違反の実務の阻止
単独または共同で主たる提供者となる提供者が競争違反の実務を採用しまたはさらに追求するのも妨げるために、適切が措置が留保される。
一・二　省略
二　インターコネクション
省略

自由化以前

国際レベル	国際テレコム連合（ITU） 主権国家の調整
国内レベル	国の（独占）行政 法的規制なし

自由化後

（ドイツ）

国際レベル	国際テレコム連合（ITU） W(A)RC	世界貿易機関（WTO） GATS
（ヨーロッパレベル）	（EG 指令）	
国内レベル	テレコム法（TKG）	競争制限法（GWG）
	連邦経済省（BNWi）	
	テレコムと郵便の規制官庁（RegTP）	連邦カルテル庁
	テレコム企業：ドイツテレコム株式会社、D2 ボーターフォン等	

（日本）

国際レベル	国際テレコム連合（ITU） W(A)RC	世界貿易機関（WTO） GATS
国内レベル	総務省（以前は、郵政省、MPT）	
	テレコム企業：日本電信電話会社（NTT）、ケーディーディーアイ（KDDI）ほか	

三　普遍的サーヴィス
各構成国は、望む場合には、普遍的サーヴィスを行うための義務の態様を確定する権利を有する。この義務は、それが透明に、差別的でなくかつ競争上中立に管理され、構成国が定めた普遍的サーヴィスの態様に関して必要以上に負担を負わせるものでない場合には、当然には競争違反とは見なされない。
四　認可基準への公的アクセス可能性
ライセンスがが必要な場合、次の事項は公的にアクセス可能とされる。
(一)　すべてのライセンス基準と、ライセンスに関する決定を行うために通常必要な期間
(二)　個々のライセンスの条件
ライセンス拒絶の理由は求めに応じて申請者に通知される。
五　独立の規制機関
規制官庁は基礎テレコムサーヴィスのあらゆる提供者から切離され、この提供者には責任を負わない。規制機関の決定と手続は市場参入者に関して公平である。

※　これはドイツ語および英語で完全に、*Ch. Tietje*, in : Grabitz/M. Hilf（Hrsg.）, Das Recht ser Europäischen Union, Bd. 2（EG-Sekundärrecht, E. Außenwirtschaftrecht, hrsg. von H. G. Krenzler）, Stand Juli 2000, E 27 Rn. 259 にも転載されている。

テレコム法（TKG）
一九九六年七月二五日（BGBl. I S. 1120）
第一条　この法律の目的
この法律の目的は、テレコムの領域において競争を促進し、全国をカヴァーする適切かつ十分なサーヴィスを保証し、かつ周波数秩序を定めることにある。

第二条　規制

テレコムと周波数秩序の規制は連邦の高権的任務である。

2　規制の目標は

一　テレコムとラジオ放送の領域における利用者の利益の擁護ならびに電信の秘密の保持

二　テレコム市場での機会均等でよく機能する競争の確保

三　手ごろな値段で全国をカヴァーするテレコムサーヴィスの基本的提供（普遍的サーヴィス）の確保

四　公共施設におけるテレコムサーヴィスの促進

五　ラジオの利益を考慮した上での、周波数の効率的で障害のない利用の確保

六　公共の安全の利益の擁護

3　競争制限禁止法の規定は影響を受けない。

4　連邦国防大臣の高権は影響を受けない。

総務省（以前の郵政省）のホームページは最近 www.soumu.go.jp である。最近ではこれによって日本の法律条文を呼び出すことができる。

情報社会における支配的企業の責任

――オープンアクセスと競争法――

和久井 理子

一 はじめに

現在、競争法には情報通信市場において競争を維持・促進し、それを通じてより質の高いサービスをより多くの人が享受することを可能にする役割が期待されている。情報通信分野では、規模の経済や、利用者が増えるほど財の魅力が増すネットワーク効果のために、支配的地位が形成されやすい。ある種の通信事業については、これまで法律によって独占を認められ、自由化後も支配的な地位を維持する事業者が存在する。競争を維持し促進するためには、これら事業者が支配的地位を濫用し、他者を市場から排除する行為を規制する必要がある。排除・濫用行為の規制は、欧米日の各国・地域で競争法（欧州競争法・米国反トラスト法・日本独禁法）に基づいて、従来から行われてきた。しかし、後に詳しく考察するように、情報通信市場では他の市場とは異なった企業行動が観察され、取引対象が知的財産権で保護されていることがしばしばであり、この分野を規制する事業法が存在するなどの特有の事情があり、解決すべき課題が多い。

本稿では、支配的企業が、他者と合意することなく、一方的に行う排除・濫用行為に対する日・欧・米の規制を検討する。かかる行為の典型は、通信ネットワークや業界で標準的に使われるようになった技術、データベースなど、競争上不可欠な投入要素を支配する事業者が、それへのアクセスを認めないことにより、他者を市場から排除する行為である。この他、アクセスの条件に差異を設けて競争者を不利にする行為や、高額なアクセス料金を課す行為も含まれる。この種の行為を取り出して論じるのは、情報通信事業では、かかる行為の規制がとりわけ必要であると同時に、とりわけ困難だからである。事業者は、原則としては、自らの判断で取引相手を選択し、自由に取引条件を設定できる。取引拒絶や差別、取引条件に対する規制は、こうした自由を制約することになる。合意などの人為的結合を伴っている場合と違って、行為の反競争性の判断や、違法行為の排除が、容易ではないという問題もある。情報通信分野では、後にみるように、これらの問題はさらに深刻になる。しかし、上述のとおり、情報通信分野では支配的地位がしばしば存在・出現するし、自由化後の市場に競争を導入する役割を果たそうとするなら、この種の行為を厳格に律しなければならない。支配的企業が一方的に行う排除・濫用行為への競争法の対応を検討することは、情報化社会における競争法の役割と限界を考える上で、不可欠の作業である。

以下では、まず一般的にこの種の行為に対する現行の規制を整理する。ついで、情報通信事業でそれを適用する際の問題について論じる。次の章では、これら諸課題とそれへの対応を具体的に示す近年の事例・動向を検討する。情報通信ネットワークのグローバルな拡がりは、競争法の国際的調整への関心を以前にも増して強めている。しかるに、排除・濫用行為に対する規制は、国・地域による差異が依然として大きい。終章ではこの差異をふまえ今後進むべき方向の展望を試みる。

二　欧米日における支配的企業の排除・濫用行為規制

1　欧州――支配的地位の濫用

欧州競争法において、本稿の対象とする行為を規制するのはEC条約八二条である。八二条の要件は①一または二以上の企業が関連市場において支配的地位にあること、②その地位を濫用したこと、および③加盟国間の取引がこの濫用により影響を受けることである。欧州競争法は支配的地位の存在をそれ自体で違法とはしない。支配的地位が濫用されることが必要である。この濫用行為は搾取的濫用行為と排除的ないし反競争的濫用行為に大別される。搾取行為とは「通常かつ十分な有効競争が存在していれば享受し得なかっただろう取引上の便益を吸収するような形で支配的地位から生じる機会を利用する行為」(1)であり、条約が濫用行為として例示する「不公正な販売・購入価格、その他条件を課すこと」(八二条a項)と「消費者を害する生産、販売あるいは技術開発の制限を行うこと」(同b項)が典型である。反競争的濫用行為は判例によって認められてきたもので、「市場支配的事業者の存在により、競争がすでに弱まっている市場構造において、通常の競争手段とは異なる手段により、市場に未だに存在している競争の維持、促進を妨げる、支配的事業者」の行為である。(2)

高価格の賦課はこの八二条a項に該当する可能性がある。濫用となるのは、供給される財の「経済的価値」に照らして過度に高い価格を課すことである。(3)費用が計算できるときには、過度に高いかどうかは、費用と販売価格を比較することによって判断される。(4)この八二条a項は取引相手の搾取をそれ自体で濫用とするものである。こうした行為をそれ自体で違法としていることは、米国法と著しく異なる点である。(5)

差別的取扱に関しては、条約が「同等の取引に関して異なる条件を取引相手に適用し、その結果相手を競争上不利な立場におく」ことを明示的に濫用行為としている(八二条c項)。同項に該当するかどうかを判断する際には、排除効果や消費者への悪影響を具体的・個別的に認定することはされていない。欧州裁判所は「歪められない競争のシステム」（EC条約一七条）を保障するには、経済主体間で機会の平等が確保されている必要があるとした。(6)

取引拒絶は通常、反競争的濫用行為として規制される。欧州では反競争的濫用行為の規制でも、行為によって支配的地位を形成・維持・強化することは、一般には要求されない。欧州司法裁判所では、行為の結果が現れる市場で支配的地位が認められない場合であっても、その市場が支配的地位を有する市場と密接な関連を有する市場であって、そこで主要な（leading）地位を占めるときには、八二条違反となることが認められている。(7)ただし、新規に行われた取引申込に対して拒絶した場合であって、他者とも取引しておらず、差別的に取引拒絶したのでもない事例について、欧州司法裁判所は、より慎重な姿勢を示し、当該拒絶によって被拒絶者による競争が完全に排斥され、その拒絶が客観的に正当化できるものでなく、拒絶された投入要素がこれに代わるものが現実にも潜在的にも存在しないために被拒絶者が事業を行う上で不可欠（indispensable）であると認められない限り、濫用には当たらないとした。この判決は、さらに、拒絶対象投入要素を有する者と同程度の規模を持つ者にとっても、その投入要素を自ら構築することが経済的に見合わないことが示されない限り、不可欠とは認められないとした。(8)法務官は、企業が自ら開発した投入要素を自己利用のため保持するのを認めることが長期的な競争促進効果をもち、消費者の利益にもかなうとし、競争法の主要な目的は特定の競争者を擁護することではないと述べつつ、同様の立場を採った。(9)

2　米国——独占化・独占企図

企業が一方的に行う排除行為は、「独占化あるいはその企図（独占化の企図）」を禁じるシャーマン法二条と連邦取引委員会法五条に基づいて規制される。(10)独占化の要件は、①関連市場において独占力を有していることと、

②優れた製品や鋭敏な事業活動、歴史的偶然の結果である成長や発展とは異なる仕方で意図的にその力を得、もしくは維持することである。[11] 独占企図は①取引のいずれかの部分において価格をコントロールし、もしくは競争を破壊しようとする特定の意図をもって、②違法な目的を達成することに向けられた略奪的もしくは反競争的な行為を行い、③それに成功する蓋然性が危険なまでにあることを要件とする。[12]

上述の独占力・独占企図の要件に照らせば、競争者を排除したというのでは不十分だし、市場で有利な立場に立ったというのでも十分でない。高価格をつけることはそれ自体では違法とならない。[13] 行為が反競争的であり、その行為がいかに独占力を獲得・維持するものなのかの主張・立証が必要である。反競争性の一つの目安に、短期的に利潤を増大させる行為かどうかというものがある。これは短期的に見れば別の行動を取った方が利益になるにもかかわらず、敢えてその行為を行うときには、長期的に、排除を通じて独占利潤を獲得しようとして不当な行為を行っているのだとするものである。[14]

これらとは異なり、控訴裁判所の判決には、一市場で独占力を有し、当該独占力を用いて、別個の市場で競争を閉鎖し、競争上有利に立ち、あるいは競争者を破壊することもシャーマン法二条違反たりうるとしたものがある（レバレッジ規制）。[15] この判決は、独占力の獲得・維持もその蓋然性も不要とした点で顕著だった。しかし、この後、この解釈を採ることを、いくつかの巡回区は拒否しており、最高裁も消極的であると見られている。[16]

シャーマン法二条の下で唱えられたもう一つの法理が「エッセンシャル・ファシリティ原則（essential facility doctrine）」である。これは必須の投入要素を支配する者に対して、当該投入要素に他者が合理的条件でアクセスすることを認めることを命じる原則である。要件は次のように整理されている。①独占者による必須の投入要素の支配、②当該商品の利用を希望する競争者にとって、同種の投入要素をもう一つつくることが現実的・合理的に見て不可能であること、③当該競争者に対して当該投入要素の利用を拒絶していること、④投入要素のアクセスを認めることが独占者に取って実現可能であること。[17]

この原則においても独占力の形成等は要件でない。さらに合理的な条件での取引が命じられることとなる。この原則は、そもそもは、希少な資源や自然に由来する独占を、公益事業者（public utility）が規制されるのと同様に、規制するものとして提示されたものである。独占力の獲得・維持行為とは区別される、合法に獲得された独占力の不当な行使を対象にするものとされ、拒絶が競争者に対するものであるかどうかも問われないとされていた。[18]下級審では、この原則を否定しないまでも、慎重な態度を示し、競争者に対する拒絶であることを要求するようになった。さらに、ある巡回区では「必須性」について、取引拒絶者に川下市場での競争を排斥（eliminate）できる力を与える程度に必須でなければならないとした。[19]しかしなお学説有力説は、独占化・独占企図とは別にこの原則を認めることに反対し、[20]認めるにしてもより厳しい条件を付すべきだとする。[21]

3　日本――私的独占・不公正な取引方法

他者を排除することによって競争を実質的に制限することは、「私的独占」として独禁法三条前段により禁じられている。「競争を実質的に制限する」とは「競争自体が減少して、特定の事業者又は事業者集団がその意思で、ある程度自由に、価格、品質、数量、その他各般の条件を左右することによって、市場を支配することができる状態をもたらすこと」である。[22]この市場を支配する力は市場支配力といわれ、競争の実質的制限とはつまり市場支配力を形成・維持・強化することである。ここでの「排除」とは、反競争的、人為的あるいは不当な排除である。排除を伴わない競争はあり得えず、価格や品質において劣る事業者が市場から駆逐されるのは、競争の必然の結果である。より安く、より良い商品を提供しようとして、取引相手を選択し、取引条件を決定していく結果、一定の者が排除されても、こうした選択や決定は非難されない。私的独占における排除とは、こうした競争の通常の過程で生じるのでない排除を意味すると解されている。

排除行為は「不公正な取引方法」としても規制される（独禁法一九条）。不公正な取引方法は、公取委によって指定されており、その中には、取引拒絶（公取委一般指定二項）、差別対価（三項）、差別的取扱（四項）であって、不当なものが、挙げられている。不当とは公正競争を阻害することを意味する。これら行為類型においては、自由競争を減殺することによる公正競争の阻害が主として考えられており、正当な理由なく他者から競争の機会を奪えば、かかる公正競争阻害性が認められるとされてきた(23)。

高い価格の賦課それ自体の違法性は明らかでない。独禁法二条九項五号は「自己の取引上の地位を不当に利用して相手方と取引すること」に該当する行為が不公正な取引方法たりうるとし、これに基づいて公取委は正常な商慣習に照らして不当に相手に不利益となるように取引条件を設定することなどを「不公正な取引方法」として指定している（一般指定一四項）。しかし、高い価格をつけることが「正常な商慣習に照らして不当」な取引条件になるのかどうかは、欧州競争法八二条a項のようには明らかではない。高い価格をつけることが、それ自体で私的独占や不公正な取引方法に当たるとされたこともない。

これら不当な行為が行われているかどうかにかかわらず、価格が高止まりしているなど、弊害が顕著な場合には、公取委は競争回復措置を命じうる（独禁法八条四項（独占的状態に対する措置））。この措置をとるためには、問題の商品・役務類の国内総供給価額が一〇〇〇億円を超え、一企業がその商品・役務類において五〇％超の占拠率を占め、問題の事業分野への新規参入が著しく困難であり、相当期間において価格が下方硬直的であるなどの顕著な弊害がみられることが必要である。反競争行為を認定することなく、営業譲渡等を含む措置を命じ、市場の構造に直接に介入する規制であることから、純粋構造規制と呼ばれている。発動されたことはない。

4 小括

以上の検討が示すように、支配的事業者の排除・濫用行為に対する規制は、国・地域によって相当に差異がある。いずれの法の下でも、通常の行為規制においては、市場において一定の地位を占めているだけでは足りず、何らかの不当な行為を行っていなければならない。しかし何を不当とするかは異なる。米国では、高い価格をつけることそれ自体は違法ではない。独占力を獲得・維持するという顕著な影響を与える蓋然性が要求されている。これに対して、欧州では、支配的地位を用いて高い価格をつけ取引相手を搾取することをそれ自体で濫用とし、差別に対する規制も厳しい。日本では、搾取行為の評価などに不明なところはあるものの、正当な理由なく競争の機会を奪ってはならないのが原則である。

この差異は不変のものではないし、この差異を以って支配的事業者に対する規制は欧州で最も厳しいと結論することもできない。こうした比較をするには、通信法に基づく規制も比較しなければならない。比較の対象を競争法に限っても、サンクションの強さや手続、実効性の程度が違う。しかし、現行競争法の実体面での基本的な差異は踏まえておく必要がある。この差異により、情報通信事業において出現する諸事象の意義と、競争法が果たす役割は違ったものとなる。

三　情報通信事業における競争と競争法適用上の課題

本章では、前章の検討をふまえて情報通信事業における競争の特徴が、各国・地域の競争法にどのような課題を提起しているかを明らかにし検討する。

1　市場分析

米国と日本の私的独占規制では、影響の及ぶ市場における独占力・市場支配力形成・維持・強化の効果を分析する必要がある。欧州では、行為を行う者が、行為に関連するいずれかの市場で支配的地位を有していることを認定する必要がある。日本の不公正な取引方法の規制では、競争機会の奪取が生じそうかどうかを見る必要がある。どの市場で何を見るかは異なるものの、市場分析が必要な点は共通する。市場における地位・力と影響は、通常、需要と供給の代替性によって「関連市場」を画定し、その市場におけるシェアと参入の難易に照らして分析される。

① 規制改革の進行と地位・力の曖昧化

しかし、情報通信事業の一部では、この種の市場分析は、従来は難しくも重要でもなかった。自由化間もない分野では、かつての法定独占者が独占力を有していることが明白だったからである。自由化後、時間が経過するとともに、この地位は揺らいでくる。しかるに、二者寡占の場合など、事業者が単独で市場を支配するのでなくとも、弊害は生じる。現実的な参入の可能性がある場合の方が、投入要素をライバルに渡さないことで新規参入を遅らせる戦略や、ライバルの競争能力・意欲を減じて競争を緩和し独占利潤を獲得する戦略[24]を規制する必要は大きいともいえる。かつての法定独占者が競争法上の地位・力を失うのは何時か。新規参入者が旧法定独占者とともに競争法上の地位・力を有するようになるとされるのは何時か。従来なかった微妙な判断を行う必要に迫られている[25]。

② 技術革新下での市場力

情報通信は技術革新の著しい分野である。技術革新により財の機能や使われ方が変わると、それに伴って競争関係、市場、そこでのシェアと参入可能性は変わる。かつて移動体通信は、音質が悪く利用地域が限られていたために、固定通信と代替関係にはなかった。ケーブルＴＶ用に敷設されたネットワークは、専ら一方向の放送のために利用されていた。現在では、固定電話を持たずに携帯電話を持つ者が増え、ケーブルは双方向のインターネット通信とそれを介した音声電話に使われるようになっている。こうした場合には、技術や市場動向についての専門的知識を駆使して、かかる変化を踏まえて市場を画定し、地位・力を判断しなければならない[26]。

③ ロックイン市場

情報通信分野では「ロックイン市場」も頻繁に問題となる。ロックイン市場の問題とは、商品購入などの投資を行うことにより、ある種の商品の選択に乗換費用（switching cost）がかかるようになり、選択の範囲が限られている顧客が存在するとき、その顧客の選択範囲を関連市場とし、その関連市場で地位・力を認定するかどうかという問題である。通信回線を敷設した結果、その回線に向けたサービスしか選択できなくなっているとき、このサービスがそれだけで関連市場となるのか。あるコンピュータを購入し、それ専用の応用ソフトをそろえた結果、他の基本ソフト用のソフトを使うには多額の乗換費用がかかるようになっているとき、当該コンピュータ専用応用ソフトが関連市場となるのか。情報通信に用いられる商品・サービスは、ネットワークとつなぎ、多数の補完ソフト・補完品を備えて、初めて機能するものが多い。このためにロックインが頻繁に生じる。(27)

規制が積極的に行われることにより、効率的・創造的な生産・流通・サービスシステムの構築が阻害されることが懸念される。しかし、一方では、関係特殊的投資の後に搾取される懸念を弱め、ネットワークの利用を促進し、それを通じてネットワーク効果の出現が促進される可能性もある。

欧州の市場画定に関する告示は、事前の情報の取得可能性と乗換費用を考慮して、ロックイン市場が認められることがあるとした。(28)米国では、最高裁がロックイン市場で独占力が認定される可能性を認め、(29)差戻審では実際にそれが認められた。(30)しかし、その後、下級審でかかる判断がなされた例はなく、学説有力説は判例変更を主張している。(31)日本では、かかる関係特殊的投資を契機として生じる取引相手に対する有利な地位こそが、不公正な取引方法一四項の「優越的地位」だと説明されている。(32)一四項は、自己の取引上の地位が相手方に優越していることを利用した不当行為、中でも継続して取引する相手方に対するそれを「不公正な取引方法」とするものである。ただ、こうした地位が一般的に市場支配力に当たるのかどうかについては、定説がない。

ロックイン市場を関連市場とすると、ロックインの契機となった本体機器（コンピュータなど）の供給者やネットワーク提供者の地位・力が認定されやすくなる。コンピュータ本体やネットワークをめぐる競争は盛んに行っていても、その後提供するアフターサービスや修理、補完品について地位・力を有しているとされる可能性が高くなる。ロックインされた顧客だけを差別して搾取できない場合や、事前に搾取について予測できる場合には、ロックイン後に不当な行為を行うと本体機器市場の競争で不利になるため、不当行為が行われる可能性は低い。そこでこうした場合にはロックイン市場や地位・力を認めないとの立場もありうる。しかしこうした立場に立つとしても、不確実性の大きい情報通信の財については予測は難しく、顧客ごとの対応、つまり差別的取扱も頻繁である。

④　価格以外の要素・イノベーションマーケット

情報通信分野では、アフターサービス、互換性の有無、補完品の選択可能性、改良・アップデートなど、価格以外の要素が重要である。サービスを手控え、技術開発を遅らせるなどの形で現れる力と弊害を識別する必要がある(33)。ただ、これらはもともと数値化しにくいものであり、それを複数考慮して地位・力や影響を判断し、基準を立てるのは容易ではない(34)。

技術革新に関しては、「イノベーションマーケット（技術革新市場）」概念を用いて地位・力あるいは弊害を評価する試みがある。これは研究開発活動と、その研究開発活動が市場支配力を持つことを抑制する研究開発努力と技術・商品によって構成される市場を画定し、その市場での地位・力や影響を、商品市場や技術市場におけるそれとは別に、評価しようというものである。研究開発のスピードを遅らせ、研究開発活動を行わない力として現れる市場支配力の認定が強調され、地位・力の認定に当たっては活動に必要な特定の資産の保有が通常の場合より重視される(35)。かかる地位・力や弊害を律する必要があることは受け容れられている。しかし、実際には研究開発のターゲットがある程度明確にならないと適用できず、将来の商品・技術市場への悪影響とは別に、こうしたイノベーション活動の「市場」を観念する必要性については議論がある(36)。

2　行為の不当性・反競争性

①　「公正な価格」あるいは費用の算定

情報通信分野では費用の計算が難しい。固定費用が高額である上、リスクの大きい開発への投資がかなりの割合を占め、投入要素が関係特殊的・個別的であるため他者との比較可能性が乏しく、技術変化に伴って費用が大きく変わるからである。このことは、搾取的濫用行為を規制する欧州においては、費用に基づく公正な価格の計算が難しいという形で問題となる。米国と日本では、取引拒絶や差別的取扱の正当性を費用に照らして判断する際に問題となる。

「費用」の意味も自明でない。技術の変化に伴って費用が変化するとき、歴史的に実際に発生した費用をもとに計算するか（歴史的費用）、その時点での技術を前提として計算すべきか（将来志向費用）。アクセスを提供することで、競争者が事業を行うことができるようになり、そのためにアクセスを提供しなければ得られただろう利潤が失われるとき、それを「費用」に含めるべきか。固定費用や間接費用の配賦をどうするか。[37] 情報通信事業では、技術変化が激しく、競争者へのアクセス提供による独占利潤逸失の現実的可能性が大きく、インフラストラクチャー・技術開発への投資額が大きいために、いかなる費用概念を取るかは、深刻な問題となる。

②　価格差別・差別的取扱

欧州と日本では、価格差別と差別的取扱は比較的厳しく制限されることとなっており、正当化は費用に差がある場合などに限定的に認められている。米国では、市場へのより程度の強い悪影響が必要であるものの、差別的に行為していることは、反競争性の有力な兆表とされてきた。同等の取引であるにもかかわらず、一方を差別的に扱い、拒絶していれば、排除を通じて独占力を獲得しようとするものであることが疑われるといったようにである。一般に、差別禁止規制が行われると、ある者を排除する際には、ターゲットである者以外についても取引条件を一律に変更しなければならないことになって、排除に必要な費用が増し、排除行為が抑制される。

情報通信においては、顧客ごとに異なる対応が頻繁に行われている。その中には、提供される商品・サービスの内容や費用では説明のつかないものも多い。一つの理由は、顧客情報を管理し、顧客間の裁定取引を防ぎつつ、顧客ごとに異なる価格をつけることが、容易なためである。価格体系の変更も頻繁である。とくに初期に低価格、場合によっては無料で、財を提供して、ネットワーク効果を確立しようとすることが多い(38)。一定のネットワーク効果の確立は、事業を継続するための条件であることが多いし、顧客にとっても利益になる。差別的取扱は、利用を平準化して、ネットワークの効率的利用をはかる上で有益なこともある。しかし、こうした差別の事情を細かく考慮し正当化を認めると差別規制の実効性は弱いものとなる。

③　因果関係

情報通信分野では行為が地位・力の成立にどの程度寄与しているのかを判別しにくい。ネットワーク効果と規模の経済・範囲の経済が顕著であるという財の性質のために、もともと、地位・力が成立しやすいからである(39)。もっとも、行為が地位・力の形成・維持・強化に寄与しなければならないか、どの程度の影響・寄与が必要かについては、日米欧で異なっている。独占力の形成等の蓋然性を要求する米国が最も厳しく要求している。

3　技術開発促進政策あるいは知的財産権との調整

高価格の賦課や取引拒絶、差別的取扱の規制では、企業の行った望ましい活動、とりわけ技術開発活動に対する報酬を得させ、インセンティブを確保する必要性との調整が問題になる。技術取引が関わる事件に、競争法を通常と同じように適用すると、様々な不都合が生じる。真に画期的な新技術には最初は代替物がなく、技術が進歩的なものであればあるほど、地位・力が認定されやすくなる。一度開発してしまえば、その技術を再度利用し、ライセンスする費用は非常に低いため、この費用を基準にすると非常に高い価格をつけていることになる。これに基づいて地位・力を判定すると、地位・力が存在すると認定されることになる。費用に技術開発費用を含めるにしても算定が困難であり、リスクまで考慮すればなおさらである。物理的限界がないため、それを理由とするライセンス拒絶もできない。価格差別はより多くの利潤を顧客から得て開発費用を回収する手段であるし、取引拒絶はより有効に価格差別を行おうとして行われることが多いところ、これらも規制される可能性がある。そこで、高度の技術、とりわけ知的財産法に基づく保護が及ぶ技術については、競争法上、何らかの特別の扱いをすべきではないか、もし問題があるとしても知的財産法上の強制裁定制度や知的財産権の範囲・期間を狭めることなどで対処すべきではないかということが、問題になる。

日本の独禁法は知的財産権の正当な行使には適用されない（独禁法二一条）。しかし、行為の不当性や競争への悪影響が顕著な場合には適用されると解されている。(40) 欧州でも、知的財産権に配慮はするものの、およそ適用しないということではなく、欧州司法裁判所では、差別的にしたのでも、打ち切りでもないライセンス拒絶が違法とされている。(41) この事件では、潜在的な需要のある新商品の出現を妨げ、顧客の需要を満たさなかったことが考慮された。(42) いずれにしても、欧日とも、事例が少なく、限界はまだ明らかでない。

米国では、知的財産権を一方的に行使して他者を排除することは知的財産法によって認められた正当な行為であり、知的財産権が正当に取得されたものである限り、それを行使して排除することは、シャーマン法二条上における排除行為とはならないという原則が受け容れられてきた。これに対して、近年、正当に取得された知的財産権によってカバーされた部品の供給拒絶を二条違反とする控訴裁判所判決が出された。(43) この判決は、ライセンス拒絶は通常は二条違反とならないが、権利行使が真摯に行われたのでない場合は別であるとし、従業員の証言や、知的財産権によってカバーされた部品とそうでない部品を区別なく拒絶していたことに鑑みて、知的財産権を保護しようとしたということは「かこつけ」に過ぎないとして、二条違反を認めた。しかも、この判決は、修理部品と修理サービスからなる「ロックイン市場」（前述）を関連市場とし、そこで被告が独占力を有し、独占化を行ったとしたものだった。学説有力説は激しい批判を加え、(44) 連邦巡回区控訴裁判所はかかる形で動機の内容を問うことはしないとの立場を採っている。(45)

情報通信分野では、インフラストラクチャーや機器にも、それを利用して行われるサービスも、ネットワークの上を行き交う情報も、知的財産権によってカバーされている。知的財産権の行使におよそ競争法を適用しないとすると、情報通信事業に競争法が適用される余地は相当に狭まる。知的財産でカバーされているものの中には、多額の投資を要した実質的に新規な技術も、些細な改良もある。取引対象となる財のどのくらいの割合をカバーしているかも様々である。ネットワーク効果（前述）のために、開発者の投資や技術の価値はそれほどでなくとも、支配的地位を得て、多額の報酬を得ることもある。しかし、一方で、技術開発のインセンティブを確保する必要は大きい。

4 「シュムペータ型競争」論

情報通信事業における財の特質や企業行動の実態にあわせて、この分野ではそもそも競争観を変えるべきではないかとも論じられている。情報通信分野ではイノベーションを行って新しい財を生み出し、市場への導入後、初期には低価格で顧客をひきつけ、ネットワーク効果を出現させて市場を独占し、その間に技術開発と初期の投資を回収し、それからまもなく全く新しい技術が現れて市場を塗り替え、古い技術の独占の意味を奪ってしまうという形態の競争、いわゆる「シュムペータ型の競争」(46) が通常の競争形態なのであり、従来の競争観で地位・力や行為の不当性を裁断するのは適当でないとの議論である。こうした競争観を取ることの意義は、独占力を獲得する目的・効果を持つかどうかで不当性が判断される行為類型について大きい。取引拒絶と差別的取扱はこれに当たる。「シュムペータ型競争」を通常の競争形態と見ることになれば、従来のように関連市場で相当のシェアを占め、価格を上げる目的・効果を持っても、それが相当のものとならない限りは地位・力は認められず、あるいは行為は不当でないなどと論じられることになる。濫用行為についても、地位・力を行使して高価格を課し、時期に応じて価格に差を設けることが、競争法違反でないなどと論じられることになる。(47)

5　事業法・規制当局との関係

事業法とそれを所管する特別の規制機関が存在することも、通信分野の特徴である。欧州では、欧州委員会情報通信総局が設けられ、情報通信指令・規則が出されている。各国には事業規制機関（National Regulatory Authority）が設けられ、欧州法と各国事業法に従って活動している。米国では通信について連邦の排他的管轄が認められ、連邦通信委員会が通信法を運用している。日本では総務省情報通信政策局が電気通信事業法を所管している（二〇〇一年まで郵政省）。かつての事業規制は、一定範囲で独占を認める代わりに、独占力を行使しないよう、価格や品質を直接に規制し、あまねく非差別的にサービスを提供する義務を課していた。規制改革が進むとともに、独占認容と直接規制は後退して、競争を導入するための規制が主となり、競争法と重複する部分が増えている。事業法・事業規制機関と競争法・競争当局とは、並存することも、一方のみが規制することにすることも可能である。事業規制が競争法の一部に取り込まれる例もある。

四　近年の事例・動向

情報通信分野で出現しつつある前述の諸課題は、各競争法において、どのように現れ、どのように解決されようとしているだろうか。本章では近年の主要な事例と動向をとりあげて検討する。

1 欧州

欧州委員会は、一九九九年に電気通信サービスを行う上で必要なネットワークなどのアクセスの提供と提供行為に対して、いかに競争法が適用されるかについての告示を公表した。この中では、高いアクセス料金を課す行為について詳細に説明し、費用を基準として濫用行為かどうかを判断することを改めて明言した(48)。

この告示は差別的取扱に対する厳しい態度も維持した。ただし、インフラストラクチャーの容量が十分に利用されていない場合については、需要量に応じた差別的な価格設定も、この差別が市場の一層の発展に役立ち、かかる差別によって競争が制限されあるいは歪曲されない限りで、正当とされうることを明らかにした(49)。

取引拒絶は三つに分類され、取引停止と差別的取引拒絶は正当化事由がない限り濫用行為に該当するとされた。これに対して、新規の顧客に対する拒絶については、不可欠性、提供側の容量、提供側が需要を満たさず競争ないし新商品・サービスの出現を妨げているという事情の存在、アクセスを要求する側の合理的かつ非差別的な対価を支払う意欲の存在、提供側が新商品・サービス導入のための投資を行っていた場合にはその導入のための十分な時間と機会があったこと、技術的に困難でないことなども考慮するとしている。しかも、アクセスを要求する者のみならず、例外的な競争者を除き、すべての競争者にとって不可欠でなければ、アクセスを許諾することは強制され得ないとする(50)。このように高度の不可欠性を要求したことは、後に出される欧州司法裁判所判決(51)を先取りしたものといえる。もっとも、この点については、かかる厳格な不可欠性を要求すると、自由化後しばらくすると、取引拒絶規制は殆ど機能しなくなるだろうという批判がある(52)。

同告示では、事業法との関係についての考え方も示された(53)。欧州では電気通信指令により相互接続や回線へのアクセス提供とその料金、差別的取扱に関して加盟国が行うべき規制が定められ、それに基づいて各国で規制機関が作られ、規制が行われている。中でも「顕著な市場力を有する事業者」が、告示が出された当時は、競争法上の支配的地位認定の手法・基準とは異なる形式的基準によって定められ、厳しい義務が課されていた。告示では、事業法と競争法とが重複することを認め、両者は整合的に解釈されるべきであるとし、事業法上の手続きと重複して競争法上の審査を欧州委員会が行わないようにするとしつつ、欧州競争当局と各国の事業規制機関とは異なるフレームワークの下で異なる任務を負っているとも述べて、重要な案件や事業法上の手続きが不十分な場合には、競争法に基づいて措置を取ることを躊躇しないとした。ここで、不十分な場合とは、合理的な期間内（通常は六ヶ月）に解決に至らない場合や、仮措置がとられない場合である。

事業規制では、会計制度を整備し、現実の費用に基づいて価格を設定すべき義務が定められている。委員会は、勧告により競争的な価格水準を示してきている。告示は、会計制度の適切な整備により高額のアクセスチャージの賦課をはじめとする濫用行為の認定が容易になるとし、価格水準に関する委員会勧告が競争法を適用する際に考慮されうるとする。(54) これは、競争法を適用する上での事業規制の補完的な働きを示した点でも、欧州における濫用行為規制と事業規制の内容上の親近性を示す点でも興味深い。(55)

ソフトウェア分野では、ＥＣ委員会が、マイクロソフト（ＭＳ）社が同社のパソコンおよびサーバソフトとの相互運用性をもつサーバソフトを開発・提供する上で必要なインターフェイス情報の開示を拒み、差別的選択的開示制度を採用することを通じて、競合ベンダーがＭＳ社と同等の条件で競争できないようにし、パソコン基本ソフト市場からサーバソフト市場へ独占を拡張することにより、競争法に違反したとして、手続を開始している。(56)

2　米　国

マイクロソフト社に対する提訴や情報通信企業らの大型合併に対する条件付認可などに見られるように、米国の競争当局は情報通信分野で反トラスト法を積極的に運用してきた。ＭＳ事件では、同社が取引先に対してブラウザ機能の取り外しを禁じ、排他的契約を結ぶなどして、他社ソフトを排除し、基本ソフト市場での独占を維持したとして、シャーマン法二条違反が認められた[57]。しかし、この過程で、ソフトウェア事業に従来の競争モデルを適用することの是非や、MS社ソフトの現行価格に照らした独占力の存否、同社の行為と独占維持の結果との因果関係が争われ、これを疑問視する側から規制反対論も強力に唱えられて、情報分野において競争法を適用する際の問題が明らかとなった。また、マイクロソフト事件で問題にされたのは、排他的取引や抱合せなど、他社との合意を伴う行為だった。一方的行為規制に米国反トラスト法は上述のとおり消極的であり、競争当局は何らかの合意や合併を問題にするのが通常である。近年の裁判所判決にも見るべき規制例はない。

こうした中で、連邦取引委員会（FTC）がインテル社を技術情報の提供を停止することにより、独占を維持し、FTC法に違反したとして正式審判を開始したのは、注目すべきことだった[58]。FTCによれば、この行為によりインテル社は停止された者の有する特許権などをライセンスするよう圧力をかけ、相手方の競合商品や次世代商品開発のインセンティブをそいで、同社の独占を維持し、将来商品を含む市場での独占化を図った。ただ、ここでもFTCが問題にしたのは、技術情報を提供せず競争を困難にさせたこととというより、それによって圧力をかけて相手方に強制的にライセンスを行わせたことだった[59]。この事件は同意命令によって決着した。

このように消極的な姿勢では、反トラスト法が競争導入に果たす役割は限定的なものたらざるを得ない。米国では、通信企業は、ネットワークの相互接続義務とネットワーク機能をアンバンドル・ベースで提供する義務を負い、接続料金は将来の運用および現行設備の維持・代替にかかる費用に基づいて計算するよう規制されている（将来指向総要素長期増分費用方式）。しかしこれらはいずれも通信法に基づく規制である。事業規制が行われている分野は、常態的な監督を行う専門の規制当局が存在する点でも、事業者が価格規制の効果を回避するために非効率な排除を行いがちだという点でも、一般の分野とは別物とみられてきた[60]。現在、通信法に関しては、高速大容量（ブロードバンド）通信を行う上で不可欠となったケーブル網についてアクセスを認める義務を課すべきかどうかが議論されている[61]。

規制分野に競争を導入する上で独禁法が果たす役割への期待と自覚は大きい。(62)

3　日　本

公取委は、地域通信市場で支配的地位を有する東日本電信電話株式会社（ＮＴＴ東日本）に対して、同社の加入者回線と接続して、インターネット常時接続などに使われるデジタル加入者線（ＤＳＬ）サービスを提供しようとする事業者に対して、接続に必要な情報を開示しないことによって接続を妨げることなどを通じて、新規参入を妨げ、ＤＳＬ事業者の事業活動を困難にし、競争上の地位を不利にしている疑いがあり、私的独占の禁止に反するおそれがあるとして警告を行った（二〇〇〇年一二月二〇日）。

「電気通信事業分野における競争の促進に関する指針」の策定作業も進んでいる（原案公表二〇〇一年九月一四日）。この指針は、公取委と電気通信事業法を所管する総務省が「それぞれの所管範囲について責任を持ちつつ」作成される。指針案は、市場の状況と変化の速さ、財の特性、独占から競争への過渡的状況にあることを前提とすれば、独禁法によって競争制限行為を排除することに加えて、電気通信事業法によって公共性・利用者促進の観点からの規制と公正競争促進のための措置をとっていくことが必要だとし、相互連携をうたっている。独禁法に基づく取引拒絶、差別的取扱、高価格賦課規制に関しては、従来の独禁法解釈・運用（前述）に従ったものとなっている。

規制分野外では、公取委の設置した研究会により、技術標準の形成と利用・ライセンスに関する報告書が出された（二〇〇一年七月二五日）。この報告書は中でもアクセス拒絶について詳細に検討している。本体製品と補完製品から構成されるシステム財のインターフェイス情報については、その情報が知的財産権で保護されている場合であっても、本体製品市場で技術標準を獲得して独占的地位にある者が開示を取りやめ、それによって他の事業者を排除する場合には、私的独占あるいは不公正な取引に該当し得るとしている。共同で標準を策定した後に、その策定への参加者や自社技術が採用されるよう働きかけた者がライセンスを拒絶する場合、とりわけ、策定に参加しながら特許などの存在を隠匿していた者の権利行使も、独禁法違反になりうるとする。高額のライセンス料の賦課については、取引拒絶と同視される場合のほか、標準策定に参加して、技術が取り込まれることを承知しながら、当初は権利主張をせず、他者が転換不可能な設備投資をした後に、法外なライセンス料を要求すれば優越的地位の濫用にあたりうるとする。結論としては消極的ではあるものの、独占的状態に対する措置（前述）の活用やEC条約八二条型の市場支配的地位の濫用規制導入の可能性も検討されている。

五　検　討

支配的事業者による排除・濫用行為については、本稿の検討が示す通り、各国・地域が相当に異なった規制を行っている。今後、この差異が維持されるかどうかはわからない。エッセンシャル・ファシリティ原則やレバレッジ規制が唱えられたことからも明らかなように、米国法は変遷を経験している。欧州では、消費者の利益を重視し、それに資する活動のインセンティブ確保を重視することによって規制を消極化させる動きが見られる。日本では排除・濫用行為規制の基準に不明確なところがある。日本で従来、これら規制に関する基準が不明確なまま済まされてきたのは、どのような立場でも規制すべきと考えるような再販価格の拘束やボイコットが主たる規制対象とされてきたことと、規制の主要な担い手だった公取委が競争に相当の影響がないような事件は行政資源を割くに値しないとして取り上げなかったことが一つの背景になっているとみられる。支配的地位の濫用と市場への悪影響や支配力形成・維持効果の差も十分に意識されずにすまされてきた。しかしこの認識は見直しを迫られている。差止請求制度の導入など、私訴の促進策もとられている。私訴が盛んな米国では、被排除者が原告のかなりの部分を占めており、今後は公取委の事件選択機能やあいまいな了解は機能しなくなる可能性がある。要件・基準が明確にされる中で、規制がより限定的なものとなっていく可能性は否定できない。

しかし、少なくとも当面は、情報通信分野においては、競争法適用上の諸困難、とりわけ行為の影響・因果関係を識別しにくいことと、知的財産権の極端とも見える尊重のために、米国の規制はますます消極的なものとなりそうである。一方、欧州と日本では、競争法によって規制改革後の市場に競争を導入しようとしていることから、競争法の排除・濫用禁止規定は積極的に解釈・運用されるように思われる。そして競争法間の差異は維持されそうに思われる。

米国の判例・学説は、一般的に激しい競争と反競争効果をもつ行為の識別が困難であること、アクセス規制によりアクセスの対象となる財を自ら生産・構築して行われる競争が活発でなくなること、規制すれば取引の条件を設定し監督することになるが、それを特に裁判所が行うのは容易でも適切でもないことを、懸念してきた。企業が単独で行う行為が反競争的であることは少ないと認識しており、独占利潤が参入・増産を招いて独占が自然治癒されることを期待してきた。シャーマン法の目的はあくまで競争あるいは消費者の保護であって、競争者の保護にはないことも、繰り返し確認されてきた(63)。

これに対して、欧州競争法の積極性は、フライブルク学派「オルド自由主義」(Freiburg Ordoliberals) に代表される競争過程を維持するための制度の重要性を強調する思想・伝統、企業結合規制が当初はなく結合後の濫用を規制する必要があったという歴史的事情と、欧州競争法の目的によって、説明されてきた(64)。欧州では、統合市場を競争法を通じて実現しようとしている。統合のためには、企業が国ごとに違った取引スキームを確立し、他者を市場から排除することを通じて、物や人の移動を妨げ市場を細断することを厳しく規制して、他国企業が市場でプレゼンスを占めることを可能とし、消費者の重要度や購買行動を変えていくという、より長期的な視点に立った規制が必要となるとされてきた(65)。

日本では、独占力行使や競争者排除の評価と関わって「公正かつ自由な競争」の意義について、長らく論争が行われてきた。[66]この論争は、独占者の濫用行為規制や、中小企業の保護、競争活動それ自体の保護を、独禁法がどこまで担うべきかに関する立場の違いを反映したものである。一方の立場は、独禁法を市場メカニズムの機能を確保する法律として純化しようとする契機を強く有する。過剰な規制が活発な競争を却って妨げて消費者の利益を損なうことと、広い範囲をカバーしようとするために外延が曖昧となり核たる部分でも実効力を持ちえないことは、確かに懸念すべき事柄ではある。しかし、公正性を強調し、独禁法によってあるべき競争秩序を積極的に実現しようとする立場も支持を集めてきた。

市場や企業行動も国・地域により異なると言われてきた。欧州では、市場が国によって分断され、各国の市場は米国より規模が小さく、そこで独占力が形成・行使されやすいといわれる。欧州に多かった国営・公営企業は、保護主義的な動機に基づいて国籍に基づく差別を行いがちだとも指摘されてきた。[67]日本市場は言語・文化的事情によって隔絶されることがある。「系列」や「企業集団」に代表される企業間の強固なつながりは、反競争的で非効率な市場閉鎖や弱い立場にある企業の搾取といった不当な行為を招きやすいと認識されてきた。

情報通信分野では、競争がグローバル化し、国籍を超えて参入が行われている。規制改革と市場統合が進行するにつれて、欧州固有の事情は薄れてくるだろう。日本では経済の構造改革が進行し、系列・企業集団の弱化・解体現象が観察されている。しかしそれにしても、市場や企業行動の差は、簡単になくなるものではない。シュムペータ型競争論は、資本市場が新規事業に積極的に資金を提供し、イノベーションを基礎とした新規企業が次々に興っては消えていく、破壊的創造が現に活発な米国の現実は反映しているかもしれない。日本では、ここまでのダイナミズムが存在しているとは思われない。いうまでもなく、こうした競争が行われないのは独禁法に理由があるのではない。これは経済的・社会的理由に基づくものであり、競争法を変えたところで、かかるダイナミズムが直ちに実現できるわけではない。こうした状況下では、規制を緩和させる方向に対しては、より慎重とならざるを得ないだろう。事業法と競争法の関係についても、一義的・普遍的な解は存在しない。規制に当たる者の間の情報伝達費用、専門的知識の活用、複数ある政策目標のうち競争政策を責任を持って推進するインセンティブの確保、政治的影響や被規制者の情報・利害からの遮断などを考慮しながら(68)、手続と執行資源、実績、政治的・制度的環境にあわせた解を個別に探っていくしかない。

情報通信事業では、非経済的価値、とりわけ情報の自由な流通を、競争法を適用する上でどの程度考慮するかも、国・地域により立場の違いがあろう。情報通信分野では、社会的・政治的・情報を発信し享受する自由、政治的社会的表現へのアクセス、メディア・通信の多様性を保つこと、国際間の自由な情報流通の保障が要請される。競争法は、競争を活発にして、価格を下げ、品質を向上させることで、こうした要請に応える。それに加えて、排除・濫用行為を規制し、市場の開放性を維持することによっても、貢献しうる。規模の小さい者や外国企業などの多様な者に、市場へのアクセスを確保することは、こうした点からも望ましい。しかし、事業者の保護と市場の開放性の維持は、競争促進と効率性とは矛盾する場合がある。こうした矛盾が生じたときにどちらを重視するか、さらにはそもそもこうした非経済的価値を競争法適用において考慮すべきかどうかについては、色々な考えがありえよう。

国境・地域を越えた情報通信ネットワークの広がりは、競争ルールのハーモナイゼーションへの関心を高めている。しかし、以上の検討に鑑みれば、情報通信事業に限ってみても、排除・濫用行為に関するルールを統一するのは、少なくとも現時点では可能とも適切とも思われない。競争法の目的には差異があってよい。競争促進を通じた消費者利益の確保という同一の目的を追求するのであっても、市場の状況や、企業行動、事業法・知的財産法との関係によって、ルールは違うものとならざるを得ない。一般に排除・濫用行為規制には、他社の排除や高価格の賦課という一見したところ不当とみえる行為であっても、その規制が企業の事業活動・収入獲得に対する重大な制約となり、競争が抑制されて、消費者の不利益となることがあるという難しさがある。情報通信分野では、解決すべき問題はさらに多い。各国・地域の現行法はいずれも一定の合理性を有し、新たな課題については各国・地域とも模索の段階である。地域ごとに様々な解決を試みる余地を残すことが、競争法の発展にも資するのではないか。

地域・国を超えた分析と議論が可能かつ有益であることは、本稿の検討からも明らかである。関連の仕方やその度合いは違うものの、各国・地域とも、共通の課題に直面している。財や企業活動の物理的・普遍的特性に由来する課題については、国・地域を超えた検討と議論が可能である。情報通信の経済的・社会的重要性と、利害を有する強力な企業の存在を背景として、競争政策が政治的、保護主義的あるいは感情的な議論と解決に委ねられることを防ぐためにも冷静な分析と議論が求められている。

（1） Case 27/76, United Brands v. Commission [1978] E.C.R. 207 [249].

（2） Case 85/76, Hoffman-La Roche v. Commission [1979] E.C.R. 461 [91].

（3） Case 26/75, General Motors Continental NV v. Commission [1975] E.C.R. 1367 [12].

（4） Case 27/76, United Brands v. Commission [1978] E.C.R.207 [251].

（5） *Elenor M. Fox*, Monopolization and Dominance in the United States and the European Community, 61 Notre Dame L. Rev. 982. 985 & 993 (1986).

（6） Case C-18/88, GB-Inno-BM [1991] E.C.R. I-5941, para. 25. 差別的取扱は、不利に扱われた者を困難な立場におくとともに、より多くの余剰を取引相手方から獲得する手段ともなる。差別行為の悪性は、競争の歪曲のみならず搾取にも見出されている。See, e.g., *John Temple Lang*, Monopolization and the Definition of "Abuse" of a Dominant Position under Article 86 EEC Treaty, 16 C.M.L.Rev. 345, 358–60 (1979).

（7） Case C-333/94P, Tetra Pak Int'l SA v. Commission, [1996] E.C.R. I-5951 paras. 24-31.

（8） Case C-7/97, Oscar Bronner v. Mediaprint [1998] E.C.R. I-7791.

（9） Opinion of Advocate General Jacobs in Case C-7/97 Oscar Bronner v. Mediaprint [1998] E.C.R. I-7791, paras. 56-58.

(10) ロビンソン・パットマン法が価格差別を規制するが、適用対象は商品（commodity）の販売に限られており、役務と無形の財には適用されないと解されており、本稿の課題との関連は薄いため検討の対象としない。

(11) United States v. Grinnell Corp., 384 U.S. 563, 570-71 (1966).

(12) Spectrum Sports Inc. v. McQuillan, 506 U.S. 447, 546 (1993).

(13) See, e.g., Blue Cross & Blue Shield United v. Marshfield Clinic, 65 F.3d 1406, 1412—13 (7th Cir. 1995))

(14) See Aspen Skiing Co. v. Aspen Highlands Skiing Corp., 472 U.S. 585, 610-11 (1985).

(15) Berkey Photo, Inc. v. Eastman Kodak Co., 603 F.2d 263, 274-75 (2d Cir. 1979).

(16) Fineman v. Armstrong World Industries, 980 F.2d 171, 204-206 (3d Cir. 1992) ; Alaska Airlines, Inc. v. United Airlines, Inc., 948 F.2d 536, 545-49 (9th Cir. 1991) ; *III PHILIP AREEDA & HERBERT HOVENKAMP,* ANTITRUST LAW ¶ 652 (revised ed. 1996).

(17) MCI Comm. Corp. v. AT & T, 708 F.2d 1081, 1132-33 (7th Cir. 1983).

(18) *LAWRENCE ANTHONY SULLIVAN,* HANDBOOK OF THE LAW OF ANTITRUST § 46 & 48 (1977).

(19) Alaska Airlines, Inc. v. United Airlines, Inc., 948 F.2d 536, 544-46 (9th Cir. 1991).

(20) *HERBERT HOVENKAMP,* FEDERAL ANTITRUST POLICY § 7.7 (2d ed. 1999).

(21) *Phillip E. Areeda,* Essential Facilities: An Epithet in Need of Limiting Principles, 58 Antitrust L.J. 841 (1990).

(22) 東京高判昭和二八年一二月九日高裁民集六巻一三号八六八頁。

(23) 独占禁止法研究会報告「不公正な取引方法に関する基本的な考え方」(一九八二年)。

(24) See, e.g., *Robin Cooper Feldman,* Defensive Leveraging in Antitrust, 87 Geo. L.J. 2079 (1999) ; *Janusz A. Ordover, et al.,* Equilibrium Vertical Foreclosure, 80 Am. Econ. Rev. 127 (1990).

(25) *Fod Barnes,* Statement, in EUROPEAN COMPETITION LAW ANNUAL : REGULATING COMMUNICATIONS MARKETS 61-61 (Claus Dieter Ehlermann & Louisa Gosling eds., 2000).

(26) See *David J. Teece & Mary Coleman,* The Meaning of Monopoly : Antitrust Analysis in High-Technology Industries, 43 Antitrust Bull. 801, 804-08 & IV C & E (1998).

(27) *CARL SHAPIRO & HAL R. VARIAN,* INFORMATION RULES 116 (1999).

(28) Commission Notice on the Definition of the Relevant Market for the Purposes of Community Competition Law, O.J. (C372) 5 (9. 12. 1997).

(29) Image Technical Services, Inc. v. Eastman Kodak Co., 504 U.S. 451 (1992).

(30) Image Technical Services, Inc. v. Eastman Kodak Co., 125 F. 3d 119 (9th Cir. 1997).

(31) Herbert Hovenkamp, Post-Chicago Antitrust : A Review and Critique, 2001 Colum. Bus. L. Rev. 257, 299 (2001).

(32) 若杉隆平「不公正な取引方法に関する規制（一）」後藤晃・鈴村興太郎編著『日本の競争政策』（一九九九年・東大出版会）一一九頁以下。

(33) *Robert H. Lande,* Consumer Choice as the Ultimate Goal of Antitrust, 62 U. Pitt. L. Rev. 503, 511-526 (2001).

(34) See *Teece & Coleman,* supra note 26, at 853-57.

(35) Dep't of Justice & Fed. Trade Comm'n, Antitrust Guidelines for the Licensing of Intellectual Property 3. 2. 3 (1995) ; *Richard J. Gilbert & Steven C. Sunshine,* Incorporating Dynamic Efficiency Concerns in Merger Analysis : The Use of Innovation Markets, 63 ANTITRUST L.J. 569 (1995).

(36) 川浜昇「技術革新と独占禁止法」日本経済法学会年報二〇号五八—六三頁（一九九九年）。

(37) *Henry Ergas,* TSLRIC, TELRIC and Other Forms of Forward-Looking Cost Models in Telecoomunications, & Günter Kneips, Access to Networks and Interconnection in REGULATING COMMUNICATIONS MAR-

KETS 105-130 & 166-70.

(38) *SHAPIRO & VARIAN,* supra note 27, at 142-70.

(39) *Mark A. Lemley,* Antitrust and the Internet Standardization Problem, 28 Conn. L. Rev. 1041, 1068-70 (1996).

(40) 公取委「特許・ノウハウライセンス契約に関する独占禁止法上の指針」第二（一九九九年七月）。

(41) See *STEVEN D. ANDERMAN,* EC COMPETITION LAW AND INTELLECTUAL PROPERTY RIGHT § 14 (1998).

(42) Joint Cases C 241—242/91 P, RTE and ITP v. Commission (Magill) [1995] I-E.C.R. 743, para. 54. なお、TV番組のプログラム・リストの複製禁止権という、欧州で一般には承認されていない知的財産権の行使でもあった。

(43) Image Technical Services, Inc. v. Eastman Kodak Co., 125 F.3d 119 (9th Cir. 1997).

(44) *Hovenkamp,* supra note 31, at 294-97.

(45) CSU, L.L.C. v. Xerox Corp. (In re Independent Service Organizations Antitrust Litigation), 203 F.3d 1322, 1327-28 (Fed. Cir. 2000).

(46) *Richard Schmalensee,* Antitrust Issues in Schumpeterian Industries, 90 Am. Econ. Rev. Papers and Proc. 192 (2000) ; *Howard A. Shelanski & J. Gregory Sidak,* Antitrust Divestiture in Network Industries, 68 U. Chi.L. Rev. 1, 10-12 (2001).

(47) シュムペータ型競争論の含意についてはとりわけ次の文献を参照されたい。Note, Antitrust and the Information Age : Section 2 Monopolization Analysis in the New Economy, 114 Harv. L. Rev. 1623 (2001) ; *Christian Ahlborn et. al.,* Competition Policy in the New Economy : Is European Competition Law Up to the Change?. [2001] E.C.L.R. 156, 161-65.

(48) EU Commission, Notice on the Application of the Competition Rules to Access Agreements in the Telecom-

munications Sector, O.J. (C 265) 2 (22. 8. 1998) (hereinafter Access Notice), paras. 105-09.

(49) Access Notice, supra note 48, paras. 120-26 & n. 85.

(50) Access Notice, supra note 48, III § 2. 1.

(51) Case C-7/97 Oscar Bronner v. Mediaprint [1998] E.C.R. I-7791.

(52) *Bernand Amory & Alexandre Verheyden,* Article 82 : Fair and Efficient Terms of Access to 'Bottleneck' Network Facilities?, in REGULATING COMMUNICATIONS MARKETS 74-76.

(53) Access Notice, supra note 48, I.

(54) Access Notice, supra note 48, paras. 71, 98 & 108-09.

(55) なお、この告示と前後して、電気通信指令の大幅な見直し・改正が進行している。改正は、形式基準に基づいて対象事業者を指定し、指定した事項について厳しい提供義務や接続料の義務を課すアプローチを改め、競争法で利用されている市場画定を通じた手法によって対象事業者を特定し（Draft SMP Guidelines on Market Analysis and the Calculation of Significant Market Power, in the Context of the Proposed New Regulatory Framework, COM (2001) 175 (28. 3. 2001))、競争の進行とともに不要になったと見られる非対称規定を廃止しようとしている（Proposal for a Directive of the European Parliament and of the Council on a Common Regulatory Framework for Electronic Communications Networks and Services, COM (2000) 393 (12. 7. 2000)).

(56) See Commission Initiates Additional Proceedings against Microsoft, RAPID (European Commission Press Releases), Aug. 30, 2001.

(57) United States v. Microsoft Corp., 253 F.3d 34 (D.C.Cir. 2001).

(58) In re Intel Corp., Docket No. 9288 (August 3, 1999).

(59) *Robert Pitofsky,* Antitrust and Intellectual Property : Unresolved Issues at the Heart of the New Economy, 16 Berkeley Tech. L.J. 535, 549-50 (2001).

(60) See *Paul L. Joskow & Roger G. Noll,* The Bell Doctrine : Applications in Telecommunications, Electricity,

and Other Network Industries, 51 Stan. L.Rev. 1249 (1999).

(61) *Jim Chen,* The Authority to Regulate Broadband Internet Access over Cable, 16 Berkeley Tech. L.J. 677 (2001).

(62) 政府規制等と競争政策に関する研究会「公益事業分野における規制緩和と競争政策について」(公取委二〇〇一年一月) 参照。

(63) Spectrum Sports v. McQuillan, 506 U.S. 447, 457-59 (1993); Blue Cross & Blue Shield United v. Marshfield Clinic, 65 F.3d 1406, 1412-13 (7th Cir. 1995) ; *III PHILLIP E. AREEDA & HERBERT HOVENKAMP,* ANTITRUST LAW 6B (rev. ed., 1996) ; *IIIA IDEM.,* ANTITRUST LAW § 770 e, § 771 b, & § 774e (1996). 特に困難な判断を陪審に委ねることへの懸念について次の文献を参照。*Hovenkamp,* supra note 31, at 271-75.

(64) *GIULIANO AMATO,* ANTITRUST AND THE BOUNDS OF POWER § 3 & 5 (1997).

(65) 欧州競争法においては、八二条の解釈が、国家の反競争的措置を禁じる八六条の解釈と連動していることも、重要である。八六条は、加盟国が特別あるいは排他的権利を付与した事業者に八二条違反行為を行うよう促すこと (induce) 禁じている。これは加盟国の反競争的措置を抑止するために積極的に用いられており、その中で八二条上の対象行為が広く解釈されるとともに、不当価格や排除行為の判断基準が示されている。

(66) 山部俊文「独占禁止法五〇年―不公正な取引方法の規制―」経済法学会年報四〇号六三頁 (一九九七年)。

(67) *John Temple Lang,* Defining Legitimate Competition : Companies' Duties to Supply Competitors, and Access to Essential Facilities, Annual Proceedings of the Fordham Corporate Law Institute Chap 12 at 280-81 (1994).

(68) *Nils-Henrik M. von der Fehr,* Who Should Be Responsible for Competition Polisy in Regulated Industries? in COMPETITION POLICY ANALYSIS (Einar Hope ed., 2000).

情報社会における国家の役割

フリードリヒ・ショッホ〔守矢健一訳〕

一　国家と社会の関係における構造的重点移動

「情報社会へのドイツの道」という報告書の中で、連邦政府は「情報社会」という概念を、「『情報』というリソースの生産的な扱いと知識集約型生産が卓越した役割を担う」経済＝社会形態の同義語として用い、情報社会は、技術、経済、労働界そして環境の領域における発展と変化においてとくに明瞭になる、という。(1)

1　情報社会の発展

こう叙述されているのは、——たとえば静態的な状態ではなく——明らかにある発展の過程である。これは、「情報社会」という概念の中に——この概念は不鮮明であるにもかかわらず(2)——共同体（Gemeinwesen）における行動・操縦のリソースとしての「情報」の意義の増大を決定的な所見として記述する、意思疎通の目的に適した表現を見出した。(3) よって、「情報社会」に向けた発展の主要な原動力である情報＝コミュニケーション技術（IuK-Technik）の普及と利用を一瞥するのは、やり甲斐のあることである。

(1)　経済および社会の情報化

新たな電子メディアは、そうこうするうちに国民経済全体に効果のある基盤技術となっており、他の技術および技術革新の基礎をなす。(4) この技術およびサーヴィス提供関係のドイツ市場は、二〇〇〇年には約二三〇〇億マルクに達しており、今後五年の間に三〇〇〇億マルク以上に成長するとされる。ＩＴおよびＩｕＫ部門は、こうしてドイツ経済の最大部門の一つに成長する。このような経済的成長と並行して進んでいるのが、国民の間でのインターネットの利用である。二〇〇〇年末にはドイツにおけるインターネット利用者の数は一八〇〇万人であった。さらに増える傾向にある。「二一世紀の情報社会における技術革新と職場」という行動計画により二〇〇五年には、全国民に対するインターネット利用者の割合は四〇パーセントに上がるとされる。(5)

このようなわずかな指摘だけからも、「情報」(6) がどれほど中心的な財なのかということが明らかになる。情報は、いわば新たな「原料」として機能し、それゆえ経済における生産因子であり、同時に変化を促す原動力でもある。しかし、情報は権力的要素でもあり、その結果として、個人にとっては知（Wissen）のための基礎となり、国家にとってはそれが機能するための決定的な条件となる。(7) それゆえ、情報社会に特有のいくつかのメルクマールを一瞥することは、やり甲斐のあることである。

(2)　情報社会の特徴

情報社会への転換の決定的な局面と見なされてよいのは、かつての「行政モデル」から「市場モデル」への移行である。(8) かつては国家（またはその他の公法上の組織）が、たいていの場合独占企業として運営された組織によって、同時にインフラストラクチャーとサーヴィスの提供者として登場したところに、いまや、テレコムサーヴィスを行い電子メディアを支配する民間経済主体がいる。こういった転換過程の多数の前提と結果から、次の五点が強調されるべきである。すなわち、

・情報社会への転換の要点は、以前は国家に留保されていた組織と給付の民営化である。ドイツについて言うと、かような変化への決定的な刺激は、サーヴィス分野における域内市場の完成を目指していたヨーロッパ

共同体の自由化戦略から発した。[9]

・こうして情報部門における経済のダイナミズムに火がつき、これは情報技術の猛烈な発展を導き、市場力の意味の増大を惹起した。ただしドイツでは、法的には、一般競争法の妥当を招いたであろう完全な規制緩和は（これまでのところは）、これに伴わず、新たな市場における強大化（Vermachtung）の傾向を阻止するために（とりわけテレコム法[10]およびメディア法[11]において）部門別の特別規制が行われた。[12]

・市場モデルに負っている情報社会は、決定および行動戦略の経済化の増大に直面している。[13] 経済合理性によって刻印された情報社会のコンセプトにおいては、たとえば、伝統的に行政モデルと結びついていた社会国家的または文化国家的目標観念は、背景に退いてしまう。

・経済的コンセプトの実行はなにより国際競争に支えられる。情報ネットおよび情報サーヴィスのボーダーレス化が起こって既に久しく、それは――インターネットの例に見られるように――情報流通の脱領土化を引き起こす。情報・コミュニケーション部門の市場はグローバリゼーションの諸法則に従っている。[14]

・情報化過程の社会的代償は、専門家の見解によればメディアの収斂[15]によって促進される社会の断片化にあるかもしれない。二〇〇一年七月末に公表された予測によれば、今後一〇年の間に三分の一のドイツ国民がいわゆる情報格差（digital divide）の犠牲になるであろう。[16] 二〇〇一年六月末にドイツ議会に持ち込まれた決議提案においては、社会における情報格差の中に、現代的な情報・コミュニケーションの可能性への参加者と非参加者への社会の社会的分断も認められ、そしてかような社会の分断は、新たな政治的挑戦であり情報社会の知識社会（Wissensgesellschaft）へのさらなる展開を妨げ得るだろうとされる。[17]

急激な技術的発展、市場の力が持つ意味の増大、あらゆる生活領域で進展する経済化、そして情報社会への転換が持つ社会構造的文化的含意、こういったものが法秩序に対するひとつの挑戦でもあることは明らかである。これは、法規範的秩序は情報社会を知るのかどうか、知るとすればどのようにしてか、という問題を提起する。

2　情報社会における国家と法

(1)　情報社会の構造の法秩序による受容

ドイツでは「情報社会」という表現は、現代社会のある特定の現象を一まとめに主題化しようとするが法的な発言力（Aussagekraft）を持たない、発見的な概念（heuristischer Begriff）に過ぎないと見なされている。[18] この用語は、管見の及ぶ限り、（まだ）法律上の概念にはなっていないと言うのは正しい。それでも法秩序は最近では、発展を遂げつつある情報社会の重要な諸現象に反応し、それを法規範の中にとり込んでいる。

ヨーロッパ共同体法は、この用語法をある程度こだわりなく用いている。ヨーロッパのレベルでは、まずは「通知（Mitteilung）」[19] および「決議（Entscheidung）」[20] の形式において「情報社会という」新たな概念を受け入れた。二〇〇〇年六月八日のヨーロッパ共同体電子商取引指令（ECRL）[21] は、今や「情報社会」の概念を明示的に用いており、そこでは［指令の］目標は「情報社会におけるサーヴィス」（ECRL一条）についての域内市場の自由の確保と定式化され、この情報社会のサーヴィスは、「通常有償で遠隔マーケティングの方法で電子的手段により受信者による個別的な呼出（Abruf）を求めて行われるあらゆるサーヴィス」[22] と定義されている。こうして、ヨーロッパ法はドイツにとって概念を作り出す以上のものであることが明らかになったであろう。

ドイツの法律用語においては、この概念は未だ明示的に採用されているわけではない。だが、情報社会の一定の現象が法秩序によって受容されなければならないこと、そして法システムが情報社会の部分領域に構造規定的に作用すべきことについての評価においては実質的に意見の相違は存在しない。たとえば、一九九七年の情報およびコミュニケーションのサーヴィスに関する連邦法（IuKDG）の公式理由書[23] は、この法律の目的を「情報社会への転換」への対応と捉え、情報・コミュニケーションサーヴィスの部門において信頼できる法的基礎がこの転換に与えられなければならない、と述べる。[24] そして二〇〇二年一月一七日までに国内法化されなければならない電子商取引指令に関して、電子商取引に関するある法律について現在出てきている草案についての公式理由書[25]は、ヨーロッパ共同体法の意味における「情報社会のサーヴィス」とはドイツ法によれば電信電話サーヴィスまたはメディアサーヴィスである、と指摘する。[26]

(2) 法の定立および監督に対する国家の責任

以上により国家より上位のヨーロッパ共同体法規範と国内法規範が情報社会とそのサーヴィスとを受け入れたが、そうすると、経済および社会における新たな現象形態に対して国家がどのように対応するのかが問題になる。ここでは、情報社会の時代における国家の役割が根本的に転換したということが、基本的に銘記されなければならない。かつては国家に留保されていた諸組織およびサーヴィスが民営化されたことの当然の帰結として理解されるのは、情報・コミュニケーション部門における国家のサーヴィス提供が終わりを迎えたということである。自由化の進行の中で、従来の国家の履行責任は単なる保証責任に変わった。[27] この保証責任はとりわけ国家による法定立（民間経済行動の枠組）および監督（準則の遵守のコントロール、必要な場合には国家的規制による市場介入）によって表現される。

市場で起こる事象に対する国家的規制（法定立によってであれ、官庁による監督によってであれ）が原則的に許容されることには、ドイツでは争いがない。情報・コミュニケーション部門におけるヨーロッパ共同体指令の国内法への転換は、ヨーロッパ法上の義務である（ヨーロッパ共同体条約二四九条三項）。基本法は、国家に対し、自由で法治国家的に起草された情報法（Informationsordnung）の実施に対する一種の「憲法上の保証人の地位」を割り当てており、これは、国家組織法（基本法八七条以下、民主主義と社会国家の要請）からも、また客観的基本権保護、とりわけ基本権の保護義務からも生ずる。[28] 情報の不均衡および不均整は、たとえばメディアの集中の抑止の際、または、若年者保護やデータ保護、消費者保護における最低基準の実施の際の国家的行為を正当化し得る。民営化された情報・コミュニケーション部門では、国家には、情報源および情報サーヴィスへのアクセスの開放という繊細な領域において特別の責任が生ずる。連邦憲法裁判所の判決によれば、[29]その限りで、公法による特別な規制が正統化される。民事法によるとすると、その構造的な弱点により、たとえば情報へのアクセスが私的自治を根拠に（情報の）権利保持者の意思にかからしめられ、それによって公共の福祉の利益[30]あるいは第三者の正当な利益[31]よりもその権利保持者の個人的利益を優先される可能性が権利保持者のために認められるからである。

二　情報社会における国家的行為の諸条件

国家が法定立および官庁による規制を通じて、以前とは異なるその任務を、どのように具体的に果たすのかという問題は、原則的な任務の割当てをしただけでは、通常未だ決定されているわけではない。[32]他方で、国家による［情報社会の］形成権限（Gestaltungskompetenz）は、諸条件や拘束を完全に免れてはいない。秩序を与えるべき現実領域に由来する事実的所与もあれば、上位の法に発する法的な決定因子も存在する。

1　現実領域——発展と構造

情報社会の事実的諸条件として、デジタル化およびデータ圧縮化を基礎とした技術発展が認識されなければならない。[33]この技術発展は、リソースの増大によって、電子メディアにおける伝達の容量の限界を消し去ってしまい、[34]インフラストラクチャー（伝達手段）とサーヴィス（コミュニケーションの実質）の収斂（Konvergenz）に至り、[35]最後に法体系にとって構成的に作用する、個人のコミュニケーションと大量コミュニケーションとの分離線を不明瞭にしてしまっている。[36]このことが国家の行為選択に対して及ぼす影響には深甚なものがあり得よう。依然として世論形成にあたって中心的な役割を担っているラジオ放送を法的に特別取扱いするための根拠は、無くなるかもしれない[37]。（ラジオ、メディアサーヴィス、電信電話サーヴィスといった）サーヴィスの類型による機械的区別は、――ドイツにおいては内容的な規制の尺度としてのみならず[38]、連邦とラントへの立法管轄の配分にとっても基準となっているが[39]――時代遅れになるかもしれない[40]。

技術的に基礎づけられた収斂から、諸市場の収斂が続いて起こる。情報部門において、企業の提携や集中のプロセスが看取される。すなわち縦横両方向のパートナーシップや統合、新たな企業が業種を越えてサーヴィス提供者として登場する[41]。それに伴って国家的監督責任にとって生ずる課題は、明白である。

国家は、インターネットによって特別の挑戦に曝されている。インターネットは国境を知らないし、それが非中心的な組織構造を持っているのでこれを支配することができず、公的なコミュニケーションと私的なそれとの境界も消し去ってしまう。［国家的な］法定立と統制の限界は明らかである[42]。とはいえ、インターネットは法から自由な領域であるべきではない[43]。刑法的に問題となる内容、コンピューター犯罪、消費者保護、データ保護およびデータの安全性は、インターネットにも法規制が必要なことを証する僅かな例に過ぎない。効果的なインターネット法にとって特別の困難は、インターネットが国境を越えてしまうという構造を有することだけでなく、インターネットが範囲を画しうる法領域でないということからも生じる。それは領域を横断する素材という意味で、すべての古典的法領域（民事法、公法、刑法）が問題になってくるのである[44]。

2　ヨーロッパ法――基準と拘束

情報社会を法的に形成する際のドイツの役割にとって、ヨーロッパ法の影響（ヨーロッパ法、ヨーロッパ人権委員会規約一〇条）が加わる。ヨーロッパ法は目的基準を立て、それどころか部分的には動向を大きく左右する決定をなすことによって展開するのであり、ドイツの立法者はこれらを無視することはできない。以下の三つの例によって、この所見をわかりやすく説明しよう。すなわち、

・ヨーロッパ共同体テレビ指令(45)によれば、いわゆる送信国主義（Sendestaatsprinzip）が妥当する。これによれば、テレビ放送者が現行法を遵守しているかどうかのコントロールは、ヨーロッパ共同体加盟国のなかの送信国の責務である。よって、受信国は原則として、その限りで自らコントロールを行う権限を有しない(46)。むしろ受信国は、他のヨーロッパ共同体加盟国から届いたライセンス番組が妨害なくさらに伝播されることを保証しなければならない(47)。

・二〇〇〇年六月の電子商取引指令(48)は、サーヴィス部門についても、いわゆる出自国主義（Herkunftsland-prinzip）を導入した（ECRL 三条）。それによれば、情報社会のサーヴィスを国境を越えて提供する場合、原則としてに、サーヴィスの提供者の居住するヨーロッパ共同体加盟国の法的要求（のみ）を顧慮すれば足りる(49)。

・電子商取引指令は、さらに、ドイツ法において重要な区別、すなわち一般を名宛人とし、ラントによって規制されているメディアサーヴィスと、個人のコミュニケーションに関し連邦法による規律を受けている電信電話サーヴィスとの区別を知らない(50)。このことは、複雑なドイツのシステムにつき再考するきっかけになり得よう(51)。

このようなほんの数例だけからも、ドイツは、情報社会の形成に関しても自給的に国家法を作ることができないことが明らかである。ヨーロッパ共同体法が国内法に及ぼす影響は、連邦制国家原則の基本問題にまで及ぶ。

三　行為のコンセプトと行為の選択

事実的諸要因とヨーロッパ法とによって画された枠組のなかでのみ、国家は、情報社会における法定立と監督の責任を果たすことができる。情報社会は核心部分において市場経済的な構造を有するが、しかしながら、公的利益および第三者保護の必要性は妥当させられなければならないので、国家的規律および国家的コントロールは正統である（legitimationsfähig）が、またそれは理由づけを必要とする（begründungsbedürftig）ものでもある。国家の役割をより精確に捉え、合理的に議論できるためには、規律の目標とその根拠、規律のコンセプトならびに秩序枠組のモデルが、区別されるべきであろう。この段階的システムにおいて――本稿ではなし得ないけれども――個々の内容的な問題が論じられ、答えられなければならない。

1　規制目標と規制の根拠

ドイツの情報法制は、各部門に特有の性格（eine sektorspezifische Ausprägung）を有している（テレコミュニケーション法、ラジオ法、メディアサーヴィス法、電信電話サーヴィス法、出版法）。関係法律には、国家による規律の目的と規制目標が明示されている。[52]とくにラジオについては、マスメディアによるコミュニケーションの自由を、多様性の確保によって保障するという憲法裁判所の要請が加わる。[53]学問的な議論においては、最近提唱されているのは、国家法を体系的に見て実質に即した形で投入する（der systematisch sachangemessener Einsatz）ために実定法から離れること、そして次の諸利益の保護を区別することである。[54]

・コミュニケーション関連諸利益（たとえば多様性の確保、コミュニケーションの機会均等、インフラストラクチャーの確保）、

・コミュニケーション非関連諸利益（たとえば若年者保護、消費者保護、データ保護、人格権保護、知的財産権保護）、

・その他の利益（データの安全性、技術革新の促進）、

包括的目標として、基本権要件の保護（Grundrechtsvoraussetzungsschutz）の国家的配慮（die staatliche Pflege）を付け加えるべきであろう。[55]国家は公共の福祉を独占するのでなく、公共の福祉の実現は国家と社会の

分業的責任になるから、情報社会において国家が単なる保証人の地位に後退するのであれば基本権保護機能のために、個人が全体社会のなかで自由に協力し共同形成する可能性が保持されるよう（私）法によって配慮されなければならない。[56]

これらの目標および類似の目標は、おのおのの市場の固有の合理性に源を発する規制根拠によって支えられることができる。ドイツにおいては、情報コミュニケーション部門についての暫定的分析（ergebnisoffene Analyse）を行えば、一連の問題領域において国家行為の需要がある。三つの例だけ挙げれば十分である。すなわち、

・インフラストラクチャーの面では、電子ネットが民営化された後には、情報・コミュニケーションネットへのアクセスが中心的な問題になる。[57]（適切な条件での）ネットへのアクセスを規制することはドイツにおいて――ヨーロッパの他の国においてもそうであるが[58]――喫緊の国家的課題である。[59]

・内容へのアクセスについても状況は似ている。[60] かつて公的にアクセス可能であった情報源の民営化は、（基本法五条一項一文に定める）情報への一般的アクセス可能性を、私人の処分権に置く。[61] 憲法裁判所は、自由な情報活動と情報への自由なアクセスの保障が基本法の本質的な関心事をなすことをはっきりと想起させなければならなかった。[62]

・情報社会の発展にとって決定的な意味を持つのは、情報とデータの保護および安全性であろう。[63] 国家法は一定の（最低）基準を設定することにより、そうすることを求められている。これについてドイツでは、第一歩が記されている。データの安全性のために、二〇〇一年五月にヨーロッパ共同体署名指令[64]を国内法化する新署名法が公布された。[65] ただ、データ保全の領域では、二〇〇一年五月に議決された新連邦データ保護法[66]においては、根本的な改革は懈怠され、先送りにされた。[67]

重要なのは、規制目標と規制根拠がその都度の問題領域から個別的に出てくることである。だとすれば、情報社会がそれを切実に必要としているところの、受容促進作用が国家法のために得られる。

2　規制のコンセプト

規制のコンセプトに関し、ヨーロッパ共同体の委員会とドイツ連邦政府とで考え方に開きがある。ヨーロッパ法の見方では、情報・コミュニケーション市場のより一層の自由化と規制緩和、部門に特有の規制コンセプトからの離別、強く経済法的、競争法的に刻印づけられた水平的なコンセプトの導入が考えられるのに対し[68]、ドイツ連邦政府は、現状維持に好意的で、せいぜい一部の部門において慎重な変化に賛成するに過ぎない[69]。このように変革に対して腰の引けた態度は、主として政治的な要因からであり、また情報秩序における法定立の権限割当についての連邦とラントとの妥協から発している。ラントは、その「地域政治（Standortpolitik）」において連邦に対する権力の喪失を恐れるからである[70]。

学問において議論されている規制コンセプトは、インターネット法について提案されている可能な諸モデルを見ると明らかになる。類型的に、以下のような区別をすることができる。

・法化モデルは、国内的および国際的なレベルでの規範によるインターネット規制に賭けるのであるが、国際的な合意を取り付けることの困難に晒されており、インターネットを規制する規範の実施可能性の問題に直面する。

・自己管理モデルは、国家的な規範設定は全然うまくいかないだろうと考え、一定の行為規範の生成についてのネットワーク運営者、サーヴィス提供者および利用者のコンセンサスを当てにする。もちろん、このモデルはかなりの調整の必要を認めざるを得ないところ、プロヴァイダー、オンラインサーヴィス業者および利用者の全く相反する経済的利益は否定することができない。

・利用者保護モデルは、インターネットにおけるコミュニケーションの内容を原則として市場ルール（供給と需要）、およびその自浄能力に委ねるが、市場不均衡がある場合、または重要な公共の利益（たとえば若年者保護、犯罪の防止、営業権の保護）の貫徹のために、法的な規制が必要なことを承認する。しかし、国家的な規制を正統化する「例外事例」をまさにどのような場合に認めることができるのかを（未だ）述べることはできない[71]。

情報社会における国家的法定立についての極端な諸提案は適切でないことは、誰も否定しないであろう。ヨーロッパ共同体委員会が提案したコンセプトが将来性を有する（zukunftsfähig）ことが明らかになるかもしれない。そのコンセプトとは、競争的組織に向けられ、——必要な市場統制の意味において——重要な公共の利益を定義し保護する、情報・コミュニケーション部門のための、一貫した法的枠組を生み出すことである[72]。

3　国家と社会の責任分担

このような出発点に立つと、国家は情報社会における、そして情報社会のための、その役割を新たに定義し直さなければならない。国家はなによりも、負担を引き受け過ぎないように気をつけ、現実に知らないのに知ったかぶりをしてはならないであろう。国家は情報社会において存在する規制資源、監督資源、そしてコントロール資源を役立て、情報社会との間で責任の分担をしなければならない。

情報社会への道は、すでに示したように、民営化および規制緩和と結びついている。国家的規制および監督という任務は、組織構造がどのようなものであろうとも、既存の法規制の有効なコントロールを保証することはできない。それにとどまらず、必要な準則の形成および法定立の際に、すでに国家は部分的に過大な要求を受けている。

このことは、インターネットの例によってとりわけ明瞭になる[73]。インターネットに関しても「無法地帯」は理性的な見通しを与えないことがはっきりしているので、様々な形式の自己規制および自己制御が形成されてきた[74]。もっとも、これは、問題を解決する（のを助ける）ばかりでなく、問題を提出することもある[75]。基本的に問題になっているのは、高権的な規制から社会による自己規制にまで及ぶが、しかし高権的に規制された社会的自己規律をも計算に入れる、そして初めから混合形態を排除しない、様々なタイプの規制コンセプトの展開である。[76]慎重に「中庸の線（mittlere Linie）」が浸透していくように思われる。もっとも、この線の正確なモデルイメージは、これから練り上げられなければならない。[77]社会的な自己規制と自己制御を一層強く取り入れることに対する疑念に対しては、国家に対する過大要求の恐れを指摘することによって難なく対抗することができるであろう。社会的な自治組織についてのあまりにも楽観的な期待[78]に対しては、刑法上の責任の例だけで分かるように、情報社会においても国家的な枠組条件がないとよくないと言い返すことが許されよう。したがって、この見通しは事実、国家と社会との新たな責任分担を示唆していよう。

電子メディアの秩序は、情報社会においては、国家（超国家的、および国際的組織を含む）と社会との間の一種の協働的規制（Co-Regulierung）を示唆するものであろう。[79]現代の法律（Gesetzeswerke）中には、そのような注意深い端緒が見られる。メディアサーヴィスに関する条約（Mediendienste-Staatsvertrag（MDStV））から、例として、営業的メディアサーヴィス提供者による若年者保護受託者の選任（MDStV 八条五項一文）や、――自由選択の――自発的自主規制制度（同八条五項五文）、ならびにメディアサーヴィス法におけるデータ保護監査（同一七条）を挙げさせていただきたい。商事団体、職業団体、消費者団体等による行動典範の作成が電子商取引指令一六条によって刺激されたことも注目に値する。その他の形態も体系的に調査され、展開されなければならないであろう。[80]こうして、必要不可欠な国家法を補完し得るような情報秩序のいくつかの「礎石」（Bausteine）が出来上がるのではないか。だが、その他の点では、かなり大きな自由（ein größes Stück Freiheit）が自己責任で情報社会の利用に委ねられるであろう。これは民営化と自由化の避けがたい帰結であるが、今日を生きる多くの人たちは、まず、この帰結に慣れなければならないであろう。

（1）Bericht der Bundesregierung, Info 2000 – Deutschlands Weg in die Informationsgesellschaft, BT-Drucks. 13/4000 S. 15.

（2）それゆえ、*Trute*, Öffentlich-rechtliche Rahmenbedingungen einer Informationsordnung, VVDStRL 57 (1998), 216 (218) は、この用語使用に批判的。

（3）*Hoffmann-Riem*, Verwaltungsrecht in der Informationsgesellschaft – Einleitende Problemskizze, in: ders./Schmidt-Aßmann (Hrsg.), Verwaltungsrecht in der Informationsgesellschaft, 2000, S. 9 (10 f.).

（4）これについて、また、以下の叙述についても、Entschließungsantrag von SPD und BÜDNIS 90/Die GRÜNEN, BT-Drucks. 14/5246 vom 07.02.2001 "Deutschlands Wirtschaft in der Informationsgesellschaft"を参照せよ。

（5）Monopolkommission, 13. Hauptgutachten, BT-Drucks. 14/4002 Tz. 71.

（6）情報概念の個々の論点については *Lenk*, Außerrechtliche Grundlagen für das Verwaltungsrecht in der Informationsgesellschaft, in: Hoffmann-Riem/Schmidt-Aßmann (Hrsg.), Verwaltungsrecht in der Informationsgesellschaft, 2000, S. 59 (69 ff).

（7）*Schoch*, Öffentlich-rechtliche Rahmenbedingungen einer Informationsordnung, VVDStRL 57 (1998) 158 (168, 179).

（8）これの個別的論点については、*Schoch*, Verantwortungsteilung in einer staatlich zu regelnden Informationsordnung, in: Schuppert (Hrsg.), Jenseits von Privatisierung und "schlankem" Staat, 1999, S. 221 (225 ff.).

（9）このことに基礎を置いて、テレコム市場を、競争を意識しつつ、新たに秩序化していくことについて、法的観点から扱ったものとして、*Scherer*, Die Entwicklung des Telekommunikationsrechts in den Jahren 1998 und 1999, NJW 2000, 772 ff.

（10）これに規定された、部門特有の市場監視につき、*Schroeder*, Telekommunikationsgesetz und GWB, WuV 1999, 14 ff.; *Immenga*, Auslegung des Marktbeherrschungsbegriffs im TKG, MMR 2000, 141 ff.; 批判的なのは

Knieps, Rückführung sektorspezifischer Regulierung auf dem deutschen TK-Markt, MMR 2000, 266 ff.

(11) 有益なのは、Kommission zur Ermittlung der Konzentration im Medienbereich (KEK), Bericht zur fortschreitenden Medienkonzentration im Zeichen der Konvergenz, 2000.

(12) Kommission zur Ermittlung der Konzentration im Medienbereich (KEK), Bericht zur fortschreitenden Medienkonzentration im Zeichen der Konvergenz, 2000 は有益。

(13) 因みに、同様のことは、行政および行政法についても妥当する。Die Verwaltung, Bd. 34 Heft 3 (2001) 所収の以下の論考を参照、*J.-P. Schneider*, Zur Ökonomisierung von Verwaltungsrecht und Verwaltungsrechtswissenschaft, S. 317 ff.; *Voßkuhle*, „Ökonomisierung" des Verwaltungsverfahrens, S. 347 ff.; *Groß*, Ökonomisierung der Verwaltungsgerichtsbarkeit und des Verwaltungsprozessrechts, S. 371 ff.

(14) かかる現象の背景につきSchoch (N. 7), VVDStRL 57 (1998), 158 (171 f., 175 f.).

(15) これについて基礎的なのはGrünbuch der EG-Kommission zur Konvergenz der Branchen Telekommunikation, Medien und Informationstechnologie und ihren ordnungspolitischen Auswirkungen - Ein Schritt in Richtung Informationsgesellschaft, KOM (97), 623.

(16) Studie der Prognos AG „Werbemarkt 2011", vgl. epd medien Nr. 61 vom 04.08.2001, S. 19 (20).

(17) Vgl. BT-Drucks. 14/6374.

(18) *Hoffmann-Riem*, a.a.O. (N. 3), S. 10 f.

(19) Mitteilung der EG-Kommission vom 19.07.1994 „Europas Weg in die Informationsgesellschaft-Ein Aktionsplan".

(20) Entscheidung Nr. 1336/97/EG des Europäischen Parlaments und des Rates vom 17.06.1997 über Leitlinien für transeuropäische Telekommunikationsnetze (ABlEG Nr. L 183/12 vom 11.07.1997). この決議はその「考慮根拠 その1 (Erwägungsgrund Nr. 1)」において「情報社会」をインフラの観点から以下のように描いている。「全ての市民、企業および官庁が、必要な情報を獲得するために、[情報関連インフラの] 利用やサーヴィスやテレ

コムネットの発展が決定的な意味を持つような社会が情報社会である」。

(21) Richtlinie 2000/31/EG des Europäischen Parlaments und des Rates vom 8. Juni 2000 über bestimmte rechtliche Aspekte der Dienste der Informationsgesellschaft, insbesondere des elektronischen Geschäftsverkehrs, im Binnenmarkt (「電子商取引指令 (Richtlinie über den elektronischen Geschäftsverkehr)」), ABlEG Nr. L 178 vom 17.07.2000, S. 1；これについて、*Spindler*, E-Commerce in Europa - Die E-Commerce-Richtlinie in ihrer endgültigen Fassung, MMR-Beilage 7/2000, 4 ff.

(22) Art. 2. lit. A) ECRL i.V.m. Art. 1 Nr. 2 RL 98/34/EG i.d.F. der RL 98/48/EG. - Art. 1 Nr. 2 RL 98/48/EGはさらに、以下の表現に定義を与えている。すなわち、「遠隔マーケティングの方法で行われるサーヴィス給付 (im Fernabsatz erbrachte Dienstleistung)」とは「契約当事者双方が物理的に同席することなしに (ohne gleichzeitige physische Anwesenheit der Vertragsparteien) なされる給付」である－「電子的になされる (elektronisch erbracht) サーヴィス給付」とは、「データを電子的に配布し……保存するための機器によって発信元において送信され、受信先において受信されるもので、かつ、ケーブル、無線電信、光学的またはその他の電磁的手段により完全に送信され伝播され受信されるもの」である。

(23) Gesetz zur Regelung der Rahmenbedingungen für Informations- und Kommunikationsdienste (Informations- und Kommunikationsdienste-Gesetz - IuKDG) vom 22. Juli 1997, BGBl I S. 1870；これについて連邦政府の法案、BT-Drucks. 13/7385. Vgl. i.e. *Engel-Flechsig*, Das Informations- und Kommunikationsdienstegesetz des Bundes und der Mediendienstesstaatsvertrag der Bundesländer, ZUM 1997, 231 ff；*Kröger/Flemming*, Regulierungsansätze für Multimediadienste, ZUM 1997, 462 ff; *Kröger/Moos*, Mediendienst oder Teledienst?, AfP 1997, 675 ff.; *Engel-Flechsig/Maennel/Tettenborn*, Das neue Informations- und Kommunikationsdienste-Gesetz, NJW 1997, 2981 ff.; Roßnagel, Neues Recht für Multimediadienste - Informations- und Kommunikationsdienste - Gesetz und Mediendienste-Staatsvertrag, NVwZ 1998, 1 ff.; *von Heyl*, Teledienste und Mediendienste nach Teledienstegesetz und Mediendienste-Staatsvertrag, ZUM 1998, 115 ff.; *Gounalakis*/

Rhode, Das Informations- und Kommunikationsdienste-Gesetz, K & R 1998, 321 ff.

(24) BT-Drucks. 13/7385 S. 16.

(25) Entwurf eines Gesetzes über rechtliche Rahmenbedingungen für den elektronischen Geschäftsverkehr (Elektronischer Geschäftsverkehr-Gesetz - EGG), BR-Drucks. 136/01 und BT-Drucks. 14/6098. これにつき *Spindler*, Der Entwurf zur Umsetzung der E-Commerce-Richtlinie, ZRP 1001, 203 ff.; *Liebertus*, Medienrechtliche Aspekte der Umsetzung der E-Commerce-Richtlinie in Deutschland, RTkom 2001, 79 ff.; *Härting*, Gesetzentwurf zur Umsetzung der E-Commerce-Richtlinie, CR 2001, 271 ff.

(26) BT-Drucks. 14/6098 S. 11.

(27) *Hoffmann-Riem*, Telekommunikationsrecht als europäisches Verwaltungsrecht, DVBl 1999, 125 (126).

(28) これにつき詳しくは *Schoch*, Verantwortungsteilung (N. 28), S. 232 ff.

(29) BVerfGE 97, 228 (258):「一般的な意味を持つ、あるいは一般的な関心のある情報を完全に商業化し、そのことによって、ある者が、その情報につき思いのまま振る舞い、第三者を排除しまたは参画を制限する権限を持つようになってしまうと、基本法五条一項二文に照らして、公正でない」。

(30) これにつきアクチュアルな例として、テレビ市場において、特定の番組を享受することを公共の一定の部分について排除するという事態を避けるというのがある。これにつき、*Dittl*, Die Umsetzung der Free-TV - Schutzliste der TV -Richtlinie in den EU-Mitgliedstaaten, AfP 2001, 98 ff.

(31) ドイツでは、あらたなテレコムサーヴィス提供者が、そのサーヴィスに参画するために、個別的に且つ格差なしに種々の回線へのアクセスを得るためにどうすればよいかが、とくに大きな問題となっている。これに関し、*Kniep*s, Zugang zu Netzen, MMR 1998, 275 ff.; *Weißhaar/Koenig*, Anspruch auf Netzzugang und Zusammenschaltung im Lichte des EU-Rechts, MMR 1998, 475 ff.; *Beese/Naumann*, Entbundelter Zugang zu Seekabelköpfen - Zugangsgewährung zu wesentlichen Bestandteilen von TK-Netzen, MMR 2000, 33 ff.; *Holzhauser*, Besonderer Netzzugang: Das Verhöltnis von §§ 33 und 35 TKG, MMR 2000, 466 ff.; *Dietlein*, Europäische

Aspekte des Netzzugangs im Telekommunikationsrecht - dargestellt am Beispiel des "Kampfs um die letzte Meile", in: Kluth (Hrsg.), Die Europäische Union nach dem Amsterdamer Vertrag, 2000, S. 115 ff.; 包括的に論ずるのは *E. Rudolf*, Das Recht auf Netzzugang in der Telekommunikation - Europäisches Gemeinschaftsrecht und seine Anwendung in §§ 33 ff. TKG, 2001, passim; さらに学会報告を集めた次の論集も参照、*Schwarze* (Hrsg.), Der Netzzugang für Dritte im Wirtschaftsrecht, 1999. 実務の側から重要な文献として VG Köln, NWVBL 2000, 67 ff. (m. Bespr. *Hellermann*, Der paradigmatische Streit um den entbündelten Zugang zu Teilnehmeranschlussleitungen, NWVBL 2000, 41 ff.); OVG NW, NVwZ 2000, 697 ff. = NWVBL 2000, 254 ff.; RegTP, MMR 2000, 500 ff. (テレコムサーヴィス参画のための回線アクセスに関する、ドイツテレコム株式会社ＤＴＡＧの濫用的振舞について)。

(32) 基本法八七f条は例外と言えるかもしれない。この条文は、テレコム法領域のために、供給という目標、民間経済による給付実現、そして連邦高権による行政という形式を、基準として示した。

(33) 技術発展につき包括的には KEK, Medienkonzentration (N.11), S. 210 ff.

(34) *Holznagel*, Rechtsprobleme der Konvergenz von Rundfunk und Telekommunikation, MMR-Beilage 9/1998, 12; *Kibele*, Multimedia, im Fernsehen-Die gesetzlichen Grundlagen audiovisueller Informations- und Kommunikationsdienste auf der Basis des deutschen und europäischen Medienrechts, 2001, S. 17.

(35) *Greissinger*, Vorgaben des EG-Vertrages für nationals Rundfunk- und Multimediarecht, 2001, S. 36 f.; Kibele, Multimedia (N. 34), S. 15.

(36) 基礎的なのは *Bullinger/Mestmäcker*, Multimediadienste - Struktur und staatliche Aufgaben nach deutschem und europäischem Recht, 1997, S. 17 ff.

(37) *A. Hesse*, Zur aktuellen Entwicklung des Rundfunkrechts, BayVBL 1997, 165 (172); *Stammler*, Projekt Kommunikationsrat - Chancen einer effizienten Koordination in der Medienpolitik?, 2000, S. 28.

(38) 参照、*Gersdorf*, Rundfunk und E-Commerce - Von der Konvergenz der Techniken zur Konvergenz der

Medienregulierung, RTkom 1999, 75 (76 f.).

(39) *Holznagel,* a.a.O. (N. 34), MMR-Beilage 9/1998, 12 ; *Stammler,* Projekt Kommunikationsrat, a.a.O. (N. 37), S. 36 f.

(40) さらにヨーロッパ共同体法の影響もある。これについて注（50）および注（51）に対応する本文参照。

(41) 具体的には Grünbuch Konvergenz, a.a.O. (N. 15), S. 2, 7 f., 14 ; KEK, Medienkonzentration, a.a.O. (N. 11), S. 46; Bertelsmann Stiftung, Kommunikationsordnung 1010, 2000, S. 27 f.

(42) 包括的に *Engel*, Das Internet und der Nationalstaat, in : Völkerrecht und Internationales Privatrecht in einem sich globalisierenden internationalen System-Auswirkungen der Entstaatlichung transnationaler Rechtsbeziehungen, 2000, S. 353 ff.

(43) *Trute,* a.a.O. (N. 2), VVDStRL 57 (1998), 216 (245 f.); *Grewlich*, Governance in Cyberspace - Regulierung globaler Netze im Systemwettbewerb?, RIW 2000, 337 (339); *Heckmann*, E-Commerce: Flucht in den virtuellen Raum?, NJW 2000, 1370 ; Bundesbeauftragter für den Datenschutz, 18. Tätigkeitsbericht vom 13. 03.2001, BT-Drucks. 14/5555 S. 23 f.

(44) *Haft/Eisele*, Zur Einführung : Rechtsfragen des Datenverkehrs im Internet, JuS 2001, 112 (113).

(45) Richtlinie 89/552/EWG des Rates vom 03.10.1989 zur Koordinierung bestimmter Rechts- und Verwaltungsvorschriften der Mitgliedstaaten über die Ausübung der Fernsehtätigkeit, ABIEG Nr. L 298 vom 17.10.1989. S. 23.

(46) EuGHE 1996, 4115 - Tz. 34; EuGHE 1997, 2785 - Tz. 32 f.

(47) その一部例外として EuGHE 1997, 3875 - Tz. 24 ff. ——一般的な消費者保護規制によるミスリーディングな広告の不流布。

(48) 参照注(21)。

(49) *Tettenborn*, E-Commerce-Richtlinie : Politische Einigung in Brüssel erzielt, K & R 2000, 59 (61 f.); *Bröhl*,

EGG - Gesetz über rechtliche Rahmenbedingungen des elektronischen Geschäftsverkehrs, MMR 2001, 67 (69 f.).

(50) ヨーロッパ共同体法と国内法との関係について、本文で論じた事態から引き起こされる問題、そしてその応用問題については、さらに参照、*Libertus*, Medienrechtliche Aspekte der Umsetzung der E-Commerce-Richtlinie in Deutschland, RTkom 2001, 79 ff.

(51) 目標設定と構想との連関につき、さらに参照、*Schulz*, Stellungnahme zur Anhörung "Konvergenz und Medienordnung" des Unterausschusses Neue Medien des Ausschusses für Kultur und Medien am 3. Juli 2000, S. 4 und S. 20 f.

(52) テレコム法一条には、法律全体の目的として、次のことを掲げている。(1)競争的秩序の促進、(2)テレコムサーヴィスがどこでも適切かつ十分に為されるよう保障すること、(3)周波数に関する定めを置くこと。規制目標として、同二条は以下を掲げる。(1)テレコム分野におけるユーザーの利益保護、(2)機会均等で充分機能する競争秩序の確立、(3)普遍的なサーヴィスの保障。——電信サーヴィス法（TDG）一条およびメディアサーヴィス法（MDStV）二条は、電子的な情報サーヴィスおよびコミュニケーション・サーヴィス（電信サーヴィスおよびメディアサーヴィス）のさまざまな利用方法に対して統一的で経済的な枠組条件を確立することを目標として提示している。

(53) BVerfGE 57, 295 (319 ff.).

(54) *Hoffmann-Riem/Schulz/Held*, Konvergenz und Regulierung, 2000, S. 37 ff. チャート式の概観が同書四七頁にある。

(55) これについてすでに *Schoch* (N. 7), VVDStRL 57 (1998), 158 (209).

(56) BVerfG, NJW 1997, 1634.

(57) これにつき参照、BT-Drucks. 14/6374 S. 2 f.

(58) 参照、Grünbuch Konvergenz, a.a.O. (N. 15), S. 27 f.

(59) これにつき詳しくは以下の論文集を参照、*Schwarze* (Hrsg), Der Netzzugang für Dritte im Wirtschaftsrecht,

1999. 個別研究としてアクチュアルなのが、*E. Rudolf*, Das Recht auf Netzzugang in der Telekommunikation, 2001.

(60) BT-Drucks. 14/6374 S. 4.

(61) *Schoch* (N. 7), VVDStRL 57 (1998), 158 (180).

(62) BVerfG 97, 228 (155).

(63) BT-Drucks. 14/6374 S. 4 f.

(64) Richtlinie 1999/93/EG des Europäischen Parlaments und des Rates vom 13.12.1999 über gemeinschaftliche Rahmenbedingungen für elektronische Signaturen, ABlEG Nr. L 13 vom 19.01.2000 S. 12; dazu *Müglich*, Neue Formvorschriften für den E-Commerce, MMR 2000, 7 ff.; *Roßnagel*, Digitale Signaturen im europäischen elektronischen Rechtsverkehr, K & R 2000, 313 ff.; *H. Redeker*, EU-Signaturrichtlinie und Umsetzungsbedarf im deutschen Recht, CR 2000, 455 ff.; *J. Geis*, Die elektronische Signatur: Eine internationale Architektur der Identifizierung im E-Commerce, MMR 2000, 667 ff.

(65) Gesetz über Rahmenbedingungen für elektronische Signaturen und zur Änderung weiterer Vorschriften vom 16.05.2001, BGBl I S. 876; これについて *Roßnagel*, Das neue Recht elektronischer Signaturen – Neufassung des Signaturgesetzes und Änderung des BGB und der ZPO, NJW 2001, 1817 ff.

(66) Gesetz vom 18.05.2001, BGBl I S. 904.

(67) *Gola*, Das neue Bundesdatenschutzgesetz (BDSG), RDV 2001, Sonderbeilage Heft 3, S. 1 f.

(68) Entwicklung neuer Rahmenbedingungen für elektronische Infrastrukturen und zugehörige Dienste – Kommunikationsbericht 1999, KOM (1999) 539 endg.

(69) 連邦政府の態度についてBT-Drucks. 14/5915 S. 13 und BT-Drucks. 14/1191, S. 32.

(70) そのように述べるのは*Stammler*, Projekt Kommunikationsrat, a.a.O. (N. 37), S. 29, で、連邦と各ラントとの（立場上の）利害関心の精確な描写が肝要だとしている。

(71) 議論を要約したものとして *Haft/Eisele*, a.a.O.（N. 44), JuS 2001, 112（114 f.)

(72) Mitteilung der Kommission, Die Ergebnisse der öffentlichen Anhörung zum Kommunikationsbericht 1999 und Leitlinien für den neuen Rechtsrahmen, KOM（2000）239 endg., S. 7.

(73) たとえば（技術的条件を考慮しつつ論じた）以下の文献を参照、*Federrath*, Zur Kontrollierbarkeit des Internet, ZUM 1999, 177 ff.

(74) 参照、*Kleinwachter*, ICANN als United Nations der Informationsgesellschaft? — Der lange Weg zur Selbstregulierung des Internet, MMR 1999, 452 ff.; *P. Mayer*, Selbstregulierung im Internet: Institutionen und Verfahren zur Setzung technischer Standards, K & R 2000, 13 ff.; *Christiansen*, Selbstregulierung, regulatorischer Wettbewerb und staatliche Eingriffe im Internet, MMR 2000, 123 ff.; *J.-P. Schneider*, Zur Ökonomisierung von Verwaltungsrecht und Verwaltungsrechtswissenschaft, Die Verwaltung 34 (2001), 317 (336 ff.).

(75) たとえば、ドイツ連邦議会における小質問（Kleine Anfrage）に対する、二〇〇〇年八月二一日の連邦政府の回答を見よ、Maßnahmen zur Demokratisierung der Internet-Domainverwaltung und die Tätigkeit der Internet Corporation for Assigned Names and Numbers (ICANN), BT-Drucks. 14/4016; ferner *Kleinwächter*, ICANN: "Blaupause" für ein neues Politikmodell?, MMR 2000, 513 f.

(76) 次の文献が概観を与える、*Hoffmann-Riem/Schulz/Held*, Konvergenz und Regulierung, a.a.O. (N.54), S. 48 ff.

(77) たとえば*Ring*, Die Regulierung der elektronischen Medien im Zeitalter von Digitalisierung und Globalisierung, WiVerw 1999, 191（198 f.); vgl. auch *Jarren/Donges*, Medienregulierung durch die Gesellschaft?, 2000, S. 205 ff., 233 ff.

(78) Bertelsmann Stiftung, Kommunikationsordnung 2010, S. 74 ff.

(79) たとえばMitteilung der EG-Kommission an das Europäische Parlament, den Rat, den Wirtschafts- und Sozialausschuss und den Ausschuss der Regionen - Die Konvergenz der Branchen Telekommunikation, Medien

und Informationstechnologie und ihre ordnungspolitischen Answirkungen, Ergebnisse der öffentlichen Konsultation zum Grünbuch [KOM (97) 623], KOM (1999) 108 endg., S. 12 ; *Hoffmann-Riem/Schulz/Held*, Konvergenz und Regulierung (N. 54), S. 86 f.; Libertus, Das britische Whitepaper "A New Future for Communications" - Inhalte und Implikationen für die Regulierung elektronischer Kommunikation, MMR 2001, 292 (294 f.).

(80) 最近の状況について *Faber*, Gesellschaftliche Selbstregulierungssysteme im Umweltrecht - unter besonderer Berücksichtigung der Selbstverpflichtungen, 2001, S. 8 ff.

情報社会の行政
――情報行政組織法――

アンドレアス・フォスクーレ〔中原茂樹訳〕

一　情報通信技術による行政の現代化
――「電子政府」のビジョン

行政による課題実現の中心点には、以前から、情報の取得、処理および伝達がある。[1]それゆえ、新たな情報通信技術の確立という流れの中で、ドイツの行政は現代化（Modernisierung）の推進力を認識してきた。その現代化の推進力は、近年の行政改革のもう一つの原動力、すなわち、「ニュー・パブリック・マネージメント（New Public Management）」[2]およびそのドイツにおける発展形態である、いわゆる新制御モデル（das Neue Steuerungsmodell）と密接に結びついている。[3]その意味で、「電子商取引（E-Commerce）」に依拠して、これも国際的に用いられている標語である「電子政府（E-Government）」が、模範として役立つ。電子政府は、目下のところ遍在する、技術によって促進される「電子」への変化を、形式的・内容中立的に、しかし現代的に性格付け、これを、包括的な要求の組み合わせから生ずる求心力（「政府」）と重ね合わせる。[4]とりわけ、行政庁・市民・経済相互間の双方向的なオンラインコミュニケーションにより、市民に身近で透明な行政、行政サービスの質の向上、能率の向上や費用の節約が達成できる。[5]電子政府の展開は、若干の国々では、すでに広範囲にわたって進んでいるが、ドイツでは始まったばかりである。したがって、それに伴うはずの、行政の構造および働き方に対する深い影響[6]――多方面で、「文化の変革」[7]が見込まれる――は、まだ見られない。

しかし、現時点ですでに確実に言えることがある。すなわち、組織的意味における行政を構成するとともに、その活動を特殊な方法で規律しているところの、明文・不文の諸法規の総体として行政法を捉えるとすると、[8]そのような意味での行政法を包括的に現代化（Modernisierung）しなければ、行政の現代化はほとんど成功しないということである。[9]逆に、制御のための資源としての情報・知識・コミュニケーションが常に明白に行政活動の中心に置かれる場合には、独自の公的情報秩序を体系的に発達させることの必要性が明らかになる。「この意味における情報（行政）法は、国家による情報および通信の取扱いに関わり、行政庁相互間および行政庁と市民の間の情報行動を規律する、公法上の諸規範の総体を意味する」[10]。その意味で、全体として見ると、四つの規律分野を区別することができる。[11]

第一の重点をなすのは、行政の行為体系および行政手続の中に埋め込まれている、市民―国家間の情報・通信関係である。行政通信法（Verwaltungskommunikationsrecht）によってそれを適切に法的に形成することは、行政課題の効率的実現のための基本的条件の一つである。[12]第二に、内部関係および外部関係における行政組織を、デジタル化に適合させるとともに、そのような変革を法的に保護することが重要である。これは情報行政組織法の課題である。[13]第三に、様々な私的主体相互の関係に対する適切な法的秩序枠を発達させる必要がある。民営化・商業化された情報部門において、すべての潜在的供給者・利用者が現存の情報・通信資源に十分にアクセスできることを保障するためである。[14]上記三つの分野を貫き、また、それらに覆い被さるのが、デジタル化・ネットワーク化したグローバルな情報社会において、個人情報を十分に保護するとともに、通信（コミュニケーション）をめぐる諸利益の衝突を調整する包括的なデータ流通法（Datenverkehrsrecht）の必要性である。[15]

まさにデータ流通法が示しているように、上記四つの規律分野は、確かに、それぞれの法律的な特殊性により、一定の範囲で、固有の生活および固有の活動を有しているが、同時に、相互に関連している。それゆえ、情報行政法が目指すのは、既存の規律構造の単なる補完ではなく、伝統的なシステムの諸構成部分を内在的に変革することである。[16] 本稿では、特に、情報行政組織の変遷に注目するとともに（二）、いわゆる情報行政組織法によって、この変遷に対処する（三）。

二　情報行政組織の変遷

1　決定的な発達――インターネットによる新しい情報技術上の選択肢

行政による情報通信技術の利用の開始は、一九五〇年代に遡る。[17] Martin Wind とともに、Hans Brinckmann およびStefan Kuhlmann に依拠して、[18] 情報通信技術の利用の発達を五つの段階に区分することができる（次頁の表を参照）。

最後の発展段階が、官庁におけるインターネット技術の導入・利用であり、これが最も重要である。これにより、以下のことが可能になる。[19]

- ハードウエアおよびソフトウエアが複数のネット参加者によって利用されること（リソースの結合）
- 二人のネット参加者の間で、空間的限界その他の限界なしに、リアルタイムで、無制限の量のデータをやり取りすること（コミュニケーションの結合）
- いったん取得したデータを、様々な部署で、また、様々な部署により、処理・加工すること（加工の結合）
- データおよび情報に対して、それが蓄積されている場所にかかわらず、いつでもアクセスすること（情報の結合）

段　階	期　間	技術組織上の指向
パイオニア期	1950-1970	・計算可能な部分的課題についての試行および基礎固め
創設期	1965-1975	・大量処理方式における「自動化」の突破口 ・「情報システム」の構築
強化期	1975-1985	・「自動化」の拡大 データ処理システムの利用可能性の脱中央化
新指向期	1982-1995	・脱中央化したデータ処理の独立化 ・情報化要求の増大 ・通信技術によるネットワーク化 ・新たな統合構想 複雑な決定構造の情報化の試み (いわゆるエキスパートシステム)
ヴァーチャリティーの開始期	90年代半ば以降	・媒体としてのコンピューター ・インターネットへの接続 ・インターネットによる既存の諸システムの統合 ・「ヴァーチャル行政」モデル 新たな選択肢としてのワークフローシステムおよびグループウエアシステム

(出所：M. Wind, Technik für das Volk!, in : W. Killian/T. Kneissler [Hrsg.], Demokratische und partizipative Verwaltung, 1999, S. 79 [80])

インターネットの脱中央化されたコミュニケーション構造は、情報を、空間、時間およびヒエラルヒーとの結びつきから解放するものであり、これと、いまなお行政の組織的な基本モデルを形成している、マックス・ウェーバーの意味における伝統的なヒエラルヒシュな官僚機構モデル[20]とは、調和し難いことが一見して明らかである。

2　行政への情報通信技術投入の、現時点での発現形態と可能性

行政組織に対する新たな情報技術の影響の可能性は、とりわけ、三つの相互に関連する適用分野に示される。すなわち、(1)行政庁と外界とのコミュニケーション、(2)行政内部の労働組織、(3)行政庁間の協働である。

(1)　行政庁と外界とのコミュニケーション（「G2C」および「G2B」）

電子政府の中心点にあるのは、いうまでもなく、行政庁と外界すなわち市民および経済とのコミュニケーションを容易にすることである。(21)

① 情報――ウェブサイトおよびメール

インターネットは、イントラネットおよびエクストラネットという、同一の技術に基づく二つの形態を包含するものである。インターネットにより、行政は、非常にわずかの費用で、名宛人の範囲を限定することなく、ウェブサイト上で情報を提供したり、電子メールやメーリングリストによって情報を送り届けたりすることができる。そのような情報システムは、すでに自治体のレベルでは、広く行き渡っている。(22) しかし、州および連邦のレベルおよび欧州のレベルでも、インターネットによる情報は重要である。提供される情報の多彩さは、(23) 素っ気ない自己紹介（任務、権限配分、住所、窓口業務時間、道順）、アクチュアルな行政情報（議事録、談話、計画、報道発表）および法文や公文書の公表から、市民への援助（手続の教示、手引書、書式、等々）、そして仕事の紹介(24)や観光案内（行事予定、ホテルやレストランの一覧）にまで至る。

② 情報と情報援助――データバンクへのオンラインアクセス

しかし、提供されている情報の量が莫大なので、行政が情報を単に提供する用意があるというだけでは、しばしば、市民に過大な要求をすることになる。それゆえ、特定の情報を見つけるための手助け、および情報の適切な評価と結びつけが、ますます重要になる。それによって初めて、取引および判断に関する知識が生じる。(25) ここで中心的な意味をもつのは、いわゆるインターネットの表玄関（Internet-Portal）である。それにより、散在する情報内容を編集して披瀝することができる。(26) ここでは、市民や企業は、たとえば引っ越し、誕生、生存基盤、勉学、産業の入植等々の生活に身近なキーワードのもとで、必要な（行政）情報をすべて見つけることができる。それらの情報にはそれぞれリンクが張られている。公的な登録簿へのオンラインアクセスや、行政自身が運営する、体系的に整序されたデータバンクへのオンラインアクセスの道を開くことも、ここでいう利用者に親切な情報サービスに属する。[27]

③　双方向的なオンラインコミュニケーション――「ヴァーチャル官庁」

行政内部でのデジタル革命の（さしあたりの）最終段階は、「ヴァーチャル官庁」である。ここでは、市民は、二四時間いつでも、インターネットを通じて行政と意思を疎通させ、申請を行い、転出の届出をし、電子化された行政文書を閲覧し、行政手続における抗弁を提出し、あるいは、たとえばアクチュアルな政策問題についての電子会議室に参加し、[28]投票用紙を提出することができる。[29]多くの個々の省庁の代わりに、「ワン・ストップ政府」[30]という意味で、唯一のヴァーチャルな対話点が存し、それが市民を自動的に、かつ実際に即して、それぞれ正確な対話相手へと取り次ぐ。[31]連邦政府により開始された連邦オンライン二〇〇五によると、インターネットで提供可能な連邦行政のサービスはすべて、二〇〇五年までにオンラインで利用できるようになる。この目標のために、目下、様々なモデル事業が実施されている。たとえば調達（オンラインによる公的購入）、[32]電子化された納税申告（ELSTER）、あるいは連邦教育助成法による払い戻し（連邦教育助成法オンライン）等である。[33]それとは別に、現在すでに、インターネットを通じて、無方式の申請および出願を行政に送付することができる。[34]これに対し、完全にオンライン化された行政過程は、これまでのところ、例外である。確かに、署名法にもとづく暗号化計画およびデジタル署名により、電子文書の完全性および確実性は保証され得るが、[35]法律上しばしば指示される書式に代わるものとして、電子的形式を承認するには、なお法的要件が欠けている。[36]それに加えて、署名法に合致する安全確保措置は、目下のところ、なお非常に費用がかかって高価であり、その結果、それを用い得るのは、行政の特定の「顧客層」のみである。[37]

(2)　行政内部の労働組織

行政の外部関係の変化は、同様に新たな通信技術を吸収統合する（しなければならない）行政内部の労働組織の変化を、必然的に伴う。

① 電子的な書類のやり取りとワークフローマネージメントシステム

電子メールの利用により、迅速でインフォーマルなコミュニケーションおよび電子的な書類のやり取りができ、それにより、役所の建物の外に遠隔事務所を多数設置することも可能になる。[38] また、たとえばビデオ会議の開催も考えられる。[39] さらに、ここで指摘しておくべきは、現在試行中の、文書および案件処理過程を管理するソフトウエア（いわゆるワークフローマネージメントシステム）等の利用により、作業過程を情報技術的に制御・形成・最適化できるということである。[40]

② 電子的な文書処理

電子的な文書処理により、「事務所のペーパーレス化」が直接導かれ、また、紙という有形の情報媒体が、いわゆる電子文書によって、完全に代替される。それを導入することは、「ヴァーチャル行政」のための内部的な条件である。しかし、電子文書の利点は、市民と行政庁との情報のやり取りが、〔紙の文書という〕労働集中的な媒体の断片〔Medienbruch〕なしに行われ得る、[41] という点のみにあるのではない。むしろ重要なのは、情報を、場所的拘束や時間の喪失なしに、必要な場所で利用でき、かつ、多くの職員が同時に一つの案件に取り組むことができるため、行政の仕事の効率が上がるということである。[42]

③ 「行政の自動化」と「エキスパートシステム」

たとえば租税行政、社会保障行政および裁判上の催告のような大量行政の分野では、以前からすでに、自動化された決定が存在する。[43] その特徴は、決定の結果を人間が事後的に審査しないことにより、機械の作動という部分領域において、機械が独立していることである。[44] 担当官の影響力が、解釈を伴うデータ入力に限定されるため、決定的な包摂過程は、担当官からプログラミングに移行する。行政自動化がさらに発展したものが、いわゆる「エキスパートシステム」である。そこで用いられるのは、とりわけ、問題発見的な知識を利用し、定式化されて表現された専門知識に基づいて、専門家に比肩しうる能力によって、問題を解決できるような、「知的な」コンピュータープログラムである。[45] それによって、行政は、容易に最新化しうる専門知識を、恒常的かつ低費用で利用できる状態にしておくことができる。たとえば、エキスパートシステムHERBASYSにより、有機化学物質による地下水の危険性が評価され得る。[46] もっとも、行政におけるそのようなエキスパートシステムは、技術的に未成熟であるため、その能力および代替可能性は、当分の間、なお非常に限定されている。[47]

(3)　情報の結合——行政庁間の協働（「G2G」）

行政内部での情報のやり取りに対する新たな情報技術により、全く新たな協働のチャンスが生じている。[48] これは、国内レベルでも、超国家的および国際的レベルでも、妥当する。諸州の環境省は、連邦環境省とともに、九〇年代初頭から、ネットによる、省庁を超越した環境情報システムおよび環境データバンクを構築したことにより、先導的な役割を果たした。[49] さらに、国家を超えた情報の協働の形態は、とりわけ、危険除去および犯罪防止の分野に見られる。ここで念頭に置かれているのは、いわゆるシェンゲン協定諸国の捜査計画を情報面で統一するシェンゲン情報システム（SIS）、[50] ならびに、国際刑事警察組織（IKPO—インターポール）および欧州警察署（ユーロポール）の情報システムである。ユーロポールの主たる任務は、ユーロポール協定[51]三条一項によると、加盟国間の情報交換を容易にすること、加盟国の行政庁に、関係する情報および知られた諸々の犯罪行為の連関を即座に知らせること、および、そのために、自動化された情報収集を整備することである（ユーロポール協定七—一二条）。[52] そのほか、欧州レベルで、様々な情報エージェンシー——たとえば、欧州環境エージェンシー、薬物および薬物中毒の監視所、職場における安全と健康保護に関する欧州エージェンシー——があり、それらの主たる任務も同様に、データ網を構築することにある。このようなデータ網——たとえば、欧州環境情報・観測ネットワーク（EIONET）、薬物および薬物中毒に関する欧州情報網（REITOX）、あるいは欧州労使関係監視（EIRO）——は、個別国家の情報網の重要な構成要素どうしを束ね、国家機関と非国家機関を、国内機関と国際機関を結びつける。[53] このようにして、ひとつの包括的な欧州情報結合が生まれている。

三　情報行政組織法の課題と基本問題

以上に指摘した展開を背景として、情報行政組織法は、行政による情報通信技術の利用可能性を十分に発揮させるような、情報組織および労働組織の適切な形成にふさわしい法的枠組みを提供するという、困難な課題を負っている。四つの問題領域を例として、この課題をさらに明確にしたい。

1　独立か依存か――情報インフラ整備の保証

公行政における電子的データ処理手続の導入当初は、国家は、計算機センターの設立によって必要な情報インフラを整備することは、自らの任務であるとみなしていた。そうこうするうちに、容量の大きなサーバーやパソコンが利用できるようになった。それゆえ、技術的観点からは、ヴァーチャル行政の確立は、とりわけソフトウエア問題を意味することとなったが、その解決には、高度に専門化された、それゆえ高価なノウハウが必要である。(54) コスト負担を減らすために、とりわけ自治体の多くは、情報のマネージメントを私法上の社団（公私協働で組織されることが多い）に委託したり、あるいは、特定の行政課題のために作成された、私的なソフトウエア提供者のシステムを利用したりしてきた。(55) しかし、それによって同時に、自らの作業過程の形成に対するコントロールを広範囲に失うことになる。その意味で、契約上の取り決めによって、公的な課題処理に対する法治国的要請――たとえば、データ保護、文書化義務、文書の保存、上司の責任――が顧慮されることを保障しなければならない。(56) その意味でも、連邦行政機関と民間企業の共同作業によるワークフローマネージメントシステムFAVORIT-OfficeFlowの開発のような共同プロジェクトが、有意義であるように思われる。(57)

2　情報の統一か、情報の権力分立か——データ保護の保証

情報行政組織法にとって最大の挑戦の一つは、データ保護の保証である。なぜなら、情報通信技術の潜在能力が行政によって利用されると、同時に、データが濫用される危険性も高まるからである。ドイツのデータ保護の出発点を形成するのは、よく知られているように、連邦憲法裁判所によって基本法一条一項に関連して二条一項に基礎づけられた、情報に関する自己決定権である。それによると、各個人は、「自己の個人データの放棄および利用について、原則として自ら決定する権限」を有する。(58) 情報上の自己決定を制限することは、確かに、優越する公益がある場合には、比例原則の厳格な保持の下で許されるが、そのためには、とりわけデータ取得の目的および取得されたデータの利用可能性を分野の特性に応じて規律するような、法律の根拠が必要である。さらに、濫用を避けるために、データ取得およびデータ処理の実行および組織に関して、特別の安全対策が必要である。(59) 効率性の観点からは望ましい、ネットワーク化された行政の「情報の統一」は、上述の観点からは望ましくないのであって、「情報の権力分立」が求められる。(60) それゆえ、機能的に分けられた諸機関の間での水平的なデータのやり取りは、連邦データ保護法、諸州のデータ保護法および多数の特別規定によって、広範囲にわたって制限されており、これは電子政府についても当てはまる。(61) 同様の規律は欧州法においても、たとえばシェンゲン情報システム(62)やユーロポール(63)に関して、存在する。もっとも、このように防御権的に構成されたデータ保護の構想(64)が、グローバルな情報社会における新たな危険やコミュニケーションの要請に対してもなお適切かどうかは、疑問の余地がある。(65)「内密性の保護、情報への関与の確保、情報配慮の要請およびデータ流通の自由な発展」に資する、包括的な情報流通法および個人データ流通法の考え方(66)が重要性を増しているのは偶然ではない。一九九五年一〇月二四日のEUデータ保護指令(67)および一九九七年一二月一五日のEUテレコミュニケーション・データ保護指令(68)により、ドイツのデータ保護法を根本的に修正させる重要な刺激が与えられた。さらなる端緒(69)が、すでに、遠距

離通信業務（Teledienste）データ保護法およびメディア業務（Mediendienste）条約に見られる。[70] ここでとりわけ強調すべきなのは、公的部門と私的部門で異なる保護水準を設けることが放棄された点、ならびに、透明性、自己保護およびシステムによるデータ保護という考え方が際立っている点である。[71] その意味で広範囲に内容の同じ規律が、私的主体にあわせて作られているものの、同様に電子的行政にも適用される。[72] メディア業務は、メディア業務条約二条一項において、「公衆に向けられた情報・通信業務」と定義されている。たとえばインターネット上での行政による情報提供は、これにあたる（メディア業務条約二条二項四号）。遠距離通信業務は、メディア業務とは区別され、遠距離通信業務法二条一項により、「記号、写真又は音のように、組み合わせ可能なデータを個人が利用するための、遠距離通信を用いた伝達を基礎とする」電子的な情報・通信業務と定義されている。双方向的なオンライン行政の枠内での、市民と行政庁との個別の通信は、この要件を満たす。もっとも、区別が困難な場合もあり得る。しかし、そのことは、両者の場合に存する法的要請を何ら変化させるものではない。すなわち、それによると、電子行政は、様々なデータ処理分野ごとに、組織上の仕切りが設けられるように組織されなければならない（「情報上の分離」の原則。遠距離通信業務データ保護法四条二項四号、メディア業務条約一三条二項四号）。このことは、利用者に様々な業務を提供している行政庁にとって、実務上、重要である。提供される業務の技術的構成は、個人情報の収集、処理および利用を、まったくしないか、あるいは、できる限り少なくするという目標に向けられなければならない（システム保護およびデータ謙抑の原則。遠距離通信業務データ保護法三条四項、メディア業務条約一二条五項）。技術的に可能で、かつ期待可能である限り、行政は市民に、遠距離通信業務およびメディア業務の利用を、匿名または仮名で認めなければならず、その際、市民に、それが可能であることを知らせなければならない（自己保護の原則。遠距離通信業務データ保護法四条一項、メディア業務条約一三条一項）。個人情報の収集の前に、市民は収集、処理および利用――それらは原則として本人の同意を要する（遠距離通信業務データ保護法三条一項、メディア業務条約一二条二項）――の方法、範囲、場所および目的を知らされなければならない（透明性の原則。遠距離通信業務データ保護法三条五項、メディア業務条約一二条六項）。さらに、原則として、データの痕跡はすべて、インターネットアクセスの終了後すぐに、行政によって消されなければならない。ただし、行政が課題実現のために電子文書を作成する権限を法律上明文で与えられている場合を除く（遠距離通信業務データ保護法四条二項二号、メディア業務条約一三条二項二号）。なぜなら、ヴァーチャル官庁に立ち入る者は、通常、本人が現場で情報を手に入れる場合と同様に、痕跡を残さずにこれを行えるべきだからである。(73)

3　紙かサイバースペースか――電子的な案件処理の信頼性と完全性の保証

さらに、「ヴァーチャル行政」の前提条件を同時に形成することになる、電子的な案件処理の導入は、法的規律の必要性を大いに生じさせる。これまでは、包括的な真正保証機能、証拠機能およびコントロール機能を有する、紙という情報媒体の周囲に、行政全体が組織されてきた。市民との関係では、行政法の多くの個所で直接・間接に予定されている書式要件が、コミュニケーションの完全性および信頼性を保証する。行政内部のコミュニケーションにおいては、文書作成の原則が、この任務を引き受ける。それによって同時に、個々の行政過程を、完全で、偽造されておらず、いつでも利用可能な文書にすべきであるという、法治国の要請にも適う。(74)それゆえ、電子的な案件処理が、紙の文書に代わる媒体の断片〔Medienbruch〕なしに行われる場合には、一方で、文書の発行者が一義的に特定され、文書の内容が改竄されないように保護され、公にされた時点が不変のものとして確定され、かつ、電子文書の内容の変更が認識可能である、という四点が保証されていなければならない。(75)他方で、行政法は、電子的な意思表示に、紙の文書による意思表示と同一の法律効果を与えなければならない。(76)一九九九年一二月一三日の電子署名の枠条件に関するEU指令は、少なくとも間接的には、この両方の要請を取り入れている。(77)この指令は、欧州レベルで、署名手続の申し出および利用に対する、参照可能な標準を作るものである。(78)

それにより、加盟国は、「適格な（qualifiziert）電子署名」を手書きの署名と同等に扱う義務を負う（電子署名指令五条一項）。もっとも、これは、加盟国の法が電子文書および電子署名の利用をそもそも許容している分野についてのみ、当てはまる。さらに、加盟国が、公的分野において、電子署名の利用を追加的な要請に従わせることができるのは、その要請が客観的で、透明で、比例原則に適っており、差別的でなく、当該適用の特別のメルクマールにのみ関わるものであり、かつ、国境を越えて活動する市民にとって障害にならない場合に限られる（電子署名指令三条七項）。[79] ドイツ連邦共和国は、EUの署名指令による基準を、新たな署名法[80]により国内法化した。この法律は二〇〇一年五月二二日に施行され、一九九七年七月一日の署名法に取って代わった。[81] 新たな署名法は電子署名手続の三つの段階を区別している。[82] すなわち、第一に、署名法の要請に対応せず、自由に提供され、国家のコントロールを受けず、証明の軽減を享受しない、「その他の電子署名手続」である（電子署名法一条二項）。第二に、ヨーロッパ中で通用する電子署名指令の要請に対応した、「適格な電子署名手続」である（電子署名法四条乃至一〇条）。そして、第三に、提供者が営業の開始前に、審査・認証部署および規制官庁の審査を受ける、「信認された（akkreditiert）電子署名手続」である（電子署名法一五条）。これらの署名手続は、包括的な技術的安全性の証明を利用でき、証明書の長期間の審査可能性を保証する。二〇〇一年七月一六日の行政手続法規定の改正に関する第三法律の参事官草案は、このような様々な安全性の標準に結びつけられている。[83] この草案は、行政手続法、社会法典第十編および租税通則法の改正を予定しているが、その中心は、草案三a条である。その第一項によると、電子文書の送達は、そのためのアクセスが開かれている限り、許容される。電子機器の利用が強制されることはない。他の専門法律にも適用される、同草案三a条二項の一般条項によると、法律により命ぜられた書式は、法規定が別段の定めをしていない限り、署名法の意味における適格な電子署名を伴った電子書式により代替され得る。同草案の法規定は、二つの方向において、この包括的な原則と異なる定めをしている。書式要件の下にある行政行為については、法規定により、適格な電子署名およびその基礎を成す証明書に対し、その「持続的な審査可能性」および「技術上および行政上の安全性」に関して、追加的な要請がなされ得る（同草案三七a条）。詳細は法規命令において規律されうる。この要請は、長期間の証明能力を確保するものであり、この要請を満たすのは、署名法一五条にいう信認された電子署名手続のみである。逆に、ある文書の証明価値がそれほど大きな役割を演じないという（稀な）場合には、たとえば促進措置に関する情報提供について、同草案は、電子署名手続を完全に放棄している（同草案七一c条一項二文）[84]。このような差異化の考え方により、電子書式を紙の書式と同等の選択肢として承認するための重要な一歩が踏み出されたと言えよう。さらに、行政内部での電子的な労働方法の規律を作るという目標を追求する、いくつかの法律案がある。たとえば、二〇〇一年七月一一日の住民登録大綱法その他の法律の改正に関する法律の参事官草案、裁判手続における送達手続の改革に関する法律案（送達改革法）[85]、あるいは二〇〇〇年七月二五日のデジタル署名の利用下での電子的な市民サービスの試行に関するバーデン・ヴュルテンベルク法[86]である。

4　ヒエラルヒーかネットワークか——民主的な責任性の保証

最後に、新たな情報技術の投入はまた、民主的正当性の問題を、それも二つの異なる観点において、投げかける。一つには、新たな情報技術は、水平的なコミュニケーションを容易にし、「それにより、脱中央化した責任およびチーム作業に有利になるように、垂直的な調整を相対化する傾向を強める」[87]。その意味で、行政庁内部の情報の流れは「ネット化された分散モデル」に従う。職務担当者達はますます、自らの任務の遂行にふさわしい「官庁内の情報網」を作り出していく。そこでは、電子メールおよびビデオ会議を通じて、旧来の事務手順および進行プログラムを顧慮することなく、データがやり取りされ、情報が形成され、知識経験が集積される[88]。それに伴って情報上のヒエラルヒーが消滅すると、基本法二〇条二項一文により要請される、行政の高権的活動の国民による事物的・内容的な民主的正当化が、希薄になる。そのような民主的正当化は、選挙により民主的に正当化される政府、あるいは大臣が、議会法律およびとりわけ指揮権力に拘束されることを通じて、確立される。[89]それゆえ、政治的指揮の指導機能が空洞化されるべきでないとすれば、今後も、垂直的な情報の伝達が絶えず行われることを保障する必要がある。ここで、製品思考（Produktgedanken）に始まる、いわゆる新制御モデルの指揮手法（Führungsinstrumente）を役立てることができる。それによると、行政サービスの質および量は、政治的指揮部門と実施部門との間の目標の取り決め、予算化、一定間隔でまたは何らかの機会を捉えて行われる財政、人員、組織および業績に関する報告、品質管理および戦略的コントロールによって、確保されるべきである。[90]法的にはさらに形成されるべき、この指揮手法は、「脱中央化した行政の定式化された情報秩序および相互作用秩序を支える主柱」[91]として、古典的な事務手続との機能的等価物をなす。もっとも、実務においては、たいていの行政サービスの「索引番号に対する敵対性」に直面して、現実的な報告制度およびコントロールからは、なお遠く隔たっていると言ってよいだろう。[92]それゆえ、追加的に、ワークフローマネージメントシステムその他の形態の情報管理によって、外部効果を伴う中央の情報および決定が、知らされることが確保されなければならない。

正統化の問題のもう一つの観点に関わるのは、すでに述べた「行政庁のエキスパートシステム」の投入の際に表れるような、外部の専門知識への依存である。そのような行政庁のエキスパートシステムは、たとえば環境基準の設定に匹敵するような、独自の内容的な解釈を行い、その結果、基本権に関わるような方法で、行政庁の措置を形成する。それゆえ、その投入に関する決定は、法律の留保の原則により、重要な点において、民主的に正当化された立法者によりなされなければならない。行政手続法におけるコンピューターに特有の規定（二八条二項四号、三七条四項および三九条二項三号）は、これまで、それに対応する授権根拠を有しておらず、それゆえ、これは将来の課題である。[93]

四　展望

以上のように、電子政府の導入は、確かに、規律の必要性を大いに生じさせるが、それらの問題については、通常、それぞれ憲法および欧州法に適合した解決を見出すことができる。しかし、明らかに欠けているのは、自治体、州、連邦、欧州という様々なレベルでの取り組みを束ね、相互に結びつける戦略である。[94] その意味で、電子政府のビジョンを実行に移すためには、組織、仕事の進め方、コミュニケーション方法および情報資源の全体を視野に入れる必要がある。そのような調整の一つの可能性は、一般情報法をめざす作業に見出すことができる。[95] 当分の間は、データ処理およびコミュニケーションを、喧伝されているように伝統的な紙によるものから電子的なものへと替えてしまうのではなくて、両方を並行的に残す場合には、電子政府はおそらく将来発展する見込みがある。それは追加的な組織費用を意味するが、同時に、必要な学習の余地を作り出す。電子的な行政文化が徐々に形成されなければならない。

(1)　さしあたり、参照、*K. Grimmer*, Struktur und Innovation, 1997, S. 22 ; *K. Lenk*, Außerrechtliche Grundlagen für das Verwaltungsrecht in der Informationsgesellschaft, in : W. Hoffmann-Riem/E. Schmidt-Aßmann (Hrsg.), Verwaltungsrecht in der Informationsgesellschaft, 2000, S.59 (66-69) ; *G. F. Schuppert*, Verwaltungswissenschaft, 2000, S. 740-742, 745-749.

(2)　いわゆる「新制御モデル」は、「行政簡素化のための地方自治体共同機関（die Kommunale Gemeinschaftsstelle für Verwaltungsvereinfachung, KGSt）」の報告書に由来する。参照、*KGSt*, Das neue Steuerungsmodell. Begründungen, Konturen, Umsetzungen, KGSt-Bericht Nr. 5/1993. これにつき、*M. Eifert*, Das neue Steuerungsmodell, Die Verwaltung 30 (1997), S. 75 ff.; *H. Hill*, Neue Organisationsformen in der Staats-und Kommunalverwaltung, および *J.-P. Schneider*, Das neue Steuerungsmodell als Innovationsimpuls für Verwaltungsorganisation und Verwaltungsrecht, ともに E. Schmidt-Aßmann/W. Hoffmann-Riem (Hrsg.), Verwaltungsorganisationsrecht als Steuerungsressource, 1997, S. 65 ff. bzw. 103 ff.所収。「ニュー・パブリック・マネージメント」の国際的な動きについては、参照、*W. Damkowski/C. Precht*, Public Management, 1995; *S. Borins/G. Grüning*, New Public Management - Theoretische Grundlagen und Kritik, in: D. Budäus/P. Conrad/G. Schreyögg (Hrsg.), New Public Management, 1998, S. 11 ff.; *K. Schedler/I. Proeller*, New Public Management, 2000. 決定的なキーワードは、脱中央化された資源責任、民間委託、顧客指向、市場指向、アウトプット指向、コントロール、品質管理および人事管理である。

(3) *H. Reinermann*, Das Internet und die öffentliche Verwaltung, DÖV 1999, S. 20 (25) は、「行政の現代化に関する今日の議論のほとんど全体が、インターネット技術の中に表れている。」と述べる。Vgl. auch *ders.*, Verwaltungsreform und technische Innovation - ein schwieriges Dauerverhältnis, in: H. Kubicek u.a. (Hrsg.), Multimedia @ Verwaltung, Jahrbuch Telekommunikation und Gesellschaft 1999, S. 11 ff.「行政改革の原動力としてのインターネット革命」につき、さらに参照、*V. Boehme-Neßler*, Electronic Government: Internet und Verwaltung, NVwZ 2001, S. 374 (379 f.); *D. Budäus*, Hamburgs Weg in die digitale Verwaltung, VOP 2001, S. 38.

(4) So *M. Eifert*, Electronic Government als gesamtstaatliche Organisationsaufgabe, ZG 2001, S. 115 (116) m.w.N. Vgl. ferner *J. v. Lucke*, Electronic Government in der Welt, in: H. Reinermann (Hrsg.), Regieren und Verwalten im Informationszeitalter, 2000, S. 186 ff. m.w.N. Aus neuer Zeit vgl. ferner die Beiträge im VOP-Sonderheft 2/2000 "e-Government - die Chance zur Modernisierung", sowie die Informationen unter www.egovbase.org.

(5) ここでの脈絡におけるこれらの目標について、*Enquete-Kommission Baden-Württemberg*, LT-Drs. 11/6400, S.

62; *V. Boehme-Neßler*, Electronic Government（N. 3), S. 375; *A. Roßnagel*, Die elektronische Signatur im Verwaltungsrecht, DÖV 2001, S. 221 m.w.N.

（6）この関連でしばしば用いられる「行政情報化」の概念（vgl. z.B. *H. Mehlich*, Die Verwaltungsorganisation im Informatisierungsprozeß, Die Verwaltung 29 [1996], S. 385 m.w.N.）は，私見では，技術的側面を不十分にしか捉えておらず，情報が社会においてすでに，絶えず中心的な役割を果たしていることを考慮していない。

（7）*T. Groß*, Öffentliche Verwaltung im Internet, DÖV 2001, S. 159.

（8）行政法の概念については，参照，*D. Ehlers*, Verwaltung und Verwaltungsrecht im demokratischen und sozialen Rechtsstaat, in: *H.-U. Erichsen*（Hrsg.), Allgemeines Verwaltungsrecht, 11. Aufl. 1998, § 2 Rn. 1.

（9）So zuletzt *A. Roßnagel*, Signatur（N. 5), S. 224.

（10）*R. Pitschas*, Allgemeines Verwaltungsrecht als Teil der öffentlichen Informationsordnung, in: W. Hoffmann-Riem/E. Schmidt-Aßmann（Hrsg.), Reform des Allgemeinen Verwaltungsrechts, 1993, S. 227（242). Vgl. auch *ders.*, ebenda, S. 253.

（11）So *A. Voßkuhle*, Der Wandel von Verwaltungsrecht und Verwaltungsprozeßrecht in der Informationsgesellschaft, in: W. Hoffmann-Riem/E. Schmidt-Aßmann（Hrsg.), Informationsgesellschaft（N. 1), S. 349（355-361). Vgl. auch *F. Schoch*, Öffentlich-rechtliche Rahmenbedingungen einer Informationsordnung, VVDStRL 57（1998), S. 158（161 f.). これに対し，*E. Schmidt-Aßmann*, Das Allgemeine Verwaltungsrecht als Ordnungsidee, 1998, 6. Kap., Rn. 7 ff. は，たとえば個人権的側面と制度的側面とを区別する。一般情報行政法の観点に対する批判的見解として，*K.-H. Ladeur*, Privatisierung öffentlicher Aufgaben und die Notwendigkeit der Entwicklung eines neuen Informationsverwaltungsrechts, in: W. Hoffmann-Riem/E. Schmidt-Aßmann（Hrsg.), Informationsgesellschaft（N. 1), S. 225（240-244).

（12）基礎的準備作業として，*R. Pitschas*, Verwaltungsverantwortung und Verwaltungsverfahren, 1991; *ders.*, Informationsordnung.（N. 10); *ders.*, Öffentlich-rechtliche Risikokommunikation, UTR 36（1996), S. 175

(187 ff.). Vgl. ferner *A. Voßkuhle*, Wandel (N.11), S. 365 ff.

(13) 詳細は，*A. Scherzberg*, Die öffentliche Verwaltung als informationelle Organisation, in: W. Hoffmann-Riem/E. Schmidt-Aßmann (Hrsg.), Informationsgesellschaft (N. 1), S. 195 ff.

(14) 相互に補い合う次の二つの国法学者大会報告は，ここに重点を置く。*F. Schoch und H.-H. Trute*, Öffentlich-rechtliche Rahmenbedingungen einer Informationsordnung, VVDStRL 57 (1997), S. 158 ff. bzw. S. 216 ff. さらに，参照，*I. Ebsen*, Öffentlich-rechtliche Rahmenbedingungen einer Informationsordnung, DVBl. 1997, S. 1039 ff., und *O. Depenheuer*, Informationsordnung durch Informationsmarkt, AfP 1997, S. 669 (672 ff.).

(15) この問題領域については，さしあたり，参照，*H.-H. Trute*, Der Schutz personenbezogener Informationen in der Informationsgesellschaft, JZ 1998, S. 822 ff.; *H. P. Bull*, Neue Konzepte - neue Instrumente?, ZRP 1998, S. 310 ff.; *S. Simitis*, Datenschutz: Rückschritt oder Neubeginn, NJW 1998, S. 2473 ff.; *M. Kloepfer*, Geben moderne Technologien und die europäische Integration Anlaß, Notwendigkeit und Grenzen des Schutzes personenbezogener Informationen neu zu bestimmen?, Gutachten D zum 62. DJT, VerhDJT 1999, Bd. I; *F. Moos*, Datenschutzkontrolle bei Tele- und Mediendiensten, DuD 1998, S. 162 ff.; *W. Hoffmann-Riem*, Informationelle Selbstbestimmung in der Informationsgesellschaft - Auf dem Weg zu einem neuen Konzept des Datenschutzes, AöR 123 (1998), S. 513 ff.; *R. Pitschas*, Informationelle Selbstbestimmung zwischen digitaler Ökonomie und Internet, DuD 1998, S. 139 ff.; *W. Schulz*, Verfassungsrechtlicher “Datenschutzauftrag” in der Informationsgesellschaft, Die Verwaltung 32 (1999), S. 137 ff.

(16) *E. Schmidt-Aßmann*, Ordnungsidee (N. 11), 6. Kap., Rn. 11. Vgl. auch *W. Hoffmann-Riem*, Verwaltungsrecht in der Informationsgesellschaft - Einleitende Problemskizze, in: ders./E. Schmidt-Aßmann (Hrsg.), Informationsgesellschaft (N. 1), S. 9 (14).

(17) *M. Wind*, Technik für das Volk!, in: W. Killian/T. Kneissler (Hrsg.), Demokratische und partizipative Verwaltung, 1999, S. 79 (80).

(18)　*H. Brinckmann/S. Kuhlmann*, Computerbürokratie. Ergebnisse von 30 Jahren öffentlicher Verwaltung mit Informationstechnik, 1990, S. 18 ff.

(19)　以下の体系化については、*W. Killian/M. Wind*, Vernetzte Verwaltung und zwischenbehördliche Beziehungen, VerwArch. 88 (1997), S. 499 (501 f.).

(20)　的確に述べるものとして、*R. Mayntz*, Soziologie der öffentlichen Verwaltung, 4. Aufl. 1997, S. 115. これに関して、たとえば、参照、*W. Killian*, ... und die Bürokratie bleibt!, in : ders./T Kneissler (Hrsg.), Verwaltung (N. 17), S. 53.

(21)　明確に述べるものとして、*H. Reinermann*, Der öffentliche Sektor im Internet, 2000, S. 70 ff.

(22)　この点につき、参照、*S. Bütow/H. Floeting*, Elektronische Stadt- und Wirtschaftsinformationssysteme in den deutschen Städten, 1999. 従来の――むしろ幻滅を感じさせる――コンピューターによる情報システムにつき、参照、*H. Kubicek/U. Schmid/H. Wagner*, Bürgerinformation durch „Neue" Medien?, 1997.

(23)　以下については、参照、*A. Roßnagel*, Möglichkeiten für Transparenz und Öffentlichkeit im Verwaltungshandeln - unter besonderer Berücksichtigung des Internet als Instrument der Staatskommunikation, in: W. Hoffmann-Riem/E. Schmidt-Aßmann (Hrsg.), Informationsgesellschaft (N. 1), S. 257 (275-278 m.w.N.).

(24)　www.arbeitsamt.de.

(25)　データ (Daten)、情報 (Information) および知識 (Wissen) の区別については、vgl. nur *A. Scherzberg*, Verwaltung (N. 13), S. 198-201 m.w.N.

(26)　この点については、*H. Reinermann/J. v. Lucke* (Hrsg.), Portale in der Öffentlichen Verwaltung, 2000 所収の諸論考を参照。包括的な市民情報システムは、たとえばオーストリアが確立している (www.HELP.gv.at [@MTSWEG ONLINE])。現時点では、さらに、参照、ドイツ連邦のサービス窓口 www.bund.de および、たとえば www.publicgate.de ; www.gemeinde4u.de ; www.rlp-lotse.rlp.de ; www.koeln.de ; www.bos-bremen.de.

(27)　商業登記簿およびその他すべての公の登記簿（社団登記簿〔民法七九条〕、財産登記簿〔民法一五六三条〕）については、一九九三年一二月二〇日の登記手続促進法（BGBl. I, S. 2182）により、すでにオンラインアクセスのための法的根拠が与えられている。この点につき、参照、*H. Lindhorst*, Automation des Handelsregisters - ein Dauerthema?, CR 1998, S. 590 ff.; V. *Schöpe*, Rechtsprobleme der Reorganisation des Handelsregisters, ZRP 1999, S. 449 ff.

（28）人口二〇万人以上の都市の六七％、人口五万乃至六万人の都市の四八％が意見形成のためのヴァーチャルなフォーラムおよび会議室の開設を計画している。参照、*M. Eifert*, Electronic Government（N. 4）, S. 118, Fn. 17.

（29）これに関して、たとえば、参照、*J. Tauss*, Die „elektronische Briefwahl als ein Beitrag zur Verbesserung der Partizipationsmöglichkeiten, in: H. Kubicek u.a.（Hrsg.）, Multimedia @ Verwaltung（N. 3）, S. 285 ff.; *M. Eifert*, Electronic Government（N. 4）, S. 117-119. このような市民と国民代表とのコミュニケーションの新たな形態については、参照、*K.-H. Sommermann*, in: v. Mangoldt/Klein/Starck, Bonner Grundgesetz, Art. 20, RN 78, 185 m.w.N.

（30）この構想については、たとえば、*H. Kubicek/M. Hagen*, Von der Web-Seite zum "One-Stop-Government", Verwaltung und Management 1998, S. 208 ff.

（31）この点につき、参照、*K. Lenk*, Das eine Fenster zu allen Verwaltungs- und Dienstleistungen, in: W. Gora/H. Bauer（Hrsg.）, Virtuelle Organisationen im Zeitalter von E-Business und E-Government, 2001, S. 349 ff. m.w.N.

（32）Vgl. *W. Moosbacher*, Elektronische Vergabe: Neue Möglichkeiten im öffentlichen Beschaffungswesen, DÖV 2001, S. 573 ff. デジタル入札の許容性については、現時点では、公共委託の賦与に関する法規命令（Verordnung über die Vergabe öffentlicher Aufträge vom 9. Januar 2001）一五条をも参照。

（33）詳細は、www.bundonline2005.deを参照。すでに一九九八年にスタートした連邦教育学術省のMEDIA @ Komm プロジェクトについては、参照、*H. Riehl/G. Schurllach*, Verwaltungsdienstleistungen mit dem Internet als Basistechnologie, in: W. Killian/T. Kneissler（Hrsg.）, Verwaltung（N. 17）, S. 91 ff. この点について

一般的には、*H. Reinermann*, Virtuelle Organisationen, VerwArch. 87（1996）, S. 431 ff.

（34）マルチメディア投入の可能性に関する、非常に具体的で詳細な文献として、*A. Roßnagel/U. Schroeder*（Hrsg.）, Multimedia in immissionsschutzrechtlichen Genehmigungsverfahren, 1999 ; *S. Idecke-Lux*, Der Einsatz von multimedialen Dokumenten bei der Genehmigung von neuen Anlagen nach dem Bundesimmissionsschutzgesetz, 2000.

（35）署名法は、特別の安全確保インフラのための法的枠組を与える。それにより、「適格な署名」については、自然人に特別の電子鍵が割り当てられる。この電子鍵は、濫用に対して、チップカードおよびPIN番号の保有により保護される。電子文書には、この鍵の利用により、署名がなされ得る。その結果、鍵の割り当てを通じて、文書の発信者およびその後の改変がすべて確実に証明され得る。

（36）詳細は後述三**3**。

（37）*R. Wirth*, Electronic Government mit digitaler Signatur, in : W. Killian/T. Kneissler（Hrsg.）, Verwaltung（N. 17）, S. 111（115 f.）; *J. Büssow*, Zur Informationstechnik in der öffentlichen Verwaltung, in : A. Günther（Hrsg.）, Verwaltungsmodernisierung, 2000, S. 180（188）. 発展の現状に関する具体的な文献として、*S. Hohn/C. Wesselmann*, Das virtuelle Bauamt - Vision und Wirklichkeit, in : W. Gora/H. Bauer（Hrsg.）, Virtuelle Organisationen（N. 31）, S. 447 ff.

（38）この点につき、参照、*L. Holla*, Telearbeit - eine Alternative für die öffentliche Verwaltung?, in : A. Günther（Hrsg.）, Verwaltungsmodernisierung（N. 37）, S. 194 ff.

（39）Vgl. *U. Kampffmeyer*, Technische Potentiale und Entwicklungslinien der IT-gestützten Vorgangsbearbeitung, in : H. Reinermann（Hrsg.）, Informationszeitalter（N. 4）, S. 373（407-412）.

（40）ケルンの連邦行政庁における、文書および案件処理過程を管理するソフトウエアFAVORIT-OfficeFlowの投入につき、参照、*J. Keusekoten*, Elektronische Akte und Vorgangsbearbeitung, VOP 2001, S. 34 ff. 連邦内務省における、ソフトウエアDOMEA、FAVORIT-OfficeFlowおよびVISkompaktを用いたパイロットプロジェクトにつき、参照、*P. Göttsche/I. Knaack*, Das papierarme Büro - eine Frage der Organisation, VOP 2000, S. 40 ff., sowie *KBSt*, Dokumentenmanagement und elektronische Archivierung im IT-gestützten Geschäftsgang, 1999. ワークフローマネージメントシステムが要求されることについて、たとえば、参照、*S. Körber*, Ein weiter Weg zum effizienten Staat?, VOP-Sonderheft 2/2000, S. 23 ff.

(41) Vgl. *A. Roßnagel*, Die digitale Signatur in der öffentlichen Verwaltung, in: H. Kubicek u.a. (Hrsg.), Multimedia @ Verwaltung (N. 3), S. 158 (162).

(42) 電子文書の特別の形態として、電子登録がある。電子登記に関し、参照、不動産登記法一二六条以下および *G. Schmidt-Räntsch*, Das EDV-Grundbuch, VIZ 1997, S. 83 ff.

(43) この点につき、参照、*K. Grimmer*, Dienstleistungsfunktionen öffentlicher Verwaltungen und die Verwendung von Informationstechnik, Die Verwaltung 23 (1990), S. 25 (32 ff.).

(44) このような自動化の概念については、*R.-M. Polomski*, Der automatisierte Verwaltungsalt, 1993, S. 23 f. この問題につき、さらに、参照、*P. Lazaratos*, Rechtliche Auswirkungen der Verwaltungsautomation auf das Verwaltungsverfahren, 1990 および今なお基本文献である *H.-P. Bull*, Verwaltung durch Maschinen, 1964; *N. Luhmann*, Recht und Automation in der öffentlichen Verwaltung, 2. Aufl. 1997 (1966).

(45) 「エキスパートシステム」の概念および限界付けについては、参照、*S. Tönsmeyer-Uzuner*, Expertensysteme in der öffentlichen Verwaltung, 2000, S. 26-31 m.w.N.

(46) *S. Tönsmeyer-Uzuner*, Expertensysteme (N. 45), S. 41-46 の記述を参照。

(47) たとえば、参照、*W. Coy*, Entwicklungen der Expertensystemtechnik, in: H. Bonin (Hrsg.), Entmythologisierung von Expertensystemen - Entscheidungsunterstützung in der öffentlichen Verwaltung, 1990, S. 29 ff. m.w.N.

(48) 具体的には、*M. Eifert*, Electronic Government (N. 4), S. 120 f.

(49) Vgl. nur *W. Killian/M. Wind*, Verwaltung und Vernetzung, 1997; *K.-H. Ladeur*, Die Europäische

Umweltagentur und die Perspektiven eines europäischen Netzwerkes der Umweltverwaltungen, NuR 1997, S. 8 ff.

(50) 参照、一九九〇年六月一九日の第二シェンゲン協定（“Schengen II”, BGBl. 1993 II, S. 1013 ff.）九二条以下。

(51) 欧州警察署条約（Vertrag über die Europäische Union über die Errichtung eines Europäischen Polizeiamtes）三一条に基づく、一九九五年七月二六日の協定（ユーロポール協定）に、ドイツ連邦共和国は、一九九七年一二月一六日のユーロポール法（BGBl. II, S. 2150）により、同意した。

(52) データ処理措置に対する権利保護および欧州警察署職員の不逮捕特権の問題点につき、参照、*T. Würtenberger*, Polizei- und Ordnungsrecht, in : N. Achterberg/G. Püttner/T. Würtenberger（Hrsg.）, Besonderes Verwaltungsrecht, Bd. II, 2. Aufl. 2000, § 21 Rn. 17 f. m.w.N.

(53) この点に関する詳細は、*A. v. Bogdandy*, Information und Kommunikation in der Europäischen Union : föderale Strukturen in supranationalem Umfeld, in : W. Hoffmann-Riem/E. Schmidt-Aßmann（Hrsg.）, Informationsgesellschaft（N. 1）, S. 133（172-182）m.w.N.

(54) バーデン・ヴュルテンベルク州による私企業の利用につき、参照、z.B. *G. Schäfer*, Aufbau der Infrastruktur für die E-Bürgerdienste Baden-Württemberg, in : W. Gora/H. Bauer（Hrsg.）, Virtuelle Organisationen（N. 31）, S. 409 ff.

(55) 公私協働につき、たとえば、参照、*S. Bütow/H. Floeting*, Elektronische Stadt- und Wirtschaftsinformationssysteme（N. 22）, S. 95 ff., 173 f. ここでの関連におけるアウトソーシングの問題について、*R. Gell*, Ziele und Probleme des IT-Einsatzes in der öffentlichen Verwaltung : Outsourcing als Lösung? und *A. Tsolkas*, Die Sicherheit als Kernproblem. Erfahrungen mit öffentlichen Anforderungen und deren privater Umsetzung, beide in : W. Gora/H. Bauer（Hrsg.）, Virtuelle Organisationen（N. 31）, S. 293（398 ff.）bzw. S. 421 ff.

(56) 同旨、*T. Groß*, Internet（N. 7）, S. 163. 情報通信技術（ＩＴ）投入に関する様々な標準および指針は、バーデン・ヴュルテンベルクの「州システム構想」にまとめられている。これは、バーデン・ヴュルテンベルクの州行政で、ＩＴの投入が公行政において行われる際の、枠組を与えるものである。たとえば、参照、Verwaltungsvorschrift zur Vereinheitlichung der IuK-Infrastruktur für das Finanzwesen, GABl. 1998, Nr. 12, S. 483 ; Verwaltungsvorschrift zur Vereinheitlichung der IuK-Infrastruktur für die Personalverwaltung, GABl. 1999 Nr. 7, S. 268 ; Standards des Landessystemkonzepts Baden-Württemberg, GABl. 1999 Nr. 7, S. 268. 州システム責任者は内務省の次長（Minsterialdirektor）である。

（57） 前掲・注（40）参照。

（58） BVerfGE 65, 1（43 ff.）――国勢調査判決。これに関し、さしあたり、*C. Starck*, in : v. Mangoldt/Klein/Starck, Bonner Grundgesetz, Kommentar, 4. Aufl. 1999, Art. 2 Rn. 108 ff. m.w.N.

（59） BVerfGE 65, 1（46 ff.).「ドイツのデータ保護法の諸原則」については、*H. Ehmann*, Prinzipien des deutschen Datenschutzrechts - unter Berücksichtigung der Datenschutzrichtlinie der EG vom 24. 10. 1995, RDV 1998, S. 235 ff., RDV 1999, S. 12 ff. による概観を参照。

（60） BVerfGE 65, 1（69).

（61） この点については、*A. Scherzberg*, Verwaltung（N. 13), S. 214-216 m.w.N. による概観を参照。*L. Schreiber*, Verwaltung going digit @ l, K & R 2000, Beilage 2, S. 34（41 f.）も参照。

（62） いわゆるシェンゲン情報システム（SIS）（N. 50）は、同時に、すでに端緒においてデータ保護に好意的な組織構成を伴う情報結合の一例でもある。参照、*J. Aulehner*, Polizeiliche Gefahren- und Informationsvorsorge, 1998, S. 153 ff.; *R. Wehner*, Die polizeiliche Zusammenarbeit zwischen den Schengen-Staaten unter besonderer Berücksichtigung des SIS, in : A. Achermann u.a.（Hrsg.), Schengen und die Folgen, 1995, S. 129（133 ff.); *T. Kattau*, Strafverfolgung nach Wegfall der europäischen Grenzkontrollen, 1993, S. 88 ff.; *W. Schreckenberger*, Von den Schengener Abkommen zu einer gemeinsamen Innen- und Justizpolitik（Die Dritte Säule), VerwArch. 88（1997), S. 389,（404 ff.), jeweils m.w.N. とりわけ嘱託国への通知の法的審査の早期化とならんで、SISにおいては、さらなる一連のデータ保護措置が講じられた。この点につき、*R. Wehner*, a.a.O., S. 142 ff.; *T.*

Kattau, a.a.O., S. 94 f.; *U. DiFabio*, Die „Dritte Säule“ der Union, DÖV 1997, S. 89（94 mit Fn. 58）.

（63） 参照，ユーロポール協定（N. 51）一五条以下。しかし，ユーロポールの調査対象となった者が，「国際的な中央データ情報システムの対象」になるという危惧は残る。*F. Zieschang*, Der Austausch personenbezogener Daten mittels Europol, ZRP 1996, S. 427（428 f.）. ユーロポールと加盟国間のデータ保護法上の責任の分配については，*J. Lindner*, EUROPOL : Baustein europäischen Polizeirechts, BayVBl. 2001, S. 193（200 f.）.

（64） 「防御機能の優越――（Dominanz der Abwehrfunktion）」を言う *R. Pitschas*, Das Informationsverwaltungsrecht im Spiegel der Rechtsprechung, Die Verwaltung 33（2000）, S. 111（117）.「直線的な防御権（eindimensionales Abwehrrecht）」を言う *J. Aulehner*, Wandel der Informationskompetenz bei der Erfüllung der staatlichen Kernaufgaben, in : A. Haratsch u.a.（Hrsg.）, Herausforderungen an das Recht der Informationsgesellschaft, 1996, S. 198（205）も参照。

（65） 批判的見解として，*W. Hoffmann-Riem*, Informationelle Selbstbestimmung（N. 15）, S. 522 ff.; *H. H. Trute*, Informationsgesellschaft（N. 15）, S. 824 ff.; *R. Pitschas*, Referat zum 62. DJT, VerhDJT 1999, Bd. II/1, S. M 9（M 29 ff. et passim）; *ders.*, Informationelle Selbstbestimmung（N. 15）, S. 116 ff.; *M. Kloepfer*, Technologien（N. 15）, S. D 66 ff., D 81 ff.; *H. P. Bull*, Neue Konzepte（N. 15）, S. 311 ff. さらに，参照，*M. Kutscha*, Datenschutz durch Zweckbindung - Ein Auslaufmodell?, ZRP 1999, S. 156 ff.

（66） So *A. Scherzberg*, Verwaltung（N. 13）, S. 217.（注65）所掲の文献のほか，さらに参照，*J. Tauss/C. Özdemir*, Umfassende Modernisierung des Datenschutzrechts ; *A. Roßnagel*, Ansätze zu einer Modernisierung des Datenschutzrechts, und *H. Federrath/A. Pfitzmann*, Neues Datenschutzrecht und die Technik, jeweils in : H. Kubicek u.a.（Hrsg.）, Internet @ Future, Jahrbuch Telekommunikation und Gesellschaft 2001, S. 232 ff.; S. 241 ff. und S. 252 ff.

（67） Richtlinie 95/46/EG des Europäischen Parlaments und des Rates zum Schutz natürlicher Personen bei der Verarbeitung personenbezogener Daten und zum freien Datenverkehr, ABl. Nr. L 281/31. これに関し，*U.*

Dammann/S. Simitis, Kommentar zur Datenschutzrichtlinie, 1997; *S. Walz*, Datenschutzherausforderung durch neue Technik und Europarecht, DuD 1998, S. 150 ff. Vgl. auch *H. Heil*, Datenschutz durch Selbstregulierung - Der europäische Ansatz, DuD 2001, S. 129 ff.

(68) Richtlinie 97/66/EG des Europäischen Parlaments und des Rates über die Verarbeitung personenbezogener Daten und den Schutz der Privatsphäre im Bereich der Telekommunikation, ABl. (1998) Nr. L 24/1.

(69) これについて、*H. Lanfermann*, Datenschutzgesetzgebung - gesetzliche Rahmenbedingungen einer liberalen Informationsgesellschaft, RDV 1998, S. 1 ff.; *H.-H. Trute*, Informationsordnung (N. 14), S. 257 ff.; *ders*., Informationsgesellschaft (N. 15), S. 826 ff.

(70) これに対し、二〇〇一年五月一八日の「連邦データ保護法およびその他の法律の改正に関する法律」(BGBl. I, S. 904 ff.) においては、革新的な要素は限定されている。たとえば参照、*A. Roßnagel/A. Pfitzmann/H. Garstka*, Modernisierung des Datenschutzrechts, DuD 2001, S. 253 ff.; *J. Bizer*, Ziele und Elemente der Modernisierung des Datenschutzrechts, DuD 2001, S. 274 ff.; *P. Wedde*, Die Novelle des Bundesdatenschutzgesetzes, AiB 2001, S. 373 ff.

(71) データ保護の前提条件としてのシステムの形成に関する基礎的文献として、参照、*A. Podlech*, Individualdatenschutz - Systemdatenschutz, in: FG H. Grüner, 1982, S. 451 ff.; *A. Roßnagel*, Rechtswissenschaftliche Technikfolgenabschätzung, 1993; *ders*., Freiheit durch Systemgestaltung, in: FS Podlech, 1994, S. 240 ff.; *H. Bäumler*, Wie geht es weiter mit dem Datenschutz?, DuD 1997, S. 446 ff.

(72) たとえば参照、*V. Boehme-Neßler*, Electronic Government (N. 3), S. 377; *A. Dix*, Verwaltung und Internet aus der Sicht des Datenschutzes, in: H. Kubicek u.a. (Hrsg.), Multimedia @ Verwaltung (N. 3), S. 178, 180.

(73) *A. Dix*, Verwaltung (N. 72), S. 180.

(74) 文書化原則 (Aktenmäßigkeitsprinzip) につき、参照、BVerwG, NVwZ 1988, S. 622 (「真実に忠実で完全な文書を作成する義務」) および、ここでの関連では、*B. Holznagel/C. Krahn/C. Wethmann*, Electronic Govern-

ment auf kommunaler Ebene - Die Zulässigkeit von Transaktionsdiensten im Internet, DVBl. 1999, S. 1477 (1485 f. m.w.N.).

(75) これらの要請につき、*A. Roßnagel*, Digitale Signatur (N. 41), S. 162.

(76) この問題領域につき、たとえば参照、*M. Eifert*, Online-Verwaltung und Schriftform im Verwaltungsrecht, K&R 2000, S. 11 ff.; *ders./L. Schreiber*, Elektronische Signatur und der Zugang zur Verwaltung, MMR 2000, S. 340 ff.; *H. Starck*, Vertrauenswürdigkeit digitaler Signaturen für Verwaltung und E-Commerce vor dem Hintergrund gesetzlicher Regulierungen, K&R 2000, S. 23 ff.; *A. Dix*, Digitale Signaturen im Verwaltungsverfahren : Besondere Sicherheitsforderungen erforderlich?, K&R 2000, S. 20 ff. *A. Roßnagel*, Internet (N. 23).

(77) Richtlinie 99/93/EG des Europäischen Parlaments und des Rats über gemeinschaftliche Rahmenbedingungen für elektronische Signaturen, ABl. (2000) Nr. L 13/12.

(78) その概観として、さしあたり、*A. Roßnagel*, Digitale Signaturen im europäischen elektronischen Rechtsverkehr, K&R 2000, S. 313 ff.

(79) しかし、自署と適格な電子署名とを原則として同等に扱う義務は、電子署名指令三条七項によって変更されていない。的確に指摘するものとして、*M. Eifert/L. Schreiber*, Elektronische Signatur und der Zugang zur Verwaltung, MMR 2000, S. 340 (341); *A. Roßnagel*, Signatur (N. 5), S. 225 m.w.N. しかし、*G. G. Gravesen/J. Dumortier/P. van Eecke*, Die europäische Signaturrichtlinie - Regulative Funktion und Bedeutung der Rechtswirkung, MMR 1999, S. 577 (580)は異なる見解である。

(80) BGBl. I, S. 876.

(81) とりわけ改正が必要であったのは、認証機関の許可の自由（電子署名指令三条一項）、監督システムの導入（同三条三項）、責任規定の導入（同六条）および署名の国際的承認（同七条）に関してである。参照、*A. Roßnagel*, Der europäische Standard : Die elektronische Signatur der europäischen Richtlinie, in : I. Geis (Hrsg.), Die digitale Signatur - eine Sicherheitstechnik für die Informationsgesellschaft, 2000, S. 195 (206 ff.).

(82) 参照、*A. Roßnagel*, Das neue Recht elektronischer Signaturen, NJW 2001, S. 1817 (1819 ff.).

(83) これに関し、参照、*P. Stelkens/H. Schmitz*, in : Stelkens/Bonk/Sachs, VwVfG, Kommentar, 6. Aufl.- 2001, S. § 10, RN 28a-28s. これと完全に同じではない、内務省会議による行政手続法改正模範草案をも参照。これは二〇〇〇年一一月二三日および二四日のボンにおける会議で承認されたものである。これに関し、*H.-J. Rosenbach*, Erläuterungen und Anmerkungen zum Entwurf eines Gesetzes zur Änderung des Verwaltungsverfahrensgesetzes, DVBl. 2001, S. 332 ff.; *A. Catrein*, Anmerkungen zum Entwurf eines Gesetzes zur Änderung der Verwaltungsverfahrensgesetze des Bundes und der Länder, NVwZ 2001, S. 413 f. この草案は http ://sgv.im.nrw.de/info/AenderungInternetIM.NRW.de.htm で参照できる。

(84) 法文においては、安全レベルの引き下げは、書面要件に「又は電子的な」という文言を書き加えることにより、表現されている。

(85) BR-Drs. 492/00.

(86) GBl. S. 536 f. Vgl. auch Bremisches Gesetz zur Erprobung der digitalen Signatur in der Verwaltung v. 1. 6. 1999, GBl. S. 138 f.

(87) *T. Groß*, Internet (N. 7), S. 163.

(88) So *A. Scherzberg*, Verwaltung (N. 13), S. 205. さらに、たとえば参照、*H. Reinermann*, Internet (N. 3), S. 24 ; *V. Boehme-Neßler*, Electronic Government (N. 3), S. 379 f.

(89) さしあたり、*E.-W. Böckenförde*, Demokratie als Verfassungsprinzip, in : J. Isensee/P. Kirchhof (Hrsg.), HbStR Bd. I, § 22 Rn. 21 f. m.w.N.

(90) 上述注 (2) 参照。

(91) So *A. Scherzberg*, Verwaltung (N. 13), S. 206.

(92) 参照、*A. Voßkuhle*, Der Dienstleistungsstaat, Der Staat, i.E.

(93) この問題群全体に関する詳細かつ説得力ある文献として、*S. Tönsmeyer-Uzuner*, Expertensysteme (N. 45), S.

111 ff.

(94) 同旨，*M. Eifert*, Electronic Government (N. 4), S. 125 ff., イギリスにおけるプロジェクト組織につき，さらに参照，*T. Groß*, Internet (N. 7), S. 163 m.w.N. および KGSt-Bericht 1/2000, Kommune und Internet: Strategische Überlegungen und Hilfen zur Umsetzung, S. 25 ff.

(95) この点に関し，*M. Kloepfer*, Informationsgesetzbuch - Zukunftsvision?, K&R 1999, S. 241 ff.

日本の二〇〇一年個人情報保護法案

中原茂樹

日本では、二〇〇一年三月に、「個人情報の保護に関する法律案」が閣議決定された。これは、日本では初めての、民間部門をも包括する、個人情報保護に関する一般法である。本報告では、この法案の内容につき、ドイツの連邦データ保護法とも比較しながら、紹介・検討する。

一　法案提出の経緯(1)

日本には現在、個人情報保護に関する一般法としては、「行政機関の保有する電子計算機処理に係る個人情報の保護に関する法律」(以下「行政機関個人情報保護法」という)があるのみである。同法は、一九八〇年のOECD理事会勧告を契機として、一九八八年に制定されたものであるが、その名のとおり対象が行政機関の保有する電子計算機処理に係る個人情報に限定されているほか、本人による訂正の請求が権利として認められておらず、また、教育情報や医療情報が適用除外とされているなどの点で、なお不十分なものである。

民間部門の個人情報保護については、各省が作成するガイドラインに沿って、業界の自主規制により対応がなされてきた。しかし、一九九五年には、個人情報保護に関するEU指令(「個人データ処理に係る個人の保護及び当該データの自由な移動に関する欧州議会及び理事会の指令」)が出され、その二五条において、「構成国は、個人データの第三国への移転は、当該第三国が十分なレベルの保護措置を確保している場合に限って、行うことができる」と規定された。これにより、国際的な電子商取引の発展のためには、日本においても、民間部門に対する法規制を検討すべきではないかが議論されるようになった。また、一九九九年の住民基本台帳法の改正で、すべての国民に住民票コードを付するという政策が決定されたことや、民間企業から個人情報が流出する事件が相次いだことにより、個人情報保護対策を強化すべきであるとの世論が高まった。

一九九九年六月、住民基本台帳法改正の国会審議のなかで、内閣総理大臣が、民間部門も含めた個人情報保護法制を速やかに整備する意向を示した。政府の高度情報通信社会推進本部のもとに置かれた個人情報保護検討部会は、一九九九年一一月、中間報告を出し、個人情報保護システムの中核となる基本原則等を確立するため、全分野を包括する基本法を制定することを提言した。これを受けて設置された個人情報保護法制化専門委員会は、二〇〇〇年一〇月、「個人情報保護基本法制に関する大綱」を取りまとめた。これを踏まえて、政府は法案化作業を進め、二〇〇一年三月、「個人情報保護に関する法律案」が閣議決定され、国会に提出された。現在のところ、同法案は未成立である。

二　法案の構成

法案は大きく分けて二つの部分から成る。すなわち、基本法としての性格をもつ部分（一〜四章）と、民間部門の個人情報保護に関する一般法としての性格をもつ部分（五〜七章）である。前者（一〜四章）は、公的部門、民間部門を問わず、およそ個人情報を取扱う者に適用される「基本原則」（二章）、および、公的部門がとるべき施策の基本となる事項（三章、四章）を定めている。基本原則は、ＯＥＣＤ八原則を整理して五つの原則にまとめたものである。ここに定められているのは、いずれも基本的な原則あるいは指針であって、それ自体は、違反に対する罰則を伴うような具体的な義務ではない。これに対し、後者（五〜七章）は、一定の民間事業者（個人情報データベース等を事業の用に供している者）について、二章の基本原則を具体化し、個人情報の取扱いに関する具体的な義務を定めるものであり、違反に対する罰則も規定されている。このように基本法的部分と具体的義務を定める部分の二段構えになっていることが本法案の特徴の一つである。本法案の基本法的部分のように、法律で、具体的な権利義務ではなく、一定の政策実現のための基本的事項を定めるという方法は、日本では他の分野でもよく採られている（地方分権推進法、環境基本法、IT基本法など）(2)。

公的部門と民間部門の規律のあり方という観点から見ると、法案は、基本原則（二章）に関しては公的部門と民間部門を区別していないが、より具体的な規律については、民間部門にのみ適用される一般法的規定（五章）を置いている。公的部門については、二章の基本原則を具体化するため、三章・四章に基づいて、法制上の措置（具体的には、国に関していえば、行政機関個人情報保護法の改正、地方自治体については、個人情報保護条例の制定・改正）を講ずべきとされており（一一条、附則七条参照）、現在、政府において検討が進められている。このように、基本原則については両部門を区別しないが、その具体化については両部門の特性に応じて異なった扱いをすることが予定されている。ドイツの連邦データ保護法も公的部門と民間部門を区別して規律しているが、EUの個人情報保護指令が公的部門と民間部門の区別をしていないことの影響で、二〇〇一年の改正法では、両部門に共通の規定がかなり増えている（第一章　一般及び共通規定）。この点、憲法上のプライヴァシーの権利はあくまでも公的機関に対して向けられたものであり、表現の自由や営業の自由等との調整が問題となる民法上のプライヴァシーの権利とは法的性格が異なることを重視すれば、両部門の規律は異なるべきことになる(3)。他方、自己情報コントロール権の観点からは、「どのような個人情報が、どのように守られるか、ということが重要なのであって、誰が管理するか、どのような権限かは問題とならない」から、プライヴァシーを侵害する者が政府でも企業でも、その侵害性・違法性に違いはなく、基本的に同じ制約を加えるべきとも考えられる(4)。いずれの観点を重

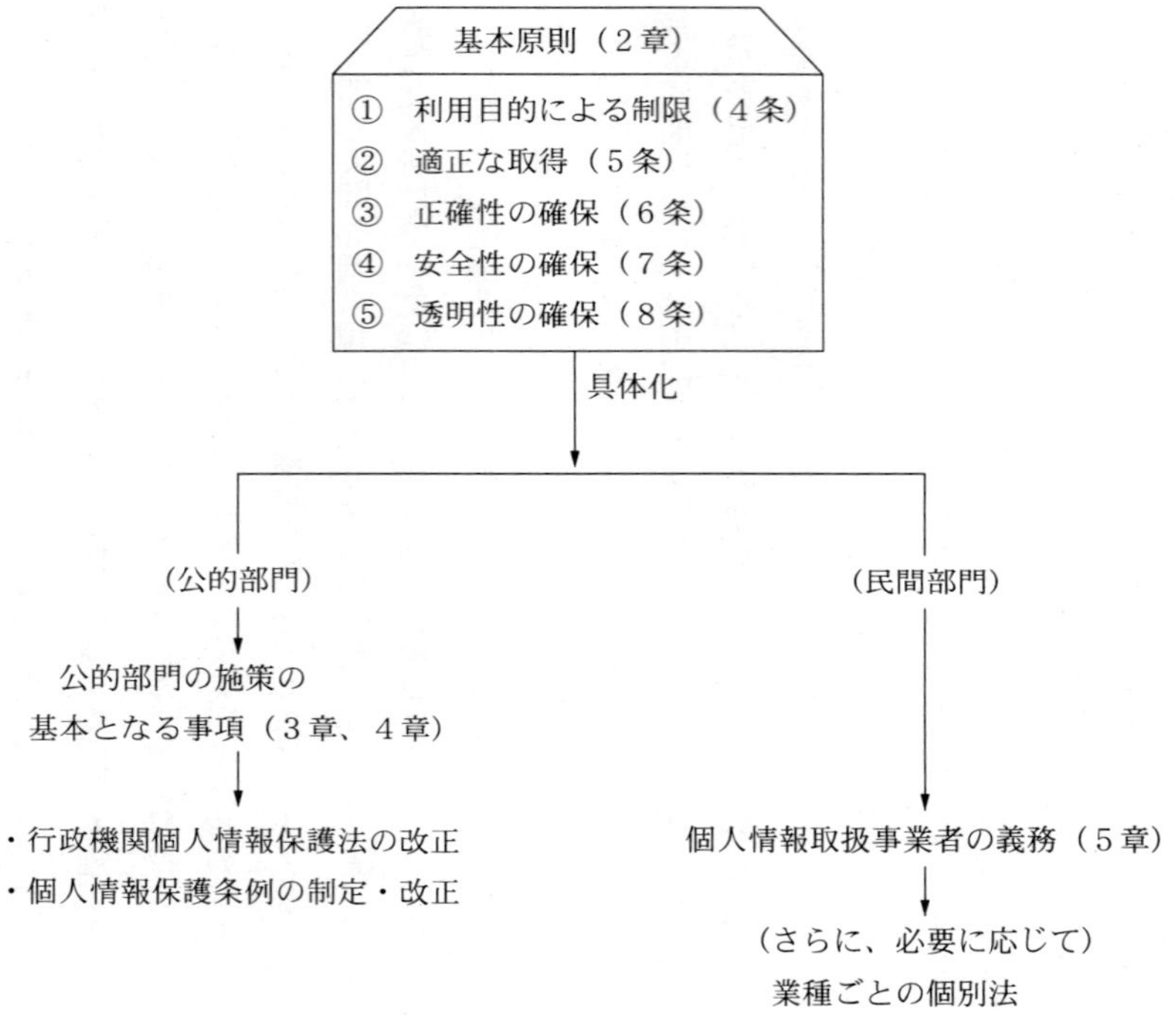

視するかによって規律のあり方が異なると考えられるが、日本の法案は両者の折衷的な立場に立つものと考えられる。

なお、民間部門の内部では、法案は、分野・業種等の違いにかかわらず、一般的な規律をしている。この一般法では十分に対応し得なかったり、一般法を適用することが適切でない場合は、さらに個別法が要請されることになる。

以上を図示すると、上図のとおりである。

三　目的

この法律の目的については、一条で、「個人情報の有用性に配慮しつつ、個人の権利利益を保護すること」にあるとされている。「個人の権利利益」の具体的内容は一条には示されていないが、基本原則を定める三条で、「個人情報が個人の人格尊重の理念の下に慎重に取扱われるべきものであることにかんがみ」とされており、これとあわせて読むと、「個人の人格」が一条にいう「個人の権利利益」の重要な要素であると考えることができる。他方、「個人情報の有用性に配慮しつつ」とされていることについては、国際的な電子商取引の発展のために、産業界が個人情報保護法制の整備を求めたという立法過程を反映したものと考えられる。もっとも、現代の情報社会においては、個人情報が適切に流通することは、それを利用する他人にとって有用であるのみならず、本人にとっても有用となりうるのであり、同条にいう有用性には本人にとっての有用性も含まれるのではないか、という議論がある。(5)

これに対し、ドイツでは、端的に、個人を人格権の侵害から保護することが目的とされている（一条）。日本では法律の冒頭にしばしば目的規定が置かれ、これは日本法に特有の傾向であると指摘されているが、個人情報保護に関しては、日独ともに目的規定を置いている。(6) 目的規定が個々の条文の解釈にいかなる影響を与える（べき）かについては、議論の余地がある（日本では、情報公開法の目的規定について、大いに議論された）。

四　基本原則の法的性格

法案第二章は、基本原則として、①利用目的による制限（四条）、②適正な取得（五条）、③正確性の確保（六条）、④安全性の確保（七条）、⑤透明性の確保（八条）の五つの原則を掲げ、「個人情報を取り扱う者は、……基本原則にのっとり、個人情報の適正な取扱いに努めなければならない」（三条）としている。この基本原則に裁判規範性が認められるかが問題となる（これは、実際には、とりわけ第五章が適用されない事業者について問題となる）が、基本原則にのっとるよう「努めなければならない」とされているのみで、違反に対して具体的措置が何ら定められていないことからすると、基本原則を直接の根拠として開示や訂正を裁判上請求することはできないと考えられる。しかしながら、民法上の不法行為による損害賠償請求の場面では、基本原則は、違法性の判断要素となり得るし、また、差止請求等の場合にも、請求権の底にある人格権の一つの現れとして参酌されることはあり得ると考えられる。(7)

五　いわゆるセンシティヴ情報について

ＥＵ指令を受けて、ドイツ連邦データ保護法の二〇〇一年改正法三条九項は、「人種的及び民族的出自、政治的意見、宗教的又は哲学的な信条、労働組合への加入、健康又は性生活に関する事柄」を「特別な種類の個人データ」と定義し、公的部門・非公的部門ともに、特に慎重な取扱いを求めている（四ａ条三項＝同意、一三条二項＝公的機関によるデータの収集、一四条五項＝公的機関によるデータの蓄積・変更・利用、二八条六項・七項＝非公的機関によるデータの収集・処理・利用）。

これに対し、日本の法案は、そのような特別の種類の情報について、具体的な規定を置いていないが、個別法で特別の配慮がなされることを予定している。すなわち、一一条一項で、国の機関が保有する個人情報について、その性質を考慮して法制上の措置をとることを求めるとともに、同条三項で、個人情報の性質にかんがみて、特に適正な取扱いを厳格に実施する必要があるものについて、保護のための法制上の措置をとることを求めている。

六　個人情報取扱事業者の義務（第五章）

前述のように、法案第五章は、一定の民間事業者（個人情報データベース等を事業の用に供している者）について、第二章の基本原則を具体化し、個人情報の取扱いに関する具体的な義務を定めている。個人情報データベースには、電子情報のほか、特定の個人情報を容易に検索できるように構成されたマニュアル情報も含まれる。この点、ドイツ連邦データ保護法一条二項三号・三条二項・二七条も、EUの個人情報保護指令（二条(b)・三条一項）を受けて、自動化された処理のみならず、自動化されていないデータファイル（同質的に構成され、一定の基準に従ってアクセスすることができ、分析し得る、個人データの集積）の処理をも対象にしている。

第五章で定められている義務の内容は、利用目的の特定（二〇条）、利用目的による制限（二一条）、利用目的の通知（二三条）、第三者提供の制限（二八条）、安全管理措置（二五条）、従業者・委託者の監督（二六、二七条）、保有個人データに関する事項の公表（二九条）、開示（三〇条）、訂正（三一条）、利用停止（三二条）など、かなり具体的であり、ドイツと比べても遜色ないと考えられる。ただし、情報の取得に関しては、ドイツ連邦データ保護法四条二項が「個人データは本人から収集されなければならない」との原則を立てているのに対して、日本の法案は、「個人情報は適法かつ適正な方法で取得されなければならない」（五条）、「偽りその他不正の手段により個人情報を取得してはならない」（二二条）とするにとどまる。もっとも、個人情報を取得した場合は利用目的を通知または公表しなければならないとしており（二三条）、また、本人の同意を得ずに個人データを第三者に提供してはならない（二八条）としていて、その限りでは、本人の関与の機会が保障されている。他方、ドイツ連邦データ保護法四条二項も例外を認めている。

実効性担保の仕組みとしては、法案は、まず、事業者による苦情の処理、そのための体制の整備（三六条）、及び認定個人情報保護団体（主として業界団体が念頭に置かれている）による苦情の処理（四七条）という自主的な解決に期待している。そのうえで、自主的な解決が図られない場合の対処として、主務大臣による勧告・命令（三九条）、さらには命令違反に対する罰則（六一条）を規定している。ここにいう主務大臣とは、当該事業者が行う事業を所管する大臣である（四一条）。これらの仕組みは、従来、業界ごとに所管行政庁の指導のもとで自主規制により対処がなされてきた経験蓄積を生かし、それをさらに強化することによって個人情報保護の実効性を確保しようとするものである。この仕組みについては、命令違反に対する罰則が規定されたことによって、従来の自主規制よりは実効性が期待できるものの、ドイツのように独立の監督官庁を置かず、事業者寄りであると批判されることの多い、所管官庁による業界ごとの監督システムを維持している点では、実効性に疑問がある。(8)独立の監督機関を置かないことの理由としては、数百万を超えると予想される個人情報取扱事業者を単独の官庁が監督することは困難であること、および行政改革への配慮と説明されている。(9)

また、法案は、開示等を求める権利を本人に付与しており、これについては、本人が民事訴訟によって実現することも可能である。結局、裁判による救済と行政上の救済の二つのルートがあることになる（そこで、事業者が開示を拒否し、これに対して所管官庁が是正命令を出した場合、事業者が行政庁を相手として提起する是正命令取消訴訟と、開示請求者が事業者を相手として提起する開示請求訴訟が並存する可能性がある）。

なお、ドイツでは企業内にデータ保護担当者を置くこととされているが（四ｆ条）、日本の法案では、安全管理措置（二五条）、従業員の監督（二六条）及び苦情処理のための体制整備（三六条二項）が一般的に求められているにとどまり、その具体的内容までは規定されていない。

七　報道機関の扱い

報道機関の取扱いについては、報道の自由との関係で大きな議論となった。結局、法案は、報道機関が報道の用に供する目的で個人情報を取り扱う場合には、第二章の基本原則のみ適用し、第五章の具体的な義務については適用除外とした（五五条）。

この点、ドイツ連邦データ保護法は、まず、プレスに関して、もっぱら自己の報道、編集上の又は文学的な目的のための、個人データの収集、処理及び利用については、五条（データ処理に従事する者の守秘義務）、九条（技術的かつ組織的措置）及び三八a条（データ保護法上の規制の実施を促進するための行為基準）に相当する規律、ならびにこれに関する七条（損害賠償）の責任規律が適用されるよう、州に求めているが（四一条一項）[10]、これ以外の規律の適用は予定していない。次に、放送については、ドイツでは圧倒的に州の所管事項であり、連邦法は連邦上の放送局についてのみ、以下の規律を置いている。連邦法上の放送局（ドイチェ・ヴェレ）の報道によって、自己の人格権を侵害される場合には、蓄積されたデータの開示を請求できる。ただし、取材源の秘匿に関わる場合は、開示を拒否できる（四一条三項）。連邦法上の放送局には、固有のデータ保護監察官が置かれる（四二条）。

日本の場合、報道機関が報道の用に供する目的で個人情報を取り扱う場合にも個人情報取扱事業者の義務が適用されるとすると、行政機関（しかも、独立の監督機関ではなく、主務大臣）による命令の対象となるため、報道の自由との関係で問題がある。したがって、第五章の適用が除外されたのは妥当である。他方、報道機関といえども、個人情報を取り扱う以上、個人の人格尊重の理念に配慮すべきであり、基本原則は報道機関にも妥当すると解すべきである。報道機関は、基本原則を踏まえて、自ら第三者機関を設けるなどの自主的な取り組みを行うことが望ましい。しかし、そのような配慮を行わず、個人の人格権を侵害した場合には、裁判所が報道の自由と個人の尊厳との対立を調整すべきであり、その際、前述のように、基本原則が考慮要素となりうる。

以上より、報道機関の取扱いに関する法案の立場は、基本的に妥当であると考える。ただし、五章の適用が除外される報道機関の外延が必ずしも明確でないという問題がある。例えば、出版社が報道機関に含まれるかどうか、問題となりうる。政府による説明では、報道機関とは報道を反復・継続的に業として行う機関をいうとされているが、報道機関にあたるかどうか、微妙な場合も考えられる。報道の自由保障の見地から、五五条一項一号の文言については、なお検討の余地があるように思われる。

なお、報道機関のほかに、学術研究機関、宗教団体、政治団体も、それぞれ学術研究、宗教活動、政治活動の用に供する目的で個人情報を取り扱う場合には、第五章の適用を除外される。

八　おわりに

以上見てきたように、日本の個人情報保護法案は、独立の監督機関を置かず、また、公的部門に関する具体的規律を今後に委ねている等、なお不十分な点を残しているものの、日本では初めての、民間部門をも包括する、個人情報保護に関する一般法であり、効果的な個人情報保護に向けた重要な一歩となるものと考える。

〔追記〕本稿は、二〇〇一年九月六日、フライブルクにおいてドイツ語で行われた報告の日本語原稿であり、その後に発表された文献および事態の推移については、考慮されていない。また、注は最小限にとどめた。なお、この法案で積み残された課題である、公的部門に関する具体的規律については、二〇〇一年一〇月、総務省の行政機関等個人情報保護法制研究会が「行政機関等の保有する個人情報の保護に関する法制の充実強化について——電子政府の個人情報保護——」と題する報告書を公表し、二〇〇二年三月、「行政機関の保有する個人情報の保護に関する法律案」が閣議決定され、国会に提出された。

(1)　参照、宇賀克也「個人情報保護法案の検討」法学教室二五〇号（二〇〇一年）七頁以下。

(2)　基本法については、小早川光郎「行政政策過程と基本法」成田頼明先生退官記念『国際化時代の行政と法』（一九九三年・良書普及会）五九頁以下参照。但し、本法案の基本原則は、個人情報を取り扱うすべての者に対して直接に原則を呈示する点で従来の基本法とは異なることにつき、「座談会」ジュリスト一一九〇号（二〇〇〇年）一〇頁および二九頁（小早川光郎発言）参照。

(3)　松井茂記「個人情報保護基本法とプライヴァシーの権利」ジュリスト一一九〇号（二〇〇〇年）四三頁、田島泰彦「個人情報保護制度をどう構想するか」法律時報七二巻一〇号（二〇〇〇年）五頁、三宅弘「個人情報保護法制化の経緯と課題」法律時報七二巻一〇号九頁。

（4）牧野二郎「ネットワークと個人情報」法律時報七二巻一〇号二二頁以下。但し、個人情報保護制度は「個人と事業者の情報取引のルール化であるべきであって、取材活動や報道とプライバシーの権利との間の調整を果たす機能はない」から、報道機関による報道目的での収集・公表には、個人情報保護制度は基本的に関与すべきではない、とする（同二三頁）。

（5）「座談会」ジュリスト一一九〇号（二〇〇〇年）八頁以下（棟居・小早川発言）。

（6）塩野宏「制度法における目的規定に関する一考察」（一九九八年）『法治主義の諸相』（二〇〇一年・有斐閣）五三頁注（7）参照。

（7）藤原静雄「個人情報保護の基本原則」法学教室二五〇号（二〇〇一年）一七頁。

（8）新美育文「個人情報基本法制大綱——アメリカ・EUとの対比」ジュリスト一一九〇号（二〇〇〇年）一〇三頁。

（9）参照、宇賀・前掲注（1）一二頁。

（10）ドイツの個人情報保護法制におけるメディアの取扱いをめぐる議論については、参照、藤原静雄「個人情報保護法制とメディア」塩野宏先生古稀記念『行政法の発展と変革　上巻』（二〇〇一年・有斐閣）七二九頁以下。

第二部　労働法

日本における企業秘密の労働法的保護

西谷　敏

一　古くて新しい問題としての企業秘密

企業秘密の問題は決して新しい問題ではない。たとえば、老舗の菓子舗や料理屋において菓子や料理の製法を企業秘密として扱うという発想は、江戸時代あるいはもっと前から存在していた。もちろん、工業分野の技術的秘密や商業関係の営業上の秘密は、これらの産業の出発と同時に見られる。

しかし、企業秘密の問題は、最近、格段の重要性をもつに至っている。その要因として、およそ次の五点をあげることができよう。

第一は、企業間競争が国際的規模において激化しており、そのなかで他企業の企業秘密の合法的、非合法的な取得への誘惑がきわめて大きくなっていることである。企業秘密をめぐる犯罪の多くは、こうした競争の激化を背景として発生している。

第二は、企業において秘密情報の電子化が進行していることである。[1] 技術的秘密も、顧客名簿を含む営業秘密も電子情報の形で保存されている場合がきわめて多い。しかも、社内LANやイントラネットによって、企業内の端末機がネットでつながれている場合、従業員にとって企業秘密へのアクセスはきわめて容易となる。また、従業員は、秘密文書を持ち出したり盗んだりするときに感じる精神的な抵抗を感じることなく、クリック一つで秘密の漏洩に加担しうることになる。これに対して、日本企業においては、電子情報の管理体制が十分に確立していない。二〇〇〇年九月段階のある調査によれば、就業規則で、企業秘密保持に関する規定をもつ企業は八二・五％にのぼっているが、そこでは、労働者に秘密保持や競業避止の義務を負わせる条項、営業秘密の無断使用・開示が行われた場合の退職金減額条項が中心であり、デジタル情報について機密保持規定を定める企業は四七・〇％にとどまっている(2)。文書情報であれば、丸秘の印鑑を押してそれが企業秘密であることを明示したうえで、金庫に保管するなどの方法がとられるが、デジタル情報については、まだその方法が確立していない。社員の利用に供されている端末機からの秘密情報へのアクセスを制限する方法として、たとえばパスワードによる機密保持対策をとっている企業は八八・九％あるが、肝心のパスワードがメモされてパソコン本体に張り付けられている例も見られるという。さらに、情報技術の発展により、小型コンピュータを携帯して仕事をする労働者が増えていることも、コンピュータの置き忘れなどによる秘密の漏洩の可能性を高めている。

第三に、販売システムなどの発展により、保護されるべき企業秘密の範囲と保護の対象が大きく拡大したことがあげられる。とくに、消費者などの一般公衆の個人情報が商品価値をもつに至り、こうした漏洩の例が増加している。たとえば、一九九七年に、ソフト開発会社社員がさくら銀行の顧客データ二万人分をフロッピーディスクに複写して、都内の名簿業者に売却したという事件、また、二〇〇〇年一〇月には、ＫＤＤ（現ＫＤＤＩ）の利用者獲得を委託された代理店から約三万人分の個人情報が流出して売買されていることが発覚した。こうした場合、情報を保有する企業だけでなく、広範な顧客が被害を受ける可能性がある。たとえば、一九九八年一一月に、派遣プログラマーによって、人材派遣会社テンプスタッフ登録女性約九万人分が流出し、ホームページ上で売買されるという事件があったが、この事件がとくにセンセーショナルだったのは、登録女性に関するデータが、当該女性の容姿などに関する企業側の評価を含んでいた点にある。

第四に、日本特有の事情として、労働者の企業間移動が頻繁になりつつあるという事情がある。つまり、有期雇用の労働者が増加しつつあるだけでなく、期間の定めのない労働契約によって採用された正社員についても、移動が激しくなっている。そのために、従来よりも多くの労働者が企業秘密に接することになるうえ、転職の頻繁化は、労働者が退職後同業他社に就職する機会の増加と、それを通じて企業秘密が他企業に漏洩する危険性の増大をも意味する。また、これらの労働者は、企業忠誠心が薄く、秘密の漏洩に心理的抵抗を感じる度合いが低いといえる。のみならず、企業によるリストラの強行などによって企業に恨みを抱く労働者が増加しつつあるという事実も、こうした動機にもとづく秘密漏洩の危険を高めている。

さらに、雇用形態の複雑化によって、企業秘密が漏洩しやすい条件が生まれている。企業においては、当該企業の社員のみならず、派遣会社から派遣されてきた労働者、下請企業の労働者が入り交じって働いているが、これらの労働者のなかには、当該企業のコンピュータシステムの構築に加わり、システムを熟知している労働者、また企業の重要な情報にアクセスしうる労働者が含まれている。さらに、在宅勤務の労働者や在宅勤務する個人事業者から、重要な情報が漏洩する危険性もある。

いずれにしても、企業は、企業秘密の保護という古くから存在する課題のために、新たな体制を構築することを迫られている。それは、企業秘密保護にかかわる法的問題の重要性を改めて認識させることになるとともに、いくつかの新たな法的問題をも生み出すことになるのである。

二　企業秘密と労働者の関係

企業秘密は、外部の侵入者によっても、また企業の従業員によっても危険にさらされる。そこで、日本で流通しているＩＴセキュリティーに関するハウ・ツーものでは、従業員は外部からの侵入者と同格か、あるいはより悪質な者として描かれている。実際に、そうした例が少なくないのは事実である。

しかしながら、問題をその側面からだけ見るのは一面的である。企業で働く従業員は、秘密保持を義務づけられると同時に、企業情報にかかわる様々な権利をもった主体でもある。たとえば、労働者が得た情報を外部に知らせることは、言論の自由の行使という側面をもっている。とくに企業犯罪や企業の環境汚染に関する労働者の内部告発は、単に言論の自由の行使として保護に値するだけでなく、企業活動から公衆を守るために不可欠の意義をもつもので、原則として正当とみなされるべきである(3)。

また、労働者は、とくに退職後、職業選択の自由（憲法二二条）の一環として競業の自由をもっている。もちろん、それは、企業秘密との関係においても、またそれ以外の観点からしても一定の制約を受けるが、それにもかかわらずそれが労働者の重要な基本的人権であることに変わりはない。

さらに、労働者が企業内情報そのものに対する権利をもつ場合が多いことも忘れるべきではない。とくに、企業秘密とされる情報の製作に労働者が関与した場合、その情報は企業のものであると同時に労働者自身のものでもある。労働者が開発した情報について特許申請がなされる場合には、労働者自身が特許権を取得するか、労働者への報償が問題となる（特許法三五条参照）が、特許申請がなされない場合でも、情報の製作・収集に関与した労働者は、なおその情報に対する一定の権利を失わない場合がありうる。一例をあげると、営業関係の労働者が職務遂行の過程で集めた名刺については、基本的には労働者自身の所有が認められ、労働者は退職後それによる顧客情報を新たな仕事のために用いることができるであろう。そうだとすれば、この名刺を元にして顧客リストが作成されたとたんに、それが営業秘密とされ、それを作成した労働者さえそれの利用を禁じられるというのは理解しにくいのである。

さらに、労働者のプライヴァシーが職場においても守られなければならないのは明らかである。企業秘密漏洩のために会社のとる措置（とくに電子メールの監視）が、労働者のプライヴァシーを侵害するおそれがある。

このように、労働者が企業の有する情報に対して一定の権利をもつことや、労働者が企業の情報を開示することについて権利をもつことが多いことを考えると、労働者による企業秘密の保持の問題を考える場合には、保護されるべき企業の利益と労働者の権利との調整という視点が不可欠である。

もっとも、企業秘密の漏洩によって第一次的に不特定多数の顧客その他の公衆が被害者となる場合（たとえば問題となっている企業秘密が個人情報である場合）には、労働者がそうした秘密の漏洩に正当な利益をもつことは通常は考えられないので、第二次被害者たる企業が労働者の責任を追及する際に、労働者利益との調整を考える余地は乏しいと考えられる。

三　保護に値する秘密の範囲

企業秘密の労働法上の保護をめぐってまず第一に問題となるのは、保護に値する企業秘密とは何かである。日本の企業は秘密主義の傾向が強く、本来秘密にする必要のない事項、あるいは秘密にすべきでない事項まで秘密扱いにする傾向がある。たとえば、従業員に周知せしめることが法律上義務づけられている就業規則（労基法一〇六条）まで秘密扱いにする企業が少なくない。そこで、何が保護に値する秘密であるかの判断がとくに日本では重要になるのである。

企業秘密に関連する定義規定は、不正競争防止法のなかに見出される。すなわち、同法二条四項は、保護される「営業秘密」について、「秘密として管理されている生産方法、販売方法その他の事業活動に有用な技術上又は営業上の情報であって、公然と知られていないもの」と定義している。すなわち、ここであげられているのは、①事業活動に有用な情報であること、②秘密として管理されていること、③公然と知られていない情報であること、の三点である。ここでいう「営業秘密」には登録制度がなく、権利内容が公的に確定されるものではないので、それぞれの具体的な事例ごとに、ここにいう要件が充足されるかどうか判断すべきことになる。(4)労働者が職務を遂行するなかで一般的に知ることができて習得した知識、技術、ノウハウなどは営業秘密には該当しない。

しかし、こうした「営業秘密」の定義は、直接的には不正競争防止法の適用に際して問題となるにすぎず、またすべての「企業秘密」を包含するものではない。(5)たとえば、企業がインサイダー取引などの経済犯罪を犯しているという事実、公害発生源になっているという事実、さらに企業内の人事情報やスキャンダルなどは、不正競争防止法にいう「営業秘密」には該当しないが、これらの中には、労働契約において労働者にその保持が義務づけられる企業秘密とみなされるものが含まれうる。しかし、使用者が企業秘密としたいと考えている事柄、あるいは企業内で秘密として扱われている事柄が当然に法的保護に値する企業秘密とはいえないこともまた当然である。また、企業内の経済犯罪の事実や公害発生源である事実などは、それを積極的に開示することが公益に適うと評価されることもありうる。いずれにしても、ある事項が法的保護に値する企業秘密といえるか否かは、その事項の性格、それが開示されることの公益性、労働者の権利などを考慮しつつ、慎重に判断されるべきものである。

四　秘密漏洩の予防

――とくに使用者による電子メールの監視

使用者にとって、企業秘密が漏洩した場合の責任追及よりも、漏洩の防止が重要であるのは当然であろう。使用者が秘密漏洩の防止のためにとりうる措置としては、就業規則の整備、従業員教育の徹底、企業秘密管理者の設置などがあるが、法的に最も重要なのは、使用者による従業員の電子メールの監視である。従業員の電子メール使用状況の監視は技術的には容易である。リアルタイムの監視のためには、侵入検知ツールやネットワーク管理ツールが開発されているし、事後的チェックでよいのであれば、メールサーバーに記録を残すよう設定しておけばよいのである。問題は、それが法的に許容されるかどうか、である。この点、日本では、最近判決が一件出されただけで[6]、学説における議論も乏しい[7]。

しかし、使用者による電子メールの監視は、事柄の性質からすれば決して新しい問題というわけではない。会社のコンピュータを使用して行う電子メール通信は、会社の電話を用いた通話と共通している。したがって、会社における就業時間中の私用電話が合理的な範囲にとどまる限り社会通念上許容されているのと同じく、就業時間中の会社のネットワークを利用した私用メールも一定範囲では許容されるものといえよう。

それでは、それに対する会社による監視はどうか。まず、使用者が従業員の私用メールを明示的に禁止していない場合には、当然従業員によるメールには私用メールが含まれていることを使用者としても計算に入れなければならないから、それを監視することは労働者のプライヴァシーを侵害するおそれがある[8]。もっとも先にあげた最近の判決は、この点について電話と社内ネットワークを利用した私用メールを区別している。すなわち、電話については、その保守点検が法的守秘義務を負う電気通信事業者によって行われ、また事前に特別な措置を講じない限り会話の内容そのものは即時に失われるのに対して、社内ネットワークシステムを用いた電子メールの送受信については、その通信内容が通常サーバーコンピュータや端末内に記録され、また当該会社の管理者がネットワーク全体を適宜監視しながら保守を行うので、従業員は、電話の場合のようなプライヴァシー保護を期待できないというのである。しかし、こうした峻別に十分な根拠があるとは思えない。

それでは、使用者が従業員に会社のコンピュータを用いた私用メールを禁止している場合はどうか。たしかに、使用者は、従業員による、会社所有のコンピュータを用いた私用電子メールを、就業時間中であれそれ以外の時間であれ、禁止することは可能である。この場合、理論上は会社では業務用の通信しかされていないことになるから、会社が電子メールの監視体制を敷いたとしても、労働者のプライヴァシーの侵害の問題は生じないことになりそうである。しかし、問題はそれほど簡単ではない。

まず、使用者が私用メールの禁止を就業規則で定めたり、口頭で通達したとしても、それが守られているかどうかは別個の問題である。ある企業で調査したところ、女性従業員が就業時間中に行ったメール通信の八割が私用だったという。(9) 日本の企業や官庁では、就業時間中の私用電話は一種の慣行となっており、極端に長いものでない限り、使用者もそれを大目に見てきたという現実があり、会社の機器を用いた私用メールもその延長線上にあるといえる。日本では、一般にタテマエとしての規範と現実が乖離していることが多く、それは企業内の規範についてもある程度までは妥当する。つまり使用者は、就業規則を作成する際に、できるだけ多くの禁止項目を並べておいて、運用上それを緩和するという方法を好むので、就業規則の規定と現実が乖離していることが多いのである。また、従業員自身が私用でメールを発信しないとしても、家族ないしその他外部の者が私用メールを打ってくる場合も多い。この点も電話と共通する点である。したがって、使用者が私用メールの禁止を宣言している場合であっても、事実上、私用メールが受発信される可能性が高く、したがって、会社による監視が個人のプライヴァシーを侵害する危険性はやはり大きい。それは労働者自身がルールを守っていないからだといえなくはないが、上記の日本の現実を考えると、プライヴァシーの侵害を労働者の「自業自得」とは言い切れないのである。

また、私用メールと業務用メールの限界設定が容易ではないということもある。とくに日本では、営業関係のつきあいが飲酒、ゴルフ、麻雀などを伴うことが多いし、逆に友人関係が営業目的のために利用されることも少なくない。こうした事情の下では、一緒に飲むという話やゴルフ、麻雀の話が業務と関係がないとは言い切れないのである。

さらに、業務用のメールであれば、使用者が自由に監視してよいかという問題もある。これは工場などに設置される監視カメラと共通する問題である。日本では、この点については議論そのものが未発達であるが、労働契約上義務づけられた労働であっても、使用者は当然にそれを常時監視体制下においてよいわけではないという観点から検討する必要のある問題である。

こうした事情を考えると、使用者による電子メールのチェックには大きい問題が含まれているといわねばならない。企業秘密漏洩の防止というそれ自体正当な目的も、そうした監視を当然に正当化しうるものではあるまい。また、日本では、ドイツのように、従業員代表委員会との共同決定という、こうした制度の導入にあたって従業員集団が関与する制度も予定されていないし、労働組合が存在しても、労働組合がこの種の問題について十分なチェック機能を果たしうるとは限らない。したがって、使用者による電子メールの監視は、企業秘密漏洩の事実が存在するかそのおそれのあることが客観的に明確である場合に、その防止のために必要な範囲において許されるにすぎないと解すべきであろう。

五　刑事責任と不正競争防止法

1　刑事責任

労働者による企業秘密の漏洩は、刑法上の構成要件に該当する限り、犯罪行為となりうる。たとえば、顧客名簿の原本そのものを持ち去る行為は、窃盗（刑法二三五条）ないし業務上横領（刑法二五二条）に該当する。[10]これに対して、顧客名簿などを会社のコピー機を使用してコピーして持ち出した場合、あるいは顧客名簿などを持ち出して社外のコピー機を利用してコピーしその後名簿を会社に戻しておいた場合には、どのような犯罪が成立するか微妙な問題があるが、裁判所はこの場合にも窃盗罪が成立すると判断している。[11]さらに、コピー目的で磁気テープを持ち出す行為や、ホストコンピュータに電磁的に記録されている情報を会社のプリンタおよび用紙を使用して印字し取得する行為は、いずれも窃盗とされている。[12]また、コンピュータ・プログラムの無断使用につい

ては、背任罪（二四七条）が成立するとされた例がある。(13)

コンピュータにかかわる犯罪の増加に対応するために、一九八七年刑法改正によって、電磁的記録不正作出・同併用罪（一六一条の二）、電子計算機損壊等業務妨害罪（二三四条）、電子計算機使用詐欺罪（二四六条の二）、電磁的記録毀棄罪（二五八、二五九条）の四つの構成要件が追加された。さらに、一九九九年には、他人の識別符号（ＩＤ、パスワードなど）を無断で入力する行為や、アクセス制御機能を免れることのできる情報または指令（架空のＩＤ・パスワード、特殊な指令）を入力する行為の禁止を目的とする「不正アクセス行為の禁止等に関する法律」が制定された。(14)

しかし、これらの問題については別稿に委ねたい。企業秘密の刑法的保護の次元では、行為者が労働者であるか部外者であるかは重要な意味をもたないからである。もっとも、労働者が、とくに自分が制作に関与した情報を、自己の裁量で持ち出しうると信じて持ち出したような場合には、責任が阻却される場合がありうるであろう。いずれにしても明らかなのは、現在の刑法典およびその他の特別法の諸規定は、企業秘密の保護のために決して十分とはいえないことである。また、企業秘密の保護をすべて刑法的に扱うことが適切とも思われない。そこで、私法上の救済が重要な問題としてクローズアップされることになるのである。

2　改正不正競争防止法による保護

一九三四年に制定された不正競争防止法は、他人の商標と類似の商標を用いたりして行う誤認混同行為などを禁止していたが、(15)一九九〇年に抜本的に改正され、営業秘密保護の規定を導入し、さらに一九九三年に大幅に改正された。同法二条一項は、禁止される不正競争の類型を列挙しているが、このうち、労働者について問題となるのは、第七号である。すなわち、「営業秘密を保有する事業者（以下「保有者」という）からその営業秘密を示された場合において、不正の競業その他の不正の利益を得る目的で、又はその保有者に損害を加える目的で、その営業秘密を使用し、又は開示する行為」である。ここで、営業秘密を「示された」と規定されているので、労働者が在職中に自分が開発したノウハウ等を開示することは、その開示を禁止する特約のない限り、同条同号には該当しない。

この規定は、労働者の雇用継続中のみならず、雇用契約終了後にも適用される場合がある。それは、まず労働者が、退職後も営業秘密を保持する旨の特約に違反して秘密を漏洩した場合であり、さらに、特約がなくても信義則上退職後の秘密保持義務が認められる場合があり、その義務に著しく違反して不正の目的のために使用・開示する行為も、本号違反となると解されている(16)。

被害を受けた、あるいは受けるおそれのある企業は、営業秘密を不正に開示した者と、不正開示の事情を知りながら取得して利用した第三者に対して、損害賠償を請求しうる（四条）し、情報使用の差し止め（三条一項）、不正使用された情報が入ったフロッピー等の媒体物の廃棄（三条二項）、謝罪広告などの信用回復措置（七条）を求めることができる。その際、差止請求を行う場合には、当該「営業秘密」の内容を特定しておかなければならない。たとえば、「本件各装置に関する設計・製作の技術的ノウハウ」、「顧客リスト等の営業上の情報」などの抽象的主張のみでは足りないとされている(17)。

六　労働契約上の秘密保持義務

1　秘密保持義務の根拠

学説・判例は、信義則にもとづいて、労働契約からいくつかの付随義務が生じることを認めている。そのひとつが、労働者が自己の知り得た企業秘密を保持するという義務であり、また競業避止義務である。少なくとも労働関係存続中に労働者がこのような義務を負うことにはほとんど異論はない。これに対して、労働契約終了後も労働者が当然にこうした義務を負うかどうかは理論的検討を必要とするが、後述するとおり、一定の範囲内においては、退職後もこうした義務が存続することは否定できない。これを、労働契約の余後効（Nachwirkung）と呼ぶことができる。

さらに、使用者と労働者の間に特約があれば、労働者が労働契約上の付随義務によって当然に負う義務の範囲を拡大することができる。もっとも、いかなる特約も有効というわけでなく、とくに労働者の職業選択に基礎をおく退職後の競業を禁止する特約には、一定の限界が設定されざるをえない。

さらに、就業規則の規定がいかなる意味をもつかが問題となる。これは、就業規則の法的性格という根本問題と関係しているが、さしあたり次のように解しておきたい。就業規則に退職後の競業禁止の定めがあったとしても、それは当然に個別的特約に代替しうるものではない。使用者が労働者を採用するにあたって就業規則を提示することが稀であり、採用後も就業規則を労働者に見せない使用者が少なくないという日本の実情を考えると、就業規則の規定と特約とを直ちに同一視することはできないからである。そこで、使用者が採用にあたって、あるいはその後、退職後の競業避止規定などについて、就業規則にもとづいて労働者に個別に説明し、労働者がそれに同意したとみなされる場合に限り、就業規則規定を特約と同一視することができると解すべきであろう(18)。もちろん、こうした就業規則の規定も、特約と同様の制限に服することになる。

2　退職後の秘密保持と競業

(1)　秘密保持と競業の関係

労働者の秘密保持義務、とくに退職後の秘密保持義務は、しばしば競業避止義務と関係して扱われるが、この両者の関係は必ずしも明確ではない。そこで、この両者の関係をあらかじめ整理しておくのが適切であろう。

企業秘密の保持が同業他社との競争という観点から要求される場合、秘密情報をもった労働者が退職後に競争企業を開始したり、同業他社に就職したりすることは、以前の使用者にとってもっとも警戒すべき事態である。なぜなら、その場合には、労働者が在職中に知った企業秘密を自企業もしくは就職した他企業のために用いないことを期待しえないからである。そこで、多くの企業は、企業秘密の保持のために、労働者が退職後一定期間同業他社に就職することを禁止しようとする。その場合には、企業秘密保持義務と競業避止義務が重なり合うことになる（秘密保護のための競業禁止）。

しかし、企業秘密保持と競業避止は、いつも重なりあうとは限らない。すなわち、労働者が、在職中に入手した技術上あるいは営業上の企業秘密を、退職後に、競業とはまったく関係なしに第三者に開示することもありうる。顧客のプライヴァシーにかかわる情報などは、むしろ、そもそも競業とは関係なく漏洩されるのが通常であるといえよう。しかし、この場合にも秘密保持は重要な意味をもつので、従業員は当然そうした義務を負わされる可能性がある。このように競業と関係なしに義務づけられる秘密保持を、ここでは「純粋の秘密保持義務」と呼んでおこう。

他方、使用者は、企業秘密の漏洩のおそれがない場合でも、退職後の労働者が、たとえば顧客を奪うなどして、自らの競争相手となったり、同業他社への就職によって同業他社が強化されることを嫌うために、退職後の競業を禁止しようとする場合もありうる。このように、企業秘密と関係のない競業禁止を「純粋の競業禁止」と呼んでおこう。

そうすると、退職後の企業秘密保持義務と競業禁止については、純粋の秘密保持義務、純粋の競業禁止、そして、秘密保持のための競業禁止の三つの場合が存在しうることになる。この三つの場合のうちでは、純粋の企業秘密保持義務がもっとも容易に根拠づけられる。なぜなら、使用者は企業秘密保持について重要な利益をもっている反面、禁止によって労働者の受ける不利益は競業禁止に比べてはるかに小さいといえるからである。これに対して、純粋の競業禁止を根拠づけるのは、もっとも困難である。というのは、それによって労働者は職業選択の自由という重要な人権を制限される一方、使用者の保護法益はさほど大きくないからである。そして、企業秘密のための競業禁止は、ちょうどこれら両者の中間に位置するといえる。こうした競業禁止を根拠づけるためには、企業秘密保持という使用者の利益と職業選択の自由という労働者の利益とを調和させることが必要となるのである。

(2)　純粋の秘密保持義務

労働者は、労働関係存続中に秘密保持義務を負うのはいうまでもないが、退職後も当然に秘密保持義務を負うかどうかについて、学説上見解が対立している。すなわち、労働者の秘密保持義務が信義則上の義務として退職後も存続するとする説(19)と、特約のない限り秘密保持義務は消滅するとする説(20)である。

労働契約上の義務は、付随義務を含めて労働契約の終了とともに終了するのが原則であるが、企業秘密保護の必要性は、労働者の退職後も持続することは否定できない。とくに顧客その他の市民の個人情報が問題となっている場合には、そのことは明確である。たとえば国家公務員法一〇〇条一項（地方公務員法三四条一項も同旨）が、「職員は、職務上知ることのできた秘密を漏らしてはならない。その職を退いた後といえども同様とする」と定めているのは、当然の規定といえる。

そこで、企業秘密保護の必要性や、右の公務員法の規定なども参考にして考えると、顧客の個人情報や重要な企業秘密については、労働者の職業選択の自由と抵触しない限り、すなわち純粋の秘密保持の範囲においては、特約がなくても、信義則上退職後も労働者に守秘が義務づけられるというべきである。もっとも、その場合、秘密の範囲や守秘義務の期間には、おのずから合理的な限界が課されることになる。しかし、特約あるいはそれに代替しうる就業規則によって、信義則上当然に守秘が義務づけられる範囲を超えて、労働者に守秘義務を負わせることも可能である。

(3)　純粋の競業禁止

労働者が、労働関係の存続中、使用者に対して信義則にもとづく付随義務として競業避止義務を負うことに異論はない。[21] これに対して、労働者は、退職後は純粋の競業避止を当然には義務づけられない。[22] 退職後の競業は、労働者にとって職業選択の自由という憲法上の基本権の行使を意味するからであり、使用者には、労働者の競業が企業秘密保持の必要性と関係していない限り、労働者の競業を禁止する正当な根拠に乏しいからである。

使用者が退職後の労働者の競業を禁止したいと考える場合には、労働者との間で特約を結ぶ必要がある。しかし、退職後の競業を禁止する特約は、無条件で有効と認めることはできない。最高裁は、「期間および区域を限定しかつ営業の種類を特定して競業を禁止する契約」は、特段の事情のない限り、「営業の自由を不当に制限するものではなく、公序良俗に違反するものではない」としているが、[23] こうした一般論は、労働関係の特殊性を考慮して修正されるべきである。労働関係の特殊性とは、労働者が労働を唯一の生活手段とする場合が多いということ、したがって労働者が就労中の経験を活かして同種の事業を自ら営むことあるいは同業他社に就職することに高度の利益を有していること、とくに労働者が同業他社に就職するにすぎない場合には、使用者の利益を害する程度が低いこと、そして労働者の従属性のゆえに、労働者が特約の締結を拒否できない場合が多いこと、などの諸事情である。

判例も、退職後の競業禁止特約の効力については、それが企業秘密と関係していない場合には概して厳格な立場をとっているように見える。たとえば、退職後に純粋の競業避止を義務づける特約は、公序良俗に反して無効とするもの、[24] それが許されるのは、それを必要とする合理的理由があり、その必要を満たすに必要な範囲でのみ競業を禁止する合意が、正当な手続を経て得られ、禁止に見合う正当な対価の存在が認められる場合に限られるとし、三年間一切の競業を禁止する特約の効力を否定したもの、[25] さらに、退職後三年間の競業避止義務を定めた特約は、労働者が自己の退職後に会社が顧客情報をほとんど利用できないようにしておいて会社の得意先を奪うといった態様の競業行為を禁止する限りにおいて効力を認められるにすぎないとして、元営業部長の退職後の競業行為を差し止めた仮処分決定を取り消した事例[26]がある。さらに、就業規則における退職後の競業禁止条項に関する東京リーガルマインド事件判決[27]は、実定法上当然に退職後の競業避止義務を肯定しうる場合（労働者が使用者の営業秘密に直接かかわるような場合）と個別合意もしくは就業規則によって退職後の競業避止義務を創設する場合に分け、後者については、「使用者が確保しようとする利益に照らし、競業行為の禁止の内容が必要最小限度にとどまっており、かつ、十分な代償措置を執っていることを要する」としている。[28]

要するに、企業秘密に直接関係しない退職後の競業禁止特約については、まず、使用者にそのための正当な利益[29]が存在すること、また、そうした利益との関係において、制限の期間、区域、営業の種類が合理的な範囲に限定されていること、そしてとくに高額の補償が予定されていること、などの要件が充足される場合にのみ、有効と認めるべきであろう。[30]日本においては、これについての明確な判断基準が形成されているとはいえない。この点、たとえばドイツ商法典は、商業使用人の退職後の競業禁止特約につき、二年間という限度期間と、一年につき最後の年収の半分という最低補償額を定めており（七四条二項、七四a条一項三文）、連邦労働裁判所はこの規定が労働者一般に類推適用されることを認めている。[31]日本では、退職金制度が普及しており、多くの場合、競業禁止違反には退職金減額が予定されているので、単純に比較はできないが、少なくとも二年間という基準は参考にしてよいのではなかろうか。

(4)　秘密保持のための競業禁止

企業秘密の保護を目的とする退職後の競業禁止は、前述のように、純粋の企業秘密保持の場合と純粋の競業禁止の中間に位置するというべきであり、したがって、信義則上の義務の存否・内容や特約の効力については、こうした観点から判断する必要がある。

まず、信義則上の義務についていえば、労働者が退職後も当然に純粋の企業秘密保持義務を負う場合、当該秘密保持に直接関係する競業についても、一定範囲において避止義務を認めざるをえないであろう。なぜなら、労働者が退職後、退職前に従事していたのと同一の業務に従事する場合、労働者が業務上知り得た秘密を使用しないことは期待しえないからである。しかしながら、退職後の競業について労働者は大きい利益をもっているのであるから、信義則上当然に労働者に課される避止義務の範囲は、労働者が競業とは関係なしに秘密を漏洩する場合とは自ずから異ならざるをえない。この点、先に引用した東京リーガルマインド事件決定は、労働者が退職後当然に負うべき競業避止義務の範囲は、不正競争防止法二条一項七号の規定する範囲、すなわち、労働者が使用者から示された営業秘密を、「不正の競業その他の不正の利益を得る目的で、又はその保有者に損害を加える目的で」使用する場合に限定されるべきだとする。妥当な見解というべきであろう。したがって、前述のように、労働者が在職中自ら開発した技術、ノウハウなどについては、客観的には保護されるべき企業秘密に該当する場合であっても、特約のない限り、労働者が退職後それを使用して同業他社で就業することや自ら事業を営むことは妨げられない。

次に、企業秘密保持のための競業禁止特約については、その有効性を一般に否定することはできない(32)。また、企業秘密保持に対する使用者の利益が存在するので、特約やそれに代替する就業規則規定が許容される範囲は、前述の純粋の競業避止の場合に比較して広くなるであろうが、もとより無制限ではありえない。競業禁止の範囲、期間、代償措置などの具体的な事情を総合的に勘案して、特約の有効性を判断すべきである。明確な基準の設定は容易ではないが、たとえば制限期間については、純粋の競業禁止の場合と同じく最大限二年間と考えるべきであろう(33)。また、制限する職種は、企業秘密保持のために必要最低限であること、地域的制限が不当に広範囲に及んでいないこと、在職中の秘密保持手当もしくは退職時の一定額の支給などの代償措置が存在すること、などが要求されるであろう(34)。

3　義務違反の効果

(1)　解　雇

労働者が在職中に、保護に値する企業秘密を漏洩した場合、通常は解雇が認められる。在職中の競業についても同様である。もっとも、判例によれば、使用者の解雇権の行使も、「客観的に合理的な理由を欠き社会通念上相当として是認することができない場合」には解雇権濫用と評価されるので、解雇が有効かどうかは、最終的には秘密漏洩行為や競業行為の重大性との関係で判断されることになろう[35]。解雇が懲戒解雇としてなされる場合、退職金が剝奪される場合が多い[36]。

(2)　損害賠償請求と差止請求

日本では、使用者が労働者の義務違反を追及する手段として、労働者に損害賠償を請求する例は多くはない。しかし、ときに労働者による秘密漏洩や競業行為を理由として損害賠償が請求されることがある。この場合、労働者の秘密漏洩などが債務不履行ないし不法行為とみなされ、またその秘密漏洩によって使用者に生じた損害が明らかであれば、賠償を請求しうることは当然である[37]。競業避止特約が有効とされる場合も同様である。また、こうした場合、通常は労働者の故意が問題となっているため、損害賠償の制限はなされない[38]。

差止請求については、不正競争防止法も予定しているところであり、労働者の秘密漏洩ないし競業が債務不履行に該当する場合、差止の必要性が肯定される限り、認められることになろう。

(3)　退職金の剝奪もしくは減額

秘密漏洩行為や競業行為に対する損害賠償請求は、損害額の算定や秘密漏洩行為損害との因果関係の証明が困難であることから、制裁として必ずしも有効ではない。そこで、退職後の秘密保持義務違反や競業行為に対する制裁として、日本においてきわめて重要な役割を果たしてきたのが、退職金の剝奪もしくは減額である。多くの企業では、労働協約もしくは就業規則で退職金の支給について定める際に、退職後企業秘密を漏洩したり同業他社に就職した場合に退職金を減額したり剝奪したりすることを規定している。

こうした退職金の減額ないし剝奪を定める規定の効力については、まず退職金の性格が問題となる。退職金は、労働協約ないし就業規則で制度化されている場合には、労基法一一条の賃金であり、労基法二四条などの適用を受けるが、問題はいわばその実質的な性格である。この点について、退職金を純粋の後払い賃金と解する場合、退職後の労働者の行動によってその額を変更することは許されないことになろう。学説上は、こうした賃金後払い説も有力である。しかし判例は、退職金に賃金後払いの性格があることは否定しないものの、そこに功労報償の性格も含まれていることを認め、一定の要件のもとで、退職後の競業行為などを理由として退職金を減額したり剝奪することを定める就業規則などの規定を有効としている。最高裁は、退職後同業他社への就職を一定期間制限し、違反した場合に退職金を自己都合退職の場合の半額とする規定について、「この場合の退職金の定めは、制限違反の就職をしたことにより勤務中の功労に対する評価が減殺されて、退職金の権利そのものが一般の自己都合退職の場合の半額の限度においてしか発生しないこととする趣旨であると解すべきであるから、右の定めは、その退職金が労働基準法上の賃金にあたるとしても、所論の同法三条、一六条、二四条及び民法九〇条等の規定にはなんら違反するものではない」としている[39]。また、同様の立場から、区域、期間を限定して、同業他社への転職、同様の営業をした者等に支給すべき退職金および年度末退職加給金を一般の自己都合の退職の場合の二分の一とする規定は、合理性がないとはいえないとして、退職金の半額について不当利得返還請求を認めた例がある[40]。他方、退職後六カ月以内に同業他社に就職した場合に退職金を支給しない旨の就業規則の規定について、これは、退職労働者に、長年継続した労働の対償である退職金を失わせることが相当と考えられるほどの顕著な背信性がある場合にかぎって適用されるとして、広告代理業を営む会社を退職した後、自ら広告代理業を経営するに至った者について、そうした背信性があったとはいえず、就業規則上の退職金剝奪規定の適用を否定した例[41]、本件退職金規定の条項は、競業避止について場所的、時間的範囲の制限が一切なく、無制限に競業避止を義務づけ、遵守しないと退職金を一切支給しないというものであり、労基法違反の疑いもあり、公序良俗違反として、使用者による退職金返還請求を棄却した例もある。(42)

労働者が退職後も信義則上当然に負わされる義務について、すなわち、純粋の企業秘密保持義務と企業秘密保持のために競業避止義務については、就業規則などの規定や個別合意によって、これらの義務への違反を退職金の減額につなげることには、退職金に功労報償的性格があることを認める限り、合理性がないとはいえない。もっとも、その場合でも、労働者の行為が退職後のそれであることを考慮すれば、退職金全額の剝奪は許されず、せいぜい二分の一の減額を限度とすべきであろう。これに対して、特約によって退職後の秘密保持義務や競業避止義務を創設する場合には、退職金の減額が当然に許容されるかどうかは疑わしい。というのは、第一に、退職金に功労報償的性格を認めるにしても、それは基本的には在職中の功労に対するものであり、労使合意によって創設された退職後の義務への違反はそれとは無関係と解すべきだからである。第二に、こうした特約が有効であるためには、労働者に対して一定の代償が提供されることが必要であるとの上述の原則からしても、特約違反の場合に、労働者が本来請求しうるはずの退職金を減額する根拠は存在しないからである。そこで、特約による退職後の義務の創設の場合には、退職金が一定期間の勤続ないし功労に対する対価ではなく、特約によって創設された義務に対する代償措置などとして特別に設定された場合に限り、特約違反を理由とするその剝奪ないし減額を定めうると解すべきであろう。

日本では退職時に多額の退職金が支給されるのが通常であるという実態を前提として、退職後の企業秘密保持や競業禁止を担保するために、退職金の減額もしくは剝奪という方法がとられてきた。しかし、近年、労働者の転職が頻繁になり、その勤続年数が短くなると、それに応じて退職金の額が低下するので、退職金の減額などは退職後の企業秘密漏洩に対する制裁として十分な役割を果たさなくなる可能性がある。また、労働者の転職が多くなるなかで、退職金制度そのものが大幅に見直されようとしている。そうなると、日本においても、退職後の企業秘密保持については、退職金の減額などの方法によるのではなく、損害賠償請求などその他の方法によらざるをえない場合が多くなってくると予想される。その限りで、日本の実態はドイツのそれに近づいていく可能性があるといえよう。

（1）最近の調査によると、何らかのITシステムを導入している企業の比率は八八・二％、電子メール、インターネット、LANを導入している企業は七〇％あまりとなっている。また、ホワイトカラー正社員のうち約九五％が職場でパソコンを使っており、そのパソコンの約九〇％はネットワークに接続可能なものである（「厚生労働省・IT革命が我が国の労働に与える影響についての調査研究会報告書」労働法令通信二〇〇一年五月一八日号一八頁）。

（2）「二〇〇〇年機密情報・危機管理とコンピュータのセキュリティ」労務事情九七六号（二〇〇〇年）。

（3）岩出誠「情報の管理——労働者の守秘義務、職務発明・職務著作等の知的財産権問題を中心として——」『労働契約』（日本労働法学会編・講座21世紀の労働法第4巻、有斐閣・二〇〇〇年）一二一頁以下。

（4）裁判例では、男性用かつらの顧客名簿がここでいう「営業秘密」に該当するとされた例がある（大阪地判平八・四・一六判時一五八八号一三九頁）。この事件では、男性用かつらを販売する会社に勤務していた元従業員が、顧客名簿を無断でコピーし、名簿記載の顧客を対象に男性用かつらの製造、販売をしていた者に対して、会社が、①男性用かつらの請負、売買契約の締結、締結の勧誘などの営業行為の差止、②顧客名簿の廃棄、③損害賠償を求めたものである。判決は、基本的に請求を認容した。

（5）岩出・前掲一一六頁以下参照。

（6）F社Z事業部事件・東京地判平一三・一二・三労判八二六号七六頁。これは、社内のネットワークを使った私的な電子メールを無断で閲覧されたなどとして、OLと夫が当時の職場の上司に損害賠償を求めた訴訟であるが、判決は、電子メールの私的利用について、システム上プライヴァシーの保護の範囲は電話よりも相当低くなる、と指摘し、請求を棄却した。

（7）先駆的業績として、砂押以久子「情報化社会における労働者のオンラインの権利をめぐる諸問題」花見忠・R・ブランパン編『IT革命と職場のプライヴァシー――欧日産業法研究所研究報告』（二〇〇一年、日本労働研究機構）がある。そこでは、従業員の脱靴検査にかかわる西日本鉄道事件・最高裁判決（昭四三・八・二民集二二巻八号一六〇三頁）をてがかりにして、使用者によるモニタリング実施の有効要件として、①モニタリングを必要とする合理的な理由の存在、②従業員のプライヴァシー侵害が最も少ない方法で、モニタリングが必要とされる従業員に対し画一的に実施されること、③モニタリング実施に関し労働組合と協議が行われていること、④モニタリングに関するルールを就業規則等であらかじめ明確にしておくとともに、これを実施する場合にはその都度事前に本人に通告すること、があげられている。

（8）労働者の同意をえない会話の録音についてはいくつかの裁判例があるが、裁判所はそうした方法によるプライヴァシーの侵害には概して厳しい態度をとっている（目黒高校事件・東京地判昭四七・三・三一労民集二三巻二号一五五頁、広沢自動車学校事件・徳島地決昭六一・一一・一七労判四八八号四六頁、岡山電気軌道事件・岡山地判平三・一二・一七労判六〇六号五〇頁）。

（9）田淵義朗『インターネット時代の就業規則』（二〇〇〇年・明日香出版社）三七頁。

（10）新潟鉄工所事件・東京高判昭六〇・一二・四判時一一九〇号一四三号では、コンピュータ・システム関係の機密資料の社外持ち出しが業務上横領に該当し、有罪とされた。

（11）新薬産業スパイ事件・東京地判昭五九・六・一五、東京地判昭五九・六・二八判時一一二六号三頁。

（12）京王百貨店事件・東京地判昭六二・九・三〇判時一二五〇号一四四頁、城南信金不正告発事件・東京地判平九・一二・五判時一六三四号一五五頁。

（13）総合コンピュータ事件・東京地判昭六〇・三・六判時一一四七号一六二号。

（14）この法律については、露木康浩「不正アクセス行為の禁止等に関する法律について」ジュリスト一一六五号（一九九九年）五一頁以下参照。

（15）たとえば、コルム貿易事件・大阪高判昭五八・三・三判時一〇八四号一二二頁は、別会社を設立して、従業員A

に、営業上の秘密資料や得意先名簿などを持ち出させ、X社とほとんど同一のカタログを作成し、得意先名簿を利用してX社と同様の趣味雑貨品の通信販売を行った行為を、不正競争防止法（改正前）一条一号・二号に該当する誤認混同行為と判断している。

(16) 具体的な例として、注（4）掲記の判決参照。

(17) 不正競争行為差止等請求事件・大阪地判平一〇・九・一〇判時一六九五号一〇五頁。

(18) 東京リーガルマインド事件・東京地決平七・一〇・一六労判六九〇号七五頁は、退職後の競業に関するリーディング・ケースとして重要であるが、ここでは就業規則規定と個別特約の相違が十分にふまえられていない憾みがある。

(19) 我妻栄『民法講義・債権各論中II』（一九六二年、岩波書店）五六九、五九五頁、後藤清『転職の自由と企業秘密の防衛』（一九七四年・有斐閣）三三頁以下、東京リーガルマインド事件・東京地決平七・一〇・一六労判六九〇号七五頁、千代田生命保険事件・東京地判平一一・二・一五労判七五五号一五頁（役員に関するもの）。

(20) 三島宗彦「労働者・使用者の権利義務」新労働法講座7巻（一九六六年）一三九頁、和田肇「労働市場の流動化と労働者の守秘義務」ジュリスト九六二号（一九九〇年）五五頁、久田製作所事件・東京地判昭四七・一一・一労判一六五号六一頁。

(21) ただし、労働者は在職中にどの範囲で転職ないし開業の準備行為をなしうるか、という問題は残っている。川田琢之「競業避止義務」『労働契約』（日本労働法学会編・講座21世紀の労働法第4巻、有斐閣・二〇〇〇年）一四〇頁参照。

(22) 山口俊夫「労働者の競業避止義務」石井照久先生追悼記念『労働法の諸問題』（一九七四年・勁草書房）四三〇頁以下、土田道夫「労働市場の流動化をめぐる法律問題（上）」ジュリスト一〇四〇号（一九九四年）五七頁、川田・前掲注（21）一四二頁など。退職後の競業にともなって労働者が元の使用者に対して背信的な行為（たとえば虚偽の言動による営業行為や従業員の引き抜き）を行った場合には、不法行為として処理しうる。もっとも、労働関係存続中に獲得した取引の相手方に関する知識を利用して、使用者が取引継続中の者に働きかけをして競業を行うことは労働契約上の債務不履行になるとした裁判例がある（チェスコム秘書センター事件・東京地判平五・一・二八労判六五一号一六一頁）。

(23)　最三小判昭四四・一〇・七判時五七五号三五頁。事案は、同一町内で二年間パチンコ店を開店しない旨の契約の効力が問題となったものであり、労働事件とは関係がない。

(24)　フォセコ・ジャパン・リミテッド事件・奈良地判昭四五・一〇・二三下民集二一巻九・一〇号一三六九頁。

(25)　東京貨物社事件・浦和地決平九・一・二七判時一六一八号一一五頁。

(26)　新大阪貿易事件・大阪地判平三・一〇・一五労判五九六号二一頁。

(27)　東京リーガルマインド事件・東京地決平七・一〇・一六労判六九〇号七五頁。

(28)　同旨、キヨウシステム事件・大阪地判平一二・六・一九労判七九一号八頁、ジャクパコーポレーションほか一社事件・大阪地判平一二・九・二二労判七九四号三七頁、東京貨物社事件・東京地判平一二・一二・一八労判八〇七号三二頁。

(29)　川田・前掲注（21）一四五頁は、使用者の正当な利益として、顧客の確保や従業員の確保（引き抜き防止）をあげる。

(30)　学説の状況については、小畑史子「労働者の退職後の競業避止義務」日本労働研究雑誌四四一号（一九九七年）二九頁、川田・前掲注（21）一四四頁以下参照。

(31)　BAG Urteil vom 13. 9. 1969, AP Nr. 24 zu § 611 BGB Konkurrenzklausel. こうしたドイツの事情については、ケーブル「ドイツにおける企業秘密の労働法的保護」本書所収参照。

(32)　フォセコ・ジャパン・リミテッド事件・奈良地判昭四五・一〇・二三下民集二一巻九・一〇号一三六九頁。

(33)　リーディングケースとなったフォセコ・ジャパン・リミテッド事件（前掲）は、制限期間が二年間であったことを、特約が有効であることの有力な根拠としている。

(34)　土田教授は、特約の有効性の判断基準として、①労働者の地位の高低、②使用者の正当な利益の保護を目的とするものか否か、③対象業種の限定の有無、④競業制限の期間・地域の限定の有無、⑤代償措置の有無などをあげている（土田道夫・ジュリスト九九五号（一九九二年）一一六頁）。なお、市川裕史「企業における営業秘密保護をめぐる法律実務」労働判例七九三号（二〇〇一年）一一頁も参照。

(35) 判例では、電気機械の製造工程に関する情報を漏洩したために会社が安価な受注をよぎなくされたとしてなされた解雇を有効としたもの（三朝電機事件・東京地判昭四三・七・一六判タ二二六号一二七頁）、工場三カ年計画基本案（昭和三八年上期末の業務状態と具体的数字を列挙して示し、三年間削岩機につき新製品を出さず、旧来の削岩機の生産を続け、かつその値上げをもくろんでいる、などの内容）を漏洩したとしてなされた懲戒解雇を有効と認めた例（古河鉱業事件・東京高判昭五五・二・一八労民集三一巻一号四九頁）などがある。

(36) 在職中の背信行為（顧客データの競合他社への移動や消去）が退職後に判明した場合、退職金請求を権利濫用と認めた事例もある（アイビ・プロテック事件・東京地判平一二・一二・一八労判八〇三号七四頁）。

(37) 美濃窯業事件・名古屋地判昭六一・九・二九判時一二二四号六六頁では、キルンの建設その他技術指導の業務に従事していた労働者が、出張先の台湾で知り合ったAから依頼を受け、会社に無断でキルンの設計や技術指導を行い、さらに友人を経由してキルン建設機材を輸出。マージンを得たり、助言の対価を得たりしたことが、債務不履行と不法行為にあたるとされたが、損害との因果関係は認定できないとして請求が棄却されている。

(38) 千代田生命保険事件・東京地判平一一・二・一五労判七五五号一五頁では、社長の失脚を意図して、大衆週刊誌の記者に、社外秘にあたる情報の漏洩をした元常務取締役財務本部長に対する損害賠償請求が認容されたが、その額は二億五〇〇〇万円あまりにのぼっている。その他、労働者の競業避止に関する特約ないし就業規則規定への違反を理由として使用者による損害賠償請求を認容した例として、東京学習協力会事件・東京地判平二・四・一七判時一三六九号一一二頁、ケプナー・トリゴー日本株式会社事件・東京地判平六・九・二九判時一五四三号一三四頁などがある。

(39) 三晃社事件・最判昭五二・八・九労経速九五八号二五頁。

(40) ジャクパコーポレーションほか一社事件・大阪地判平一二・九・二二労判七九四号三七頁。

(41) 中部日本広告社事件・名古屋高判平二・八・三一労判五六九号三七頁。なお、本件の第一審判決（名古屋地判平

元・六・二六労判五五三号八一頁）は、減額が一部にとどまる場合や不公正な競業の場合を除いて、本件規定は労基法二四条違反で無効としていた。

（42）　ソフトウェアほか事件・東京地判平一三・二・二三労判八〇四号九二頁（ダ）。

ドイツにおける企業秘密の労働法的保護

ウルズラ・ケーブル〔西谷敏訳〕

一　はじめに
——企業秘密漏洩の危険性

ちょうど最近、経済スパイ、あるいは産業スパイの問題が、実際の事件にもとづいてメディアや大衆書で騒がれている。[1] 新聞報道によれば、ドイツ経済は、「アイデアの盗難」によって一年に二〇〇億マルクから五〇〇億マルクの損失を被っているという。[2]「経済スパイは未来の主要テーマになるであろう」という、連邦検事総長カイ・ネーム（Kai Nehm）の言葉がしばしば引用される。

情報伝達の技術的可能性に関するめざましい発展については、われわれは少なくともおおよそは理解しているであろう。膨大な情報量が最小の空間に収められ、痕跡を残すことなく瞬時に世界中に送ることができる。センセーションを巻き起こしたロペス事件では、まだ何箱もの書類について報じられていたが、[3] 地位の高い労働者が秘密の知的財産を従前の使用者のところから新たな使用者のもとへ持参しようとする場合、もはやそのような大量の書類を作成したり運搬したりすることは必要ないのである。

二〇〇〇年秋には、ハッカーがマイクロソフト社のソースコードにまで侵入して世界の注目を集めた。[4] ドイツでは、同じ頃にアメリカのスパイ・システム「エシュロン」が発覚して驚愕と憤激を引き起こした。(5) エシュロンの適用範囲や実際の能力については、ヨーロッパではまだ解明されていないが、少なくとも、それを用いると、コンピュータのデータ、電子メール、ファックス、テレックスが読みとられ、部分的には電話の盗聴までできるということが明らかになっている。このシステムが何に用いられるか（たとえばアメリカ映画に競争上の有利な地位を与えるためか？）はともかく、まさに技術的発展のゆえに、この手段を経済スパイの目的で利用しようという欲望が生じることは明らかであろう。今日では、技術革新のテンポが速くなったために、競争相手はもはやかつてのように、製品が市場に現れるのを待って、それからそれを模造、改造したり、さらに発展させるといったことはしない。芽生え始めたアイデアや初期段階のコンセプトそのものに競争相手の関心が向けられる。経済的利益のための情報収集の対象は、決して特許をとれるような発明研究に限られるのではなく、企業のすべての戦略、たとえば国際的な入札における投資計画見積書のようなものも含むのである。(6)

限りない技術的可能性の結果、たしかに情報収集活動において人的要素を不要にする分野が広がっているが、全体としていえば、まさに技術的手段と人間の秘密漏洩行為との結合が漏洩の危険を増大させているのである。バーデン・ヴュルテンベルク州憲法擁護局の二〇〇〇年の報告によれば、すべての経済スパイ事件の八〇％に労働者が関与しているという。

特殊ドイツ的な——ヨーロッパ段階でも形成されつつある——事業所段階の共同決定と企業段階の共同決定という制度もまた、少なからず企業秘密漏洩の危険性を秘めている。というのは、これらの機関が、多くの実質内容のある情報権（情報提供を受ける権利）を与えられていることから、情報があふれることになり、これらの情報は、構造的に、秘密を保有する企業をはるかに超えて流出することになるからである。

もちろん、グローバル化され、極度に情報に敏感な株式取引も、「インサイダー」が、様々な形で、他企業の企業秘密を利用して株価に影響を及ぼす情報を意図的に流すという誘惑を伴っている。

さて、人が企業に所属する形態、とりわけ労働者としての性格から生じる危険状況を念頭に置いた特別の法制度について考察する前に、簡単に、企業秘密の保護のための一般的法制度を概観しておこう。

二　法的な保護制度一般の概観

1　訴訟手続における秘密領域の保護

すべての法領域において、企業秘密の保護に通じる制度がある。それはそれぞれの領域の訴訟法である。ドイツの訴訟制度全体を特徴づける公開制の原則は、すべての裁判制度で共通して、一定の事由による非公開という例外を伴っている。そうした非公開の事由には、国家秩序の危険、公序良俗の危険と並んで、企業秘密の保護も含まれる。これに関する主要な規定は、裁判所構成法一七二条二号である。それによると、裁判所は「重要な企業秘密、発明上の秘密もしくは税金上の秘密が論じられる場合で、それが公開法廷で審理されると、優越的な保護利益が侵害されるという場合」には、裁判を非公開にできる。労働裁判所の手続に関しては、労働裁判所法五二条が非公開とする事由を独自に規定している。そこでは、裁判所構成法一七二条と同一の事由があげられているが、税金上の秘密だけは除かれている(7)。その他の裁判所制度については、それぞれの訴訟法が裁判所構成法一六九条以下の準用を規定している(たとえば、行政裁判所法五五条、税務裁判所法五二条一項、社会裁判所法六一条一項)。明文の準用規定は、憲法裁判所法一七条においても、また連邦弁護士法の懲戒裁判手続に関する規定(一三五条)にも見られる。

2　実体的刑事法による保護

(1)　不正競争防止法一七条二項一号(権限なき情報収集の禁止)

ここで可罰的とされているのは、一定の形態による情報収集だけである。とくに、技術的手段の行使と、秘密が含まれている物体の奪取による場合である。[8] 違反に対しては、罰金と三年以下（とくに重い場合には五年以下）の禁錮が予定されている（不正競争防止法一七条四項）。

(2)　不正競争防止法一七条二項二号（秘密の権限なき活用の禁止）

秘密の権限なき活用もしくは秘密の権限なき漏洩について、右の場合と同一の刑罰が規定されている。この場合、秘密は、労働者の秘密漏洩によって、あるいは自らの、もしくは他人を利用した違法情報収集などによって権限なしに獲得されることが必要である。第三者、とくに他の会社を退職した労働者を採用することによって秘密を獲得した経営者については、権限の有無は、秘密の獲得と利用の全状況を考慮して、独自に判断されなければならない。[9]

これらについて重い刑罰が予定されていることは、企業秘密を漏洩から守ることが、単に関係企業の利益に適うだけでなく、自由かつ公正な競争に対する公共の利益にも適うことを示唆している。[10]

(3)　不正競争防止法一八条（「情報の横流し」Vorlagefreibeuterei）

この規定によって可罰的なのは、たとえば企業コンサルタントもしくは顧客として、取引活動に際して企業から信頼されて得た秘密情報を、不正な目的のために権限なく利用することである。刑罰は、罰金刑と二年の禁固となっている。この規定は、体系上は、企業秘密の第三者からの保護と、労働者からの保護の中間に位置する。

(4)　不正競争防止法二〇条（遂行されなかった秘密漏洩の教唆と幇助）

この規定は、不正競争防止法一七、一八条の刑法的保護を、本来は可罰的ではない準備行為の領域に拡大したものである。すなわち、ここでは、不正競争防止法一七、一八条に該当する行為の教唆の試みと、幇助の申し込み、幇助、他人の幇助の受け入れが処罰の対象とされる。

(5)　最後に、とくに経済的秘密の保護のためだけにもうけられたのではない一般的規定として、データや秘密を保護客体とする刑法典の諸規定があげられる。すなわち、二〇二a条（データの違法収集）、二〇三条、二〇四条（私的秘密の侵害と利用）である。

3 実体的民事法による保護

ここでの基本原則は、以下のとおりである。正当に（redlich）獲得された知見は、原則として自由に利用できる。[11] しかし、競争とは無縁な手段を用いることは、善良の風俗に反する。[12]

(1) 一般的な競争違反（不正競争防止法一条）

営業上の競争における善良の風俗への違反が認められうる場合には、いつでも競争法上の一般原則が適用される。企業秘密の侵害は、不当利用競争（Ausbeutungswettbewerb）の範疇に入る。[13] それによると、ある者が、たとえば製品の模造に必要な知識を最初の生産者に対する不正な方法で、たとえば範型の不正入手や工場スパイ行為によって得た場合には、良俗違反となる。[14] たとえば秘密漏洩という形態の労働契約違反の慫慂などによる、良俗違反の労働者の引き抜きもまたこれに含まれる。[15] ここでは、競争法と労働法とが密接にからみあっているのである（後述の**六2**参照）。

不正競争防止法一七条が故意を要求しているのに対して、同法一条は単に客観的に良俗違反とみなされるべき行為を前提としているので、[16] 一条は欠缺を補充するという実際上重要な意義をもっている。被害者は、不作為、損害賠償、そして損害回復のために有益な公示を要求しうる。

(2) BGB（ドイツ民法）八二六条は、同じく善良の風俗に反する加害を対象としているが、そこでは故意が要求されている。

(3) BGB八二三条二項と保護規範としての不正競争防止法一七条二項の組み合わせにより、あるいは場合によってはBGB八二三条二項と他の刑罰規範（たとえば刑法二四二条あるいは二四六条）の組み合わせにより、同じく損害賠償請求権が生じ、またＢＧＢ一〇〇四条の適用によって不作為請求権が生じる。不正競争防止法一七、一八条違反に対する損害賠償請求権は同法一九条でも明文で規定されているが、それはＢＧＢ八二三条二項を超えるものではないので、本来不要な規定である。[17]

(4)　ＢＧＢ八二三条一項

企業秘密をＢＧＢ八二三条一項にいう「その他の権利」として直接保護しようという提案は、これまでのところ支持を得ていない。[18]上述の諸々の法的手段が存在するので、そもそもそうした必要性が存在しないのである。せいぜい、慣習法的に「その他の権利」として承認されてきた「設立され営まれている営業の権利」に対する侵害の一変種を認めうるにとどまるであろう。[19]しかし、これに対しても、この権利は本来欠缺を補充する機能を営むにすぎないところ、すでに不正競争防止法一条が一般条項として十分な役割を果たしている、と反論することができる。[20]いずれにしても、ここでも法益と義務との総合的考慮がなされなければならないので、この方法によって、不正競争防止法一条やＢＧＢ八二六条によって得られるより多くの保護が期待されるわけではない。[21]

三　秘密保護の対象

「営業秘密と事業所秘密」の結合概念［本訳文ではあわせて企業秘密］がしばしば用いられるけれども、法律のうえではどこにも定義規定が見られない。判例・学説の一般的見解によれば、企業秘密とは、企業経営に関係する事実であって、公開されず限定された人的範囲においてのみ知られ、事業主の明示的意思、もしくは推定意思により、彼の正当な経済的利益にもとづいて秘密として保持されるべきものをさす。[22]「営業秘密」(Geschäftsgeheimnisse) とは、企業の一般的な営業活動に関係したものであり、とくに顧客関係、計算書類などに関するものをさし、「事業所秘密」(Betriebsgeheimnisse) とは、事業の技術的過程、とくに生産工程などに関係するものをさす（不正競争防止法二一条一項参照）[23]。しかし、両者の概念は相互に流動的であり、厳密な限界づけは不可能であり、また両概念は通常、法律において結合して用いられているので、厳密な限界づけは不要でもある[24]。そこで、両者をまとめて、「企業秘密」（Unternehmensgeheimnisse）あるいは「経済秘密」（Wirtschaftsgeheimnisse）とした方が合理的であるともいえ、実際に学説ではそうした用法も見られる[25]。しかし、立法者がこの概念について変更しない限り、広く普及しかつ大変わかりやすいこの結合概念を解釈論においても引き続き用いるのが適当であろう。

少なくとも原則として企業秘密として保護されうる事実の範囲は、きわめて広い範囲に及ぶ。前述のように、すでに以前から、技術的な生産工程、生産設備のみならず、労働力や機械の投入に関するすべての過程やそれに関するコンピュータ・ソフトも企業秘密に含まれていた。下請関係や販売関係では、とくに購入先、納入条件、価格計算、市場戦略、販売地域、競争戦略がここに含まれる。保護はさらに人事情報、たとえば俸給額、プレミア制度から、労働者自身の補償金や職務発明（これについては**四2**参照）まで含む。さらに、会社法の規定はもっとその範囲を拡大している。たとえば、株式会社法九三条一項二文と有限会社法八五条においては、「その他の秘密の資料」と表現されている。また、使用者が一定の情報を明示的に秘密資料と指定することによって、使用者の側でその範囲を拡大することができる（これについては**四2**参照）[26]。しかし、不正競争防止法一七条による刑法的保護と、それに連動する不法行為法上の保護は、「企業秘密」にのみ関係しているので、それについては概念上の明確化が必要である。

ある事実の公開性とは、その事実が広く公衆に知られていることまで意味するのではなく、たとえば専門雑誌での発表とか、最近ではインターネット上での公開によってアクセスしうるということで十分である[27]。有名な「トロンボソール事件」――これはモデルケースとして後に詳しく紹介するが（**六**参照）――において、連邦労働裁判所は、教育を受けた専門労働者が中程度の難易度の集中力をもってしなければその事実が突き止められず、当該事実の細部を有意味に利用するためには相当の熟慮と研究を必要とする場合には、その事実はまだ公開されているとはいえない、たとえば、ある薬剤の質的分析は「容易」であるが、量的分析は熟達した化学者にとっても「中程度に困難」という場合には、なお秘密と認められる、とした。(28) いうまでもなく、何人かが秘密を打ち明けられたとか利用許可を与えられたことによって、あるいは秘密漏洩によってそれを知る者が生じたことによって、秘密にされるべき事実が公開された事実になるわけではない。したがって、ある事実は、それへの自由なアクセスが許されているのでない限り、秘密として保護に値するのである。(29) また、ここで問題となっているのは、事業との関係であるから、一定の手段あるいはプロセスそのものは知られているが、まさにそれの製品生産に際しての適用が重要であるという場合には、それはなお秘密であるといえる。(30)

そこで、企業の高度の注意深さが要求される。企業そのもの、すなわち法人においては理事と管理職員その他の上司が、どの情報が誰に開かれているか正確に把握していなければならない。今日では、企業のコンピュータ・センターは最高度に注意を要する部署なのである。

ある事実を企業秘密にするとの企業の意思は、明示されるか、意思を推認させる行為によって表明されているのでなければならない。労働者は、施錠されている情報については、企業がそれを秘密にしようとしているのだということを前提としなければならない。とはいえ、場合によっては、労働法的判断と刑事法的判断とが乖離することがありうる。すなわち、過失による秘密漏洩がなされたために労働契約違反とみなされるけれども、故意が欠けているので不正競争防止法一七条一項の意味における可罰的行為とはいえないという場合である。(31) 企業秘密であるかどうかの判断に関する同様の乖離は、「秘密保持に対する企業の正当な利益」というメルクマールについても生じる可能性がある。正当な経済的利益は、少なくとも原則的には、その漏洩が企業の競争能力に明白な悪影響を及ぼした場合、あるいは漏洩されれば及ぼしたであろうといえる場合には、いつでも認められるべきである。このことは、上述の諸事実や資料からすれば当然に認められるべきことであろう。しかし、その秘密が企業に責任のある違法な行為の一部分をなしている場合、あるいはそれと密接な関係にある場合には、秘密の要保護性はどのように判断されるべきであろうか。この点については、後述する（**四3**参照）。

最後に、付随的に「ノウハウ」という言葉に触れておきたい。

最近の「ビジネス談義」において、「ノウハウ」という言葉が登場しないことは稀である。経営学や法律学の文献においても、この言葉がさかんに用いられている。この言葉は、ここで扱っている企業秘密とどのような関係にあるのだろうか。

「ノウハウ」という表現は日常的にしばしばスローガン的に用いられているが、厳密にいえば、その意味はきわめて多義的であり、輪郭がはっきりしない。(32) 場合によっては、それはきわめて広い意味に理解されている。そこでは、ノウハウとは、秘密であるか否かにかかわりなく、企業の事業所で使われるあらゆる種類の知識、経験、情報を含むものとされる。(33) それによると、ノウハウは、企業秘密の上位概念だということになる。(34) これに対して、ノウハウを、自然科学的・技術的な知識のみをさすものとして用い、経営上の事項をそこから排除する者もある。(35) また、その概念が知識内容だけをさすのか、それとも熟練や技能も含むのか、あるいは、それが特別の権利によって保護される知識なのか、それともすべての営業上の知識を含むのか、も明確ではない。

このように、「ノウハウ」の概念はあまりにも不明確なので、現在のところ、規範の要件や法律効果に関する法的な議論にとってはあまり役に立たない。それは、たえず正確な言い換えを必要とする。あることがノウハウとみなされるという事実からは、その保護の種類や法秩序による保護の必要性について、いかなる帰結も引き出せないのである。

四　労働関係存続中の法的保護の制度

1　法律にもとづく守秘義務と競争禁止[36]

(1)　不正競争防止法にもとづく刑法的保護

上述の不正競争防止法一七条によってまず第一にとらえられるのは、その現実の危険性からして、労働者である。簡単にいえば、ある企業の労働者として、労働関係存続中に競争目的で、自己利益のために、もしくは加害意図をもって、企業秘密を漏洩した者は、不正競争防止法一七条一項により、罰金もしくは三年以下の禁錮（とくに重大な場合には五年以下の禁錮）に処せられる。企業秘密の主要なメルクマールについてはすでに上述した（三）ので、ここでは法律の文言を指示するだけで十分であろう。不正競争防止法一七条二項の「万人」の犯罪（不法行為）についてもすでに述べた（二2）。競争法関係の文献を見ると、不正競争法防止法一七条以下は、刑法的な責任追及よりも民事法的な責任追及のために役だっている[37]。

(2)　不正競争防止法一条、民法八二六条、八二三条一項、八二三条二項による競争法・不法行為法上の保護については、労働者と企業外の者との間で相違はない。しかし、不作為請求はしばしば時期遅れでなされるし、多額の損害賠償請求はまれにしか履行されないので、労働法においては、損害を受けた使用者の関心は、とくに、不誠実な労働者の非常解雇あるいは通常解雇の可能性に向けられる。不正競争防止法一七条の処罰要件を満たす場合には、民法六二六条の非常解雇が正当化されうることは当然である。秘密の漏洩、つまり不正競争防止法一七条の意味における犯罪の強い疑いが存在するだけでもすでに労働関係にとって不可欠の労働者と使用者の信頼の基礎が破壊されるので、その場合には、容疑にもとづく解雇（Verdachtskündigung）が原則として許されるべきである[38]。そうした状況下では、一般には、私用電話の傍受や電子メール通信の監視も正当化されるであろう[39]。

これに対して、単なる予防のためにそうした通信管理を行うことは、明らかに、情報の自己決定という憲法的に保護された権利への過度の侵害とみなされるであろう。

(3) 労働契約上の保護

(i) 契約違反から生じる可能性のある法的効果は、上述の競争法的・不法行為法的保護を越えるものではなく、そのことからすれば、労働契約から引き出される特別の企業秘密保持義務なるものはまったく必要ないように見える。しかし、そうした結論はいささか性急すぎる。というのは、競争法的・不法行為法的保護において必要とされる故意は、いつでも存在するとは限らないし、いつでも証明されるとは限らないからである。過失の分野では、労働契約法だけが保護を与えうる。また、たとえば労働者が所属する労働組合に企業秘密となっている使用者の経済状態を知らせた場合、それは未だ犯罪行為とはいえないが、契約違反が問題となりうる(40)。

(ii) 一般的な企業秘密保持義務に関する明文の規定は、通常の労働関係に関する現行法規には存在しない。ただ、職業訓練生は、法律によって、短く簡潔な表現で秘密保持を義務づけられている(連邦職業訓練法九条六号)。(自立的な)商業代理人も——契約終了後まで——秘密の利用と漏洩を禁止されている(商法九〇条(41))。さらに、有限会社の業務執行者も同じく明確に秘密保持義務を課されている(有限会社法八五条)。もっとも、これが労働者の性格をもつかどうか疑わしい(42)。一見すると奇妙に見えるかもしれないが、労働者は、自分が就労する事業所において行った発明についても、少なくともその発明が自由になるまで(労働者発明法八条一項)は、特別の法律上の守秘義務を課される(労働者発明法二四条二項)。労働者が職務発明をした場合、それを使用者に届け出ることは、労働者の義務とされている(労働者発明法五条)。

しかし、労働者の守秘義務が一般に受け入れられていることは、この八〇年近くの労働契約法草案、すなわちワイマール共和国から始まり(43)、ナチス時代を経て(44)、以前の西ドイツ(45)、そして再統一後のすべての労働契約法草案(46)(47)において、労働者の守秘義務に関する明文の規定が置かれている、という事実が物語っている。これらのうち代表的なものとして、再統一直後に作成され、一九九二年のドイツ法律家大会のテーマともされた草案から引用しておこう。草案第九〇条は次のような規定となっている。

「(1)　労働者は、企業秘密および、使用者が正当な利益のために秘密として指定した特定の、あるいは特定しうる事実について、守秘することを義務づけられる。その事実が労働者の職務範囲に属する場合、労働者は第三者がそれを不当に入手することのないよう注意しなければならない。

(2)　この義務は、それが九二条にいう契約終了後の競業禁止の役割を果たす場合は別として、労働関係の終了後も引き続き存続する。」

このように守秘義務——少なくとも労働関係存続中のそれ——が必要であることは争いがないが、現行法上は、この義務は——多数の他の附随義務と並んで——民法二四二条によって根拠づけることができるにすぎない。(48)

(iii)　締結過程にある法定債権関係から、契約締結前の付随義務が生じうるので、契約締結過程においてすでに採用応募者の守秘義務が生じる可能性がある。もっともそれは、特別の信頼関係が生じたという例外的な場合にだけ認められる。(49)

(iv)　競業避止義務を通じても、間接的ではあるが非常に効果的な秘密保護がなされうる。もっとも、秘密保持と競業避止とは完全に重なりあうものではないし、競業避止は秘密保持義務よりも強く職業活動の自由を制約するものである。労働者が、労働関係存続中に、自分が生活の糧を得ている使用者との関係で競業避止を義務づけられるのは当然である。(50)たしかに、法律上の明文規定についていえば、商業見習人（Handlungsgehilfe）は雇主の同意なしに商業を営んではならず、また雇主と同一の商業分野で自己もしくは他人の計算で営業活動をしてはならない（商法六〇条）と規定されているだけである。(51)しかし、この規定がすべての労働者に類推適用される点については異論は存在しない。というのは、この規定は、労働者に課される保護義務・利益擁護義務——それについては「忠実義務（Treupflicht）」という古い表現が今日でもあてはまるように思われる——について、まさに一つの典型を示しているからである。

競業避止義務違反があった場合、使用者は、労働関係上予定されている通常のサンクション――通常解雇もしくは非常解雇の権利と積極的債権侵害にもとづく不作為請求と損害賠償請求――に訴えることができるほか、労働者自身が行う業務を代位するという選択肢も与えられている（商法六一条一項）。その場合、労働者は、その業務から得られたすべての利益を使用者に引き渡し(52)、彼の有する請求権を譲渡しなければならない。使用者は、給付義務が残っている場合には自らそれを履行するか、もしくは労働者がそのためにかけた費用を償還する義務を負う(53)。

2　契約による詳細な規定と義務の拡大

契約上の取り決めによって、個別的事例に対応する詳細な定めをすることはいつでも可能であり、紛争の種となりうる秘密保持義務のグレーゾーンを避けるために有益でもある。また労働契約によって、企業秘密ではない、もしくは企業秘密と同一ランクには置かれない「その他の内密の事項」を保護の範囲に含めることは当然に可能である。もっとも、すべての守秘義務は、正当な経営上の利益に裏づけられていなければならない。守秘義務を明確に拡大した場合、それは裁判所による内容審査によって無効とされることがありうる(54)。その場合、民法一三八条一項(55)や二四二条(56)といった審査のための一般条項のほか、とくに定型的労働契約については、次第に普通契約約款法九条も援用されるようになっている(57)。とりわけ、労働者に彼が業務上知り得たすべての事実について守秘義務を課す、いわゆる「全部条項（All-Klausel）」は、労働者の利益を過度に侵害するものとして良俗違反とみなされる(58)。

3　「違法秘密」についての秘密保持義務の制限

労働者は、使用者が企業における組織上の責任の下に行った法律違反行為を外部の機関（官庁、マスコミ、政党、市民団体）などに通報することを、秘密保持義務の故に禁じられるか、あるいはいかなる範囲で禁じられるか。これは、少なくとも当初は激しく争われた基本問題であった(59)。考えられるのは、賄賂の提供や同業他社へのスパイ行為による公正競争違反のような企業に特有の法律違反や、脱税、不法就労、労働保護規定や環境保護規定への違反だけでなく、すべての犯罪行為と法律違反行為である。

このテーマについて語ることは、深い法的、社会倫理的な基本態度にかかわることを意味する。しかし、最高裁の最近の明確な立場は示されていないので、このテーマがとくに実務上の意味をもつというわけではない。ここでは、それを全面的に展開することはできない。

現在においてもなお有力なのは、忠実義務に基礎を置く労働者の守秘義務は優越的地位にあり、労働者の秘密保持に対する使用者の信頼は保護に値するという見解である(60)。私も支持するこの見解によれば、労働者はまず何よりも企業内部において問題解決のために努力すべきであり、使用者自身あるいは上司、もしくは従業員代表委員会が存在する事業所では従業員代表委員会にまず問題を提起し、そうした企業内の手続で問題が解決しない場合にはじめて、外部に対して通報してもよいということになる。その場合にもさらに区別がなされるべきであり、管轄の官庁への通報は、マスコミやその他の団体への情報提供よりも容易に許容される。後者は、企業に不測の損害をもたらすおそれがあるからである。

このような区別した扱いは、均衡原則（Verhältnismäßigkeitsprinzip）に適合するものであり、「違法な秘密は保護に値しない」といった、とりつくしまもない格律(61)に優先すべきものである。この伝統的な解決方法が適切であることは、最近の特別法の規定によっても明確に根拠づけられている。それは危険有害物質規則二一条六項で(62)

あるが、それによると、労働者は一定の危険有害物質が存在する場合にも、それの除去のために事業所内部の可能性をすべて追求した後にはじめて、管轄権ある監督官庁に直接通報することができることとなっている。これは、おおよその基準として一般化可能である。特殊な事例——たとえば何年か前に喝采を博した「ヴァルラフ」事件(63)——については、いつでもそうであるが、特別の比較衡量を必要とする。

五　保護規範の名宛人としての事業所共同決定と企業共同決定の担い手

紙数が限られていることと、日本にはドイツに似た共同決定制度が存在しないことから、ここでは、すべての共同決定の形態について概観するにとどめておこう。

1　従業員代表委員および類似の代表

従業員代表委員会が本来の役割を果たそうとすれば、共同決定制度が適用される事業の社会的事項、人事事項、経済的事項に関する正確で最新の情報が前提となる。そこで、経営組織法では、随所に使用者固有の情報提供義務や従業員代表委員会の情報請求権についての規定が見られる。とくに、八〇条二項の任務に関する基本的規定、八九条二項の労働保護に関する規定、九〇条の職場環境に関する規定、九二条の人事計画に関する規定、九九条一項四文と一〇〇条の個別的人事措置に関する規定である。

その際、使用者の情報提供義務は、決して、企業秘密に属さない事実を報告することに尽きるものではない(64)。

さらに、労働者の利益にかかわる事項について情報提供し相談に乗ることは、従業員代表委員会の中核的な任務に属する。そこで、それ自体正当な根拠をもつ企業側の秘密保持の利益との間で、抵触が生じる可能性があるのは明らかである。事業所の移転や閉鎖の問題、合併計画などについては、事前の情報の漏洩を防ぐことがしばしばきわめて重要である。

経営組織法七九条の詳細な規定は、経営組織上の機関構成員に対してその任務に関係する守秘義務を課すことによって、利害対立を調整しようとしている。この規定は、とくに共同決定機関の多様性と網の目の状態を印象づけるものでもあるので、次のその全文を引用しておこう。

第七九条　守秘義務

「(1)　従業員代表委員会の委員および代理委員は、従業員代表委員会に所属するがゆえに知らされ、使用者によって明示的に秘密保持を指示された企業秘密については、これを漏洩もしくは利用しない義務を負う。この義務は、従業員代表委員を辞任した後にも妥当する。この義務は、他の従業員代表委員との関係では妥当しない。この義務は、さらに総従業員代表委員会、コンツェルン従業員代表委員会、乗務員代表委員会、船員代表委員会、監査役会における労働者との関係においても、また仲裁委員会や、労働協約上の仲裁機関（七六条八項）あるいは事業所における苦情処理機関（八六条）における手続についても適用されない。

(2)　第一項は、総従業員代表委員会、コンツェルン従業員代表委員会、若年・訓練生代表委員会、コンツェルン若年・訓練生代表委員会、経済委員会、乗務員代表委員会、船員代表委員会、第三条第一項にもとづいて設立された労働者代表機関、仲裁委員会、労働協約上の仲裁機関（七六条八項）、あるいは事業所における苦情処理機関（八六条）のそれぞれの構成員、そして労働組合もしくは使用者団体の代表にも、その実質的意味内容に即して適用される。」

最近、改正経営組織法によって、労働協約にもとづいて企業横断的な作業グループを設立する可能性が認められ（経営組織法三条一項四号）[65]、広い範囲で情報が流れる可能性が生じることになった。

経営組織法七九条一項の本来の規整対象について強調されるべきことは、守秘義務の下に置かれるのは、従業員代表委員が従業員代表委員会に所属することの故に知りえた企業秘密であり、しかも使用者が明示的に秘密裡に置くことを指示したものだけだということである。つまり、これは「形式的秘密概念」である。この規定は、企業秘密としての性格づけの明確化を意図したものである。[66]さらに注意すべきことは、ここでは守秘義務は企業秘密に関するものに限定されており、企業レベルの共同決定の場合（五2参照）とは異なり、その他の内密の事項にまで拡張されていないことである。[67]一九九四年九月二二日のヨーロッパ共同体指令（94/95/EG）[68]八条と、それに対応して、この指令の国内法化のために制定されたヨーロッパ従業員代表委員会法[69]三九条二項一文も、この形式的な秘密概念を用いている。

使用者側からとくに疑いの目で見られるのは、当然のことながら、外部の労働組合代表である。彼らは、経営組織法上の任務遂行（経営組織法二条二項、一七条三項、一九条二項、三一条、四六条）に際して、企業秘密の性格をもつものを含めて事業所の構造を見ることになるからである。その結果として、彼らは（同じく使用者団体代表も）、経営組織法七九条二項により、守秘義務を課せられる。

違反があった場合の法的効果とサンクションについて簡単に触れておこう。経営組織法七九条は使用者による不作為請求の根拠になると解されている。[70]それはまた、民法八二三条二項の保護法規でもあり、損害賠償請求権を基礎づける。さらに、秘密漏洩は、経営組織法一二〇条の刑罰規定の適用によるサンクションを受ける。事業所の共同決定の主体による正当な根拠のない秘密漏洩に対しては、一年までの禁錮刑もしくは罰金が予定されている。不当利得、加害、活用の意図をもって漏洩した場合には、二年までの禁錮刑が予定されている（経営組織法一二〇条三項）。

また、経営組織法から生じる法定義務の重大な違反（守秘義務違反もこれに含まれる）があった場合、経営組織法二三条一項による従業員代表委員の資格剝奪も問題となりうる。[71]もちろん、守秘義務の「重大な違反」とは具体的にどのような場合か、については見解の対立がある。

事業所の共同決定の担い手については、その行為・態度を理由とする通常解雇は禁止されている（解雇制限法一五条）が、秘密にしておくべきものと指定された事実を明るみに出すことは、原則として民法六二六条の意味における重大な事由となり、非常解雇の根拠となりうることが認められている。その細部について、とくにどのような場合に従業員代表委員の労働契約上の義務違反が認められるべきか、についてはやはり見解の対立がある。(72)

もっとも、法律は、とくに議論を呼び将来的に重要性をもつ事項を扱う経済委員会については、異なった評価をしているように見える。すなわち、経営組織法一〇六条二項によると、経営者はたしかに一方では経済委員会に対して、企業の経済的事項について適宜に包括的に情報を提供しなければならないが、他方、それは「それによって企業秘密が……犯されることのない限りにおいて」とされている。しかし、この条項が文字どおりに適用されると、経済委員会は、経営組織法一〇六条二項によってリストアップされた広範囲の経済的事項を有意味に扱うことができなくなってしまう。そこで、通説は、経営組織法一〇六条二項による企業の情報提供拒否権を、きわめて限定的に解釈している。(73)

2　監査役会における労働者代表

資本会社の監査役会の構成員は、取締役会もしくは業務執行に関する助言と監視というこの機関の任務（株式会社法一一一条一項）からして、会社にかかわるあらゆる事項に関する情報に対する包括的な権利をもたなければならない。(74)そして、この幅広い情報権は、同時に幅広い守秘義務に対応している。(75)株式会社法一一六条にもとづいて実質内容において監査役にも適用される株式会社法九三条は、次のように規定している。

株式会社法第九三条　取締役の注意義務と責任

「(1)　取締役は業務執行の際に通常の誠実な業務管理者の注意を払わなければならない。彼らは、取締役会の業務において知りえた会社の内密の事項と秘密、とりわけ企業秘密については、これを黙秘しなければならない。

(2) その義務に違反した取締役は、連帯して、会社に対して、生じた損害の賠償を義務づけられる。取締役が通常の誠実な業務管理者の注意を払ったかどうかについて争いがあるとき、その証明責任は取締役が負う。

(3) ……」

すなわち、保護範囲は対象としてはきわめて広く設定されている。企業における共同決定制度の導入以来、大規模の資本会社の監査役会には労働者代表も加わることになった。一九七六年の共同決定法一条一項によると、共同決定制度の条件は従業員二〇〇〇人以上となっている。労働者監査役のなかには、従業員総数によって、二人もしくは三人の労働組合代表も含まれなければならない（共同決定法七条二項）。企業利益と従業員の情報利益やその他の利益がしばしば衝突するために、労働者代表が両者の抵触に悩まされる潜在的な可能性があることは、立法者も前提としていた。しかし、情報の作成と他人への提供に関して、株主代表と労働者代表とを区別して扱うことは、監査役会が異質な代表から成り立っていることを考慮してもなお認められない、というのがほぼ一致した見解である。(76) 従業員代表委員会の守秘義務（経営組織法七九条）については使用者による（秘密事項であることの）明示が創設的に要求されている（形式的秘密――上述の1参照）が、それとは異なって、一九七五年の連邦通常裁判所の基本的判決(77)以来、ある事実を秘密と認めるための決定的な前提条件として要求されているのは、正当な経済的利益、すなわちいわゆる企業利益の客観的な存在である。その結果、株式会社が自ら自主的に作成した秘密保持基準も、間接事実としての性格しかもたない。したがって、こうした基準は、一般的に承認されている法律上の規範をより詳細に規定することはできるが、それをより厳格に、もしくはより緩やかに変更するような規整内容はもちえない。(78)

ここで、企業利益という不明確な概念を内容的に解明することはしないが、(79) 監督機関たる監査役会の一部分としての労働者代表の行動規範も、企業利益を構成しなければならないということを確認しておきたい。しかしながら、とくに詳細な基準が欠けているため、対立する利益のうちいずれを優先させるべきかの衡量については、情報の漏洩に関する判断を迫られた監査役自身の裁量を認めざるをえない[80]。

いうまでもなく監査役相互の情報のやりとりについてはいかなる制限も課されていないけれども、監査役会の労働者代表が、問題となりうる情報を従業員代表委員会に提供してよいかどうかについては、学説上争いがある[81]。

刑事上および民事上のサンクションは、今日の法実務においては明らかに限られた意味しかもっていないが、完璧を期すために、簡単に述べておこう。株式会社法四〇四条一項は、秘密の漏洩に対して一年以内の禁錮と罰金刑を予定している。行為者が、対価を得て、あるいは不当利得や加害の意図をもってそれを行った場合は、刑は二年の禁錮にまで引き上げられる（株式会社法四〇四条二項）。また、株式会社法九三条二項一文は、独自の民事上の損害賠償義務を定めている。さらに、株式会社法一一〇三条三項は、解任の制度をもうけている[82]。

個々の監査役の、企業利益を侵害する行為は――企業段階の共同決定制度の導入以後も――往々にして、外部に知られることなく内部的に処理されている[83]。

六　労働契約終了後の秘密保護

1　利害対立の先鋭化

労働者が妥当な報酬とともに雇用されている場合、労働者に守秘義務や使用者との関係における競業避止義務を課しても、通常は過酷とはいえないし、少なくとも期待不可能なほど過酷とはいえない。しかし、そうした状態は、労働関係の終了とともに変化する。労働者と使用者の敵対的な利害対立は先鋭化する。なぜなら、労働者は、自営業者としてであれ再び従業員としてであれ、新たな職業活動によって生計をたてようとするが、そのためには通常、受けてきた職業訓練とこれまでの活動から得られた職業知識をすべて活用せざるをえないからである。以前の使用者に対する自然な忠誠心は、多かれ少なかれ失われていく。労働者が自分の意思で退職したのではなく、たとえば経営上の理由にもとづく解雇やあるいは同様の理由による合意退職によりやめた場合には、とくにそうである。とくに失業給付を受給したくない労働者は、通常は直ちに新たな収入の道を探さなければならない。なぜなら、ドイツにおいては——日本やオーストリアとは異なり——労働関係が終了したというだけで使用者に退職金の支払義務が生じるということはないからである。(84) しかも、企業秘密保持への使用者の関心は、労働者の退職によっていささかも低くなることはないのである。

2　契約終了後の競業禁止と守秘義務の対立

ドイツの現行法では、すべての労働者に退職後も企業秘密の漏洩を禁止するような一般的規定は存在しない。しかし、特別の領域や近接領域ではそうした規整が存在する。たとえば、自営の商業代理人は、「すべての事情から判断して通常の商人の職業観に反すると考えられる場合には、契約関係終了後も、自分に提供され、もしくは企業のための業務から得られた企業秘密を活用しもしくは他人に知らせてはならない」（商法九〇条）。(85) さらに、経済界における最も重要な秘密保持者である、資本会社の役員は、株式会社法九三条、一一六条および有限会社法八五条により一般的に、それぞれの役職期間を超えた守秘義務を課されている。職業訓練生については、訓練関係終了後の期間について競業禁止を協定することは原則として許されない。もっとも、「訓練者（Lehrherr）」が自ら訓練生と労働契約を締結することを義務づけられている場合はこの限りでない（連邦職業訓練法五条）。

たしかに、契約上の付随義務に関する一般的な解釈論にもとづいて、契約終了後も守秘義務が存続することを根拠づけることができそうである。(86) しかし、商法七四条以下に競業禁止の限度について詳細な規定があるので、それは無理である。この利害対立は昔から問題となってきたが、当初実務は契約によって解決しようとしてきた。企業側が圧倒的に強かった時代には、労働関係終了後に雇主と同一の職業分野で活動することを労働者に禁止する契約上の取り決めが普及していた。競争条項あるいは競業禁止といわれる、こうした実務のすべてに対して労働者保護的に対処するために、一八九八・一九〇〇年の商法[87]および営業法において最初に法律上の限界が設定された。それは、その後、労働者の職業展開の自由のために大きく拡大された。商法のうち一八九八年一月一日に施行された部分は、七四条において、「商業使用人」（Handlungsgehilfe）のために、まずは競争条項について一種の過剰禁止を規定した[88]が、禁止期間への補償（Karenzentschädigung）は規定していなかった。とはいえ、すでに三年間という競業禁止の最高限度期間は設定していた。この不明確であるというだけでも不十分であった規定に対して、すでに一九一四年改正により、現行の条文どおり、最後の年に使用者から給付された報酬の少なくとも半額の補償金という厳しい制限が付加された（商法七四ａ条）[89]。禁止の最高限度期間は、二年に短縮された[90]。それ以後出された様々な労働契約法草案も、この路線に従っている[91]。商法七四条以下の規定をすべての労働者に準用することは、平等原則の要請するところであったが、それは一九六九年の連邦労働裁判所判決[92]で承認された。ただ、有限会社の業務執行者にこの規定を準用すべきかどうかについては、連邦労働裁判所と連邦通常裁判所の間で見解が分かれており、学説も対立している[93]。

これらと並んで労働契約法の一般原則から契約終了後の守秘義務を引き出すとすれば、競業禁止との、ほとんどパラドックスともいえる抵触を引き起こす危険を冒すことになる。すなわち、競業禁止については、書面形式とともに一定額の補償金が創設的に要求されており、それはさらに短い期間が設定されている場合に限り許される。これに対して、契約終了後の守秘義務は明文の協定がなくても、また金銭上の補償がなくても、さらに期間の限定もなく（場合によって生涯にわたって）成立しうることとなる。他方、競業禁止が労働者にとってきわめて広範囲の職業活動の制約を意味するのに対して、守秘義務についてはしばしば特定の問題や領域に限定することも可能である。このことによって、部分的には、両立不能の概観が多少緩和される。

契約終了後の守秘義務については、学説・判例の見解が分かれている。もっとも、いずれの立場にたっても一定の例外が認められているので、それを通じて立場は接近するが。一致しているのは、労働者保護のために明確な限界を定めた競業禁止規定が守秘義務の拡大によって決して潜脱されてはならないという点である。[94]原則として労働者の守秘義務を労働関係存続中に限定する見解があるが、それは少数説である。[95]それによると、契約終了後の守秘義務は、均衡原則にもとづく衡量によって濫用と判断された場合、[96]もしくは不正競争防止法一条もしくは民法八二六条の意味における、秘密の不正な入手あるいは秘密の不当もしくは良俗違反の活用の場合に限り、例外的に認められることになる。

しかし、通説は、企業秘密に関する守秘義務は原則として労働関係の法的終了の後にも存続するとの立場にたっている。[97]私の目から見ると、そうした見解が適切であることの法倫理的な間接証拠は、一九七七年の法案と一九九二年の法案（九〇条二項）[98]において守秘義務の余後効が明文化されていることにある。こうした義務はすでに現行法上、経営組織法上の機関、すなわち従業員代表委員など（経営組織法七九条一項二文）、管理職代表委員（管理職代表委員法二九条一項二文）、そして重度障害者代表（社会法典九篇九六条七二項文）[99]について明文で規定されている。後者の諸規定のいわば反対解釈として、労働契約法における立法者の沈黙に意味があることを推論する試みは、[100]少なくともドイツの立法者が頑強に労働契約法の法典化そのものを拒否してきたことを考えれば、成功しないであろう。

連邦労働裁判所は、契約終了後の守秘義務について少なくとも原則としてそれを支持することを「トロンボソール判決」[101]において明確化した。この事件は、契約終了後の守秘義務が必要であることを例示するために設計されたかのようである。主たる事実関係は次のとおりである。原告企業は、第三者から得られた処方にもとづいて、血液検査において血栓酵素の計量を容易にする試薬を生産し、この試薬を「トロンボソール」と「トロンボソール・プラス」の名前で販売した。この試薬の作用は、科学の世界においては周知の、一定幅のｐＨをもった二塩化水銀（$HgCl_2$）を含むいくつかの溶液の組み合わせによって成り立っていた。生産者は、後にその企業において改良された処方を当初から企業秘密として扱い、その処方を化学研究所主任として採用した被告にだけ知らせた。彼は、それについて守秘義務を負っていた。生産研究所には、経営者の他は研究所主任だけが立ち入ることができた。しばらくして、その研究所主任は、同一企業で勤務していた他の二人の従業員とともに、独立して営業をするための準備を開始した。彼らは、労働関係を自ら解消した後、原告のトロンボソールに類似しているが、少しだけ改良された試薬を生産し、市場で販売した。競争相手となったこの製品の作用の仕方は、同じく一定のpHの幅をもった二塩化水銀を含むいくつかの溶液の組み合わせから成るものであり、したがって基本的にはトロンボソールと同一であった。当時、それらと比較しうる製品は、市場には登場していなかった。約二年後、改良されたトロンボソールに特許が認められた。しかし、それ以前に、トロンボソールの生産者は、現在競業を営んでいる元従業員を相手どって、競業の避止、謝罪広告（Auskunft）、損害賠償を請求したところ、連邦労働裁判所はそれを認容した。裁判所は、原則として労働契約終了後も、補償がなくても守秘義務が生じること、しかも明文の秘密保持協定がある場合だけでなく、そうした協定がなくても、労働契約の余後効だけにもとづいて、守秘義務が生じることを認めたのである。

その後、予想されたとおり、普通の法感情からしても、従前の労働者が企業秘密を濫用的に活用したといえるような紛争が、連邦労働裁判所に持ち込まれてきた。というのは、これらの紛争においては、個別的な処方のような限定された保護対象が問題となっているにすぎず、したがって、競業禁止とはほど遠く、補償金なしに契約終了後の守秘義務を課すことが当然に期待可能であるように見えるからである。

退職した労働者が商法七四条以下の基準に従って、協定を通じて彼の職業活動を制限されうる範囲を超えているかどうかの判断にとって有益なのは、一九九三年に連邦労働裁判所が下した「チタン二酸化物」事件判決である[102]。被告は、原告の企業に無機化学製品部門の部長（Ressortleiter）として、販売活動に従事していた。彼が責任をもつ販売部門の売上げは約二八億マルクであり、そのうち「チタン二酸化物」製品の占める割合は約二〇％であった。労働契約においては、当初競業禁止が規定されていたが、その後その条項は廃止された。労働者は、退職後、同業他社で、チタン二酸化物部門の顧問として採用された。そこで、原告は、単なる労働契約の余後効を根拠として不作為等を請求したが、棄却された。連邦労働裁判所の見解によれば、この労働者は、補償金なしに退職したので、彼の知識や獲得した経験の活用を認めないのはいきすぎだという。連邦労働裁判所は、競業禁止のやり方に関する立法者の判断が無意味になってはならないことを強調している。そこで、契約終了後の守秘義務は、秘密にされるべき事実を他人に提供することによる活用の禁止に限定されるべきだという。つまり、それは、労働者が以前の業務の際に知り合った顧客の獲得（Umwerbung）の禁止を含まないのである。(103)

連邦労働裁判所は、一九九八年の蝶番（Kantenbänder）事件においてこの考え方を維持している。(104)この事件では、被告労働者は二〇万マルクの退職補償金の支払が協定されている退職契約において、在職中に知りえたすべての企業経営上の事項、とりわけ蝶番の生産にかかわる技術的な生産工程、工具の工夫、顧客、価格と製品について、労働関係終了後も守秘することを義務づけられていた。それにもかかわらず、労働者は彼の兄弟と一緒に有限会社を設立し、自らその社員（共同出資者）かつ単独の業務執行社員となった。しかし、原告企業は敗訴した。というのは、ここで彼に課せられた契約終了後の守秘義務は、個々の特定された企業秘密に関係するのではなく、すべての企業経営上の事項を含むものだったからである。連邦労働裁判所によれば、このような場合、労働者は自分がこの分野で獲得した知識を職業活動において活用することをすべて否定されることとなり、制限は補償義務があり時間的に限定された場合にのみ許されるという、競業禁止の限界を越えることになるのである。

しかし、連邦労働裁判所の最近の判例を紹介するだけでは、ドイツの裁判所が、ドイツの現行の労働法・競争法における労働契約終了後の秘密保持義務の存否をいかにして判断しているのか、についての全体像は得られない。というのは、労働法的な競業禁止と秘密保持義務は、一方企業が、他企業の元従業員を通して得た当該他企業の企業秘密の利用をめぐって生じる企業間の競争法上の紛争の重要な事実要素であり、前提問題でもあるからである。元従業員が独立し、しかも個人事業主としてではなく、有限会社を設立し、自分がその社員（共同出資者）となり、たいていは業務執行社員にもなるという状況が生じることも稀ではない。その場合、競争法の訴訟では、その有限会社が第一次的な被告となる。こうした競争法訴訟における特殊な場合を別としても、現在の実務は——使用者と労働者の間の紛争については労働契約終了後のそれを含めて労働裁判所が専属的管轄権をもつという原則（労働裁判所法二条一項三c、d号）に反して——訴えの併合を通じて元従業員を通常地方裁判所における競争法訴訟に引き入れている。(105) これは、たしかに事実の密接な関連性のゆえに有意味であり訴訟経済にも適うといえるが、法律上の管轄権分配に反している。この管轄問題については、ここでは指摘するにとどめておく。労働者の契約終了後の守秘義務という実体法上の問題についていえば、通常民事裁判所はとても明確な立場を示しているとはいえない。とはいえ、民事裁判所はライヒスゲリヒト時代から労働者にとってきわめてリベラルな立場をとってきたという学説の評価は適切であろう。(106) そのことは、とりわけ、正規に得られた企業秘密の利用が不正競争防止法一条に違反するのは、きわめて特殊な事情のゆえに良俗違反が認められる場合に限定されている、という事実に示されている。(107)

ここで、これ以上個別事例に立ち入ることはできない。事例のグループ分け作業もまだ進行中である。連邦労働裁判所が全体として、補償なしに労働契約終了後の守秘義務を労働者に課すことに制限的であること、また民事裁判所がもっとリベラルな態度をとっていることは、商法七四条以下の厳格な枠と、その基礎にある、労働者の職業選択自由という保護法益の重要性に対応したものである。ここでは具体的な判決に言及しないが、司法は、労働契約終了後の秘密保護について、あまりにも「オール・オア・ナッシング」の態度に固執しているのではないかとの印象を受ける。私見によれば、少なくとも、労働者が高額の退職補償金や年金の約束などの、相当程度の特別利益を与えられている場合には、禁止期間への補償の最低基準が満たされていなくても、使用者がまったく保護を与えられないということのないような、弾力的な紛争解決が可能とされるべきである。(108) 連邦労働裁判所くらいの「代替立法者」であれば、おそらくそうした解決方法を見出すであろう。(109) もちろん、新たな立法によってそれが実現するならば、それが望ましいし、まずはそれを目指すべきであろう。

七　総　括

企業秘密の法的保護制度について概観してきたが、それは一言でいえば法規範と判例原則のひしめきあう特別領域であり、ときには過剰であり、さらに概して全体を見通しにくく、とりわけ実務上重要な諸問題に解決を与えていないといえる。

法典編纂のような観点から見るならば、たしかに労働法と経済法のこの交錯領域を外的にひとつにまとめることには賛成できないであろう。しかし、客観的な保護領域に関して一定程度統一化すること、おそらくは、無秩序に「点々と印された規範」(Normenränder) を整理することに意味がないかどうか検討してみる価値はある。個々人が突然のことに驚かないようにという観点からいえば、早急に必要なのは、すべての労働者に妥当すべき規整を法律に明記し、いつまでも明文規定のない類推適用でがまんすることのないようにすることである。しかし、それは閑な理論家の無駄な考慮かもしれない。

制定法と判例法を総合してみると——少なくとも労働関係存続中に関する限り——企業側の秘密保持の利益についても、それに対立する労働者の秘密開示の利益についても、大きな規整上の欠缺は存在しない。けれども、企業が——組織的であるにすぎないにせよ——責任を負うべき法律違反事実を開示するという労働者の権利、あるいは開示しないという義務の領域については、より明確な指針を示すことが有益であろう。

契約終了後の段階については、上述のとおり (六)、少なくとも明確化と限界づけのために法規整を行う必要性が存在するが、私見によればさらに、原則的な競業禁止の限界値に達していない場合でも、第二段階の秘密保護について規整がなされるべきである。しかし、前者についても後者についても、とくに詳細な法律規定は合理的ではない。というのは、きわめて非規定的で評価による充塡を必要とするような概念の利用なしには、多様な利益紛争を解決することはできないからである。当事者の職業上の利益と営業上の利益が鋭く対立し、それに加えて公共の利益が問題となる場合には、結局のところ、比例原則（Verhältnismäßigkeitsprinzip）が、換言すれば、個別事例に則した利益衡量への依存が、規整の主要内容をなすほかないのである。

現在の保護規範が現実にどのように機能しており、どのような効率性をもっているかを問題にするならば――必然的に理論的な視点からであるが――、学説においては、現状に問題があるとの不満は聞かれない。また注目されるのは、労働生活、経済生活における規範の広い適用領域にかんがみると、連邦労働裁判所の判決が比較的少数しか存在しないことである。もちろん、そのことから直ちに、規範の実現について非効率性があると帰結することはできない。私見によれば、保護規範の予防的作用を過小評価すべきではない。なぜなら、その基本的な規整内容は、一般的に法意識、とくに潜在的な関係当事者の法意識に対応したものだからである。さらに、労働裁判所で争われる紛争が少ないことは、予防法学的措置、とりわけ競業禁止の助けを借りたそれが広く普及していることや、紛争が企業間の競争法訴訟に移行する傾向があることによって説明できるかもしれない。

おそらく、紛争を裁判所に持ち出すことへの躊躇も存在するのであろう。というのは、秘密漏洩の行為やその試みによって企業に与えられる損害が、訴訟によって一層深刻になるし、さらに「犠牲となった企業」は一般的なイメージダウンを避けられないからである。それは、とりわけ、高い地位にある者、とくに企業の役員が「犯人」となっている場合に、よく説明できる。

今回のシンポジウムのテーマである情報技術の次元に立ち返るならば、とくに、企業秘密を技術に対応した形で注意深く扱うように、という企業への警告に同意せざるをえない(110)。もっとも、技術的な保護・監視装置は、それ自体、労働者の人格権や従業員代表委員会による義務的共同決定との関係における限界に直面するのであるが。

*本稿執筆にあたって、様々な助力をしたくれた私の助手シュテファン・マウル、アンドレアス・パッター、トーマス・ヒルシュボェック、フィリップ・ヴィースマンに感謝したい。

（1）この点については、*Ulfkotte, Udo*, Wirtschaftsspionage, 2001; *Hartmann, Frank*, Wirtschaftskriminalität im Internet, 2001; Nathusius, Ingo, Wirtschaftsspionage, 2001 を参照。

（2）たとえば、Badische Zeitung vom 22. Juli 2000, S. 10（これは、Verfassungsschutzbericht Baden-Württemberg 2000 を基礎にしたものである）参照。

（3）たとえばロペス事件については、Frankfurter Allgemeine Zeitung (FAZ) v. 31. 8. 1993, S. 15 und FAZ v. 14. 12. 1996, S. 17 の報道を見よ。

（4）これに関する報道として、たとえば、Süddeutsche Zeitung (SZ) v. 28. 10. 2000, S. 2 und SZ v. 30. 10. 2000, S. 19 参照。

（5）これに関して報道するものとして、とくに、SZ v. 13. 9. 2000, S. 13; SZ v. 25. 4. 2001 - Beilage S. 2/3; SZ v. 30. 5. 2001, S. 8 を見よ。エシュロンは、冷戦時代に、アメリカ合衆国、カナダ、イギリス、オーストラリア、ニュージーランドが設置した人工衛星によるスパイ・システムであるが、現在でも働いている。

（6）ヨーロッパ、アジアの領域について、ひとつだけ例をあげておくと、フランスのTGV借款団（Konsortium）が、南アフリカにおける借款の申し出の際に、競争相手であったジーメンス（ICE）の計算を正確に知っていたことが成功につながったとされている。

（7）現代の情報保護水準からして、すべての民事訴訟を原則として公開することを以前から批判していたものとして、*Köbl, Ursula*, Die Öffentlichkeit des Zivilprozesses - eine unzeitgemäße Form?, in: Festschrift für Schnorr von Carolsfeld, 1972, S. 492 ff. 参照。

（8）Vgl. *Baumbach/Hefermehl*, Wettbewerbsrecht, 22. Aufl. 2001, § 17 UWG Rnr. 25-29a; *Köhler/Piper*, Gesetz gegen den unlauteren Wettbewerb, 2. Aufl. 2001, § 17 Rnr. 27-29.

(9) *Baumbach/Hefermehl* (N. 8), § 17 UWG Rnr. 33.

(10) *Baumbach/Hefermehl* (N. 8), vor §§ 17-20 a UWG Rnr. 1；公共の利益という保護法益について詳しくは，*von Gamm, Otto-Friedrich*, Wettbewerbsrecht, Band 1, 5. Aufl. 1987, Kap. 50 Rnr. 11 u. Kap. 4 Rnr. 13 ff. 参照。

(11) *Gaul, Dieter*, Die nachvertragliche Geheimhaltungspflicht eines ausgeschiedenen Arbeitnehmers, NZA 1988, 225 (225) m. weit. Nachw.

(12) *Emmerich, Volker*, Das Recht des unlauteren Wettbewerbs, 5. Aufl. 1998, § 9 Zif. 5；vgl. auch *Buchner, Herbert*, Der Schutz von Computerprogrammen und Know-how im Arbeitsverhältnis, in：Lehmann, Michael (Hrsg.), Rechtsschutz und Verwertung von Computerprogrammen, 2. Aufl. 1993, S. 421 (461).

(13) *Baumbach/Hefermehl* (N. 8), vor § 17 UWG Rnr. 5.

(14) *Köhler/Piper* (N. 8), § 1 Rnr. 536；BGH v. 16. 11. 1954, GRUR 1955, 402 ("Anreißgerät"); vgl. auch Sächsisches OLG Dresden, Entscheidung v. 6. 10. 1925, Markenschutz und Wettbewerb, XXVI, 57 f.: その種の良俗違反の不正入手は，たとえば，ある者が新たな機械を模造するつもりであるのに，展示会においてそれを買うという口実で説明させ，試運転させるような場合に認められる。

(15) *Baumbach/Hefermehl* (N. 8), § 1 UWG Rnr. 585；*Bettin, Erik*, Unlautere Abwerbung - Die Abwerbung von Arbeitnehmern, Kunden und Lieferanten als Verstoß gegen § 1 UWG, 1999 (Diss. Berlin H.U. 1998/99), S. 138 f.; BGH 19. 2. 1971, GRUR 1971, 358 ("Textilspitzen"); *Speckmann, Gerhard*, Wettbewerbsrecht, 3. Aufl. 2000, Rnr. 548, 550.

(16) *Reimer, Dietrich*, in：Ulmer, Eugen (Hrsg.), Das Recht des unlauteren Wettbewerbs in den Mitgliedstaaten der Europäischen Wirtschaftsgemeinschaft, Band 3, 1968, Nr. 292；同様の理解を示すものとして，さらに *Harte-Bavendamm, Reiner* in：Gloy, Wolfgang, Handbuch des Wettbewerbsrechts, 2. Aufl. 1997, § 44 Rnr. 4；*Fezer, Karl-Heinz*, Der zivilrechtliche Geheimnisschutz im Wettbewerbsrecht, in：Festschrift für Traub,

1994, S. 81（90 f.）がある。この点，異なった見解をとるものとして，*Kraßer, Rudolf*, Grundlagen des zivilrechtlichen Schutzes von Geschäfts- und Betriebsgeheimnissen sowie von Know-how, GRUR 1977, 177（194）がある。それによると，不正競争防止法の一条と一七条はその保護範囲において基本的に重なり合うという。

（17） *von Gamm*（N. 10), Kap. 50 Rnr. 2；また，*Baumbach/Hefermehl*（N. 8), § 17 UWG Rnr. 52も，「余分でもあり，不十分でもある」という。

（18） *Buchner*（N. 12), S. 462；vgl. dazu m. Nachw. Kraßer（N. 16), GRUR 1977, 177（189).

（19） *Reimer*, in：Ulmer（N. 16), Nr. 350/351；weit. Nachw. bei Kraßer（N. 16), GRUR 1977, 177（188).

（20） *Buchner*（N. 12), S. 462.

（21） *Harte-Bavendamm*, in：Gloy（N. 16), § 44 Rnr. 39.

（22） とくに *Blomeyer, Wolfgang* in：Münchener Handbuch zum Arbeitsrecht, Band 1, 2. Aufl. 2000, § 52 Rnr. 56.

（23） Vgl. *Reinfeld, Roland*, Verschwiegenheitspflicht und Geheimnisschutz im Arbeitsrecht, Göttingen 1989, S. 4 f.

（24） 連邦労働裁判所（BAG v. 16. 3. 1982 AP Nr. 1 zu § 611 BGB Betriebsgeheimnis ＝ BAGE 41, 21 ＝ NJW 1983, 134 ＝ BB 1982, 1792（"Thrombosol")も，結論的には，労働法の枠内では両者を同等に扱うべきことを認めている。

（25） *Depenheuer, Frank*, Zulässigkeit und Grenzen der Verwertung von Unternehmensgeheimnissen durch den Arbeitnehmer, 1995（Diss. Köln), S. 2.

（26） Vgl. *Taeger, Jürgen*, Die Offenbarung von Betriebs- und Geschäftsgeheimnissen, 1988（Diss. Hannover 1987), S. 130 Fn. 4 m. weit. Nachw.; *Preis, Ulrich/Reinfeld, Roland*, Schweigepflicht und Anzeigerecht im Arbeitsverhältnis, AuR 1989, 361（363).

（27） 公開性の概念については，BGH v. 22. 1. 1963, GRUR 1963, 311；daneben BGH v. 17. 11. 1981 BGHZ 82,

369 ; BAG v. 16. 3. 1982 (N. 24).

(28) BAG v. 16. 3. 1982 (N. 24).

(29) *Grimm, Ingolf Jürgen*, Die Verschwiegenheitspflicht, AR-Blattei SD 770, 3. Lfg. Juli 1993 Rnr. 8.

(30) BGH v. 15. 3. 1955 AP Nr. 1 zu § 17 UWG ("Möbelwachspaste").

(31) *Harte-Bavendamm*, in : Gloy (N. 16), § 44 Rnr. 39.

(32) Dazu *Maier, Ewald*, Der Schutz des "kritischen" Know-how vor Industriespionage, 1992 (Diss. Erlangen-Nürnberg 1991), S. 5 f.; *Roth, Andreas*, Die Besteuerung des Know-how-Exports - eine ertragsteuerliche Analyse, 1983 (Diss. Mannheim), S. 13 ff.; *Böhme, Werner*, Die Besteuerung des Know-how, München 1967, S. 12 ff.

(33) たとえば、Kraßer (N. 16), GRUR 1977, 177 (177). 同様に広くとらえるものとして、*Maier* (N. 32), S. 7がある。それは、経営的観点から、ノウハウとは、「需要に応じた生産と（もしくは）生産過程を経済的に発見し、開発し、設計し、生産し、配置するために必要なすべての知識、そして構造上の前提条件をつくり出すためのすべての知識を……含む」としている。

(34) *Köhler/Piper* (N. 8), § 17 Rnr. 1 はこれらの概念を同義に用いている。

(35) Dazu *Gaul, Dieter*, Die Durchsetzung des betriebsgeheimen Know-how, wrp 1988, 215 (215 f.).

(36) この領域全体に関する文献としては次のものがある。MünchArbR/*Blomeyer* (N. 22), §§ 52-53 ; *Taeger* (N. 26), S. 95 ff.; *Grimm* (N. 29), AR-Blattei SD 770 Rnr. 62 ff.; *Kunz, Jürgen*, Betriebs- und Geschäftsgeheimnisse und Wettbewerbsverbot während der Dauer und nach Beendigung des Arbeitsverhältnisses, DB 1993, 2482 ff.; *Preis, Ulrich* in : Erfurter Kommentar zum Arbeitsrecht, 2. Aufl. 2001, § 611 BGB unter II.; *Schaub, Günter*, Arbeitsrechts-Handbuch, 9. Aufl. 2000, § 54 ; *Stege, Dieter*, Die Geheimhaltungspflicht für Arbeitnehmer, Betriebsräte und Arbeitnehmervertreter in Aufsichtsräten, DB-Beilage Nr. 8/1977, 1 ff.

(37) *Kraßer* (N. 16), GRUR 1977, 177 (177).

(38) *Otto, Alexander*, Der Wegfall des Vertrauens in den Arbeitnehmer als wichtiger Grund zur Kündigung des Arbeitsverhältnisses, 2000 (Diss. Potsdam 1998), S. 215, unter Hinweis auf BAG v. 17. 4. 1956 AP Nr. 8 zu § 626 BGB und LAG Düsseldorf v. 13. 4. 1960, BB 1960, 825.

(39) *Däubler, Wolfgang*, Internet und Arbeitsrecht, 2001, Rnr. 249 ; MünchArbR/Blomeyer (N. 22), 97 Rnr. 11, 15 ; *Balke, Barbara/Müller, Andreas*, Arbeitsrechtliche Aspekte beim betrieblichen Einsatz von E-Mails, DB 1997, 326 (328).

(40) *Löwisch, Manfred*, Arbeitsrecht, 5. Aufl. 2000, Rnr. 867.

(41) 詳しくは, *v. Hoyningen-Huene, Gerrick* in : Münchener Kommentar zum HGB, Band 1, 1996, § 90.

(42) 連邦労働裁判所判例 (BAG, Entscheidung v. 26. 5. 1999, GmbHR 1999, 925) と通説 (*Diller, Martin*, Gesellschafter und Gesellschaftsorgane als Arbeitnehmer, 1994 (Diss. Mainz), S. 17 ff.; *Gros, Volker*, Das Anstellungsverhältnis des GmbH-Geschäftsführers im Zivil-, Arbeits-, Sozialversicherungs- und Steuerrecht, 1987 (Diss. Bielefeld 1985/86), S. 92 ff. u. 224 ff.) は, 労働者性を認めることは可能とするが, それとは異なる見解をとるものもある (BGH v. 11. 7. 1953, BGHZ 10, 187; BGH v. 24. 10. 1989, GmbHR 1990, 160).

(43) Entwurf von 1923, veröffentlicht als 28. Sonderheft zum Reichsarbeitsblatt 1923.

(44) Entwürfe von 1938 und 1942 : Entwurf eines Gesetzes über das Arbeitsverhältnis. Arbeitsberichte der Akademie für Deutsches Recht 8, 1938 ; Abdruck des Entwurfs von 1942 mit Kommentierungen von Thilo Ramm, ZfA 1990, 435 ff.

(45) Entwurf eines Arbeitsgesetzbuches – Allgemeines Arbeitsvertragsrecht –, herausgegeben vom Bundesminister für Arbeit und Sozialordnung, 1977.

(46) Entwurf von 1992, 59. DJT 1992, Band I, Gutachten D, Arbeitskreis Deutsche Rechtseinheit im Arbeitsrecht : Welche wesentlichen Inhalte sollte ein nach Art. 30 des Einigungsvertrages zu schaffendes Arbeitsvertragsgesetz haben?

(47)　「草案の歴史」について詳しくは，*Thilo Ramm* (Hrsg.), Entwürfe zu einem Deutschen Arbeitsvertragsgesetz, 1992 参照。

(48)　とくに ErfK/*Preis* (N. 36), § 611 BGB Rnr. 995 参照。

(49)　MünchArbR/*Blomeyer* (N. 22), § 53 Rnr. 73.

(50)　*Löwisch*, Arbeitsrecht (N.40), Rnr. 869.

(51)　BAG v. 16. 8. 1990 AP Nr. 10 zu § 611 BGB Treuepflicht = NZA 1991, 141 ; *Preis, Ulrich*, Arbeitsrecht, 1999, § 27 II. 1. b) aa); *Wank, Rolf*, Arbeiter und Angestellte - Zur Unterscheidung im Arbeits- und Sozialversicherungsrecht, 1992, S. 392.

(52)　民法六七八条二項，六八一条二文，六六七条に根拠を求めるのは，連邦労働裁判所の決定 (Entscheidung v. 16. 6. 1976 AP Nr. 8 zu § 611 Treuepflicht) であるが，Preis (N. 51), a. a. O. は，故意が必要であることから，これに批判的である。

(53)　*Löwisch*, Arbeitsrecht (N. 40), Rnr. 870.

(54)　Allgemein dazu MünchArbR/*Richardi* (N. 22), § 14 Rnr. 40 ff.

(55)　S. LAG Hamm v. 5. 10. 1988, DB 1989, 783 ; MünchArbR/*Blomeyer* (N. 22), § 53 Rnr. 65.

(56)　Vgl. *Preis/Reinfeld* (N. 26), AuR 1989, 361 (364).

(57)　MünchArbR/*Richardi* (N. 22), § 14 Rnr. 74.

(58)　LAG Hamm (N. 55); これに賛成するものとして，ErfK/*Preis* (N. 36), § 611 BGB Rnr. 999 ; MünchArbR / *Blomeyer* (N. 36), § 53 Rnr. 65 ; *Schaub* (N. 36), § 54 Rnr. 4 ; *Gach, Bernt / Rützel, Stefan*, Verschwiegenheitspflicht und Behördenanzeigen von Arbeitnehmern, BB 1997, 1959 (1962) がある。

(59)　企業内部の解決手段を優先すべきだとするものとして，*Preis/Reinfeld* (N. 26), AuR 1989, 361 (370); *Gach/Rützel* (N. 58), BB 1997, 1959 (1961 f.); *Hanau/Adomeit*, Arbeitsrecht, 12. Aufl. 2000, Rnr. 612 がある。これに対して，このような場合には守秘義務をそもそも否定すべきだとするものとして，たとえば *Taeger*

(N. 26), S. 76 f., 96 f. がある。さらに，注(60)(61)の文献を参照。

(60) MünchArbR/*Blomeyer* (N. 22), § 52 Rnr. 52 m. weit. Nachw.; *Denck, Johannes*, Arbeitsschutz und Anzeigerecht des Arbeitnehmers, DB 1980, 2132 (2132 f.); *Möx, Jochen*, AiB 1992, 382 (388). 環境保護をめぐる特別の問題については，*Köbl, Ursula* in : Leipold, Dieter (Hrsg.), Umweltschutz und Recht in Deutschland und Japan, 1999, S. 285 (318 f.) 参照。

(61) ErfK/*Preis* (N. 36), § 611 BGB は，Rnr. 998 においてこのように断定しているが，それに続く論述 (Rnr. 1001 f.) においては，多数説のような修正に賛成している。これに対して，*Colneric, Ninon*, Anmerkung zu LAG Baden-Württemberg, Urteil vom 3. Februar 1987, AiB 1987, 260 (266); Taeger (N. 26), S. 76 f., 96 f. は，先のような命題に留保をつけていない。

(62) BGBl. 1986 I S. 1470.

(63) 連邦通常最高裁判所と連邦憲法裁判所は，公共の利益のゆえに，編集作業の秘密性の保護については例外を認めている (BGH v. 20. 1. 1981, NJW 1981, 1089 ; BVerfG v. 25. 1. 1984, NJW 1984, 1741)。

(64) BAG v. 5. 2. 1991, DB 1991, 1382 ; vgl. auch *Taeger, Jürgen*, Die Verschwiegenheitspflicht im Arbeitsrecht, AuA 1992, 201 f.; *Joost, Detlev* in: Münchener Handbuch zum Arbeitsrecht, Band 3, 2. Aufl. 2000, § 308 Rnr. 183.

(65) I.d.F. BetrVerf-Reformgesetz v. 23. Juni 2001, BGBl. I 1852.

(66) *Löwisch, Manfred*, Betriebsverfassungsgesetz, 4. Aufl. 1996, § 79 Rnr. 3 ; 使用者による説明を要求するものとして，*Däubler/Kittner/Klebe/Buschmann*, Betriebsverfassungsgesetz, 7. Aufl. 2000, § 79 Rnr. 11 がある。しかし，単なる秘密保護の必要性についての認識可能性に限定する見解もある (*Zöllner/Loritz*, Arbeitsrecht, 5. Aufl. 1998, § 45 III 8 h)。これに反対するのは，ErfK-*Hanau/Kania*, § 79 BetrVG Rnr. 7.

(67) *Fitting/Kaiser/Heither/Engels*, Betriebsverfassungsgesetz, 20. Aufl. 2000, § 79 Rnr. 7.

(68) ABIEG v. 30. 9. 1994, Nr. L 254, S. 64 ff.

(69) EBRG v. 28. 10. 1996, BGBl. I S.1548, 2022.

(70) BAG v. 26. 2. 1987, SAE 1988, 58 mit zust. Anm. Kort ; *Löwisch*, Betriebsverfassungsgesetz (N. 66), § 79 Rnr. 10 ; *Hromadka/Maschmann*, Arbeitsrecht, Band 2, 2. Aufl. 2001, § 16 Rnr. 83.

(71) たとえば、*Zachert, Ulrich*, Der Konflikt um Information im Betrieb - ein Kündigungsgrund?, AiB 1983, 55 (56 f.) は、重過失による義務違反があった場合に限り資格剝奪を認め、*Stege* (N. 36), DB-Beilage Nr. 8/1977, 1 (5) は、秘密を要する重要な事実に関する限り単なる過失の場合にも資格剝奪を認める。

(72) *Wiese/Oetker*, Betriebsverfassungsgesetz, Gemeinschaftskommentar Band II, 6. Aufl. 1998, § 79 Rnr. 46 ; *Fitting/Kaiser/Heither/Engels* (N. 67), § 79 Rnr. 38 は、自己利用の場合にのみ責任を認める。

(73) *Löwisch*, Betriebsverfassungsgesetz (N. 66), § 106 Rnr. 10 は、以前に不法に情報が流出した場合という例をあげている。また、ErfK/*Hanau/Kania* (Fn. 66), § 106 BetrVG Rnr. 6 ; *Fitting/Kaiser/Heither/Engels* (N. 67), § 106 Rnr. 21 参照。これとは多少異なった見解をとるものとして、MünchArbR/*Joost* (Fn. 64), § 319 Rnr. 24 がある。

(74) *Gesler, Jörg H.*, AktG, Stand Dez. 1999, § 116 AktG Rnr. 3. 情報の対象について詳しくは、*Lutter/Krieger*, Rechte und Pflichten des Aufsichtsrates, 3. Aufl. 1992, Rnr. 57 ff. 参照。

(75) Vor allem *Raiser*, Thomas, MitbestG, 3. Aufl. 1998, § 25 Rnr. 123.

(76) 通説である。vgl. MünchArbR/*Wißmann* (N. 64), § 380 Rnr. 20 m. weit. Nachw.; *Hanau/Ulmer*, MitbestG, 1981, § 25 Rnr. 100. もっとも、たとえば *Kittner, Michael*, Unternehmensverfassung und Information - Die Schweigepflicht von Aufsichtsratsmitgliedern, ZHR 136 (1972), 206 (218 f.) は、労働者代表の守秘義務については、より軽い義務しか認めない。しかし、これは今日では古くさくなった見解だと批判されている (Kölner Kommentar-*Mertens*, Aktiengesetz, 2. Aufl. 1996, § 116 Rnr. 36 ; 又詳しくは、*Lutter, Marcus*, Information und Vertraulichkeit im Aufsichtsrat, 2. Aufl. 1984, S. 186 ff. 参照)。

(77) BGH v. 5. 6. 1975 BGHZ 64, 325 ; vgl. Kölner Kommentar-*Mertens*, § 116 Rnr. 43 ; *Raiser* (N. 75), § 25

Rnr. 127; *Lutter* (N. 76), S. 132 m. weit. Nachw.

(78) BGH v. 5. 6. 1975 BGHZ 64, 325; *Rittner, Fritz*, Die Verschwiegenheitspflicht der Aufsichtsratsmitglieder nach BGHZ 64, 325, in: Festschrift für Hefermehl 1976, S. 365 (378).

(79) Vgl. dazu *Rittner, Fritz*, Wirtschaftsrecht, 2. Aufl. 1987, § 8 Rnr. 27 m. weit. Nachw.; ders. in: FS Hefermehl (N. 78), S. 365 (368 f.). ここでは、企業利益とは、企業の維持と長期的な採算性として特徴づけられている。

(80) *Hanau/Ulmer* (N. 76), § 25 Rnr. 104. これに対して、*Fitting/Wlotzke/Wißmann*, MitbestG, 2. Aufl. 1978, § 25 Rnr. 104; *Klinckhammer/Rancke*, Verschwiegenheitspflicht der Aufsichtsratsmitglieder, 1978, S. 37; *Hüffer, Uwe*, AktG, 4. Aufl. 1999, § 116 Rnr. 7. は、外部への情報提供に関する個々の監査役の判断は、司法審査に服すべきものとする。

(81) *Kittner/Fuchs/Zachert*, Arbeitnehmervertreter im Aufsichtsrat, Band 1, 3. Aufl. 1987, Rnr. 496; *Klinckhammer/Rancke* (N. 80), S. 15 ff. は原則として情報提供を肯定し、*Taeger* (N. 26), S. 144 ff. も結論的には同一の立場である。これに対して、*Hanau/Ulmer* (N. 76), § 25 Rnr. 101, 110 は、従業員代表委員会に対しても情報提供を認めず、Kölner Kommentar-*Mertens*, § 116 Rnr. 51 は、従業員代表委員会を一般的に情報から排除するものと理解される。*Lutter/Krieger* (N. 74), Rnr. 194; *Raiser* (N. 75), § 25 Rnr. 132 も、従業員代表委員会について注意深い態度をとる。MünchArbR/*Wißmann* (N. 64), § 380 Rnr. 22 m. weit. Nachw. in Fn. 87; *Rittner*, FS Hefermehl (N. 78), S. 365 (374) は、取締役会が情報提供義務に違反した場合に、例外的に監査役の情報提供権を認める。

(82) これについて詳しくは、*Säcker, Franz Jürgen*, Aktuelle Probleme der Verschwiegenheitspflicht, NJW 1989, 803 (809 ff.).

(83) Vgl. *Rittner*, FS Hefermehl (N. 78), S. 364.

(84) もっとも、ドイツ人の間では、この点について誤った見解が広まっている。それは、解雇に代わる合意解約の場合や共同決定義務ある事業所における社会計画上の措置の場合には通常退職金が支払われるからであり、また、解雇訴訟で勝訴しても裁判所の判決によって労働関係が解消される場合には、退職金請求権が生じる（解雇制限法九条）からである。

(85) この規定は、とくに契約終了後の保護を確実にするために、一九五三年の改正に際して初めて挿入されたものであり、それ以前の商法典に原型は見られない（Begründung zum Regierungsentwurf, BT-Drucks. 1/3856, S. 37.

(86) 契約終了後の競業禁止について、詳しくは *Wank, Rolf* in: Münchener Handbuch zum Arbeitsrecht, Band 2, 2. Aufl. 2000, § 130 参照。

(87) HGB v. 10. 5. 1897, RGBl. S. 219（発効は、部分的には一八九八年一月一日、全体としては一九〇〇年一月一日）。

(88) 競業を制限する取り決めは、「制限が、その期間、場所、対象によって、商業使用人の仕事の継続を不当に困難にしないという限界を越えない限りにおいて」拘束力を与えられた（RGBl. 1897, S. 219）。同様の規定は、同じ時期に営業法一三三条以下に取り入れられたが、その文言は驚くべきことに今日まで変わっていない。

(89) RGBl. 1914, S. 209.

(90) 競業禁止に関する比較的新しいモノグラフィーとしては、*Wertheimer, Frank*, Nachvertragliche Wettbewerbsverbote bei Arbeitsverhältnissen, 1998 (Diss. Freiburg 1995/96); *Reinfeld, Roland*, Das nachvertragliche Wettbewerbsverbot im Arbeits- und Wirtschaftsrecht, 1993 (Diss. Köln 1991/92) がある。

(91) §§ 37 – 45 im Entwurf 1923 (Fn. 43); §§ 24 – 31 im Entwurf 1938; §§ 82 – 86 im Entwurf 1942 (Fn. 44); § 80c im Entwurf 1977 (Fn. 45); §§ 92 – 98 im Entwurf 1992 (Fn. 47).

(92) BAG v. 13. 9. 1969 AP Nr. 24 zu § 611 BGB Konkurrenzklausel = NJW 1970, 626; *Jacobs/Hasselblatt*, in: Gloy (N. 16), § 48 Rnr. 30.

(93) 上述の**四 1**(3)(ii)と注(42)参照。

(94) Vgl. *Wertheimer, Frank*, Bezahlte Karenz oder entschädigungslose Wettbewerbsenthaltung des ausgesch-

iedenen Arbeitnehmers?, BB 1999, 1600 ff.; *Gaul, Dieter*, Die Abgrenzung nachvertraglicher Geheimhaltungspflichten gegenüber vertraglichen Wettbewerbsbeschränkungen, ZiP 1988, 689 ff.; *ders.* (N. 11), 225 ff.

(95) BGH v. 21. 12. 1962 BGHZ 38, 391 = NJW 1963, 856 ("Industrieböden") und v. 16. 11. 1954 AP Nr. 2 zu § 17 UnlWG = NJW 1955, 463 ("Anreißgerät"); ebenso noch BAG v. 24. 11. 1956 AP Nr. 4 zu § 611 BGB Fürsorgepflicht = BAGE 3, 139, BB 1956, 1141; MünchArbR/*Blomeyer* (N. 22), § 53 Rnr. 73; *Müller-Glöge, Rudi* in: Münchener Kommentar, Schuldrecht Besonderer Teil, Band 4, 3. Aufl. 1997, § 611 Rnr. 487; *Richardi, Reinhard* in: J. von Staudingers Kommentar zum Bürgerlichen Gesetzbuch, 13, Bearbeitung 1999, § 611 Rnr. 416; *Wertheimer* (N. 94), BB 1999, 1600 (1603), *Depenheuer* (N. 25), S. 35 ff. これに対して、*Schaub* (N. 36), § 54 Rnr. 10 は多少不明確であるが、守秘義務の存続に反対する趣旨と解される。

(96) MünchArbR/*Blomeyer* (N. 22), § 53 Rnr. 73; *Gaul* (N. 11), 225 (230).

(97) Grundlegend BAG v. 16. 3. 1982 AP Nr. 1 zu § 611 BGB Betriebsgeheimnis = BB 1982, 1792 ("Thrombosol"); BAG v. 15. 12. 1987 AP Nr. 5 zu § 611 BGB Betriebsgeheimnis = ZIP 1988, 733 ("Kundenlisten"); BAG v. 15. 6. 1993 AP Nr. 40 zu § 611 BGB Konkurrenzklausel = NZA 1994, 502 = DB 1994, 887 ("Titandioxid") und BAG v. 19. 5. 1998 AP Nr. 11 zu § 611 BGB Treuepflicht = NZA 1999, 200 ("Kantenbänder"); Preis (N. 51), § 27 II. 1. a); ErfK/Preis (N. 36), § 611 BGB Rnr. 1003; *Hanau, Peter* in: Erman, Handkommentar zum Bürgerlichen Gesetzbuch, Band 1, 10. Aufl. 2000, § 611 Rnr. 500; *Zöllner/Loritz* (N. 66), § 13 VII 2, S. 180 (「それが契約終了後の競業禁止のように作用しない限りは」)

(98) 各草案については、注(45)(46)参照。

(99) BGBl. I S. 1046, 1075 (発効は二〇〇一年七月一日から)。すでに、重度障害者法二六条七項二文は以前から同様の内容を定めていた。

(100) 「草案の歴史」については、Ramm, Thilo (Fn. 47) 参照。もっとも、商法九〇条は、(独立の) 商業代理人について、少なくとも労働契約上の規範化を行っている。

(101) BAG v. 16. 3. 1982 AP Nr. 1 zu § 611 BGB Betriebsgeheimnis = BB 1982, 1792 (“Thrombosol”).

(102) BAG v. 15. 6. 1993 AP Nr. 40 zu § 611 BGB Konkurrenzklausel = NZA 1994, 502 = DB 1994, 887 (“Titandioxid”).

(103) BAG v. 15. 12. 1987 AP Nr. 5 zu § 611 BGB Betriebsgeheimnis (“Kundenlisten”) は、類似の事例について、このような立場をとっている。

(104) BAG v. 19. 5. 1998 AP Nr. 11 zu § 611 BGB Treuepflicht = NZA 1999, 200 (“Kantenbänder”).

(105) *Fischer, Ulrich*, Der Rechtsweg zu den Arbeitsgerichten in UWG-Sachen, DB 1998, 1182 ff.; Köhler/Piper (N. 8), § 27 Rnr. 5 は、これに批判的である。管轄問題について詳しくは、*Asendorf, Claus Dietrich*, Wettbewerbs- und Patentstreitsachen vor Arbeitsgerichten?, GRUR 1990, 229 (230 ff.).

(106) *Fezer* (N. 16), S. 81 (85, 95); *ders.*, JZ 1993, 956, Anm. zu BGH v. 4. 2. 1993 (“Maschinenbeseitigung”, a. a. O.); *Wertheimer* (N. 90), S. 52 ff.

(107) Vgl. *Wertheimer* (N. 90), S. 52 f. besonders unter Hinweis auf BGH v. 21. 12. 1962 BGHZ 38, 391 = NJW 1963, 856 (“Industrieböden”); *Emmerich* (N. 12), § 9 Ziff. 5 a).

(108) とくに時期という要素について中間的な解決を志向するものとして、*Reinfeld* (N. 23), S. 29 ff. がある。

(109) しかし、*Wertheimer* (N. 90), S. 101 ff. は、商法七四条以下があるので、そうした可能性は排除されていると見ている。

(110) *Möhrenschlager, Manfred* in: Kragler, Peter/Otto, Harro (Hrsg.) Schützen Sie Ihr Unternehmen, 1991, S. 113 ff. ここでは、データ加工のための企業内の予防的保全措置について述べられ、「連邦情報技術保全局」

（„Bundesamt für Sicherheit in der Informationstechnik（BSI）“, BGBl. 1990 I S. 2834）の援助を受けるべきことが示唆されている。

第三部　民事法・商法

電子的コミュニケーションと国際商事諸契約

ペーター・シュレヒトリーム〔守矢健一訳〕

生活世界の技術的な変化は必然的に法体系にも影響を与えるのであって、しかもそれは法体系の周辺的諸領域のみならず、基本的な構造そのものをも変えることが稀ではない。時には既存の主要概念に新たな内容が充塡される。私が扱うテーマの一例として、電話の発明および普及によるコミュニケーション技術の最初の近代化がある。この近代化は、たとえば契約締結の際の意思表示の有効性（Wirksamkeit）および有効になること（Wirksamwerden）に関わる諸準則――これらは馬に乗った使者とか郵便馬車とか帆船によって意思表示の伝達がなされた時代に形成されたものである――を、多くの法秩序においてさらに考え直し適合させるきっかけになった。右に比肩し得る衝撃は、こんにち明らかに、情報を電子的に保存したり伝達することができるようになったことによって起こっている。こういった新たな技術を使用した取引が出て来たのに応じて、見出語として電子取引（E-Commerce）の概念が市民権を得るに至った。それは、なによりも、新しくてはなはだ迅速な、そして同時にまた簡単に記録し保存することのできるコミュニケーション過程であり、それは、意思表示による法的コミュニケーション、意思表示の方式性（Fömlichkeit）および真正性（Authenzität）についての諸準則を、根本的に変えるかもしれない。以下では、このような変化がウィーン統一売買条約（CISG）、ドイツ民法典およびスイス債務法において、どのような影響を与えているか、そしてドイツ、スイス、およびヨーロッパの立法者がそれにどのように反応しようとし、そして実際に反応したのか、についてスケッチしてみることにしよう。

一　法的に重要な表示のやりとり

1　法理論上の理解

法律行為（Rechtsgeschäft）、法律行為上の意思表示、法律行為類似の行為といった諸概念、法律行為の核としての意思表示、および、それらを構成する要素、すなわち意思（これはまた効果意思と行為意思とに分けられる）や表示要件（Erkläriungstatbestand）のような、たいていの法秩序の内国ドグマーティクにおいて個々的に――多かれ少なかれ一致をした形で――発展してきた構成部分[(1)]に今なお依りかかることできるであろうか。次のような例について考えてみよう。

(1)　電子的な商品仕入れ（入荷）のコントロールに基づき、コンピュータから商品納入業者に「自動的に」、電子メールによって受領確認が伝達され、場合によっては瑕疵通知（Mängelrüge）または欠損通知（Mankorüge）（量不足〔Fehlmenge〕）すら伝達される――これらすべて人間が介在することなしに行われる――が、これは、スイス債権法二〇一条やドイツ商法三七七条またはCISG三九条に定める、有効な瑕疵通知といえるだろうか、あるいは、ドイツ民法四六四条による瑕疵担保請求権の保持に必要な留保といえるであろうか？

(2)　同様のコンピュータープログラムによってコントロールされた支払期間と入金管理により、コンピュータによって定式化された警告（Erinnerung）・催告・再度の期限設定（Nachfristsetzungen）および場合によってはクレジット契約、賃貸借契約またはリース契約の解約告知がなされる。しかし、これはスイス債務法一〇二条やドイツ民法二八四条にいう、法的に効力のある催告なのだろうか、スイス債務法一〇七条やドイツ民法三二六条、CISG四七条による再度の期限設定であろうか、消費貸借の解約告知なのだろうか、等々。

(3)　生産企業は在庫を電子的にコントロールしている。在庫量が一定の基準を下回ったならば、コンピュータは納入業者に追加注文を送る。さて、これはＣＩＳＧ一四条による申込であろうか、あるいは、いずれにせよ基本契約において合意された供給義務の法律行為による具体化で特定に当たるのだろうか。

(4) コンピュータ制御により、相場が一定の水準に達すると、株式、外国為替、原材料の売買注文が銀行やブローカー等に伝達される。これは契約の申込だろうか？

しかしこうした指摘によって、私は見せかけの問題を紹介したに過ぎない。なぜなら、われわれはすべて、これらに比較できる事案を［ドイツの法学部の講義の］最初の学期で、一箱のたばこ、市電の切符またはコーヒーを自動販売機で買うというようなケイスをコメントする際扱っているからである。右のケイスでは、法上重要な意思表示が基礎となっている。しかも、自動販売機の設置者の側では、自販機の設置によって、顧客の側では硬貨の投入ないしは商品の選択によって、意思表示がなされたのである。すなわち、自販機設置者はその意思表示を保存しているのであって、この点で前の私の例における、プログラムを作成し入力することによって意思表示――それと意思表示の実施の要件――を保存する、コンピュータによる経営者と異ならない。[2] 電子的に伝達される意思表示においても、電子データ交換（ＥＤＩ）のように一見すると何らの人間の介在もなしにコミュニケーションが行われている場合でさえ、事情は同様である。[3] 法的な取引の参加者がマウスクリックで意思を「表示」する場合、問題はむしろ次の点にある。すなわち、電子的手段による注文等の途中でマウスクリックによって指示を何度も与えなければならないから、決定的なマウスクリックの際に自分を拘束するという意識が時には明瞭には存在しないであろうという点である。[4] しかし、これも、競売中の挙手という教科書的事例が思い起こさせるように、電子的な活動に限られない問題である。だが、電子的コミュニケーションの場合については、ここですでに、次のことを付け加えることができる。すなわち、――たとえば提供者のホームページ上での――マウスクリックの意味についての相応の情報により、電子的に述べるであろう者の表示意識が喚起され、または研ぎ澄まされるということである。[5]

2　電子的に伝達される表示の分類

電子的手段によって送信された表示はまさしく意思表示であり、または、いずれにしても意思の実現（Willensbetätigung）であるという、われわれの暫定的結論を教科書に組み込まなければならないとすれば、われわれが一方で同席者間または不在者間の表示（国境を越えた商取引の場合には現象論的にみると当然不在者間の意思表示が問題となる）を区別し、他方で口頭での意思表示（われわれの電子的通知は確かに口頭によるものではない）と書面に化体された表示（電子的通知をにわかに、留保なく書面に化体された表示とみることもできない）とを区別する場合に、答えるべき次の問題は、右の表示は意思表示のどのカテゴリーに属するか、ということである。

しかし、このようにカテゴライズすることも、それ自体が重要だというのではなく、重要なのはいくつかの具体的な問題の解明である。そして、電子的意思表示に関してこの具体的問題を明らかにし、それに答えることが肝要である。それは次の三つの問題である。

1　効果発生の要件および時点
2　撤回できなくなる時点
3　プログラムの入力の際、プログラムの作動の際、表示の伝達の際、表示の受領の際のいずれかにおいて生じた瑕疵（Fehler）の効果

要するに、従来、ドグマーティクが場合によっては錯誤取消を引き起こし得る錯誤の問題として扱っている領域である。

現行ドイツ法、スイス法そして統一売買法について、これらの実質問題を考察することにしよう。

3　電子的に伝達された表示の効果発生

(1)　意思表示および意思活動が有効となる要件について、ドイツ法はまず、受領を必要とする意思表示、発信のみが必要な表示、および送信される必要はなく何らかの形式で表明されておれば足りる受領を要しない表示を区別している[6]。意思の実現は意思表示と同じように扱われなければならない[7]。個々の意思表示については、それが受領を必要とするのか、発信を必要とするか、どの範囲でそうであるかという点について、争いがあることは周知のとおりである。たとえばＣＩＳＧ二六条による契約解除の意思表示について[8]、ドイツ商法三七七条やスイス債務法二〇一条一項による瑕疵通知について、この点が問題となる。これに関する争点には、ここでは立ち入らない[9]。発信だけが必要なのは、ここに挙げた意思表示以外の、契約の実行に伴いかつこれをコントロールするＣＩＳＧ二七条による表示（ＣＩＳＧ三九条による瑕疵通知や同四七条二項による履行拒否通知のような通知の類い、ＣＩＳＧ六五条一項による目的物特定の催告のような催告の類、ＣＩＳＧ七九条四項による履行不能（Leistungsunfähigkeit）の通知のような表示）。承諾について意思表示を必要としない場合がある。たとえば、取引の性質上または事情により黙示の承諾が可能な場合（スイス債務法六条）、または取引上の慣習によりまたは申込者がそれを放棄することによって（ドイツ民法一五一条一文参照）、もしくは当事者間の慣行（Gebräuche und Gepflogenheit）によって（ＣＩＳＧ一八条三項）、承諾の意思表示の発信または到達が必要でない場合がそうである。問題となるすべての表示をここで検討することはできない。いずれにしても、法律行為上の意思表示には、到達なしでも有効となるものがある――なお、「到達」はドイツ法でZugangであるが、スイス債務法の用語法ではEingang, Empfang, Eintreffenの語が用いられる、スイス債務法三条、五条、一〇条を見よ――。もちろん、到達リスクを取り去ることによる表示者の負担軽減、いずれにせよ――瑕疵通知の場合には――遅延または変造リスクを取り去ることによる表示者の負担軽減は、発信を要する表示の場合――ＣＩＳＧが明文で規定する――正規の

(ordentlich)、すなわち到達能力(zugangsfähig)のある(「状況に応じた適切な手段」CISG二七条)表示の要件によって少し調整される

(2)　例外的に到達を必要としない承諾の表示またはその他の表示を電子的に他方当事者の電子メールまたはインターネットアドレスへ宛て行ったが、それが到達せず、遅延し、または内容的に解読不能な状態で到達した場合に、今まで論じてきた認識を当てはめさせていただきたい。電子的表示は、発信も不要でない限り、

①　正しく発信されているのでなければならない――この点につき表示者が証明責任を負う――。したがって電子的表示がコンピュータを、また電子ネットワークの場合にはネット運営者のゲイトを去り、到達能力のあるように正しくアドレスが付されているのでなければならない(10)。私が、点、スラッシュまたは文字を間違って入力した場合、表示は到達能力ある形では発信されてはおらず、それゆえ有効に表示されていない。もとより、私の知っているシステムでは発信者にこのこと[すなわち送信の不首尾]が通知されるので、発信者はもう一度送信を繰り返すことができる。その先は受信者の危険負担になる。すなわち、受信者の機械が受信せずまたは正しく受信せず、通知(Nachricht)がネットのどこかに引っ掛かっている場合には、通知は原則として有効に発信されたことになる。もとより、受信の欠缺を認識できる――しばしばそうである――発信者には、彼が通知を援用しようとするのであれば、信義誠実の原則から演繹されるところの、通知を繰り返す義務を課してよいであろう。もっとも、ここでの問題とその解決とは、モールス信号、テレックス、電報またはテレファックスといった、以前からの電子的または電気的コミュニケーション手段の利用の場合において知られている問題およびその解決と全体として似ている。

②　首尾一貫性した(schlüssig)態度のみによって、または場合によってはそれどころか単なる黙示により有効となる表示、たとえば前述の承諾の意思表示は、それに対して、特別な問題を起こさない。コンピュータへの間違った入力も承諾を惹起する。なぜなら、表示について何も(かつ表示があったかどうかについてさえ)知らな

い危険を負うのは、いずれにしても、承諾意思の受信者としての申込者である。ここで意思表示について観念されたことは、法的効果をもたらすことができ、またはもたらすべき意思の実現についても同様に妥当する。

(3) 法律行為上の意思表示の圧倒的多数については、ドイツ法圏では、もちろん到達主義がとられている。とくに、申込および――いずれにせよ原則として――承諾という契約を構成する意思表示については、それらが有効となるためには通常到達が必要である。(11) 申込と承諾については、本稿では後に独立して論ぜられる。それゆえ、われわれの実質問題は、到達とは何を意味し、どのような効果を惹起するのか、そして到達について妥当する原則は電子的コミュニケーションに移すことができるかということである。

既にスケッチしたところの、書面に化体された意思表示と、化体されない意思表示とりわけ口頭による意思表示との区別が、ここで重要になる。ドイツ法は、化体された表示、つまりたとえば文書による意思表示の到達について、表示が受信者の勢力範囲に入り、従って受信者が了知の可能性を持ったことを要求する。(12) それに対して、化体されていない意思表示、したがってとくに同席者間の口頭の意思表示、または隔地者間で電話ないし無線交信によってなされた意思表示については、いわゆる了知説（Vernehmungstheorie）が妥当する。すなわち、名宛人が表示を了知したのでなければならない。その際、客観的な了知可能性が証明されると、表示者には証明軽減が与えられ得るが、原則の転換、すなわち、到達の推定まで認められるとする論者もある。(13) これらの基本原則は、受領者が到達を信義則に反して妨害したならば、もともと到達を欠く場合にも無効の修正によって補充される。

これらの基本原則のいずれが電子的コミュニケーションの場合に利用されるべきか、そして、それは本当に使えるのか。事実上は常に隔地者間の意思表示ということになる(14)――ただしこのことは同席者間の意思表示として扱うことをわれわれ法律家に妨げないであろう。スイスの改正草案は対話可能なインターネット・コミュニケーションの場合について（のみ）このことを行っているが、ドイツにおいては方式規定法（Formvorschriftengesetz）の起草者は隔地者間の意思表示を前提としている。[15] しかし、決定的なのは別のことである。すなわち、この電子的コミュニケーションは、受信者がこれを画面に呼び出しプリントアウトできるので、化体された意思表示に近いのか、それとも、それは電話による意思表示のように扱われ、したがって、効果を持つためには先ず受信者によって受け入れられなければならないのか、ということである。[16] この問題は単に現象論的に解決さるべきでなく、化体された表示または化体されていない表示の到達を解釈するのに決定的な、すなわち古典的な表示手段における伝達危険（Transportrisiko）と了解危険（Verständnisrisiko）の帰属の解釈にとって決定的な利益観点、要するに実質的観点によって解明さるべきである。[17] そうすると、表示者が常に表示の受領のコントロールをすることができるすべての表示方式については、了知を有効要件として要求することができ、他の場合には、表示者は表示が了知可能な状態で受信者の勢力範囲に入ったかにつきリスクを負担するが、この勢力範囲内における「受取（Aufnahme）」の危険は受領者にある、と考えることができる。そうすると、電子的な意思表示は、郵便によってあるいはファックス――こちらの方が比較するに適しいだろう――によって伝達される手紙のように扱う方に軍配が挙がるであろう。すなわち、発信者がプロヴァイダーまたは、受信者の受信機器のサーヴァーへの到達につきリスクを負うのである。[18] 発信者はこのリスクは、注意深く発送し、また今日わたくしの知っているすべてのシステムにおいて発信者ができる受領コントロール――それも、しばしば受領証明の要求の形式での――を行うことにより最小化することができる。表示意思がこうして、すなわち名宛人のもとでの受領によってその勢力範囲に到達したならば、受領者がメールボックスを開くか、またいつ開くか、あるいは転送を配慮したか否か等は、受領者のリスクでなければならない。例外的にのみ、つまり「対話可能性（Dialogfähigkeit）」がある場合にのみ、電子的に伝達された意思表示は口頭の意思表示として取り扱われることができ、したがって了知が有効要件として要求される。なぜなら、表示者は接続された対話可能性に基づきいつでも、意思表示が「届いた」かどうか問い合わせ確かめることができるからである。スイスの立法者は債務法の新四条二項において、まさにそのように決定しようとしている。[19] また、口頭でなされたが、留守番電話に吹き込まれた、それゆえ対話可能性のない表示は、了知ではなく呼び出し可能な（abrufähig）到着をもってすでに到達したものと見なされることも想起すべきである。[20]

受領者の勢力範囲に到達したこと、および、了知の可能性が存在したのでなければならないという定式は、電子的な意思表示を隔地者間の意思表示として扱う際に、十分柔軟性をも有しているので、個別事案の諸事情、とりわけ受領者の事情——私人かビジネスマンか[21]——や、——取引において——たとえば、コンピュータが止まり到着した郵便を見ることができない祭日に当たっていたことを考慮することができる。また、当事者間の関係に基づき、たとえば、電子郵便受けが特定の日にだけ「空にされる」というような特別の慣行が妥当することもあり得る。最後に、使用されたコミュニケーション・ネットおよびその設備の技術的差異も受けとめることができる。[22]

4　撤　回

ドイツ法では、効果発生は大抵の場合撤回不可と同視されている。[23] 特別の定めが妥当するのは特定の意思表示、とくに契約の申込についてである。英米法の影響によりＣＩＳＧ一六条は、時間的に延長された撤回可能性を規定している。また、いくつかの意思表示につき、——たとえば申込の誘引の場合のように——表示の性質に基づく、または（ショーウィンドの展示による申込の場合のように）事情に基づく不拘束性、したがって撤回可能性が認められる。[24] しかし、その他の場合には、意思表示は、効力が生ずるとともに拘束力を持つことになる。そこで次に、表示者には撤回が可能か、可能だとすれば、それはいかなる要件によってかという問題が生じ得る。

もちろん、こういった保護の必要性は、同席者間でなされた口頭による申込（および同様に扱われるべき申込）の場合には、存在しない。同席者間でなされた契約申込は、スイス債務法四条によれば、直ちに承諾がなされなければ、効力を失う。[25] こうして、申込者は、時間的な拘束をのがれる。これに対して隔地者間の申込の場合には、申込者は通常、相当の期間拘束を受ける、スイス債務法五条一項、ドイツ民法一四七条二項。[26]

(1)　電子的意思表示、たとえばマウスクリックでおこなった注文には、性急につい「うっかり」注文がなされることがあり、それゆえ訂正の必要性が存する点に、口頭で述べられた言葉との共通点がある。[27] それにもかかわらず、電子的意思表示は、対話可能性があるので同席者間の口頭による意思表示と同様に扱われ得ない限りで、拘束性に関しても、隔地者間での化体された意思表示と同等に扱うべきである。表示者の要保護性は、特別の訂正手段（Korrekturbehelfe）によって考慮されるべきである。電子商取引に関するEC指令は、とくに消費者に有利になるように、かような訂正手段を一般債務法の外またはこれと並んで予定している。しかし、そういった特別の規則がなくとも、たとえば誤って二度クリックすると二度納入が行われるような例については、一般的な訂正手段によるよう要請されていることに変わりはない。

統一売買法――ＣＩＳＧ一六条一項――によれば申込人に原則的撤回可能性が認められているが、これは、同席者間の口頭の意思表示か書面による意思表示か、また隔地者間のそれかを区別していない。しかし、とりわけＣＩＳＧ一六条二項の定める再例外（Gegenausnahmen）の柔軟性は、性急な注文を訂正するのに多分よりよく適しているといえるが、国際商事契約の場合にも、かなり広い訂正手段の必要性がある。

一般的な訂正手段を提供するのは取消権である。

(2)　取消権は、世界の法秩序に応じて本質的に異なっているにもかかわらず、[28] 内国法の取消規定は、電子的意思表示の錯誤のうちもっとも重要なものを正当に扱うことができるであろう。[29] この取消規定は、ＣＩＳＧ四条二文(1)が適用される場合にも適用される。

①　動機の錯誤については特別な問題はない。電子メールで注文を出す場合、賃貸借契約の解約告知の場合、またはＥＤＩ（Electronic Data Interchange）によって再注文または売り注文を送るプログラム作成の場合に、注

文者が市場動向を読み違えた場合には、手書の意思表示または口頭による意思表示を行った場合とまったく同じ保護となる。すなわち、この場合には原則として、まったく保護されない。特別な事柄は消費者についてだけ妥当し得る。

② より重要なのは、いわゆる表示の錯誤、すなわち表示を起草し、伝達する際の誤りであろう。すなわち、間違ってキーボードを押すことや、場合によっては、送り手のサーヴァーにおける、あるいはデータの伝達中の、もしくは受領者のサーヴァーにおける技術的な障害も、契約目的物の指示、その量・価格、履行期日および履行地の記載の瑕疵を招くことがある。それは、とくに商事条項（Handelsklausel）および国際商業取引用語（Incoterm = International Commercial Terms）のような略語を用いてクリックされる場合に生ずる。この問題では、ドイツ法は寛大であって、取消を許す。ただし、錯誤者は損害賠償義務を負う。ドイツ民法一一九条一項、一二〇条、一二二条。[30] スイス法の場合、表示の錯誤はスイス債務法二四条一項一号乃至三号所掲の対象に関するか、または二四条一項四号所掲による基礎錯誤（Grundlagenirrtum）のランクに達するものでなければならない。[31] 一九七九年のスイス連邦裁判所の著名な裁判の事件のように、[32] 宝石商がブリリアンカットのダイヤ入りリングを、彼の会社のウェブ・サイトで（つまり店頭の陳列でなく）、一三、八〇〇スイスフランでなく一三八スイスフランで申し込んだ場合（ここでは真正の申込と措定する）、この宝石商は、この申込に飛びついて承諾を与えた関係者に対して、少なくとも二四条一項四号により、申込を取り消すことができる。[33] そこで、スイス法についても、次のような提案がなされている。すなわち、間違ったコンピュータ表示の受領者にとって明らかに間違いであると分かり、またはもっともでない（nicht plausibel）場合に——たとえば、私人がお菓子を注文する際に一つのさくらんぼトルテを望んだのに表示が一〇〇〇個だったような場合——かような「表示」を拘束力ある意思表示として扱わないという提案、いずれにせよ信義則に基づき受領者に確認の問い合わせを義務付けるという提案である。[34]

冒頭で略述した、コンピュータが自動的に生み出す「意思表示」、たとえば追加注文に関しては、プログラムを組む際に生ずる瑕疵も問題になる。これは、動機の錯誤とも表示の錯誤とも見ることはできず、原則として取消を正当化しない隠れた計算上の錯誤と同じように、意思表示の準備中の瑕疵と見るべきである。(35)

電子商取引は、この問題において場合によっては特別規定による簡易化を要求するであろうか。私見によれば――消費者の領域を再び除外すると――答えはノーである。電子的に伝達される意思表示の場合に瑕疵のリスクは原則として他の場合と比べてそれ程ことなっているわけでもないし、また大きなものでもないから、別の分類を要するものではない。とはいえ、法政策的に、入力瑕疵を訂正し得または予防する手立ては必要である。(36)

最後に指摘すべきは、ヨーロッパでは消費者のために、いわゆる通信販売指令（Fernabsatzrichtlinie）の国内法化の際に公布される規定による追加的な保護が存することである。ただここでは、消費者契約は扱わないでおこう。

二　電子的コミュニケーション手段を利用した契約締結

1　契約に対する一般規定の適用

(1)　契約前の段階

(a)　契約の準備から生ずる義務

電子的コミュニケーションによる契約締結には、上述のように、危険がつきものである。それが、すばやく行われ、かつ瑕疵を帯びやすいからである――たとえばインターネットの申込に応じた場合には、交渉の段階がしばしばまったく無く、入力瑕疵が出る可能性があり、いや可能性があるどころか他のコミュニケーション形式の場合よりも頻繁かもしれないし、複雑な申込は簡単に見通し得るものではない。こういったことすべては、確かに他の形式の契約準備および契約締結の場合にも生じ得るとはいえ、新しいメディアまたは革新［的な手段］は、しばしば危険を潜在させていることが疑われる。これは既存の手段によって十分制御できるであろうか。法律行為上の意思表示を訂正する可能性についてはすでに扱ったが、そのほかに、契約締結の前に、すでに契約準備段階で、潜在的な相手方のために危険を防止しまたは最小限に抑える義務が関係人に生じることが考えられてよいであろう。それに違反した場合に、契約締結上の過失による請求権が生じ得るという契約準備期における義務は、ここで論じられているすべての内国法秩序においてよく知られている。他方、統一売買法はＣＩＳＧ七条二項による間隙補充によって「補われる」に過ぎない。[37] 電子的な契約準備または電子的に行われるべき契約締結の準備の場合、とりわけ警告義務および情報提供義務が考えられるべきである。つまり、誤った入力に対する警告や、取引と取引内容自体についての情報提供のみならず、とりわけ義務を発生させる拘束力を伴う、場合によって撤回できない法律行為上の意思表示になるような、特定の入力命令（Eingabebefehl）の意味についての情報提供である。私見によれば、これで電子的契約締結の特殊性に充分対処できる。問題は、契約の準備から生ずる義務というまだ評価の定まっていないコンセプトを、とりわけ経験の乏しい当事者の不利益を防ぐために裁判所が充分、迅速かつ包括的に補充できるかどうかだけである。

(b)　誘引と申込

契約締結の前段階では、申込の誘引と申込の区別が重要である。限界づけの基準は、表示者の拘束意思と、場合によって成立する契約の内容が充分特定し得ることである。不特定多数の者に対する公然たる意思表示の場合には、表示者は、名宛人の積極的な反応があってもまだ拘束を望んでいない、つまり、申込の誘引だけを望んだに過ぎないと、多数説により認められている。ＣＩＳＧ一四条二項はこれと同様の規定を含む。ドイツでは、それはドイツ民法一四五条以下の解釈として支配的見解である。[38]

たとえば企業のホームページやインターネット・オークションの企画者のホームページなどで行われる、自分たちの給付内容についての電子的表示は、どのように性質決定されるか。この表示はむしろ価格表の送付やショーウィンドの展示に比せられるべきものか。決定的なのは、表示者の意思と表示内容そのものであって、たいてい、表示者は、自分の表示に「変更の可能性があります」といった記載によって、申込をなすようにとの拘束力のない勧誘として性質づけるであろう。またそういう付記がなくても、不特定多数の未知の名宛人に電子的に向けられた表示は、誘引とのみ解され、それだけで申込と性質づけられてはならないという場合もしばしばであろう。(39) 契約目的物も意味を持つことがあろう。すなわち給付もクリックひとつで電子的に呼出し得る場合、たとえば「ダウンロード」できるプログラムなどはその例だが、(40) 提供者は、真正の申込をしたと考えてよい。伝来の仕方で引き渡される商品の場合は、事情が異なるように思われる。もっとも、オンラインや企業ホームページでの案内は次のような印象を惹起することを見逃すべきでない。すなわち、人はあたかも店で買い物をしている気分になっており、「買い物篭」(41) のところをクリックするのは契約を確定することで、したがって法的には申込の承諾を意味するとの印象である。また、たとえば特定の情報の提供のように、時には給付自体すでに電子的に呼び出し、給付されることができる。こういった場合には、提供者の表示はすでに申込と見なければならない。注文者自身が電子的にイニシアティブをとった給付は、契約のない給付として提供されたのではないであろうからである。(42) スイス債務法七条の改正についてのスイスの立法者の改正観念は、インターネット広告の場合、いずれにせよ具体的な価格が提示されている場合には、申込を認めるという方向にある。法政策的に見ても、囮申込を抑止するために、電子的な申込を真正の申込と見ることに、少しばかり理由がある。

(c)　隔地者間(43) の契約締結の時点を、ドイツ法およびウィーン統一売買法は、周知のように、承諾の意思表示の到達時に定めるが、(44) それに対してスイス債務法のような他の法は、隔地者間の承諾の発信時に定めている。もちろん、電子的コミュニケーションによる契約締結は、「この二つの異なった法政策的な立場の相違を」事実上適合化し、単純化することになった。なぜなら、承諾の意思表示を発してからそれが到達するまでの時間的ずれ、したがって異なった解決方法にとって決定的な事実が、実際にはたいてい無くなっているからである。もとより、到達は了知可能性を前提とし、先に指摘したように、了知可能性は、受領者のサーヴァーに電子的情報が到達することでつねに存在するわけでないので、時間的なずれが生じ得る。

2 国際的規制の提案

すでに触れたように、電子的コミュニケーションはしばしば国境を越えるので、電子的コミュニケーションによって生ずる法的な諸問題に対して、国際的なレベルで、いずれにせよヨーロッパレベルでの法の適合化に献身する諸組織の注意をも引いたのは不思議ではない。同様の成果はスイスにおいて現行法ではないが、それはいずれにせよ針路を決するようなものであり得るので言及するに相応しいものである。

(1) UNCITRAL、すなわち国連商取引法委員会は、電子署名および電子商取引につき、それぞれモデル法を作成した。(45) とくに電子契約についていうと、これまでのところ、二〇〇〇年五月に作業を開始したばかりの一つのワーキンググループが結成されたにとどまる。(46) 具体的な提案はまだ報告されていない。

(2) ヨーロッパ連合

ヨーロッパ連合においては、情報社会におけるサーヴィス、とりわけ域内市場における電子商取引の一定の法的局面についての指令2000/31/EG、すなわち二〇〇〇年六月八日付のいわゆる電子商取引指令がまことに重要である。また いわゆる通信販売指令(47)にも注意すべきである。通信販売は、ますます頻繁に電子的コミュニケーションにより行われているからである。スイスでは、このヨーロッパ共同体指令は部分的に補遺(Nachvollzug)において受容さるべきものとされている。

これらは、一次的には消費者との契約を念頭においているが、指令の規律には、b2b(ビジネス・トゥー・ビジネス)にも適用できるものがあるとされるから、これについて簡単にスケッチしておこう。

その際、電子的契約締結にかかる規定は、私の講演の第一部で明らかになった実質問題を取り上げている。すなわち、

(a)　電子的コミュニケーションの技術より契約締結の際過大な要求がなされ、そのため瑕疵が生ずる危険を、電子商取引指令一〇条は、追加的に情報義務を課すことによって防ごうとする。もっとも、指令はこの義務の違反に対する制裁を予定していない(48)。また、提供者は入力の訂正のための「適切で効果的、しかも使いやすい技術的手段」を利用者に用意する義務を負うとされる、一一条二項(49)。ただ、ここでも、こういった基準（義務（Pflicht）なのか、［損害賠償を生じさせない］責務（Obliegenheit）なのか）の不履行にどういう制裁が結び付けられるのか、はっきりしていない(50)。

(b)　買主の注文が正しく到達しているかどうか、電子的に注文をなした買主は生ずる不安は、電子的に申込を行う者に、到達した注文の受領確認を課することによって避けられるとされる、一一条一項第一ダッシュ（ただし電子メールは除外、一一条三項）。

(c)　いつ到達したのか、という問題は明文で解決しようと試みられているが、しかし、通知が受領者に「呼出可能」である場合には到達したものと見なされる、一一条一項第二ダッシュ(51)。

指令をドイツ国内法に変換する場合に――その個々の論点にはここでは立ち入ることができないけれども――重要なのは、とりわけ次のことである。すなわち、指令そのものは基本的に消費者だけを保護しようとしている、つまり、いわゆるb2c（企業家対消費者）取引を対象としているのに対して、指令をドイツ法に変換するための法律の草案は、b2bつまり企業対企業間の法取引にも妥当させている。すなわち、商人間の取引の契約当事者にも、電子的注文の際の受領確認義務ならびに情報提供義務が課されるのである。

以上のことは、ドイツ法が選択された法として（EGBGB二七条）または売主の法として（EGBGB二八条一項二項）適用される場合、国際商事取引にも妥当するが、CISGの適用がある場合には、その規定を変える

ことはできない。電子商取引指令自体は、ドイツにおける国内法化とは異なって、消費者契約にのみに妥当するので、ＣＩＳＧとの交錯は生ぜず[52]、したがって、指令が、ＣＩＳＧ九〇条によってＣＩＳＧに優先するかどうかという問題は、ここでは扱わなくてもよい。とはいえ、ヨーロッパレベルの規定は、国際商事契約におけるＣＩＳＧの規定の解釈に影響を及ぼし得る。

とくに、電子的意思表示の到達に関しては、ヨーロッパの規律が、ＣＩＳＧ二四条の解釈に影響力を有するであろう。二〇〇〇年夏に作業を開始した、ＵＮＣＩＴＲＡＬのワーキンググループの成果が待ち遠しいのであるが、なんといっても、このワーキンググループはヨーロッパ共同体の法圏における発展を無視し得ないと見込まれる。

全体として、電子的コミュニケーションという新たなメディアによって要請される新たな（法）解釈および部分的には新たな規制は、限界内に収まっており、とりわけウィーン統一売買法の諸規定は、電子的なコミュニケーションから生ずる様々の要請を斟酌できる程度に十分柔軟である、と要約することが許されよう。

（1） スイス法につき何よりも参照、*Schwenzer*, OR, Rn. 27.01; BaslerKom/*Bucher* Art. 1 OR Rn. 15 ff.

（2） 意思表示としての法的性質について参照、*Spindler*, Grenzüberschreitende elektronische Rechtsgeschäfte, in: Recht und Internet, Nomos Baden-Baden, S. 9 ff., 10; *Rolf H. Weber*, E-Commerce und Recht, Zürich 2001, S. 310 および die amtl. Begründung zum Entwurf eines Gesetzes zur Anpassung der Formvorschriften des Privatrechts und anderer Vorschriften an den modernen Rechtsverkehr v. 6. September 2000 S. 19：コンピュータープログラムの投入は人間の意思的な決定に遡る。

（3） 上記注(2)に掲げた文献および *Weber*, a.a.O. とりわけ Weber, S. 313 は次のように述べる。すなわち、あらかじめプログラミングされた意思表示においてもコンピューターの作動は「施設運営者の一般的な行為意思および表示意思に基づく。こういった自動化された表示も意思表示の質を有する」（なぜなら）前提として、「コンピューターの投入は施設運営者の意思に基づいており、この者はコンピューターによってなされた表示をみずからの意思表示として帰属させたいし、いし帰属させなければならない」ことが前提だからである、……と。

（4）　Vgl. *Weber*, a.a.O. (N. 2), S. 312.

（5）　Vgl. *Weber*, a.a.O. (N. 2), S. 312. 潜在的な契約当事者が、そのようなマウスクリックがどういう意味射程を持つのか視覚的に注意されるべきだ、と述べる。

（6）　スイス法に関して *Schwenzer*, OR, Rn. 27.13 f. を見よ。

（7）　スイス法における意思活動の概念について、*Schwenzer*, OR, Rn. 27.06；受領を必要とする意思の実現と見られるのは、ドイツではたとえば催告である。Vgl. *Palandt/Heinrichs*, 60. Aufl. 2001, § 284 Rn. 16.

（8）　何よりも参照、*Schlechtriem/Hornung*, CISG-Kom Art. 27 Rn. 11.

（9）　瑕疵通知に関しては、通知は到達しなければならない、したがって、買主は伝達のリスク（Transportrisiko）を負担する、と多数説によって認められている。スイス法について、BaslerKom/*Honsell* Rn. 10 を参照。これに対して売主はドイツ商法三七七条四項により明らかに、変造および到着の遅滞のリスクを負担する。ＣＩＳＧ二七条および三九条については *Schlechtriem*, CISG-Kom. Art. 27 Rn. 9 を見よ。

（10）　方式規定適合化法のドイツ草案の起草者もそのように考えているようである、die amtl. Begründung zum Entwurf eines Gesetzes zur Anpassung der Formvorschriften des Privatrechts und anderer Vorschriften an den modernen Rechtsverkehr v. 6. September 2000, S. 19 f. 表示者は表示の効力を惹起するために彼の側で必要であったことをすべてしたのでなければならない、とされる。電子メールの場合には、表示者が「送付（Senden）」をクリックすれば、必要なすべてのことをしたことになる。

（11）　承諾表示については、場合によって到達がなくてもよい場合がある。このことについては、前述本文を参照。

（12）　スイス債務法に関してなによりも、*Schwenzer*, OR, Rn. 27.23; ドイツ民法につき、*Palandt/Heinrichs* § 130 Rn. 5; ＣＩＳＧ二四条につき、*Schlechtriem*, CISG-Kom Art. 24 Rn. 12 ff. を参照。

（13）　スイス法について、*Schwenzer*, OR, Rn. 27.32; ドイツ法については、*Palandt/Heinrichs*, § 130 Rn. 14; ＣＩ

SG二四条について、*Schlechtriem*, a.a.O. (N. 12), Rn. 6 f. 参照。

(14) ドイツ法について、*Hoffmann*, Die Entwicklung des Internet-Rechts, NJW 2001 Beilage zu Heft 14, S. 5, 7（隔地者間の意思表示）を見よ。

(15) 草案一八頁参照、通常は隔地者間の表示。

(16) とくにスイス法について、*Weber*, a.a.O (N. 2), S. 317 も参照。同席者間のコミュニケーションは、チャットルームの中（Chatroom-Situationen）またはインターネット電話におけるように、直接的な対話的コミュニケーションの可能性がある場合に例外的にのみ認められる、とする。

(17) *Ramberg*, a.a.O., The E-Commerce Directive and Formation of Contract in a Comparative Perspective (Manuskript), S. 17 ff. の、――電子商取引に関するEC指令、電子商取引にかんするUETAおよびUNCITRALによるモデル法を対象とする――危険負担の観点から見た批判的な比較法的分析を参照。

(18) *Hoffmann*, a.a.O. (N. 15), S. 7.

(19) Die amtl. Begründung zum Entwurf eines Gesetzes zur Anpassung der Formvorschriften des Privatrechts und anderer Vorschriften an den modernen Rechtsverkehr v. 6. September 2000, S. 9 f. を見よ。曰く、反対に、対話不能な意思表示は、隔地者間の意思表示として扱うべきである、と。ドイツの立法者も、要するに、電子的コミュニケーションが対話可能な状況でなされた場合は意思表示は同席者同士の意思表示として扱うべきだということを認めているが、これを明文規定で定めようとはしない、同書一九頁。

(20) スイス法について、*Schwenzer*, OR, Rn. 27.23 参照。ドイツ民法について、Palandt/Heinrichs, § 130 Rn. 7a; CISGにつき、*Schlechtriem*, Art. 24 Rn. 12.

(21) Vgl. *Hoffmann* a. a. O. (N. 15), S. 8.

(22) Vgl. Begründung des dt. Entwurfs eines Formvorschriften-Anpassungsgesetzes, S. 19.

(23) ドイツ民法一三〇条一項二号、スイス債務法九条を見よ（申込と承諾およびその一般論につき、*Schwenzer* a. a. O. (N. 7), Rn. 27.25）参照。CISG二六条につき、*Schlechtriem/Leser/Hornung*, Art. 26 Rn.6. を見よ。

(24) スイスにおけるこの申込の暗黙の制限について、BaslerKom/*Bucher*, Art. 7 Rn. 10 f. を見よ。
(25) ドイツ民法一四七条一項一文も同様。
(26) ここでいう「相当性」(Angemessenheit) はその際、申込者が、意思伝達時間および熟慮期間を考慮した上でいつ返事を見込むことができたかによって決まるであろう。
(27) 余りにも性急に、それゆえ間違って「クリックする」可能性について具体例も交えて情報を提供するのは、*Ramberg*, a.a.O. (N. 17), S. 19 ff.
(28) さしあたり、*Kramer*, Der Irrtum beim Vertragsschluß. Eine weltweit rechtsvergleichende Bestandsaufnahme, Zürich, 1998; *Zweigert/Kötz*, Einführung in die Rechtsvergleichung, 3. Aufl. 1996, § 31, S. 405 ff., 409 ff. を見よ。
(29) ドイツ法についてそう明示するのは、Die amtl. Begründung zum Entwurf eines Gesetzes zur Anpassung der Formvorschriften (oben N. 19), S. 19.
(30) タイプミスおよびクリックミスについて、*Hoffmann*, a.a.O. (oben N. 15), S. 8. さらに、実際には殆どありそうにないデータ伝達瑕疵による意思表示の改変と、ドイツ民法一二〇条の改正計画、つまり施設 (Anstalt) の語を、電子的コミュニケーションのインフラをも包含する「設備 (Einrichtung)」の語によって置き換えることについて、*Hoffmann*, a.a.O. (N. 15), S. 8.
(31) Vgl. *Kramer*, a.a.O. (N. 28), S. 37; *Schwenzer*, OR Rn. 37.01ff.
(32) BGE 105 II 23.
(33) この件で連邦裁判所によって肯定された取消権をめぐる争いにつき、*Kramer* a. a. O. (N. 28), S 37 f. を見よ。
(34) *Weber*, a. a. O. (N. 2), S. 319 f. この文脈で触れるべきはニュルンベルク-フュルト・ラント裁判所の二〇〇一年二月一四日の判決、ZIP 2001, 786 である。これは、委託を受けた銀行が顧客のために取得すべき株数を顧客が誤ってインプットした場合に、委託の執行による銀行の積極的契約侵害を認めた判決である。裁判所は、銀行は顧客の口座状況に鑑みて、顧客が買い付けを希望する株式数の一〇倍の買いを誤って注文したことを、認識しなければばならなかった。確かに委託は有効であるが、委託を受けた銀行は直ぐに必要になった株式の売却から顧客に生じた損害を賠償する義務を負うと判示した。

(35) *Hoffmann*, a. a. O. (N. 15), S. 9.

(36) Richtlinie 97/7/EG des Europäischen Parlaments und des Rates vom 20. 05. 1997 über den Verbraucherschutz bei Vertragsabschlüssen im Fernabsatz, Abl. EG 1997 L 144/19.

(37) スイス法についてはなによりも、*Schwenzer*, OR Rn. 47.01 ff.

(38) なによりも、*Muscheler*, Die invitatio ad offerendum auf dem Prüfstand, JUR 2000, 565 ff. 参照。

(39) ドイツについて、*Palandt/Heinrichs*, § 145 BGB Rn. 2; *Taupitz/Kritter*, JuS 1999, 839; *Hoffmann*, Die Entwicklung des Internet-Rechts, NJW 2001 Beilage zu Heft 14, S. 7; 批判的なのは *Muscheler*, a. a. O. (N. 38), S. 5（インターネット取引について）; スイス法については、*Weber*, a. a. O. (N. 2), S. 314 f.

(40) Vgl. *Gimmy*, Vertragsschluß im Internet, in: *Kröger/Gimmy*, Handbuch zum Internetrecht. Electronic Commerce, Informations-, Kommunikations- und Mediendienste, Springer-Verlag 2000, S. 66, 67.

(41) *Muscheler*, a. a. O. (N. 38); auch *Weber*, a.a.O. (N. 2), S. 315.

(42) *Weber*, a. a. O. (N. 2), S. 315 に説得力ある記述がある。

(43) （原則として）隔地者間での電子的コミュニケーション自体による法律行為的意思表示の取扱いについては、上述本文および *Gimmy*, a. a. O. (oben N. 41), S. 68.

(44) ＣＩＳＧ二三条は明示的。ドイツ法の場合には、このことは承諾が到達によって初めて効果を生じることから明らかになる。

(45) A/CN/. 9/WG. IV/WP. 88.

(46) 資料 A/CN. 9/WG. IV/WP. 91 を見よ。ＣＩＳＧの契約締結規定は、見直しまたは補充がなされるべきものとされる。

(47) Richtlinie 97/7 des Europäischen Parlaments und des Rates v. 20. Mai 1997 über den Verbraucherschutz

bei Vertragsabschlüssen im Fernabsatz, Abl. 1997 L. 144/19 v. 4. Juni 1997；ドイツでは隔地からの意思表示発信に関する法律（二〇〇〇年六月二七日付）によりすでに国内法化されている。BGBl. I S. 897.

(48) この点につき、*Ramberg*, a. a. O. (oben N. 17), S. 12 f. は辛辣である。

(49) 取消の可能性との関係について、法比較的に論ずるものとして、*Ramberg*, a.a.O. (oben N. 17), S. 21 ff. を見よ。

(50) Vgl. *Ramberg*, a.a.O. (N. 17), S. 20 ff., 23 f.

(51) これに対し批判的なのは、*Ramberg*, a. a. O. (oben N. 17), S. 16 ff.

(52) ただし、売主が認識することができないような消費者の購入の場合を例外とする。Art. 2 lit. a) aE. CISG.

日本における電子商取引の法的諸問題
——会社法務の電子化を中心に——

藤田勝利

一　はじめに

日本は世界第二の経済大国でありながら、「高度情報通信ネットワーク社会」の実現の点では欧米の先進国に比べて後れをとっており、二〇〇〇年を境に巻き返しを図るため、政府主導の下に「世界最先端のＩＴ社会」を目指して積極的な取り組みがなされている。(1) その中心をなすのが、政府のＩＴ戦略本部が作った「e-Japan 二〇〇〇プログラム」の推進である。二〇〇二年度予算の概算要求でも、情報技術（ＩＴ）の振興が重点分野とされ、地方における光ファイバーの敷設、電子政府・電子自治体の実現、高速ネットの基盤技術開発などのほか、国際空港に高速無線網を整備するe-airportや都市部に高速インターネットを備えたe-officeなど様々な構想の実現を目指して関係省庁が要求しようとしている。しかし他方では、政府主導によるより、規制緩和の推進や競争のルールづくり等、民間部門が自由かつ活発に競争していける環境づくりを最優先すべきであるとの意見もあり、(2)「聖域なき構造改革」を推進しようとする小泉内閣の今後の舵取りが注目される。

筆者は、これまで主として日本の会社法務や企業取引を中心に研究・教育してきたので、それとの関連で、本稿では、日本の電子取引の実態がどうであるか、それに対する法規制の現状と今後の改正の動きはどうか、インターネットの普及が企業法務にどのような問題を投げかけているか、その解決の手掛かりいかんなどについて論じようと思う。

二　電子商取引の日本の実態

総務省が編集した二〇〇一年度の情報通信白書によると、(3) 日本のインターネットの普及率は二〇〇〇年末で三七・一%、利用者は前年より七四%増加し、一五歳以上七九歳以下の個人における利用者数は四七〇八万人と推計されている。インターネットビジネスの市場規模は、対前年比二、三倍の四七兆八〇三一億円になっている。この中には、LAN（Local Area Network）やイントラネットの構築に必要なハードウエア・ソフトウエア販売ビジネスやインターネット上での広告ビジネスなどインターネット関連ビジネスの市場規模における九兆七九九八億円（対前年比四二%増加）が含まれており、これらを除いた電子商取引の市場規模は、いわゆるB2C（企業対消費者）の最終消費財市場が六二三三億円（対前年比七八・八%増加）、B2Bの中間財市場（企業間の原材料の取引）が三八兆一〇〇〇億円（対前年比二、五倍以上）となっている。

二〇〇〇年の最終消費財市場における電子商取引で広く利用されている品目は、「コンピュータおよび周辺機器」が一八〇〇億円で突出しており、(4)「航空・鉄道乗車券」（七七六億円）、「ホテルなどの予約」（五三五億円）がそれに続いている。日本では、個人消費の停滞が続いているが、消費者向け電子商取引（B2C）は徐々に存在感を強めている。インターネットの利用によって遠隔取引を容易にするだけでなく、システムを構築すれば、二四時間いつでもアクセス出来るという利便性があり、商品やサーヴィスの迅速な提供そして価格の低廉性など消費者のニーズを満たすことができれば、インターネットの利用者の増加とともに、急速に拡大していくものと思われる。二〇〇〇年来、大手スーパーなどが続々と「ネットスーパー」を開業し、一〇社以上が競争しているが、当初のネット経由の注文は一〇%程度で、電話やファックスの問い合わせに追われるといったミスマッチもあり、二〇〇〇年のネット販売などB2Cの売上高は、家計消費支出の〇・五%にも達していない。しかし、筆者自身が経験したことであるが、眼科医の処方に基づいて今人気の高い「楽天市場（Rakuten Ichiba）」というインターネット・マーケットにソフト・コンタクトレンズを注文したところ、市価よりかなり安く、しかも二、三日で配達された。それ以来ネットで購入している。このような規格化された商品やサーヴィスについては、利便性・迅速性・低廉性が充足されるなら、近未来において大きな市場になることは間違いないであろう。日本でも二〇〇五年には、八兆円近くまで拡大すると予想されている。

他方、B2Bの中間財市場でも、従来の紙媒体による受発注を電子化することにより、取引企業間の受発注を効率化するインターネット取引が普及し始めており、特に二〇〇〇年から様々な業界において、複数の売り手企業と複数の買い手企業の間で行われるインターネット上の電子商取引の場であるe-market place市場がサーヴィスを開始しており、新規の設立も急増しつつある。この中間財市場における電子商取引の規模は、四〇兆円近くあり、最終消費財市場と比較にならないほど大きいように見えるが、その九九%以上が既存取引をネットに置き換えただけであって、電子市場の取引額は全体の一%に満たないといわれている。例えば、鹿島、大成建設を含む総合建設会社（ゼネコン）五社、NTTデータおよび日本オラクルが二〇〇〇年一二月に開設した建設資材取引のe-market placeのconstruction-ec.comは、二〇〇一年一月に本格稼働してから三ヶ月間、取引件数ゼロという異常な事態が続いた。ゼネコン各社は強固な取引網を持ち、ネットで新たな取引先を探す必要がなかったからで、運営企業は株主のゼネコン五社に依頼し、ネット経由で工務店に発注してもらったということが伝えられている。日本のメーカーや商社は既存の取引のしがらみがあり、電子市場ならではの低価格や既存の取引関係をこえる情報提供機能でもない限り、成功は難しいであろう。二〇〇〇年における中間財市場の電子商取引を業種別にみると、電機・自動車の二業種が市場規模全体の八割近くを占めている。これらの業種では、規格化された部品が多く、組立メーカーと部品メーカーとの間で固定化された安定的取引関係が形成されており、他の業種に先駆けてＥＤＩ（Electronic Data Interchange）の構築が進んでいたことによる。これらの業種ではインターネットの対応が完成しつつあるので、他の業種の中間財市場における電子商取引の活用が進むにつれ、五年後には相対的に全体の六割程度まで比率が下がるものと思われる。ちなみに二〇〇五年の中間財市場における電子商取引の取引規模は九八、九兆円まで成長すると見込まれているが、そのうち立ち上がったばかりの e-market place の市場の成長が著しく、二〇〇〇年では八〇〇億円にすぎないが、二〇〇五年には一六兆円まで伸びると予想されている。(5)

いずれにしろ、電子市場という新しい器だけでは、日本の商慣行や価格体系を変えることは難しいであろう。電子商取引が主役となる市場を実現するには、現在の取引で企業が抱えている潜在的な不満を出来るだけ解消し、ニーズを充足することが必要である。

三　電子商取引の促進に向けた法規制

e-Japan 戦略に書かれているように、日本がインターネットの普及で後れをとったのは制度改革が遅れたためである。五年以内に世界最先端のＩＴ国家にするという目標を実現するため、インターネットの普及を遅らせてきた法制度や日本的取引慣行を急速に改革していくための施策が講じられている。特に二〇〇〇年一一月二九日の臨時国会で、「高度情報通信ネットワーク社会形成基本法」いわゆるＩＴ基本法が成立し、(6)二〇〇一年一月六日に施行された。それと相前後して、電子商取引一般に関わる非常に重要なＩＴ関連法が相次いで制定もしくは改正されたので、二〇〇〇年を電子商取引の法整備元年と位置づける学者もいる。

まずＩＴ基本法では、ＩＴ社会形成についての基本理念、国などの責務や基本方針などを定め、高度情報通信ネットワークの拡充、情報活用能力習得の一体的推進、公正な競争の促進その他の措置、ネットワークの安全性と信頼性の確保、個人情報の保護、国際的な協調と貢献等を挙げている。ＩＴ基本法は、国の政策、制度等に関する基本方針を明示する法律であるから、その大半はプログラム規定であり、事業者や国民に対する具体的義務づけには、個別立法を必要とするが、その推進体制として、内閣総理大臣を本部長とするＩＴ戦略本部の設置や高度通信ネットワーク社会形成に関する重点計画の策定などを定めており、この基本法の方針を具体化するＩＴ関連法の整備がなされている。

そのうち電子商取引に関わるＩＴ関連法については、インターネット上の電子商取引の特徴である、①誰でも参加できる、②スピードが速い、③価格・コストが安い、④民間主導で市場が形成される、⑤国境のない市場が形成される等、インターネットの仮想的な社会空間すなわちサイバー（cybernetic）空間の特質が発揮できるように、民間同士の取引だけでなく行政部門についてもその阻害要因の見直しを行い、必要な法整備を行った。とりわけ民間での取引等において、書面交付・提出、署名又は記名押印、対面行為など法令その他の行政上の義務づけをしている制度は、政府当局の調査によるとその根拠法律は一二四本あるといわれている。これらの制度は、インターネット上の商取引に適合しないので、「書面の交付等に関する情報通信の技術の利用のための関係法律の整備に関する法律」いわゆる「書面一括法」がＩＴ基本法の成立する二日前に公布され、公正証書の必要なものや国際条約に基づくものなどを除き、従来の書面の交付や書面による手続きに加えて電子メール等も利用できるようにした。これは二〇〇一年四月から施行されている。(7)

これらの行政上の義務づけ以外にも、契約成立時期の明確化など電子契約や情報財契約におけるルール、インターネットサービス・プロバイダなど情報仲介サービスに関するルールなど、電子商取引の特質に応じた情報化社会の基本ルール設定のため立法作業が行われている。

また、電子商取引を普及させるための基盤整備の一環として、本人確認や代金決済など、通常の対面取引と同様の確実性をもって行えるような制度的取組みもなされている。

インターネット上での電子商取引等では、通例お互い面識のない者同士で、商品やサーヴィスの受注、発送・提供、決済などが行われるので、本人の確認が不可欠である。そのため、①対面取引における署名や記名押印に代わる暗号技術を基にした「電子署名」の仕組み、および②押印の正当性を証明するための印鑑登録制度に代わって電子署名が本人のものであることを証明する「認証業務」に対する国の認定制度が必要である。これらの要請をある程度満たすものとして、「電子署名及び認証業務に関する法律」いわゆる「電子署名法」が二〇〇一年四月一日から施行されている(8)。これにより、本人による電子署名が付された電子文書等について、署名や記名押印された紙文書と同等の法的効力を認め、その本人確認方法等が一定の水準を満たす認証業務に対して国が認定する制度が実施されており、この認証業務を行う民間業者はこのサーヴィス提供のほか、通信事業者等へ認証システムの構築販売を行ったりしている。

上記「電子署名法」とは別に、法人認証の場面では、登記情報の電子化と電子認証制度が、それぞれ一九九九年一二月公布の「電気通信回線による登記情報の提供に関する法律」および二〇〇〇年四月の商業登記法の改正により実施されている(9)。取引の効力に重大な影響のある企業組織事項の公示を義務づける商業登記制度は、取引相手方の信頼の基礎として広く利用されているが、従来の商業登記実務では、紙媒体による登記簿の記録と閲覧を前提にしていた。登記情報の電子化については、増大する登記事務処理の迅速化と適正化を図るため、オンライン登記情報提供制度が実現し、インターネットを介して容易に登記情報にアクセスできるようになった。商業登記の電子認証制度では、法務省の商業登記認証局が商業登記情報や印鑑に関する情報により、電子証明書を発行することになっており、これが会社の実在や代表者などに関する証明と印鑑証明の機能を兼ね備えているので、オンラインによる証明事項の照会制度とあいまって、電子商取引の場面で最新登記情報に基づく取引を可能にしている。しかし他方で、このような商業登記の電子化は、コンピュータシステムのトラブルや通信回線の途絶などにおける商業登記の効力（商法一二条）など新たな解釈上の問題が生じている。

電子商取引を普及させる上で、取引相手の本人確認とともに重要なのは、インターネット上での安全・確実な決済方法の確立である。オンラインによる予約や購入を経験したインターネット利用者が最も不安に感じているのは、商品やサービスの品質に対する懸念よりも決済方法に対する不安である。現在、電子商取引の決済方法は、従来の通信販売の場合と同様、銀行振り込み、代金引換、郵便為替、コンビニ決済、クレジットカードなど多様化しているが、比較的金額が高い場合に最も一般的に利用されているのは「クレジットカード方式」である。しかし電子商取引は対面取引でないためカードの提示やサインの手続きの代わりにオンラインでカード番号を知らせるという方法が採られる。そのため当該カード番号の漏洩により他人にクレジットカードを不正利用される危険がついてまわることになる。インターネット決済に関する国際的な標準化の動向を踏まえ、かつ日本のインターネット決済の環境整備を図るため二〇〇〇年七月に社団法人・日本インターネット決済推進協議会が設置されている。また次世代の電子決済の方法として、「電子マネー」の実用化に向けた取り組みがなされている。予め任意の金額をカード等に移して利用するＩＣ型の電子マネーは一部に日本でも実用化されているが、ネットワーク型の電子マネーは実験段階にとどまっている。(10) この電子マネーは、将来における電子商取引の決済方法として有効ではあるが、デジタルデータであるために偽造の危険性があり、(11) データ破壊の際のリスク負担、マネーロンダリングや脱税に利用される危険性など解決すべき問題は多い。(12)

四　会社法務における電子化の問題

日本の商法ないし企業組織法の中核をなす会社法は、ほとんど毎年のように改正されているが、二一世紀に通用する会社法の抜本的な構築を目指して、二〇〇〇年から本格的に展開されており、その目玉の一つが、会社法分野での電子化の対応である。[13] 二〇〇〇年一〇月に出された経団連の「商法改正への提言」、同年一二月に相次いで出された審議会や規制改革委員会の意見に示されているように、日本の企業が対外的にも競争力を高めるには、株主管理の効率化、株主総会の開催および運営コストの削減、企業経営の意思決定の迅速化、そして適正な企業運営を担保するための情報の公開などが不可欠である。それらを早期に実現するには情報通信技術を最大限に活用することが必要になってくるが、会社法制上、電子化になじむものとしてこれまで主として検討され、実現を目指してきたのは、①各議事録、計算書類、株主名簿等の会社関係書類の電子化、②株主総会の招集通知など、会社からの株主に対する通知又は催告の電子化　③議決権行使の電子化、および④決算公告の電子化などである。これらの事項は、法務大臣の諮問機関である法制審議会会社法部会による会社法の大幅な見直しを内容とする「商法等の一部を改正する法律案要綱中間試案」（以下、中間試案という）で取りまとめられ、二〇〇一年四月一八日に法務省民事局参事官室名で公表された。[14] その後この中間試案に対して寄せられた意見を踏まえて、[15] 会社法部会は「商法等の一部を改正する法律案要綱案」をまとめ、それが二〇〇一年九月五日の法制審議会総会で承認されて「法律案要綱」として確定し、この改正要綱に基づく「商法等の一部を改正する法律案」が臨時国会に提出された結果、二〇〇一年一一月二一日に「商法等の一部を改正する法律」（平成一三年一一月二八日公布法律第一二八号、以下、改正商法という）が成立し、二〇〇二年四月一日から施行されている。このように会社法務における電子化は急ピッチで法的整備がなされたが、実務に定着して一般化するにはなお時間を要するものと思われる。[16] 以下個別に概観する。

1　会社関係書類の電子化

従来から商法上、会社を含む商人一般について作成・保存を義務づけている商業帳簿（三二条）を電子化することについては議論があり、学説の多数は、株主・債権者等が閲覧請求して合理的期間内に見読可能であることを条件に肯定していた。一九九五年に公表された法務省民事局参事官室の見解では、商業帳簿等を電磁的記録によって保存することは商法上も可能であるとされ、さらに一九九八年には株主名簿や計算書類についても、電磁的記録によって保存することは可能であるとの見解が公表されていた。これまで商法上、計算書類の場合、株主総会招集通知への謄本の添付（二八三条二項）や本店・支店での備置・閲覧（二八二条一項・二項）、公告（二八三条三項）が必要とされてきたので、それらの電子化をどのように具体化するか問題となる。上記の中間試案では、会社関係書類のうちすでに書面で作成されているものを電磁的記録に移し替えると改ざんの恐れがあるので、最初の記録段階から一貫して電磁的記録で作成されている場合に限定し、また電子化された会社関係書類の閲覧等については、インターネット等の利用環境にない請求権者とのバランスを考慮し、電子化された書類の保存又は備置されている場所に出向くことを前提にして、条件付きで認める方向が示されていた。(17)

ところで一口に会社関係書類といっても二種類あり、貸借対照表、利益処分案、株主名簿あるいは定款のように、日本語の語感として必ずしも書類でなくともよいと思われるものと、損益計算書、営業報告書あるいは附属明細書のように、文言上、書類に限定されていると読めるものとに区別されうる。(18)そこで改正商法は、そのことを前提にして、前者いわば書類非限定型のものの作成については、電磁的記録で作成してもよいとし（改正商法三三条ノ二第一項）、たとえば貸借対照表等については、当然に電磁的記録で作成したものを含めることを明記しているし（改正商法三三条ノ二二項、同二八三条五項）、後者の書類限定型のものについては、電磁的記録の作成をもって書類の作成に代えることとし、それぞれ電磁的記録は書類に、電磁的記録の記録は書類の記載とみなしている（改正商法二八一条三項）。(19)

それでは改正前商法が会社関係書類について要求している株主総会招集通知への謄本の添付、本店・支店での備置・閲覧などが書面に代えて電磁的記録を利用する場合、改正商法はどのような手当てをしているか。まず謄本については、フロッピーディスクなど電磁的記録媒体で作成されたものを謄本となしうるか疑義のあったところだが、紙媒体の謄本の作成に代えて電磁的記録を作成した場合、その電磁的記録も謄本に含むと規定し（改正商法二八二条一項）、かつ現行の「招集ノ通知ニハ……謄本ヲ添付スルコト」を、改正商法二八三条二項は「招集ノ通知ニ際シテハ……謄本ヲ交付スルコト」と変更した。問題は、紙媒体に代わる電磁的記録の謄本の交付をどうするかである。この場合、電磁的記録に記録された情報を電磁的方法で提供できるが、株主の請求があれば、電磁的に記録された情報の内容をプリントアウトして書面で交付しなければならないとしている（改正商法二八三条三項）。

本店・支店での備置については、備置対象に電磁的記録を含めているので、原本が紙媒体であるか、電磁的記録媒体であるかを問わず、謄本を電磁的記録媒体で作成できるから、支店のコンピュータに同じデータを入力しておけばよいことになる。[20] また同じく閲覧について、改正商法は、電磁的記録で記録された情報の内容を法務省令で定める方法により表示したものの閲覧を請求できるとしているので（改正商法二八二条二項）、具体的にはディスプレイに表示される情報を見ることになるだろう。その閲覧場所については、株主名簿等のように閲覧場所を指定しているものもあるが（改正商法二六三条三項二号）、指定されていない計算書類等は、備置場所で閲覧可能であればよいと解される。ただし、将来インターネット等の利用が普及して一般化すれば、閲覧請求者の自宅のコンピュータ端末から閲覧することも十分考えられる。

なお、会社関係書類の電子化を実現するには、紙媒体を前提にして商法上代表者等の署名が要求されている場合の取扱が問題となる。そのような署名が必要な書面を電子化する場合には、署名に代わる措置として法務省令で定めるものをとることになるが（改正商法三三条ノ二第二項）、電子署名法に規定する暗号を利用した「電子署名」をもって商法上の署名に代えることになろう。[21]

2 株主総会招集通知その他、会社から株主に対する通知の電子化

株主総会の招集通知（二三二条一項）、社債権者集会の招集通知（三三九条一項）については紙媒体で送らねばならないかどうか、改正前商法では必ずしも明らかでないが、改正商法では、株主・社債権者の承諾を得た場合のみ電磁的方法によってすることができるとしている（改正商法二三二条二項、同三三九条一項）。上述のように、改正前商法では定時株主総会の招集通知に計算書類や監査報告書の謄本を添付しなければならないが（二八三条二項）、電磁的方法が採用された場合、添付ファイルとして送信するだけでなく、招集通知のメールにこれらの書類が見られるサイトのアドレスを記載する取り扱いを認めるかどうか問題となる。改正前商法では会社からの直接開示になっていることから、後者のようなアクセスミスのリスクを株主側に負担させることには異論があり得る。しかも電子メールに添付するとダウンロードしてから閲覧することになり、ハードディスクの容量の問題やダウンロードに要する時間を考えると、電子メールに表示されたホームページのURLにアクセスすれば閲覧ないしダウンロードできる環境を準備すれば足りると思われる。

また株主総会の招集通知について、商法は発信主義をとっているので（二三二条一項）、電子メールで招集通知を発信した場合、到達のみなし規定が働くかどうかも問題となるが、改正商法は、書面によるか、電子メールのような電磁的方法によるかを問わず、現行商法と同様、通常その到達すべき時に到達したものとみなすとしている（改正商法二二四条三項）。従って、株主側の事情で通知が到達しなかった場合、たとえば、株主のメール・アドレスの誤登録、株主の利用するインターネット・プロバイダーのトラブルなどによる場合の不到達は株主総会決議に影響しないが、会社側の事情による不到達は、総会決議取消事由になると思われる(22)。いずれにしろ電子メールのアドレスは常時変わりうるので、着信しない場合の手当てが必要である。電子メールによる招集通知をする場合には、届けられた電子メールのアドレスに発信すること、そのアドレスに着信しなかった場合の取り扱い、アドレス変更の手続きなどについて事前にルールを決めておくことが肝要である。

なお、上記とは逆に、株主等が会社に対して書面による請求・通知をなすべき場合も、会社の承諾を得て書面に代わる電磁的方法を利用できるが（改正商法二〇四条ノ二第二項）、会社からの通知または催告の電子化に承諾した株主は、もとより取締役または会社に対してする請求や通知を電磁的方法によってなすことができる。とくに注意を要するのは、会社から受ける株主総会の招集通知について電磁的方法によることを承諾した株主に対しては、会社は、当該承諾にかかる株主総会の会日に属する営業年度の決算期に関する定時株主総会の終結に至るまでの間は、「正当の理由がない限り」株主等が電磁的方法により請求等をすることを拒むことができないことである（改正商法二〇四条ノ二第二項）。たとえば、二〇〇二年六月末の定時株主総会の招集通知について株主が電磁的方法によることを承諾した場合、二〇〇三年六月末に開催される定時株主総会の終結に至るまでの間は、株主の申し出た電磁的方法が会社側で対応できないといったような正当事由がない限り、その請求等を拒み得ないということである。そうすると、この場合、総会二回分についてかなりの量の事前質問状等が電子メールで送られてくる可能性があり（改正商法二三七条ノ三第三項）、会社の事務量が相当増えることも予想される。従って、改正商法施行後、最初に集中して開催される二〇〇二年六月末の定時株主総会では、上場会社の多くは、招集通知の電子化に消極的であろうと思われる(23)。

3　議決権行使の電子化

二〇〇〇年版「株主総会白書」によると、株主総会関係でインターネットを利用している会社は約五％ほどしかないそうだが、会社法改正で最も関心の高いのは、インターネットによる議決権行使であるといわれている。日本の場合、株主が一〇〇〇人以上の大会社については、「株主の権利」として書面による議決権行使が認められているが（商法特例法二一条の三）、その議決権行使率はかなり低く、特に個人株主の場合、議決権行使書を返送してくるのは五人に一人という会社も珍しくない。そこでこの書面による議決権行使を電子化するという側面と近時増加傾向にある外国人株主の議決権行使を促進し、モニタリングの機能を強化するという側面さらに株券が金融機関等の機関投資家に保有されている場合に、議決権行使の委任状の電子化を実現する意味もある。改正商法は、株主が一〇〇〇人以上の大会社については、従来通り、株主総会に出席しない株主に書面による議決権行使を認めた上で、取締役会の決議により、電磁的記録によっても議決権行使ができるとし、その他の会社についても、取締役会の決議があれば、株主が書面または電磁的記録により議決権を行使できることを定めうるとしている（改正商法二三九条ノ二第一項）[24]。株主総会招集通知の電子化の場合と異なり、株主はその気があれば常に総会に出席して議決権を行使できるし、書面投票制の会社では常に書面で行使できるので、議決権行使の電子化には株主の同意を必要としていない[25]。これが実現すると、欠席株主の書面による議決権行使を、取締役会の決議によってすべての会社について原則的に認めることになり、会社としては、従来より広く議決権行使の勧誘も行えるので[26]、株主総会のあり方を変更する意味を持つ。書面あるいは電磁的方法による議決権行使をした株主の議決権の数は、定足数に算入されるから（改正商法二三九条ノ二第六項、同二三九条ノ三第六項）、外国人株主の多い会社などこれまで定足数の確保に苦労してきた会社は、積極的に導入する可能性がある。電磁的方法による議決権の行使についても、書面による場合と同様、株主総会の前日（午前〇時？）までに会社に提出（送信）して行うべきこととしているが（改正商法二三九条ノ二第五項）、株主総会がインターネットを通して中継されることを想定すると、将来的には議決権行使の最終締め切りを総会決議直前の集計時間等を考慮した合理的時点にすることも考えられる。しかし実務上、行使期限を前日までとするのは、定足数を総会の前日までに確保しておきたいとの根強い要請に基づくものであることは否めない。電子投票制を採用した場合、「なりすまし」防止のための本人確認、投票内容の改竄防止等について、改正商法は何も示していないが、取引決済のように個人の財産権に直接関係するわけではなく、プライバシー保護に関してもそれほど深刻とは思えないので、電子署名を要求するまでもなく、ＩＤ番号とパスワードよる確認のような柔軟な対応でよいと思われる。いずれにしろ誰を株主として扱うかという会社のリスク負担の問題なので、会社実務の選択に任せてよいであろう(27)。

さらに、テレビ会議システムを利用した株主総会、あるいは物理的に株主総会を開催しない仮想の（バーチャル）株主総会を認めるかどうかも問題となりうるが、今後の検討に委ねられている(28)。これは株主の発言権や質問権をいかに確保するか、質疑応答が双方向システムを使って確実にできるかという問題、ひいてはコーポレート・ガバナンスにも関わってくるので、情報通信技術の進展に合わせて結論を出せばよいと思う。

4　決算公告の電子化

これまで、商法上の各種の公告は官報または時事に関する事項を掲載する日刊新聞紙ですることになっており（一六六条三項）、これらに加えてホームページなどの電子媒体による公告を認めるかどうかがここでの問題である。改正前商法における決算公告では、計算書類の承認後遅滞なく、貸借対照表またはその要旨を公告するものとされ（二八三条三項）、商法特例法上の大会社の場合は、特則として、定時総会終了後遅滞なく、貸借対照表および損益計算書またはその両書類の要旨を公告するものとされている（商法特例法一六条二項）。これによると、貸借対照表の要旨だけ公告された場合、株主等にとって情報量が少なすぎるし、一回だけの公告では見落としや事後の検索が不便ということが指摘され、その実効性について疑問視されていた。「公告」という以上、中立の第三者つまり自社以外の場所で行う必要があり、公告の実効性と第三者性の確保をいかに調和させるかということにつきる。「商法等の一部を改正する法律案要綱」の段階では、現行の計算書類の公告制度を廃して、貸借対照表等の商業登記所における公開の制度を採用することも検討されたが(29)、改正商法は、現在の公告制度に加えて、会社に電磁的方法による開示を選択することを認めた（改正商法二八三条五項）。それによると、会社は、取締役会の決議により、貸借対照表またはその要旨の公告に代えて、貸借対照表に記載または記録された情報を、電磁的方法であって法務省令に定めるものにより、株主総会の承認を得た後遅滞なく、その承認を得た日の後、五年を経過する日まで、不特定多数の者がその提供を受けることができる状態に置く措置をとることができることとした。これは、会社がその費用と責任において作成・公開するホームページについても、改ざん防止策や公告期間の遵守につき相当程度の厳格な条件を満たすものであれば、公告に準じる扱いをする趣旨と解される。

改正商法により、会社が自社のホームページを利用して計算書類を開示できるようになったので、大会社にとっては公告のための経費を大幅に削減できることから大いに利用される可能性があるが、中小会社にとってはホームページの開設とその更新の手続きに要する経費と労力からみて電磁的方法を選択する可能性は余り多くないと思われる。

以上の他、上場会社については、証券取引法や証券取引所の上場規則により詳細な開示規制がなされている。特に二〇〇〇年五月三一日に公布された「証券取引法及び金融先物取引法の一部を改正する法律」により、企業内容等の開示手続の電子化(30)やオンラインによる目論見書等の交付に関する規制（証券取引法第二章の四参照・二〇〇一年六月一日施行）が整備されている。(31)

五　商取引のＩＴ化と今後の課題

商法は、資本主義社会を支える商取引の基本原則やその主要な取引主体である会社の組織のあり方を定める商事基本法である。明治三二年（一八九九年）に制定・施行された日本商法はすでに一〇〇年を経過し、その間会社法を中心に約四〇回改正されてきた。二一世紀になり、高度情報化社会が進展するにつれ、企業組織および企業取引の両面であらゆる情報が紙媒体から電子媒体に変わろうとしている。情報の電子化は、情報の改ざんや不正使用など利用者に固有の問題だけでなく、必然的に情報の格差と企業活動のボーダレス化をもたらしている。

情報の格差（digital divide）についていえば、日本の株主総会の電子化で問題にされているように、日本の会社の個人株主層は高齢化しており、実際に総会に出席するのも、電子化に不慣れな人々である。証券や金融取引さらに保険取引においても、これら電子化に弱い人々に対してどのように保護するか問題とされている。日本のインターネットの普及が過渡期にあるためでもあるが、ＩＴ教育の推進や誰でも使いこなせる情報端末機の開発など総合的政策の具体化が求められる。

一方、商取引を含む企業活動のボーダレス化は、商取引を国内法だけで規制するのを難しくており、取引ルールだけでなく、その重要な取引主体である会社の組織や計算に関する規定についても、国際的な整合性と統一した基準の確立が必要である。

（1）「高度情報通信ネットワーク社会」への移行を実現する観点から、ネットワーク基盤整備において最も重要な課題として位置付けられているのが、ネットワークのブロードバンド化および常時接続の推進である。日本のブロードバンド（高速大容量）のサーヴィスには、光ファイバー、ＡＤＳＬ（非対称デジタル加入者線・Asymmetric Digital Subscriber Line）およびケーブルテレビ（ＣＡＴＶ）の三種類があるが、ＡＤＳＬという高速のインターネット接続サーヴィスが、ソフトバンクにより二〇〇一年八月から低価格（月額二〇〇〇円台）で提供されるようになったため、日本でもにわかに人気を呼び始めている。二〇〇一年六月から全国で利用できるようになったＡＤＳＬ（ただし、中継基地からの距離が二・五キロ以上になると事実上利用できない場合がある。）は、光ファイバーのように自宅まで線を引く必要がなく、自宅の電話回線をそのまま使うので、ＣＡＴＶの普及が進んでいない地域で特に人気が高い。またＮＴＴが八月から光ファイバーによる接続サービスを開始し、ＮＴＴドコモも一〇月から高速データ通信に対応した第三世代携帯電話サーヴィスを開始する予定であり、日本もいよいよブロードバンド時代の到来が見えてきた。政府も二〇〇五年までに四〇〇〇万世帯で高速回線を普及させると宣言している。

（2）朝日新聞二〇〇一年七月二六日社説。

（3）総務省編『平成一三年版　情報通信白書』（二〇〇一年・ぎょうせい）四頁以下参照。総務省が二〇〇二年五月二一日に発表した「通信利用動向調査」によると、日本国民のインターネット（携帯電話の利用も含む）利用者数は、二〇〇一年末現在で一年間に八八五万人増えて五五九三万人に達し、米国の一億六六一四万人に次ぎ世界第二位とのことだが、人口普及率では一四位から一六位に後退し、二〇〇一年に台湾や韓国に抜かれたようである。二〇〇二年五月二二日の日本経済新聞、朝日新聞など参照。

（4）ネット直販は製品在庫を抱えるリスクが少なく販売経費を減らせるため収益性も高い。二〇〇〇年度の国内パソコン出荷台数は一三〇〇万台で、そのうちネット直販は五％に過ぎないが、二年後には一〇％に高まるとみられている。

（5）インターネットの先進国である米国と比較した場合、現在の米国の普及率は五八％、電子商取引の市場は一〇〇兆円とみられているから、数字の上では日本はかなり後れを取り戻しているといえる。

（6）内閣官房ＩＴ担当室「高度情報通信ネットワーク社会形成基本法（いわゆるＩＴ基本法）の概要」ジュリスト一一九五号（二〇〇一年）七七頁以下参照。

（7）久米孝「書面の交付等に関する情報通信の技術の利用のための関係法律の整備に関する法律（ＩＴ書面一括法）について」ジュリスト一一九七号（二〇〇一年）三二頁以下参照。

（8）酒井秀夫「電子署名及び認証業務に関する法律について」ジュリスト一一八三号（二〇〇〇年）三五頁以下参照、平田健治「電子認証」ジュリスト一二一五号（二〇〇二年）六九頁以下参照。

（9）金子直史「商業登記制度に基礎を置く電子認証制度の導入」ＮＢＬ六九〇号（二〇〇〇年）一八頁以下およびジュリスト一一八三号（二〇〇〇年）四一頁下参照。

（10）電子マネーによる決済につき、中島章智編著『図解ｅビジネス・ロー』（二〇〇一年・弘文堂）六一頁以下参照。

（11）電子マネーの偽造につき、高橋和之、松井茂記編『インターネットと法［第二版］』（二〇〇一年・有斐閣）第六章一九六頁以下（佐久間修執筆）参照。

（12）筆者が最近行った電子商取引の決済方法は一つの典型例であろう。二〇〇〇年九月から YaHoo !BB が筆者の住む奈良でも月額二二八〇円の格安料金で高速のＡＤＳＬのサービスを提供することになり、その利用契約をしたが、その際、料金支払い決済の方法について条件があり、クレジットカード方式によるか、指定された二つのインターネット・バンクのどちらかの口座から引き落とすかの選択をするものとされていた。インターネット上、カード方式は他の利用者も感じているように、他人の不正使用の懸念があるので、迷わず、指定されたジャパンネットバンクの口座開設の申し込みをインターネット上で行った。ネットバンキングでは、セキュリティ対策として本人確認のため User ID や Password で情報を暗号化しており、さらに銀行によっては、他人に不正使用された場合、三〇〇万円を限度に補償するサービスの付いているものもある。ネットバンクからインターネットで申し込んだ内容を書面化して申込者に発送され、それに申込者が署名押印して銀行に返送することにより、口座を開設することにしているので、銀行側も本人確認については万全を期している。本人確認は、ID と Password で行い、申込者とのトラブル回避のため、インターネット上、普通取引約款を掲示してその同意を前提に契約するようにしているが、利用者側にとっては法律の専門家でもない限り、約款内容を即座に理解することが困難なので、約款内容の適正さをいかに担保するかが重要である。

(13)　新春座談会（神田秀樹・神作裕之ほか）「IT革命の展開とわが国会社法の課題」商事法務一五八三号（二〇〇一年）八頁以下参照。

(14)　法務省民事局参事官室『商法等の一部を改正する法律案要綱中間試案』四七頁以下参照。いわゆるこの中間試案で掲げられている検討事項は、「株式関係」、「会社の機関関係」、「会社の計算・開示関係」および「その他」で、会社法の全般に及んでおり、会社法務における電子化の問題は、「その他」事項の中で取り扱われている。

(15)　関係各界から寄せられた意見については、原田晃治ほか『会社法制の大幅な見直しに関する各界意見の分析――会社法の抜本改正に係る「中間試案」に対する意見――』別冊商事法務二四四号（二〇〇一年・商事法務研究会）参照。

(16)　江原健志「会社運営の電子化」ジュリスト一二二〇号（二〇〇二年）三八頁以下参照。平成一三年一一月成立の改正商法による実務上の取扱につき、鵜飼重和監修『株式制度・株主総会　改正商法の実務Q&A』（二〇〇二年・中央経済社）二〇五頁以下参照。

(17) 法務省民事局参事官室『商法等の一部を改正する法律案要綱中間試案の解説』三八頁以下参照。

(18) 改正商法第三三条ノ二第一項によると、電磁的記録とは、電子的方式、磁気的方式その他人の知覚をもって認識することができない方式により作られた記録であって、電子計算機による情報処理の用に供されるものとして法務省令で定めるものをいう、と規定している。

(19) 会社関係書類の取扱につき、条文上も貸借対照表のような書類非限定型の書類は「もの」と表記し（改正商法二八三条一項）、損益計算書ような書類限定型の「書面」と区別している（改正商法二八一条）。

(20) 鵜飼重和・前掲注(16)参照。

(21) 前田庸「改正商法等の一部を改正する法律案要綱の解説（下）」商事法務一六〇七号七九頁参照。

(22) 鵜飼重和・前掲注(16)二五四頁、二五五頁参照。

(23) 鵜飼重和・前掲注(16)二三四頁以下参照。

(24) 会社法の改正に先立ち、すでに二〇〇一年四月に施行された「書面一括法」の中に株主総会的な規定があり、消費生活協同組合や中小企業等協同組合では、定款の定めにより書面による議決権の行使に代えて電磁的方法により行使することを認めている。

(25) 書面投票制を認めていないドイツで、二〇〇〇年一一月一六日に「記名株式及び議決権行使を容易化するための法律」が連邦議会で成立したが、これは議決権の代理行使について、代理人本人の総会出席を前提にして、定款の定めにより代理権を証する書面の電子化を認めるにすぎず、議決権の電子的行使には慎重である。

(26) 家近正直「会社関係書類の電子化等」税経通信二〇〇一年一二月号七〇頁参照。

(27) 改正商法が二〇〇二年四月から施行され、株主の電子投票が認められるようになり、大手百貨店の高島屋が二〇〇二年五月二一日に開催した株主総会は、インターネットを使って電子投票できる日本国内初の試みとして注目を集めた。高島屋の場合、議決権を持つ約二万六千人の株主に、議案説明書とハガキの議決権行使書のほか、インターネットによる議決権行使のためのアドレスや議決権行使コード（株主番号）、仮パスワードを添えて、五月二日に株主総会招集通知が発送されたようである。「なりすまし」防止のため、パスワードで登録すると、本人確認の電子証明書がパソコンに組み込まれる手順や、専用のサーバーを使って外部からの妨害を防ぐなど、二重、三重の安全網を張り巡らせていたという。高島屋では、招集通知を受けてから株主総会前日の夜一二時まで受け付け、何回でも投票をし直せるし、総会当日、総会に出席した場合、電子投票分は無効とされる。高島屋の今回の株主総会における議決権行使率（全議決権数に対する行使の割合）は、七七・七四％で昨年より〇・八九ポイント上回ったそうだが、電子投票した株主は一一六人で、うち三人は総会に出席したので、有効数は一一三人にとどまったようだ。朝日新聞二〇〇二年五月三日、同五月二二日参照。

(28)　岩村充＝坂田絵里子「電子株主総会の可能性と問題点」ジュリスト一二一五号（二〇〇二年）八八頁以下参照。現在においても、一会場では収容しきれないほどの総会参加者が見込まれる場合など、テレビ会議システムなどで接続された複数会場において総会を開催することは違法でない解されているので、電子株主総会をただちに違法とはいえないだろうが、その運用について明確なルールがないと事後的にその有効性が問われる可能性がある。

(29)　前田・前掲注(21)八三頁参照。

(30)　上場会社における企業内容等の開示手続の電子化は、内閣府（財務局）内に設置されたコンピュータにインターネットでアクセスするコンピュータ・システムにより実施されている。このシステムは、「開示用電子情報処理組織」と定義され（証取法二七条の三〇の二）、ＥＤＩＮＥＴ（Electronic Disclosure for Investors' Network）と呼ばれている。具体的には、内閣府の電子計算機と有価証券報告書等の開示書類の提出者が使用する入出力装置、および証券取引所・証券業協会の入出力装置を電気通信回線で接続したシステムである。柴田和史「EDINETの解説と感想」ジュリスト一二一五号（二〇〇二年）八二頁以下参照。

(31)　電子証券取引の法規制については、大崎貞和＝小塚荘一郎「電子証券取引と法制上の課題」ジュリスト一一九五号（二〇〇一年）九八頁以下参照。

インターネットにおける支払取引

ウベ・ブラウロック〔高橋英治訳〕

一　序　論

インターネットを通じた取引には大きな将来が予期されており、「ニュー・エコノミー」に属する数多くの企業は、その全活動をインターネットに結び付けている。もちろん企業活動は自己目的ではなく、市場から収益を得るために行われる。したがって、企業から提供された給付には、購買者の支払も対応していなければならない。いかなる方法で支払われるのかという問題は、電子取引において新しい次元を獲得する。ここでは、伝統的な経済的経過とならんで、新しい種類の組織および行為形態が現われ、特別の「電子」市場構造が形成されている。これは、支払取引さらには支払手段自体にも当てはまる。

インターネットというデジタル市場の発展の潜在能力は、全く大きい。二〇〇一年春の調査によると、インターネットを利用して買い物をする人の割合は、既にドイツの全国民の五パーセントに相当する。インターネットの利用率は全体で、二〇〇〇年の二八パーセントから、二〇〇一年の上半期には三六パーセントへと八パーセント上昇した。ドイツのインターネット利用者の三〇パーセントが、これから半年以内にオンラインを利用して買物をすることを計画している。[1] 買いたい物としては、まず、本、ＣＤ、電気器具、洋服、パソコンのハードウェアが挙げられる。これに加えて、データバンクの形態を採った有料の情報サービスの市場が、殆どすべての領域においてまさに爆発的に拡大している。

これらの商品とサービスの代金はどのようにして支払われるべきであろうか。新しい形態の取引の開始と精算は近代的な支払形態を必要としていることは明白である。したがって、よく使われる支払手段として電子マネーを確立しておくことは、電子取引の力強い成長のための鍵となるキー条件と見られている。[2] ただし、ここで、場合分けをしなければならない。

いわゆる、事業対事業の領域（B２B）では、多くの場合（たとえば下請業者のプラットフォームにおけるように（bei Zuliefererplattformen））閉鎖的なシステムが存在していて、そこでの決済は、古典的に交互計算または（ドイツでは）借方記入（Lastschrift）でなされる。ここでは、企業のこれまでの決済および支払のシステムで十分であることがわかっている。これに対して、消費者に関連した取引、いわゆる事業対消費者の領域（B２C）では事情が異なる。ここでは顧客が交代し、かつ、しばしば匿名であることから問題が生じる。インターネットにおける単なるプレゼンテーションと素朴な注文を越える活動は、伝統的な消費者関連取引に用いられてきた決済システム、すなわちクレジットカード、小切手および現金にその効力において対応する決済システムを前提としている。これら三つの領域すべてについて、インターネットでは特別の問題が生じる。すなわち、クレジットカードと小切手の場合には濫用の危険ないし立証（Verifikation）の問題があり、現金の場合には、現金と等価値の仮想の媒体がまず作られなければならないという事実がある。ここに、私が詳しく立ち入りたい一連の端緒（Ansätze）が現在存在する。二〇〇〇年九月一八日の電子マネー機関の活動の受入れ、行使および監視に関するヨーロッパ連合指令[3]は、その第三検討理由において、この電子マネーを次のように定義している。すなわち、「硬貨および紙幣の電子代替物であり、……電子的にたとえばチップカードあるいはコンピュータの記憶装置に蓄えられ、かつ少額の支払を電子的に実行することを一般的に想定しているもの」であると。

既に一九九七年、ヨーロッパ連合委員会は、電子支払手段を用いてなされた取引に関する（ただし拘束力のない）勧告（ヨーロッパ共同体条約二一一条（旧一八九条））を提出した。(4) 勧告は、顧客の電子支払手段に対する信頼を強化し、小売業者による電子支払手段の受入れを促進することにより、情報社会の実現、とりわけ電子取引の実現に貢献するはずである。この規制目標を実現するため、勧告は、ネットマネー取引とその契約当事者の義務と責任の条件の透明化のための細目にわたる要件を定めている。最後に、ヨーロッパ連合加盟国は、電子支払手段の所有者とその発行者との間の紛争を処理するため適切かつ効果的な方法があることを確保するよう求められている。

二　貨幣の発展

電子マネーは、貨幣の長い発展の、現在における終点である。その際、貨幣の歴史は、商品から抽象への発展と表現することができる。最初は、交換経済から貨幣経済へと除々に移行して行った。次の段階では、貨幣の材料は、単なる交換手段から、計算単位へと発展した。貨幣の次なる発展は、貨幣の価値が、貨幣の材料の物としての利用価値から切り離される過程と表現することができる。この発展は、最初に貴金属貨幣により、次に銀行券により生じた。最終的には、貨幣の抽象化の決定的な第一歩として、貨幣標識の実質価値からのマネー（Geld）の完全な切離しが行われた。次の段階をなすのは、帳簿貨幣（Buchgeld）である。電子的「仮想」貨幣（elektronische "virtuelle" Geldmittel）が、その限りで、この発達ラインの終点である。世界規模で数秒内に可能になる支払を「貨幣発展の革命」として位置付ける者もいる。なぜなら、コンピュータ内のデータ（Datensatz）に他ならないデジタル硬貨の物理的知覚可能性が欠けているだけではない。境界を画し得る貨幣の流通領域はもはや存在しないため、国立のまたは超国家的な中央銀行による従来の通貨の数量規制は疑問視されている。

なるほど事物の現状では、国家の通貨との再結合はまだ存在する。しかし、物的な貨幣材料あるいは帳簿貨幣と完全に分離して、交換不能な決済の統一体としてネット上を機能する仮想の貨幣形態として既に複数のモデルが存在するのである。これらのモデルが実現するならば、通貨の数量規制は、最終的に過去の秩序政策上の手段となるだろう。

これらの明らかな統制欠如に向い合うのは、新しい通信・情報の可能性が取引費用の劇的な減少により経済の動きを加速化させるという事情である。国と企業をしてマルチメディア的インフラストラクチュアーを集中的に拡張させたのは、本質的に、これらのメリット――取引の加速化とコストの減少――である。しかし、近代的情報技術が広い国民層に受け入れられるのは、一方でこのシステムの安全性に対する信頼が産み出され、他方でこのシステムによる支払が日常的取引の精算を容易にする場合だけである(5)。

支払システムの安全性に対する信頼は、これを利用する者がどれだけ濫用を覚悟しなければならないかに著しく依存する。濫用、偽造あるいは詐欺の問題は、もちろん新しくはない。偽造に対する戦いは、貨幣そのものと同じぐらい古い(6)。

硬貨と銀行券の偽造に対する戦いは、今日依然として重要な活動領域である。しかしながら、貨幣が抽象へと発展したのに対応して、最も困難な課題は、今では偽造の防止にあるのではなく、詐欺の解明という点にある。クレジットカードあるいは支払カードの利用が増えるにつれて、犯罪者の注目は、その間に貨幣自体の複製から、通貨への到達を保証するアイデンティティーの偽造へと移った。初期の時代には、真正で、価値を有し、かつ流通能力のある硬貨ないし銀行券を保有することは、各人にとって決定的に重要であった。現在では、各人にとって重要なことは、彼のデータまたは彼のコンピュータの濫用により損害を被ることを予期しなくてよい確実な支払システムに参加することである。

三　電子支払システム

電子支払のためには、その機能方法と使用領域が相互に著しく異なっている数多くのシステムが存在する。ここでは、いくつかの主要形態を区別できる。当座預金に基づく（先に払込がなされる）システムと、取立システムを区別することができる。また別の区別によると、カードを基にしたシステムと純然たるネットマネーに分けることができる。もっとも、それぞれの領域は交差している。(7)

いわゆる「電子財布（elektronische Geldbörse）」は、ユーロチェックカードのようなマイクロプロセッサーカードであって、直接支払ができるように端末装置に価値単位が積み込まれているもののことを言う。支払過程自体は、チップカードの単位を売主のコンピュータへと下す（Herunterladen）ことによって行われ、売主は、このようにして売主のコンピュータの記憶装置に蓄えられた電子硬貨を続いて売主の銀行口座の貸方勘定に加える（入金する）ことができる。技術的には、これはそれぞれのシステムにおいて、下げられたり上げられたりするメーターによって機能するのである。一九九七年の導入以来、「ゲルトカード（Geldkarte）」がこの種のシステムでドイツにおいて最もよく知られているものである。類似のシステムとして、ベルギーのＰＲＯＴＯＮ（一九九五年以来）とスイスのキャッシュカード（一九九七年以来）がある。コンピュータにつなぐことができるカード読取装置を用いて、ゲルトカードをインターネットにおける支払のために直接利用することもできる。

これに対して、ネットマネーとは、オンラインで、つまり電子的価値単位をネットにおけるデータの伝送により支払を行うために、利用者のパソコン――通常はそのハードディスク――に蓄えられた、先払いされた貨幣製品のことである。

この二つの形態の電子マネーは次の点に共通点がある。すなわち、貨幣価値が電子的運搬者――持ち運び可能なチップカードまたは固定式パソコンのハードディスクのいずれか――に蓄えられること、および、この価値単位があたかも現金のごとく投入され得るが、この貨幣を受け入れなければならない法律上の強制力はまだ存在せず、この強制力を導入する見通しも立っていないので、現金の代替物ではないこと、である(8)。以下では、これらのシステムのいくつかを簡単に述べよう。

1　サイバーコイン

サイバーコインは少額の支払を低コストで進めるのに役立ち、したがって、すべての前払いシステムと同じようにデジタル商品の納入に特によく適している。サイバーコインで支払いたいと思うオンライン消費者は、しかるべきサイバーコイン預金を持っていなければならない。そのために、オンライン消費者は、サイバーコインの額を、自己の普通の銀行口座から自己の銀行の特別の精算口座へと移す。支払取引の実行は、本質的に、顧客の精算口座から商人の精算口座へと中央で振替えることにより行われる（口座ベースの支払システム）。継続的な処理の中に、サイバーキャッシュ有限会社（CyberCashGmbH）が関与する。サイバーキャッシュ有限会社は、オンラインによる支払という継続的取引処理のために、いわゆるサイバーキャッシュ・ゲートウェイ（CyberCash-Gateway）を運営し、銀行にある各精算口座ごとに、現金コンテナ（CashContainer）と呼ばれるこれとパラレルの影の口座（Schattenkonto）を管理する。オンライン商人には、消費者の個人データは隠されたままである。オンライン消費者の銀行も、オンライン消費者の支払取引を直接見ることができず、オンライン消費者によるサイバーコインへの資金の出し入れを認識するだけである。もっとも、サイバーキャッシュゲートウェイには、すべての支払情報が集まる。ドイツでは現在一二の銀行が、サイバーコインのシステムに接続している。

2　eキャッシュ（ドイツ銀行）

eキャッシュは、ソフトウェアベースの支払システムであり、「トーケン（Tokens）」と呼ばれるデジタル硬貨が用いられる。eキャッシュによる買い物ができるようになるためには、顧客は、まずeキャッシュシステムを提供している銀行にeキャッシュ口座を持つ必要がある。さらに顧客は、自己のコンピュータに電子財布を取り付けなければならない。こうすれば、顧客は自己の普通口座から、トーケンを作るための基本金庫（Basisde-pot）として役立つ銀行のeキャッシュ口座へ、預金を振り替えで送ることができる。トーケンは、自宅のコンピュータのハードディスクに蓄えられ、必要に応じて商人またはその他の参加者への支払のために送られる。すべてのトーケンは、固定された金銭価値を表している。したがって、電子財布の中のすべてのトーケンの個別価値の総額が、現金の場合と同じように、実際に処分できる全額となる。すべてのトーケンは、一義的な通し番号を持ち、これは、逆探知（Rücklaufkontrolle）のために必要となる。技術的な平面においては、トーケンは、その価値に関する情報、その同一識別番号、その真正さを証明する発行所のデジタルスタンプ、ならびに場合によってはさらに他の情報（製造日付または失効日付、通貨等など）を伴ったデジタル符号列から成る。eキャッシュシステムの特殊性は、トーケンが匿名で発行され得るという点にある。

eキャッシュシステムは、ドイツではドイチェバンクによって運営されているが、現在、経済的問題に直面している。

3　さらなるシステム

(1)　ミリセント（Millicent）

「ミリセント」は、デジタル装置によって発達した、わずかなユーロからセントの端数までの最少額のための支払システムである。その際、この口座ベースのシステムは広範な暗号化を広い範囲で断念している。なぜなら、少額の金銭については濫用は割に合わないと信じられるからである。このシステムでは、提供者と顧客との間に、少額を産み出すブローカーが介在する。両当事者はブローカーのところに口座を持っていなければならない。通常、クレジットカード企業がブローカーの機能を果たしているが、これによって大きな加入者規模が開拓される。このシステムは、データバンクへの問合せまたは音楽データの取得の場合に特に適している。

(2)　ペイボックス

ペイボックスにおいては、買物はオンラインでなされるが、支払は携帯電話のネットを通して行われる。ペイボックスは取立システムである。顧客はペイボックスに一度自己を申請して、取立権限を与えなければならない。そうすると、顧客にはＰＩＮ番号が送付されてくる。顧客はこのＰＩＮ番号を自由に変更できる。顧客がインターネットで何かを手に入れようとする場合、顧客は自分の携帯電話の番号を知らせる。業者はこの番号を安全なデータ伝達手段によりペイボックスに知らせ、そこから顧客に電話がなされる。アナウンスが顧客にもう一度（金額、業者の名前といった）すべての重要な情報を通知する。次いで買主は、自分のＰＩＮ番号を携帯電話に入力することにより取引を成立させる。代金は借方記入手続（Lastschriftverfahren）によって取り立てられ、業者に送金される。このシステムでは、（パスワード、口座データといった）デリケートなデータはインターネットによって伝達されない。もう一つのメリットは、ペイボックスはインターネットだけで機能するわけではないという点にある。ペイボックスに申し込んだ者は、このシステムを用いて相互に金銭を振り替えることができる。この取引は、ペイボックスに電話で金額と支払をなす者の携帯電話番号を知らせることで始められる。この方法は、とりわけ、移動するサービス提供者（タクシー企業、ピザ配達サービス、急送サービス）に適している。既に今日ドイツの多くの都市ではこの方法でタクシー料金を支払うことができる。インターネットでは、現在のところ約三六〇店のオンラインショップがこの支払システムを提供している。

四　法的諸問題

すべての新しい技術がそうであるように、ネットマネーにおいても法システムへの影響の問題が生ずる。最も重要なのは、データの安全性に関わる問題である。

1　データの安全性

消費者は、インターネットにおける新しい種類の消費可能性を、自分のデータがこの新しい技術の投入の際に保護されており、かつ、十分な程度の法的安定性（ein hinreichendes Maß）が保障されている、という前提でのみ利用するであろう。これまで、オンラインで注文された商品は、ドイツではたいてい、請求書により、または代金引換えにより支払われるのがむしろ慣わしであった。[9] 消費者はネットを通じて個人的データを送ることを恐れている。なぜなら、これには、関心を持つ第三者がこの情報を見て自分の目的に利用する危険が常に含まれているからである。それゆえ、単にクレジットカード番号や口座にアクセスするための暗証番号を入力するだけでも、かなりの腹痛をもたらすのも、全く不当というわけではない。[10]

利用者のデータを保全することとは、第一次的には、近代的暗号技術を駆使して一種の「信頼のインフラストラクチュアー」として個人情報の有効な保護を発展させることを試みる情報学者の課題である。[11] アメリカ合衆国では、マイクロソフト、ネットスケープおよびアイビーエムによっても、またビザ、マスターカードならびに数多くのアメリカの銀行により支援されたシステム、ＳＥＴ（安全な電子取引（Secure Elektronic Transactions））が確立しており、クレジットカード情報の確実な移送を可能にしている。[12] 加えて、安全性問題の解決のための私的な努力は、技術上可能なことを規範に注ぎ込み、かつ現在の情報保護法上の規制に適合させようと試みる活発な立法を伴っている。[13] そのようなものとして、ドイツでは、デジタル署名のための一九九七年の署名法[14]が既に存在している。ヨーロッパ段階では、電子取引指令のほか、二〇〇〇年一月一九日の署名指令が加わり[15]、この指令に基づき、ドイツ署名法が今年の五月に新署名法に取って代られ[16]、さらに民法典は二〇〇一年七月[17]には、意思表示の方式に関する一連の新規定を得、二〇〇一年八月一日に施行された[18]。

2　私法上の限定条件

データの保全という重要な観点を超えて[19]、安全な電子支払のための枠組条件を作り上げるという課題が生ずる。

(1)　給付関係

ネットマネーをめぐる従来の法的議論では、銀行私法の関係では、主として次のような一般的なドグマーティシュな問題が扱われてきた。すなわち、電子マネーの法的性質、および特に銀行の給付義務を基礎づけるという観点からの、ネットマネー取引への参加者（発行銀行、銀行顧客、支払の受領者）相互間の法律関係の性格づけである。さらに、ネットマネーが将来流通能力を取得する場合に善意取得はどれくらい考慮されるのかが議論されている。これらの領域に存在する諸問題は、古典的な私法上の手段によって完全に解決できる。以前にも法学と判例は、たとえば、自動販売機による取引や現金を使わない支払取引のような新種の発展を、これらの法的問題に関しては意思表示や契約締結等に関する規定によって取り扱ってきた。

私は個別的に、この問題で可能な法律構成を示すことで皆様を退屈させるつもりはない。むしろ、濫用の際のリスク分配という一つの側面のみを取り上げたいと思う。

(2)　濫用の危険

以前からユーロチェックカードやクレジットカードによる支払につき、第三者によるシステムの濫用のリスクを金融機関と顧客との間でいかに分配すべきかということが激しく議論されている。電子支払においては、この問題は特に緊急性のある問題である。なぜなら、インターネットのような開かれたネット経由の電子貨幣単位のあらゆる取引は、第三者の介入またはデータの喪失の危険をもたらすからである。さらに、ハッカーが金融機関のデータバンクに侵入し、それによってハッカーが顧客の電子口座に手を伸ばすこともあり得ないことではない。

カードによる支払とネットマネーには類似性がある。すなわち、両者ともに、銀行から顧客に対し、いわゆる資格授与手段（Legitimationsmedien）（カード、暗証番号、ソフトウェア等）が提供され、これを組み合わせて使用することにより初めて、顧客の口座へのアクセスが可能になる。その限りで、無過失領域責任（eine verschuldensunabhängige Sphärenhaftung）によってリスクを分配することが提案されている。すなわち、この解決方法によると、支払システムの機能（Funktionstüchtigkeit）の維持は銀行の責任領域に属するので、銀行は支払システムの瑕疵につき責任を負う（その限りで、銀行は「システムリスク」を負う）。これに対して、顧客はアクセス手段（たとえば、ユーロチェックカードと暗証番号）の濫用につき過失の有無に関係なく責任を負うべきものとされる。[20] したがって、責任の分配は、リスク源の支配可能性によって決まる。[21] これをネットマネーによる支払に適用すると、次のようなことになる。利用者は自分のパソコン、自分の暗証番号ないし暗証ワードの安全性、およびこれらの情報の銀行への正確な移送に配慮しなければならず、他方、銀行は、支払システムの安全性に関するリスク全体に対して責任を負う。過失はもはや重要ではない[22]、ということである。

しかし判例は、この責任モデルを以前から拒絶している。その理由は次のようなものである。すなわち、少なくとも普通取引約款における過失要件の放棄は私法のその他の評価に反し、したがって普通取引約款規制法九条により無効になる。[23] また、濫用のリスクはシステムに条件づけられており、結局はシステム運営者によってきっかけが作られている。加えて、顧客は、金額による責任制限が欠けているため、責任リスクをもはや計算することができない[24]、ということである。

このことは、二〇〇〇年にドイツ民法典に新しく採用された六七六h条により、いまやカードの使用については法律上定められている。それによると、金融機関ないしカード発行者は、支払カードまたはそのデータが第三者によって濫用的に利用されなかった場合にのみ、支払カードまたはそのデータが利用される場合の費用補償を請求することができる。こうして、カードの発行者は濫用リスクを全ての範囲で負い、加えて濫用がないことの証明責任をも負う。このことは、インターネット経由のカードの使用にも当てはまる。

もっとも、民法六七六h条で問題となっているのは費用補償だけである。したがって、前払いのカードの場合は、利用者が、カードに記憶された金額について（現金の場合と同様）喪失および濫用のリスクを負う。カードに金額を入れる過程にだけ、ドイツ民法六七六h条の規制が及ぶ。

この規制は、ソフトウェアベースのネットマネーにも転用することができる。銀行は、電子硬貨が顧客のもとでうまく取り付けられることに対して配慮しなければならない。さらに銀行は、顧客の電子貨幣が偽造ないし変造され得ないように配慮しなければならない。これは、顧客に品質上申し分のない、したがって偽造されない貨幣手段を提供するという銀行の契約上の義務からすでに生ずる。

これに対して、ハードディスクに取り付けられた電子硬貨の喪失のリスクを負うのは、利用者である。その限りで、現金との差はない。ネットマネーにおいては、支払の匿名性はまさに保証されるべきであり、したがってネットマネーを処分したのが権限のある顧客であるか、それとも権限のない第三者であったかを、金融機関が追跡調査することはシステムの関係上すでに不可能である。

3　銀行監査

銀行業はあらゆる国において国家の強い監督を受ける。したがって、この国家による監督がネットマネーの発行と管理にどの範囲で及ぶのかという問題が生ずる。

アメリカ合衆国では、この点自由主義的な基本姿勢が支配している。ここでは、ネットマネーの発行者は単に届出義務を負うにすぎない。ネットマネーの発行に対する認可義務を結果として伴う、国家による監督は現在のところ未だ必要ではないということを出発点としている。かかるコントロールがもつであろう、競争と技術革新が妨げられるというマイナスの影響も強調されている。

これに対してヨーロッパ連合加盟国では、異なる見方がなされており、電子マネーにより強い統制を及ぼそうとしている。二〇〇〇年九月一八日のヨーロッパ連合指令により、電子マネー機関は、銀行監督法の意味での金融機関であると定義された[25]。もっとも、電子マネー機関が監督に服する範囲は限定されている[26]。

それに対してドイツでは、銀行に対する監督の一般的拡大をもたらした（金融機関〔Finanzinstitute〕）一九九八年第六次金融業法改正法によりすでに、ネットマネー取引は銀行取引であると定義された（同法一条一項一二号）。これによって、ドイツではすべてのネットマネー発行に包括的銀行監督、かつまた金融業法三二条の認可強制が存在する。したがって、しかるべき認可なきネットマネーの発行は禁止される。

もっとも、国家による銀行監督は国境で終わるのに対して、ネットマネー取引の場合には既にその出発点からして、まさに国家の拘束を受けない媒体であるインターネットを介した超国家的活動が問題となっている。ヨーロッパ連合内部では、たしかに銀行監督法の調整と本拠地国による統制の原則による簡易化がある。しかし、これが妥当するのは、ネットマネーの発行者がヨーロッパ連合内に居住している場合に限られ、ネットマネー発行者がヨーロッパ連合の外から行動する場合、これらの規制は意味を失う。

地球規模の金融経済は、国民国家にその規制可能性の限界を示している。国家による影響の外で、たとえば既に広範に承認されているレクス・メルカトリア（lex mercatoria）またはこの妹であるレクス・インフォマティカ（lex informatica）のような自治的規範が形成されている。私法はこの発展と折り合うことができる。ここでは、第一次的には利益の調整が問題となっている。しかしながら、公法においては――ここでは、たとえば銀行監督法において――実際上、行為基礎が欠けている。

それゆえ、ネットマネーの有効な監督は、国際的枠組みの中でのみ行われることができる。もっとも、私は、これが本当に成功し得るのか懐疑的である。超国家的媒体であるインターネットにおいて流通するマネーが有効な監督に服し得るのは、地球上のすべての国家がこれに参加する場合のみである。だが、「沖合の（off-shore）」銀行地や「税金天国」の経験が示すように、これは現実的ではない。したがって統制を行うのはもはや国家ではなく、むしろ市場なのである。

（1） Handelsblatt vom 27.6.2001.

（2） *Johannsen,* Electronic Commerce - Fragestellungen und Lösungsansätze, in : Einführung des Euro in der Bank- und Unternehmenspraxis, Bankdienstleistungen im Internet, Bankrechtstag 1997, S. 133, 152 は、電子コマースの「重大な成功要素（ein “kritischer Erfolgsfaktor”)」と述べている。*Reckinger,* “Noch fehlt das Kleingeld”, Handelsblatt vom 24.3.1998, S. 56.

（3） RL 2000/28/EG, ABl. L 275 v. 27.10.2000 S. 37.

（4） 一九九七年七月九日の「電子取引および金融サービスの領域におけるヨーロッパ連合委員会の通知―消費者の信頼の強化」

（5） *Bartmann/Fotschki,* Elektronische Geldbörse, 1997, S. 5.

（6） 詳細については、*Ballay,* Falschgeld hat Geschichte, Die Bank 2000, S. 706.

（7） 詳細については、*Blaurock/Münch,* C&R 2000, S. 97. スイスにおける種々の技術と法的状況の詳細について、*Rolf H. Weber,* E-Commerce und Recht, 2001, 573 ff.

（8） *Bartmann/Fotschki,* a.a.O.（N. 5), S. 6.

（9） *v.Radetzky,* DSWR 1998, 58.

（10） *Anderer,* FAZ v. 17.3.1998, S. B 22.

(11) *Fiege*, CR 1998, 40, 43 ; *Damker/Müller*, DuD 1997, 25, 26 ; *Johannsen*, a.a.O. (N. 2), S. 133, 144 f.

(12) *Holzangel/Tabbara*, MRR 1998, 387, 391 f.; Strömer, Online-Recht, 1997, S. 119. Sturm, DSWR 1998, 61, 63 によると、一九九七年半ばに導入されたSET 2.0 バージョンによって直接インターネット経由で支払同意を取り寄せることが可能になっている。ヨーロッパでは、とりわけパリ国立銀行（BNP）、フランステレコムおよびソシエテナチオナレ（Société Nationale）がこれまでこのシステムを試した。

(13) Vgl. dazu das Teledienste-Datenschutzgesetz（TDDG）vom 22.7.1997, BGBl. I 1997, 1870（電話サービス・データ保護法）.

(14) 一九九七年七月二二日の情報およびコミュニケーションの枠条件の規制に関する法律三条（Gesetz zur Regelung der Rahmenbedingungen für Informations- und Kommunikationsdienste（IuKGD）, BGBl. I 1997, 1870）。本条は、証明所（Zertifikationsstelle）の認可のための手続を詳細に規制している、一九九七年一〇月八日の電子署名規則（SigV）によって補充された。

(15) Abl.L 13 vom 19.1.2000, S. 12.

(16) 電子署名の枠組条件と、他の規定の改正に関する法律（Gesetz über die Rahmenbedingungen für elektronische Sigunaturen und zur Änderung weiterer Vorschriften v. 16.5.2001, BGBl. I 2001, 876）.

(17) 二〇〇一年七月一三日の私法およびその他の規定を近代的法律行為取引に適合させるための法律（Gesetz zur Anpassung des Privatrechts und anderer Vorschriften an den modernen Rechtsgeschäftsverkehr, BGBl I 2001, 1542）.

(18) 署名指令の立法化の詳細につき、*Blaurock/Adam*, ZEuP 2001, 93 ff.

(19) この点について、*Fiege*, CR 1998, 40 ff.

(20) *Canaris*, in Großkomm. HGB, 4. Aufl., Bankrechtvertragsrecht 1. Teil, 1988, Rn. 527 i は、システムの機能能力（Funktionsfähigkeit）を維持する銀行の義務は、約款法一一条七号の意味での基本義務ではないと論じている。判例からは、OLG Düsseldorf v. 13.6.1985, WM 1985, 1030, 1031 ; OLG Hamm v. 26.4.1985, WM 1985,

1032, 1033；OLG Frankfurt v. 29.9.1989, WM 1990, 10, 11；ビデオテックスについては、Borsum/Hofmeister, NJW 1985, 1205 ff. m.w.N. を見よ。

(21) *Kümpel,* Bank- und Kapitalmarktrecht, 1995, Rn. 4.343.

(22) スイスにつき、*Thomann,* Sicherheit und Haftungsbeschränkung im Internet-Banking, Bankrechtstag 1997 (oben N. 2), S. 189, 199.

(23) 非商人による法取引について、BGH v. 23.4.1991, WM 1991, 1110 ff.; 商人間の同様の小切手条件について、BGH v.18.3.1997, WM 1997, 910 ff.

(24) *Schwintowski/Schäfer,* Bankrecht, 1997, § 5 Rn. 39 f.

(25) RL 2000/28/EG v.18.9.2000, ABl. L 275 v. 27.10.2000, S. 37 は、銀行監査指令 2000/12/EG v. 20.3.2000 ABl. L 126 v. 26.5.2000, S. 1 を変更した。

(26) 指令 2000/46/EG v. 18.9.2000, ABl. L 275 v. 27.10.2000 S. 39 により電子マネー機関につき制限された監査。

電子的手段による意思表示等

平田健治

一　はじめに

目下、ＩＴ技術の進展に伴い、全世界的に、従来の法体系が変革を迫られている。本報告は、従来、書面による意思表示等が必要とされていた場面に、電子的手段を導入しようとする場合にいかなる問題が生ずるかを、日独の状況をふまえ、考察しようとするものである。

二　従来の状況

私人間の法的コミュニケーションは、契約に例をとれば、契約条件の交渉から、中間的合意、契約成立、契約関係継続中の紛争処理など、いろいろな段階が考えられる。これらに対しては、各段階で法が書面等の一定の要件を課していない以上、当事者がいかなる手段により個々の行為をなすかは当事者の自治にゆだねられる。そこで書面を用いることが合意あるいは慣行上期待される場合を、任意的利用と呼ぶことにしよう。これに対して、法が、様々な政策的趣旨から、当事者に書面によることを要求する場合がある。これは、法定利用と呼ぶことができる。

任意的利用の場合は、電子的手段の利用自体が当事者間の合意等に依存するから、表示手段の選択肢が一つ増したという意味にほぼ尽きる。これに対して、法定利用の場合には、様々な政策的考慮が競合する。最も導入にふさわしいのは、大量・迅速な処理が要求される場面である。例を挙げれば、日本では、株式会社の総会招集通知（商法二三二条二項）、公告代替手段の場合（商法二八三条五項）である。これに対して、紙媒体の利用がなお維持される場合としては、消費者保護に関する場合が挙げられる。

かくして、電子的手段の導入の可否は、個々の場合における従来の書面要件の政策的趣旨の検討を不可避とさせる。ある場合には、すでに法改正や判例法を通じて、要件自体の緩和がなされていた。目下の問題は、そのような流れをより根本的にとらえ直すきっかけを与えるものである。根本的とは、選択肢の広がりにおいて、当該問題とそれにかかわる利害を再度検討し、いかなる選択肢にさしあたり限定するのが妥当かという政策的判断が根本的になされるという意味においてである。

三　書面あるいは署名の意義

まず従来の書面あるいは署名が持っていた意義を再確認しよう。その主要なものは、書面に記載された内容に対し、当事者が署名することにより、その当事者（契約ならば二人）がその内容に関わる本人であること、また、その内容がまさにその当事者に帰せしめられること、が生ずる。これには、付随的に、まさにそのような内容が自己に帰せしめられることを自覚させ、慎重にさせる機能、紛争が生じた際に、証拠として法廷に提出できる機能等がある。

署名とは、まさに書面に記載された内容と当事者を結合させる手段である。ドイツの場合あるいは欧米一般といってよいだろうが、書面要件は、通常自署された書面を意味する。これに対して、日本の場合には、印章による結合手段、本人性の表示手段が存在し、それと署名が結合しているため、問題が複雑化する。

ドイツの場合には、署名要件は、個別的に記名要件（機械的印字や複写による記名）へと緩和されていた。これに対して、日本においては、署名捺印という形で、二つの同一性確認手段が併用されてきた。しかも、その社会的信頼の重点は、印章にありつづけてきた。

この原因の一つは、日本語の表記方法・筆法が複数あり、同一人が特定の筆法を常に用いる保証がない、むしろ場面に応じて使い分けることさえあり得るという点にあろう。(1) 他方では、印鑑の重要性を象徴するものとして、印鑑に慣行上三種類あり、最も簡易な認印、銀行取引に用いられる銀行印、最も重要な取引に用いられる実印という区別がある。(2) 第一番目のものが通常最も安価で ready-made なものが用いられ、氏だけが表現されるのに対して、第三番目のものは、いわば tailor-made で、慎重に氏と名が手彫りで彫刻され、その書体も模倣しにくい複雑なものが用いられ、高価である。実印には、印鑑登録制度(3)が対応しており、地方自治体が住民の申請に応じて、各住民の印鑑の印影を登録する（法人代表者の印鑑登録は商業登記法により登記所が扱う）。この後に、登録者は印鑑証明を自治体に請求できるようになるが、この手続に関し、かつては、登録者が実印を持参し、係官が登録された印影と照合する直接証明方式がとられていたが、事務負担軽減のため、現在では、登録の際に発行される印鑑登録証の持参者に証明書を交付する間接証明方式が一般化されている（なお、印鑑証明書が法定要件として必要となる場合は、公正証書作成の場合と不動産登記申請の場合である。）。このため、印鑑証明といっても、本人確認（登録証の持参者）、印鑑確認（保存されていたデジタル印影の印刷）のどちらにおいても定型化がなされ、機能が変化していることが指摘される。

以上によれば、日本においては、氏名表記に二種類（記名、署名）、印鑑の種類に三種類（認印、銀行印、実印＝印鑑登録印）の、都合六種類の場合が考えられることになる。氏名表記だけの場合、捺印だけの場合も含めれば、本人性表示の方法は、一一種類となる。

署名捺印を法定要件とする一例として、遺言の場合[4]が挙げられるが、多くの判決による緩和がなされている。たとえば、外国人による場合に押印を不要としたもの[5]、押印に指印[6]を含むとしたもの[7]がある。

また、署名代行あるいは機関方式と呼ばれる、代理人が直接本人の氏名を記載し本人の印鑑を押す場合が判例上認められているが、この場合、自署という概念は維持されないが、これも印鑑重視を象徴する現象と理解できよう。あるいは、そもそも記名と署名の区別自体が、捺印の存在によって、相対化されているというべきであろうか。

四　簡素化の方向

日本の場合には、行政手続に際して、可能な限り、記名押印要件を記名のみにすること、署名押印を署名のみでよしとする方向が打ち出されていた[8]。利用者が印鑑を忘れても手続ができるという簡便さの実現がその趣旨である。ＩＴ書面一括法にもとづく改正（二〇〇一年四月施行）では、簡素化、効率化の趣旨にもとづく、電子的手段による代替が問題となった。本法は取引等において書面の交付あるいは書面による手続きを義務づけている五〇の法律（例えば、特定商取引法、割賦販売法）の一括改正を内容とする。これにより、顧客の承諾を要件としつつ書面要件を電子メール等の方法で代替することが可能となった。重要な点は、改正対象から除外されたものから、電子的手段の適性が浮かび上がることである。第一に、公正証書が法律上要求されている場合（借地借家法、任意後見契約法）には、面前確認による制約があり、電子的手段で代替できない（なお、電子私署証書の面前認証や電子確定日付付与、電子データの保存・内容の証明などが公証人法改正で可能となったが、電子公正証書自体は、当事者の意思確認等で問題があるとされ実現していない）。第二に、取引が相対で行われることを前提にしている場合（質屋営業法は質受証として質札または通帳の交付を要求）も代替不可能である。第三に、国際条約に基づく要件（国際海上物品運送法）で、条約自体の改正が必要となる場合。第四に、現実に契約上のトラブルが多いため代替困難と評価される場合（貸金業規制法、労働契約関係）がある。

なお、この法律では、電子署名やその種類についての言及がない。したがって、ここでは、書面かデジタル書面かの区別しかなく、電子化した場合の程度についての考慮がない点が特徴的である。多くが記名要件レベルのものであるからであろう。また、立法時点で電子署名法が施行されていなかった点も関係があると推測され、今後の改正ないし要件の見直しがあり得る。(9)

これに対して商法等の改正においては、会社関係書類の電子化（商法三三条ノ二、二八一条三項）について、署名要件については、電子署名法二条一項の程度の電子署名で代替できることを挙げる。また、会社・株主間での通知等（商法二〇四条ノ二第二項、二三二条第二項など）については、相互に相手方の承諾を要件として電磁的方法による通知等をなし得るものとされる。

以上の立法においても考慮されているが、電子的手段による表示が、従来の紙媒体による場合に実現されていた諸機能を必ずしも一対一で対応する形で実現しないという点に注意が必要である。この点は、電子的手段による情報が電子署名と関連づけられる仕方に段階があることと関連する。以下の三つの場合に分類できる。第一に、従来の記名に対応する場合で、電子署名がない場合。第二に、電子署名はあるが、推定効を受ける程度ではない場合。第三に、推定効を受けるに値する、暗号強度等が備わっている電子署名がある場合。

第二や第三の場合は、署名捺印、公正証書、印鑑登録印による捺印に対応するが、その対応の程度は明らかではない。

かくして、前述したように、従来の法定要件を電子的手段をも選択肢として考慮して、その要件を再考する場合、従来の政策的評価を厳密に維持することは困難であり、電子的手段の従来の手段との対応困難性からくる制約により、より緩和あるいはより厳密化、あるいはそのどちらをとったのかがそもそも判断し得ない場合が生じうることである。

五　電子情報、電子署名

電子署名に関するEU指令は、上級電子署名に関し、紙への署名と同様の法的効果を付与すること、電子署名一般に関し、何らかの法的効果付与を加盟国に命じている。同様に、電子取引に関するEU指令は、一定の例外（不動産取引、裁判手続、担保取引、家族法）を除き、電子的手段による契約締結に法的効果を付与することを命じる。これらの点は、EU指令にとどまらず、グローバルな基準としても妥当するが、証拠に関する制約をもつ英米法に比べ、日独はともに証拠に関する自由心証主義を採用するため、基本的には対応のための改正を要せず、ただ、一定のレベルの電子署名に紙媒体上の署名と同様の効力を与える点のみが問題となった。

この点については、日本法は、署名と押印という二つの場合を扱う。本人の（自由意思に基づく）署名または押印がある場合には、当該私文書の真正性を推定する。[10] したがって、当該文書の真正性を有利に援用しようとする者は、(1)本人の署名または押印であることに加え、(2)それらが本人の自由意思でなされたことの証明が必要であるが、判例は、(1)の立証があれば、(2)を推定するため（逆にいえば、押印が盗難あるいは強制によることを相手が反証する必要がある）、前記推定規定を介して、当該文書の真正性が推定されることとなる。同様のことが、電子署名にも期待されている。まだ判決はないが、本人の公開鍵で復号化できたことが立証されれば、本人が自由意思に基づき、自己の秘密鍵を用いて当該電磁的記録を暗号化したことが事実上推定される判例上の運用が期待されている。その結果、当該電磁的記録自体の真正性が推定される（電子署名法三条）こととなる。

ドイツ法も同様と考えられるが、新規定二九二a条が書証の場合と比べて、立証の容易化と称されていることからみると、やや異なる状況のようである。[11]

電子署名の要件・効果に関しては、日独の状況はかなり異なる。二〇〇一年四月に施行された日本の電子署名法は、全四五条であるが、大部分は認証機関に関する監督的規定であり、実体法的内容をもつものは、二条の定義規定、三条の推定規定にすぎない。これに対して、EU指令を受けて二〇〇一年五月に改正されたドイツ電子署名法は、認証機関の責任規定（受任者についての代替責任、賠償基金の設定など）が豊富である。すでに旧法の段階から、日本法では規定がない、属性認証、偽名使用について規定があり、改正により、詳細化された。[11a]

電子署名の種類の観点から比較すると、日本では、二条一項による電子署名の定義は、内容の作成者への帰属可能性と改ざん確認可能性の二点を要求する。これは、ドイツ電子署名法二条二号のいう上級電子署名に対応する。これに対して、三条が規定する電子文書の真正性推定が働く要件としての電子署名は、適正な管理により本人だけが行うことができるものという限定が付されていることから、ドイツ電子署名法二条三号の適格電子署名に対応しよう。

ドイツ電子署名法二条一号が規定する、（単なる）電子署名を日本法は規定していないことになるが、これは指令の強制がないこと、そもそも自由心証主義のもとであえて言及する必要がないからである。この点で注意すべきなのは、一般に欧米では、従来の認証方法が署名に限定されていた背景があり、このことから、紙媒体の署名との対比が常に意識されざるをえない。これに対して、日本法では、そもそも認証の方法が従来から多様であったから（指印！）、電子署名は選択肢を一つ増やすという観点から見られる。この点が発想の根本的違いではないか。

偽名使用と属性認証に関していえば、前者が本人認証の内包を拡張する意味を持つのに対して、後者は、本人認証の外延を拡張する。これらは、認証方法の多様性の観点からは肯定できようが、前者の必要性はプライバシー保護を除くと必ずしも明らかではない。日本法が両者を電子署名法に含んでいない理由は明らかではないが、柔軟性、先進性に欠けることは確かであろう。後者については、商業登記法の改正により、登記所が認証機関となり、その電子証明書に、登記事項である代表者の権限等も明記されることにより、法人代表者の権限認証が果たされる。もちろん、電子署名法の規定する認証業務の枠外で、民間の認証機関が属性認証を行うことは自由である。

六　任意利用

私人間でいかなる形式で意思表示ないし契約がなされるべきかは本来当事者間の合意にゆだねられる。行政手続の簡素化と同様の意味で、取引内容にそぐわない程度の厳格な手続の一方的要求は、交渉力格差が定型的にある消費者取引で問題となろう。この点に関しては、日本法には規定がないが、ドイツ法は、補充規定[12]があり、今回の改正で電子的形式への対応がなされた。

なお、日本における前述した、ＩＴ書面一括法における、顧客の承諾を要件とする電子的手段による代替は、法定要件における合意による修正の余地付与（一部任意法規化）といえよう。この点は、ドイツ法一二六条三項による、法定書面要件の電子的形式による代替が、当事者の合意ないし慣行に基づく場合のみ許されると解されることと同様である。

日本における印鑑登録制度は、電子署名の前提である認証局への公開鍵登録と類似した制度である。両者ともに、実印ないし秘密鍵の保管の確実性が制度の基礎である。登録の際のなりすまし防止が重要である点も同様である。制約の点では、印鑑は時間の経過とともに摩耗し、登録印影と対応しなくなるおそれがあること、公開鍵もその基礎である電子証明書の有効期間到来等に依存し効果を失うことがある。同一性確認機能、内容完全性確保機能は、電子署名の方が優れるが、これとても暗号強度の技術的信頼性が維持されている限りという制約がある。

七　電子消費者契約、電子的承諾

ドイツの立法者は、方式適合化法の理由書において、電子的意思表示の取消、到達、撤回について、一般的ルールにゆだねると説明する。また、消費者保護は、すでに立法化された通信販売法三条（現在はドイツ民法三一二d条）の四ヶ月（現在はドイツ民法三五五条の六ヶ月）の撤回権で対処されるとする。

これに対して、日本法は、特定商取引法で規定される通信販売については、いわゆるクーリングオフは適用がない。ただ、割賦販売がかかわる限りで、割賦販売法の撤回権（四条の四）が適用されるにすぎない。さらに、指定商品ないし指定役務に該当する必要という適用上の制約がある。

もっとも、電子消費者契約に関して、ごく最近、立法[12a]により錯誤規定（民法九五条）の特則（同法三条）がおかれた。事業者が申込画面上で、意思確認を慎重にさせるための措置を講じていた場合にのみ、消費者側の重過失を援用し、消費者側の錯誤による無効主張を封ずることができるというものである。いいかえれば、そのような措置を講じていない場合には、仮に消費者が重過失で申込のためのアイコンをクリックしていた場合でも、錯誤による無効を主張できるとするものである。

同じ法律で改正された点に、契約の成立時の問題がある（同法四条）。民法は五二六条で発信主義を採用していたが、国際的潮流を考慮し、また、事業者から承諾がなされる場合には、不着のリスクを消費者側が負うこととなる点、現実に事業者側の承諾不着の場合に消費者が契約不成立と考えて他の事業者と締結してトラブルとなる事例が増加していることを考慮して、電子的承諾に限り、契約成立に関して到達主義に改めた。

なお、ドイツでは、債務法現代化法にもとづき、消費者保護関連特別法の民法への吸収という観点から、電子

取引における様々な一般的義務が民法に規定された。(13)

八　今後の問題

結局いかなる手段を用い、それにいかなる効果を与えるかは、各法文化を前提とする立法者の判断に帰着するが、今後のデジタル情報の比重の増大により、状況がどう変化するかは興味がある問題である。たとえば、現在は紙媒体に限定されている場合も電子的手段の普及とともに、立法者が見直し、後者の使用が許される場合も出てこよう。また、さらに普及が進めば、電子的手段が原則化される場合も出てこよう。

しかし、当分は紙媒体と電子媒体によるコミュニケーションは並存するだろう。その場合に、どちらを原則と考えるか、例外を選択する場合の手続の容易さの程度などは、すでにみたように、問題となる行為の性質とそれに対する立法者の評価が反映する。

(1)　民事訴訟法二二九条四項二文は筆跡対照のために筆記を命じられた者が書体を変えて筆記した場合の不利益扱いを規定する。

(2)　このように分類することには異論がありえようが、さしあたり、印鑑の社会的重要性に程度があるという観点からの一つの見方として許されると考える。

(3)　印鑑登録制度については、砂子田ほか「座談会　印鑑証明をめぐる諸問題」ジュリスト五一九号（一九七二年）一一頁以下、清水誠「印鑑登録証明制度に関する考察」東京都立大学法学会雑誌三四巻二号（一九九三年）一一頁以下。淡路＝池田＝泉＝岩城＝鎌田＝國井＝下森編著『目で見る民法教材』［第2版補訂版］（二〇〇〇年・有斐閣）二〇頁以下に、印鑑登録証、印鑑登録証明書の図が掲載されている。

(4)　民法九六八条一項、九七〇条一項一号など。

（5）最判昭和四九年一二月二四日民集二八巻一〇号二一五二頁。
（6）身体の一部の利用、バイオメトリックスの先取り？
（7）最判平成元年二月一六日民集四三巻二号四五頁。この場合には遺言の真正性が問題となる時点には本人は死亡しており、印影と印章の照合は不可能であり、本来の認証目的が達せられないことが指摘される。
（8）平成九年七月三日事務次官等会議申合せ「押印見直しガイドライン」。
（9）なお、証券取引法で課せられる目論見書等の書面交付要件につき、顧客への通知と常時アクセス可能性の要件で代替性を緩和する改正がなされた（証券取引法二七条の三〇の九、企業内容等の開示に関する内閣府令二三条の二）。
（10）民訴法二二八条四項。
（11）書面の真正性の推定は、署名の真正性が争われないか立証された場合に働くものであり、これを電子署名の場合にそのまま移行させると、相手側が、表示は秘密鍵保有者によってなされたのではないと主張すると、署名の真正性についての完全な立証を迫られる。これは電子署名の信頼性を正当に扱うものではなく、新法のような推定規定が必要と説明される（Bröhl/Tettenborn, Das neue Recht der elektronischen Signaturen, 2001, S.201.）。日本の場合には、署名ないし印鑑押捺が本人によりなされたことの事実上の推定が認められており、とりわけ印鑑の場合には印影の比較で容易であることとあいまって、署名のみのドイツとの差が出ているのであろう。なお、認定を受けた認証機関はそれに応じた安全性の推定も享受できるとされる。
（11a）法人の署名は上級電子署名までならば可能であり、法人の偽名も行政手続法改正で可能となるようである。
（12）ドイツ民法一二七条。
（12a）電子消費者契約及び電子承諾通知に関する民法の特例に関する法律（平一三・六・二九法律九五号）。
（13）ドイツ民法三一二e条―電子取引における義務として、顧客の入力エラーの認識・訂正可能性、情報提供、確認通知、取引情報保管可能性などが課せられている。

仮想世界における契約締結
――新しい技術のための新しい法?――

クリストーフ・アン〔平田健治訳〕

一　序

電子的に締結される契約の対象が、銀行取引、物の売買、データをダウンロードする形の利用権など、何であれ、このような契約がどのように成立するのか、それはいかなる要素から成り立っているか、電子的契約締結の場合にいかなる障害が生じうるか、がつねに問題となる。

以下で電子的取引について述べる場合、私はここで二つの最も重要なメディア、すなわち電子メールとＷＷＷだけを考えている。電話、テレファックス、テレショッピング、ビデオテックス（Bildschirmtext）、イントラネットなどには立ち入らない。

技術的には、インターネットでの契約締結は、特に以下の二つの問題に遭遇する。すなわち、本人確認の問題（Identitätsproblem）、つまり原理的に表示作成者（Erkläürungsurheber）を確認することが不可能なことと、内容完全性の問題（Integritätsproblem）、すなわち原理的に表示が損なわれていないこと（Unversehrtheit）の確認が不可能であること、である。銀行取引のような特別な取引（Sondertransaktionen）の場合には、さらに秘密保護問題が生ずる。というのは、電子メールは郵便葉書のようにネットを通って移動するからである。
これらの問題の信頼できる解決が、インターネット取引が機能を発揮するための前提である。しかし、この点では技術的解決、すなわち暗号化しかないから、私はこの側面を除外しておく。私は論述を電子的契約締結の法的問題に限定する。

二　電子的意思表示の有効性

1　表示内容

どのような契約締結においても、少なくとも二つの意思表示[1]、すなわち「法律効果意思の表明」を必要とする。意思表示をすることができるのは、人だけである。人のみが意思を有し、この意思をある目的に向けることができる。したがって、人が電子的媒体を用いて表示をすれば、それはそれだけで直ちに意思表示である。その限りで、電子メールはファックスや留守番電話での用件録音に対応する。

しかし、法律効果の惹起に向けられた表示は、コンピュータから発することもあり得る。——たとえば、電子的通信販売がそうである。ここでは、コンピュータが、一見したところ人が関与することなく、注文を確認したり、供給業者に在庫の調達をさせる。ここでは、同時性の要件が問題となる。意思表示という法律要件メルクマールは、異なる時点から「寄せ集め」られることはできない。それは同時に存在しなければならない。したがって、表示者がある時点で何かを表示するが、しかし、その表示を妥当させる意思は後になってから持つということでは、原則として十分ではない。表示と意思は、一緒に存在しなければならないのである。

コンピュータ表示を意思表示と見[2]、したがってそれに契約適格を認め（kontraktfähig）、たとえば取消可能としようとする場合、意思活動と表示（Erklärungsabgabe）との時間的ずれが生ずるという事情が克服されねばならない。これを克服する、二つの可能性がある。意思活動が本来存在しなければならない時点をコンピュータ・プログラミングの時点へずらすか、または、コンピュータを、プログラミングをした人の意思表示のための「貯蔵媒体（Vorratsmedium）」にすぎないと見るかの、いずれかである。後者の場合には、「あらかじめ」蓄えてある（"auf Vorrat" gespeichert）表示は、（単に）直ちに流通に持ち込まれるのではなく、たばこ自動販売機やファックスでの呼び出しのように、相手方の要求があって初めて流通に持ち込まれることになる。

社会定型的行為（sozialtypisches Verhalten）に基づく法律行為の場合と同じように、ここで払われなければならないドグマ上の労力はともかく、一つのことは確かである。すなわち、コンピュータ表示は最終的に人に帰属されねばならないということである。(3)

まとめ。電子的に締結される契約において意思表示とされるのは、電子的に伝達された人の意思表示でもあり、いわゆるコンピュータ表示でもある。

2　表示の発信（Erklärungsabgabe）

(1)　通常の場合

意思表示は発信（Abgabe）によって有効となる。なるほど、民法典には発信要件（Abgabetatbestand）の規律が存在しない。しかし、発信（Abgabe）が何を要求するかについては、一致が存在する。すなわち、表示過程の完了であり、受領を要する意思表示の場合には、さらに、受領者への目的的方向づけ（die finale Richtung）が必要である。受領者がこの表示を了知しうるために、表示者は、受領者が通常の事情のもとにおいてそれを了知できるよう、受領者に表示を到達させるために必要なすべてのことがらを表示意思をもってしなければならない。したがって、電子的表示と伝統的（すなわち非電子的）表示に関しては、今までずっと妥当してきたことが妥当する。すなわち、発信者（Absender）が意図的に受領者への到達に必要なことをすべてしたときに、「到達」が存在する。

したがって、電子的になされた意思表示は、たとえば、書き上げられた電子メールがメールプログラムの送信フォルダ内で、送信を始動させるための、オフラインモードからオンラインモードへの操作の切り替えを待っている場合には、（まだ）発信されてはいないのである。(4) 待ち行列中は、電子メールは、すでに書き上げられ、封書に入れられ、切手も貼られたが、まだ投函されていない手紙に似ている。

「リターン」キーを押すことまたはメールプログラムの送信ボタンをクリックすることで初めて、発信要件（Abgabetatbestand）は完了する。したがって、意思表示は電子的に、従来のそれに比べ、著しく簡単に行うことができるが、間違いも起こる。

(2)　特別な場合、すなわち外見上の表示／誤った表示（scheinbare/versehentliche Abgabe）

キーを押すことによる表示の発信（Erklärungsabgabe）は、通常は文字により固定された表示を隔地者間で行う場合よりも容易になされるから、電子的表示の場合には、文書の場合よりも、実際何かが表示されるべきであったかがより多く問題となる。法学の授業では、誤った表示は、まだ送付に付されるべきでない手紙を早まって郵便ポストに持って行き投函してしまった掃除婦の例を挙げて説明される。電子的取引では、この例は以下のようになるはずである。すなわち、そのメールは送信されるべきではなかったが、瞬時に送られてしまった、と。

電子的表示を誤って発信した場合の問題は、一般のルールで解決可能である。すなわち、誤って発信された電子的意思表示は、発信者が望まないのに、掃除婦が持ち出し投函した手紙と同様に、「手元からなくなった（abhandengekommen）」のである。(5) 支配的見解は、(6) かような表示を決して有効としようとしない。すなわち、かような表示は単に発信されたように見えるだけであり、ドイツ民法一一八条自体も、意識的に（mit Willen）行われたが真剣でない表示を無効と宣言している、とする。

両当事者にとって、この見方は、たとえ両当事者がこの表示が有効と扱われることを望み、それから出発している場合にも、第一の表示は常に第二の表示によって追認されねばならないという不都合を持つ。これは迂遠である。またこの場合、表示者の立場はドイツ民法一一八条にいう意識された真剣さを欠いた表示の場合よりも、よいわけではない。これは評価矛盾である。この問題は、誤って流通に置かれた表示の、表示者の錯誤取消権により、よりよく解決できる。(7) その場合には、表示者は、この表示を妥当させるか、受領者に生じた信頼損害の賠償を支払って解放されるかを選択することができる。この方がより公正である。また、このようにして、誤って流通した意思表示と、表示の意識なくしてなされた意思表示（トリアのワイン競売）という同様な状況にある事例を等しく扱うことができる。

まとめ。たとえば意図しない電子メールの送付により誤って電子的になされた意思表示は、正しい見解によれば、取り消すこと（だけ）ができる。しかし、相手方は、信頼利益の賠償請求権を有するが、場合によっては、それはドイツ民法二五四条類推により減額される。

もちろん、表示が誤って送付されたことは、つねに表示者が証明しなければならない。キーを押す場合には、この証明はほとんど不可能であろう。ここに電子的取引の特別のリスクがある。

3　電子的意思表示の到達

(1)　対話者間の表示または隔地者間の表示（Erklärung unter An- oder Abwesenden）

意思表示が到達するかどうか、そして、いつ到達するかは、通説によれば、表示が対話者間で行われたか、それとも隔地者間で行われたかによって決まるとされる。［しかし、］そうではないのである。なるほど、「隔地者に対する意思表示の効力発生（Wirksamwerden der Willenserklärung gegenüber Abwesenden）」と述べるドイツ民法一三〇条は、発信の状況（対話者・隔地者）により区別しているように見える。しかし、これは見せかけである。正しくは、意思表示の到達の要件は、その意思表示が、記録（保存）された形で（gespeichert）存在するか否かにより決められる。記録されていない意思表示は移ろいやすい。それは直ちに到達するか、全くそうでないかである。名宛人は、後になって、——いわば「ゆっくりと（in Ruhe）」——かような意思表示をもはや了知することはできない。そのため、記録されていない表示は、受領者の支配圏に届き受領者の通常の了知可能性が生ずるだけでは到達とはならず、現実に了知されて初めて到達する。電話がこの事情を示している。電話の場合には、全く疑いなく隔地者間で表示がなされている——「場所的に離れてはいるが口頭で（fernmündlich）」。しかし、ドイツ民法一四七条一項二文により、電話による表示は対話者（Anwesende）間の表示として扱われている。(8)

(2)　通常の場合

この記録基準（Speicherungskriterium）を電子的になされる意思表示に適用すると、以下のことが明らかになる。すなわち、電子メールは移ろいやすくはなく、サーバーに貯蔵されたデータ文からなる。電子メールはその消去までは、任意に何回でも呼び出すことができる。そのため、電子メールは、取引の領域では受領説（Empfangstheorie）(9)に従って、到達することになる。すなわち、電子メールが受領者のメールサーバーに届き、受領者がそれを合理的に了知できた場合に、（すでに）到達したことになる。受領者はプロバイダ契約によりサーバーの自己に割り当てられた記憶領域にアクセスできるが故に、メールサーバーは受領者の支配領域に属する。受領者が実際に電子メールを呼び出して読むことは、その到達に関しては、手紙の場合と同様に、不必要である。通常の事物の経過によれば了知が可能であれば足りる。したがって、受領者はメール到達を考慮に入れなければならない。そのため、受領者が、誰もその存在を知らないと考え、そのため自分自身も利用していないメールボックスを有しているにすぎない場合には、メール到達は存在しない。(10)

しかし、電子メールの到達が問題となるのは、かような極端な場合だけではなく、全く一般的に、私的な領域において問題になる。電子メールは、法取引において、まだあまねく普及しているとは言えないコミュニケーション手段である。そのため、別の事情が加わらなくても、私的メールボックスが「受領の手はず（Empfangsvorkehrung)」で、そこへのメール到達を、到達に必要な、「事象の通常の経過による」了知可能性と実際に見なすことができるかどうかが、問題となる。この場合、通常問題が生じないのは、送付者が自己のメールアドレスをそのレターヘッドに記載するか、その他、たとえば自己のホームページ上に電子メールでの連絡可能性を掲示した場合だけである。これらの場合には、メールボックスは、受領措置として利用に供され、受領者は自宅の郵便受けと同様に、到着をチェックしなければならない。

まとめ。時間的には、私人への電子メールは、この者が自己のメールボックスを見る場合に初めて到達する。すなわち了知説（Vernehmenstheorie）によって到達する。[11] それに対して、業務上の取引の領域では、録音された電話通話やファックスの場合と同様に、受領説（Empfangstheorie）が妥当する。営業（時間）の終了後に来たメールは、次の営業日の開始とともに到達する。その時点でようやく、「通常の経過により」了知可能性が存在するに至る。

(3) 特別の場合——到達の失敗／遅れ（Vereitelung/Verzögerung）

電子メールの交換において特別の意義をもつのが、到達障害（Zugangsstörungen）である。電子的媒体は障害に弱い。同様に頻繁に起こるのは、機能不全、たとえば、受領者に割り当てられた記憶領域の（容量）超過による受領拒否である。T-Online のメールボックスは、二ＭＢの記憶容量をもつ。これはわずかな量であり、小映画（ビル・クリントン等）または音楽（一分につき一・五ＭＢが必要）から構成される、事務所でよくある冗談メールの二つや三つであっという間にすぐに容量を超えてしまう。メールボックスが、たとえば満杯のため障害を来たし、メール到達が遅れた場合には、その結果を誰が負担するかが問題となる。表示の受領者が到達を故意または過失により妨害した場合には常に、この者が原則としてその遅延リスクを負担する。故意の場合には、到達が擬制される。[12] 過失の場合には、到達は一般的ルールに従い生ずる。受領者は、遅延の主張を許されない。遅延が受領者によって惹起されたが、発信者がこれを認識し、たとえばメールの試みが奏効しなかったのちに手紙の送付によって遅延を回避する可能性があったにもかかわらず、遅延を回避しなかった場合には、この種の「放置（Auflaufenlassen）」によりドイツ民法二五四条類推による損害の分担が行われなければならない。

業務上の取引（geschäftlicher Verkehr）の領域では、両当事者のいずれにも責めのない到達遅延のリスクは、領域（Sphäre）により、発信者と受領者とで分配されねばならない。したがってメールが受領者のメールボックスへの途上で偶然に失われた場合には、そこから生ずる不利益は発信者が負う。発信者がこの通信手段を選択し、障害のリスクを作り出したのであるから、これは正当である。メールの喪失が受領者のメールボックスへの到達後に生じたのであれば、受領者がこれによる不利益を負担する。これも正当である。受領者のみが自己のメールボックスをコントロールするからである。

私的取引では、偶然による、また過失によるかもしれない受領者の失敗のリスクも、完全に発信者が負担しなければならない。私的メールボックスの開設者が、もしかすると新しいメディア操作に自信がないので、もともと、そこには送信してほしくないような場合には、それにもかかわらずそこに送信された「押しつけがましい」メールの発信者に、偶然による失敗のリスクのみならず、受領者の過失によって生じた障害のリスクをも負担させるのが適切である。

まとめ。到達の遅延もしくは失敗は、電子的になされた意思表示の場合には、伝統的な方法での意思表示の場合よりもしばしば、技術的に条件づけられている。しかし法的には、伝統的な方法での意思表示の場合と同様のことが妥当する。私的メールボックスは、メールアドレスがたとえば、レターヘッドに記載されることで利用に供されている場合にのみ、一般到達理論の意味での「受領装置」である。かような指定がない場合には、私的メールボックスでは表示到達は了知説によってのみ生ずる。発信者は、喪失リスクと、受領者がずっと前に届いたメールを呼び出して読まないリスクを負担する。

業務上のメールボックスについては、ファックスの到達の場合と同様に、受領説が妥当する。故意に到達障害が創り出された場合には、到達が擬制される。過失の場合には、メールが――障害の除去後に――実際届いた時点で到達が生じる。受領者は遅延につき異議を述べることができないだけであるが、それに対して、発信者の方はドイツ民法一三〇条一項二文により実際に到達するまでメールを撤回することができる。偶然の場合、発信者はメールボックスへの到達までは障害リスクを負担する。それ以後は、受領者がリスクを負う。発信者は誰でも、自己のメールプログラムについて、すべての発信されるメールにつき受領確認が（相手方に）要求されるよう設定すべきであろう。それによって到達の証明が容易となる。

4　電子的意思表示の取消

(1)　ドイツ民法一一九条による取消

従来の方法による意思表示と同様に、（自明のことながら）電子的方法によりなされた意思表示も取消可能である。なかんずく重要なのは、ドイツ民法一一九条の一般の錯誤取消とドイツ民法一二〇条による「伝達錯誤（Übermittlungsirrtum）」による取消である。ドイツ民法一二三条の詐欺による取消は、電子的契約締結に特有のものではない。これは、表示発信の直接の問題を扱うのでなく、専ら意思形成に関わる。

ドイツ民法一一九条による一般錯誤取消について、電子的契約締結に関し、特別なことが妥当するわけではない。すなわち、動機錯誤、たとえば誤った情報を基礎にすることは[13]、電子的取引においても取消理由ではない。内容の（意味の）錯誤は一般ルールに従う。この種の錯誤は、電子的取引において、その他の場合よりも頻繁に起こるものではなかろう。

これに対し、電子的契約締結で非常に重要であるのは、表示錯誤による取消、古典的な「言い間違い（Versprechen）」、「書き間違い（Verschreiben）」であろう。押し間違いは、電子的取引において特にしばしば生ずる。タイプライターのみならず、コンピュータの入力間違いについても、この点はずっと前から裁判されてきた。[14]かような誤りが生じた場合、電子的になされた意思表示もドイツ民法一一九条一項二例により取消可能である。――当然、ドイツ民法一二二条の損害賠償の効果を伴うが。

(2)　ドイツ民法一二〇条による取消

電子的になされる意思表示にとって、ドイツ民法一二〇条による伝達錯誤（Übermittlungsirrtum）、より正しくは「伝達の過誤（Übermittlungsfehler）」による取消もとくに重要である。表示が受領者への途上で変更され、もはや表示者が欲した内容と一致しなくなった場合に、これが存在する。電子的取引では、このことは容易に起こりうる。もちろん、変更後の表示はそれ自体もはや全く知覚できない場合がほとんどであるけれども。この場合、そもそも取消可能な表示がなお存在するのかどうか疑問である。たとえ個別事案においてこのような表示の存在が肯定される場合ですら、発信者が実際になお取り消す必要があるといえるには、事案は非常に極端でなければならない。しかし原則として、この場合にも、表示の発信者が自己の通信手段を選択したということが妥当する。何かが「うまく行かない（schiefgehen）」場合、発信者が責任を負う。周知のように脆弱な電子取引――キャッチフレーズ、完全性リスク！――において、ドイツ民法一二二条二項［取消可能性の認識が存在する場合の信頼損害賠償の排除］の範囲が通常より広く引かれるかどうかが、せいぜい考慮しうるにすぎないであろう。訴訟では、そのような陳述を少なくとも試みて見る値打ちがあるかもしれない。もっとも受領者が軽過失により表示の取消可能性を知らなかったことだけで、受領者の損害賠償請求権が排除される。

5　電子的意思表示の方式有効性

法律行為論の視点からは、多くの契約類型につきドイツ法上よく用いられている方式規定は、これらの方式規定が目下のところ大部分まだ電子取引向けに調整されていないことを示している。[15]是正の手掛かりは、上述したように、二点にある。すなわち、本人確認問題と完全性問題である。ごく最近改正された（電子）署名法と、二〇〇一年八月一日に方式規定適合化法（Formvorschriftenanpassungsgesetz）により民法典に挿入されたドイツ民法一二六a条により、これら二つの問題は今や大幅に解決されている。

6 未成年者の電子的意思表示

電子的契約締結にも原則として、一般的行為能力規定が妥当する。保護の必要性は同じであるので、そうでなければならない。だが、実務上は、未成年による電子的契約締結は二重に重要である。未成年はインターネットを特に集中的に利用し、そして――一般に知られていることだが――他人のメールアドレス、たいていは親のそれを利用する。

他人の名でのこの行為について、未成年は責任を負わなくてよいが、場合により、この行為を黙認する成年のアドレス保有者が責任を負わなければならない。ドイツ民法一七九条三項類推。大人になりかかった子をもつメールアドレス保有者は、それゆえ早くデジタル署名に関心をもつべきであろう。

この電子署名の普及までは、サービス提供業者は、契約の相手方に、成年であることを確認してもらうこと以上はできない。疑わしい場合には、契約締結を見合わせるべきであろう。ドイツ民法一〇九条二項の撤回権も、匿名化された電子商取引ではあまり助けとならない。

三　ドイツ民法新三一二e条による、電子的方法による契約締結

1 契約締結上重要な新規律

電子的方法による契約締結の可能性は、すでに最初の法的規律に導いたか、あるいは既存の規律により把握される。原則として関係するのは、たとえば通信販売法である。この法律は、消費者がかかわるすべての遠隔取引

に、すなわちＢ２Ｃ（事業者―消費者間取引）に、したがってまた電子取引にも妥当する。もっとも通信販売法は、契約締結のところで始めるのではなく、ドイツ民法新三五五条（民法旧三六一ａ条）による事後的な撤回権と返還権のみを与える。この立法措置は有意義で正しいが、それはここで問題となっている電子的契約締結について何らの変更をも加えるものではない。

これに対して、電子的契約締結自体、つまり契約の電子的成立にかかわりうるのは、おそらく債務法現代化法であろう。この法律の明らかに著しい緊急性は、連邦政府によって、ヨーロッパ連合電子商取引指令（EG-E-Commerce-Richtlinie）の国内法化の義務によっても根拠づけられている。

新しいドイツ法のために構想上の基準を含むのは、前記指令九条である。それは、電子的に締結される契約と伝来的方法で締結されるそれとを等しく扱うために、（委員会の見解によれば）何が必要となるかを示す。関連箇所は文字通り示せば次の内容である。すなわち、加盟国はその法制度が電子的方法による契約締結を可能にすることを確保する。構成国は特に、その契約締結につき妥当する法規定が、電子的契約の利用の障害とならず、また、この契約が、電子的方法で成立したという事情により、法的効力または有効性（rechtliche Wirksamkeit oder Gültigkeit）を有しないということにならないことを確保する、というものである。要するに、加盟国は、自国の民法を「電子取引に適合するように（e-commercegerecht）」改造しなければならない。それでは、何が具体的に計画されているのか。

2　新法による電子的方法による契約締結

(1)　情報提供義務

当初意図された、五つの項をもつ民法三〇五ｂ条（電子的注文）は、ミニ消費者保護法に似ていた。それは、適用領域と違反の効果についての規定、ならびに、二つの実体的要素を含んでいた。すなわち、通信販売法二条と類似して、民法三〇五b条二項は、広範な契約締結前の情報提供義務を規定したのであり、この義務は、ドイツ法では新しい保存可能性要請（Speicherbarkeitsgebot）、つまり機能的には一種の方式規定によって三項において強化されるはずであった。この義務は、——規定はまだ施行前ではあるが——今やドイツ民法施行法二四一条により法規命令に委ねられるであろう。情報提供義務は契約締結にとって直接には重要でないので、ここでは説明しないこととする。

(2)　契約締結のための手続規定

ドイツ連邦議会が二〇〇一年五月一八日に第一読会として扱った債務法現代化法の法文において、今や、ドイツ民法新三一二e条が電子取引における義務（Pflichten im elektronischen Geschäftsverkehr）を規律している。電子的契約締結のドグマーティクにとって本規定は、事業者が顧客に注文の到着を遅滞なく電子的方法で確認をしなければならない限りにおいて重要である。事業者がこれを怠る場合に、どうなるかは、規定されていない。法律はここで柔軟であるとされる。実際は不明確なままである。何が考えられているかは、より古い草案の文言を一瞥すれば分かる。二〇〇一年三月六日の草案三一一f条には、この義務の不履行は電子的に締結された契約の有効性を害さないと、まだはっきりと述べられていた。それでは、電子的方法で締結された契約はいつ有効となるかが問題となる。すなわち、注文の到着の確認が契約締結の時点に影響するのか、または、確認はその点について（も）意味を有しないのか、という問題である。

この問題は、ドイツの規定に関する三草案のどの理由書においても、EU指令の考慮理由[16]においても扱われなかった。それは現在でも言及されていない。[17]何が考えられているかは、EU理事会（EU-Rat）により重要な点で引き継がれなかった、最初の二つの委員会草案を考察すれば分かる。多数の大きな加盟国において、たとえば[18]ドイツにおいてはまさに存在しない状況、すなわち事業者の提供が不特定人への申込であり、単に申込の誘因に過ぎないのではないという点から出発して、委員会は当初「四回クリック解決」を目指した。すなわち、

① サービス提供者の申出の発信
② 顧客の受諾表示
③ 受諾表示に対する受領確認
④ 受領確認に対する受領確認

この複雑で、EU委員会（EU-Kommission）が経済知識や生活感（Lebensnähe）を有していると「四回クリック解決」から逆推することはどうかと疑がわせるようなモデルの、唯一の簡易化は、消費者の代金支払を承諾と認め、事業者の供給を受領確認と認めることであったとされる。[19] ヨーロッパ議会とたいていの理事会構成員（Ratsdelegationen）[20] の圧力により初めて、委員会は、少なくとも受領確認の確認を断念した。しかし、消費者の申込に対する事業者の受領確認も意味を持つのは、ウェブサイトの提供（Websiteangebot）に対する消費者の注文を初めて申込と見るのではなく、すでにこのウェブサイトでの提供自体を真正の契約申込と見る若干の加盟国[21]においてだけである。これに対して、ドイツ、ベネルクスまたはスペイン、ならびにスカンジナビア諸国[22]、オーストリア、ギリシャ、ポルトガルのように、契約の申込に、ドイツ民法一四五条に似た強い拘束力を与える加盟国にとっては、確認制度は混乱させるものであり、全く余分である。申込により弱い拘束力を与える法体系は、拘束力を有する契約申込に対する［申込みの誘因のような］前段階を知らない。[23] しかし、そのような法体系においてこそ、自己の承諾表示について返事をもらう必要がなく、そのために表示の到達と契約成立が生じたかどうか知り得ない顧客が、確認により明確性を得ることが有意義なのである。[24]

ドイツ民法新三一二e条一項三号において計画された事業者の受領確認が実際ドイツ法に有意義に組み込まれることができるかどうかは、私には非常に疑わしい。事業者の受領確認は明らかに構成的には作用しないので、それが行われなくても、何らの効果も生じない。それは契約の成立をも変更しない。かつ、契約締結の際の諸問題については、一般給付障害法（かつては契約締結上の過失や積極的債権侵害制度）を経て妥当な結論に至る。

すでに締結された契約のドイツ民法一一九条、一二〇条による取消も、容易となるわけではない。それは、そこで規定された要件の下で可能である。

せいぜいドイツ民法新三一二e条は、以下の限りで、明確化作用を果たすにすぎない。すなわち、事業者が与えなければならなかった情報提供の懈怠または欠陥に起因する錯誤を理由に消費者が意思表示を取り消す場合に、ドイツ民法一二二条二項を介して事業者の損害賠償義務を否定する必要はないという限りにおいてである。胡散臭い事業者にこれで道理を分からせることができるかは、たしかに疑わしい。それでも電子取引では、信頼損害は広い範囲に及びうる。たとえば注文に基づき、調達が行われた場合がそうである。少なくともそれからは、消費者は免責される。

3　適用領域

民法新三一二e条の意義は――ありがたいことに、と言ってよい。――三点で減じられる。最も重要な制限を含むのは、二〇〇一年二月一四日に連邦内閣から出された電子商取引法草案（Gesetzentwurf für ein Elektronischer-Geschäftsverkehr-Gesetz）四条である。したがってドイツでは、家族法、相続法、不動産法におけるすべての契約は、電子的方法では締結できず、同様に、当たりくじ契約、カルテル法の規制の及ぶ契約および保険契約もそうである。

第二の制限を含むのは民法新三一二e条である。それによれば、個別的に、とりわけ電子メールの直接交換により締結された契約には、それは適用されない。

第三の制限を含むのは、方式規定適合化法の一条七ないし一一号である。すなわち、労働法上の解雇告知と人物証明書、保証引受、債務約束および債務承認は、電子的に締結ないし表示することができない。

民法新三一二e条は、以上によれば、特にウェブサイト上の提供を介しての電子的通信販売に妥当することになろう。

四　帰結とまとめ

第一に、電子的契約締結は、（保存された）意思表示の発信と到達に関する民法規定（ドイツ民法一三〇条）でもって十分処理可能である。電子的取引における証明問題、たとえば表示錯誤における証明問題の解決のために望ましいのは、せいぜい、若干の技術的予防措置、たとえば、望まざる「クリック間違い（Verklicken）」に対する措置である。しかし、これは基本的に、法的問題というよりは技術的問題である。方式適合化法、電子商取引法、改正電子署名法が採用した形の解決は、この点ですでに補充されているか、少なくとも先に進んでいる。

第二に、前掲した諸規律と異なり、少なくとも余分であるのは、ブリュッセルの誤りに基づくドイツ民法新三一二e条である。これは、事業者に、電子的契約締結の際に、法的に効果を生じない確認を与えることを義務づける。それは意味がない。しかし、これは、ブリュッセルが無反省にかつ反対もなく、あまりに広く、加盟国の民法を攻撃する場合に、我々を待ち受ける事態を示している。

第三に、少なくとも電子的手段の技術と普及の現状では、特に生存に影響し、したがって扱いに注意が必要な（sensible）契約タイプ、たとえば、登録関連を伴う契約や労働法における契約は電子的方法ではできないとすることは正当である。

新しい技術のために新しい法が必要であるか？――契約法においては、それは必要ではない！

五　付録〔条文仮訳〕

三〇五b条 BGB DE-alt［電子的注文］

(1)　自己の商品もしくは役務を販売するために情報社会のサービスを利用する事業者は、その顧客に対して、注文を発信する前に入力エラーを認識し、訂正することができるような、適切で、有効かつ使い易い技術的手段を提供しなければならない。

(2)　事業者は顧客に対して、かかる注文を出す前に、少なくとも以下の事項を知らせなければならない。

1　契約締結に導く個々の技術的手順

2　契約文言が契約締結後事業者により保存されているかどうか、および、それに利用者がアクセスできるかどうか

3　入力エラーを注文発信前に認識し訂正するための技術的手段

4　契約締結のために用いることができる言語

5　事業者が服する行動準則（Verhaltensregelwerke）及びこの規律への電子的アクセスの可能性

事業者は注文の到達を利用者に遅滞なく電子的方法で確認しなければならない。

(3)　第三一〇条を超えて、契約に組み込まれた普通取引約款を含めた契約条件は、利用者が保存し、再現できるような形で提供されなければならない。

(4)　本条第一項及び第二項は以下のいずれかの場合には適用されない。

1　契約がもっぱら電子メールまたはこれと同等な個別的通信の交換により締結される場合

2　事業者間で別段の合意がなされる場合

これを除いて、前三項と異なる合意は許されない。

(5)　商品又は役務に関する契約の有効性は、本条所定の義務の一つが履行されないことによって影響を受けない。

三一一f条 BGB DE-alt［電子的取引における契約締結の際の付加的義務］

(1)　事業者が直接販売における契約の準備又は締結に際し、テレサービス又はメディアサービスを利用する場合には、消費者に対し、消費者が契約締結に向けた意思表示（注文）を発信する前に入力エラーを認識し、訂正することができるような、適切で、有効かつ使い易い技術的手段をも提供しなければならない。

(2)　さらに事業者は、消費者が注文をなす前に適時に、民法施行法二四〇条にもとづく法規命令において定められる、電子取引における契約に関する情報を明確かつわかりやすく提供しなければならない。

(3)　事業者は消費者に対して注文の到達を遅滞なく電子的方法で確認しなければばらない。注文と受領確認は、当事者がそれらを呼び出せる場合には、到達したものとみなされる。

(4)　契約の有効性は、事業者が前各項において課せられる義務の一つを履行しないことによって影響を受けない。第一一九条及び第一二〇条による錯誤取消は妨げられない。消費者の錯誤が第一項及び第二項に基づく義務に事業者が違反したことに基づく場合には、第一二二条は適用されない。

(5)　契約がもっぱら個別的通信により締結される場合には、前各項の規定は適用されない。

ドイツ民法新三一二e条［電子的取引における義務］

(1)　事業者が商品供給もしくは役務供与に関する契約の締結のために、テレサービスもしくはメディアサービスを利用する場合（電子取引における契約）、事業者は受領者（顧客）に、以下のことをしなければならない。

1　顧客が、契約締結に向けられた意思表示（注文）を発信する前に入力エラーを認識し、訂正できるような、適切で、有効かつ使いやすい技術的手段を提供すること。

2　注文を発信する前適時に、民法施行法二四一条による法規命令で規定される、電子取引における契約に関する情報を明瞭かつわかりやすく提供すること。

3　注文の到達を遅滞なく電子的方法で確認すること。

4　組み込まれた普通取引約款を含めた契約条項を、直ちに、遅くとも契約の完全な履行までに、商品の場合には遅くとも顧客への供給の際に、呼び出し、かつ再現できる形式で保存する可能性を用意すること。

第一項第三号の意味での注文と受領確認は、当事者が通常の事情のもとでこれらを呼び出しうる場合には、到達したものとみなされる。

(2)　第一項一文一号ないし三号は、以下のいずれかの場合には適用しない。

1　契約がもっぱら個人的な通信により締結される場合

2　事業者間で別段の合意がなされる場合

(3)　他の規定に基づく情報提供義務は影響を受けない。顧客に第三五五条により撤回権が帰属する場合、撤回期間は第三五五条二項一文とは異なり、第一項第一文所定の義務の履行前は進行を開始しない。

（1）　法律学上の専門用語として意思表示という概念は、それほど古くはない。オーストリア民法（一八一一年）八六一条はローマ法の伝統に全く従い、なお約束（Versprechen）という言葉を使っている。これよりやや古く、啓蒙主義の影響の薄いプロイセン一般ラント法（一七九四年）第一部第四章には、「意思表示について」という表題がつけられている。

（2）　今日の通説である。たとえば、*Larenz/Wolf*, Allgemeiner Teil des Bürgerlichen Rechts, 8. Auflage 1997, § 30 Rn. 59.

（3）　さらに詳しくは、*Taupitz/Kritter*, Electronic Commerce - Probleme beim Rechtsgeschäft im Internet, JuS 1999, 839 (840). そこでは、人の行為要件の使命について語られている。

（4）　*Ultsch*, Zugangsprobleme bei elektronischen Willenserklärungen, NJW 1997, 3007.

（5）　*Taupitz/Kritter*, JuS 1999, 839 (840).

（6）　*Larenz/Wolf*, a.a.O. (N. 2), § 26 Rn. 5; *Brox*, Allgemeiner Teil des BGB, 24. Aufl. 2000, Rn. 150;

Heinrichs in: Palandt, BGB, 60. Aufl. 2001, § 122 Rn. 2 aE.

（7） 理由づけの詳細では異なるが同旨のものとして，*Medicus*, Allgemeiner Teil des BGB, 7. Aufl. 1997, Rn. 607; *Flume*, Allgemeiner Teil des bürgerlichen Rechts II, 2. Auflage 1975, § 20, 3 und § 23, 1; *Bydlinski*, Erklärungsbewusstsein und Rechtsgeschäft, JZ 1975, 1 (5).

（8） 理由づけは妥当ではないが，同旨を古くに述べるRGZ 90, 160がある。詳しくは，*John*, AcP 184 (1984), 385 (390 ff.)。

（9） *Medicus*, a.a.O. (N. 7), Rn. 273. 詳しくは，*John*, Grundsätzliches zum Wirksamwerden empfangsbedürftiger Willenserklärungen, AcP 184 (1984), 385 (403 ff.).

（10） このような場合は，案外多い。多くのメールサービスは顧客ないし情報獲得のために無償で提供されている。これらはオンラインで一旦設置されるが，その後一度も使われないことが多い。

（11） *Medicus*, a.a.O. (N. 7), Rn. 288.

（12） 二四二条によるものとして，BGH NJW 1996, 1967. 一六二条，八一五条の類推によるものとして，*Medicus*, a.a.O. (N. 7), Rn. 282; Ultsch, NJW 1997, 3007 (3008).

（13） LG Frankfurt/Main, NJW-RR 1997, 1273; *Medicus*, a.a.O. (N. 7), Rn. 256; *Taupitz/Kritter*, JuS 1999, 839 (843).

（14） Vgl. nur OLG Hamm NJW 1993, 2321; *Palandt/Heinrichs*, § 119 Rn. 10.

（15） 一二六条はすでに古くから問題を引き起こしていた。一九七四年以来旧割賦販売法のもとでの撤回権において，後には訪問販売法のもとでの撤回権について，vgl. nur BGHZ 109, 314. 方式問題は民法新三五五条二項二文により明確化された（これ以前は若干異なる表現の三六一a条一項四文において）。

（16） 電子商取引指令公布に関しての審議会の共同意見（98/0325 (COD) vom 28. 02. 2000）。

（17） KOM (1998) 586 endg. und KOM (1999) 427 endg.

（18） 申込の誘引に関して最近のものとして，*Muscherer/Schewe*, Die invitatio ad offerendum auf dem Prufstand,

Jura 2000, 565 ff.

(19) KOM (1998) 586 endg. の考慮理由一三。

(20) *Wildemann*, Vertragsschluss im Netz, München 2000, S. 108.

(21) 申込の拘束力は多様な法圏においてかなり異なる。Vgl. nur *Zweigert/Kötz*, Einführung in die Rechtsvergleichung, § 26.

(22) Vgl. nur *Cornhult/Sterzel/Tiberg* (Hrsg.), Swedish Law, Stockholm 1994, S. 178 f.

(23) Dazu *Muscheler/Schewe*, Jura 2000, 565 (568).

(24) しかし、ブリュッセルで費やされた費用を正当化するような問題が実際にここにあるかどうか、疑わしい。企業の方もその契約の相手方が通知がないため他から買い入れ、その後に、もはや何の便りもなかった企業との契約の効力を争うことから生じうる取引費用を低く抑えねばならない。

オンライン有価証券取引における銀行および証券会社の義務

マルクス・レネンバッハ〔松本博之訳〕

一　序※

1　オンライン有価証券取引の意味の増大

ドイツテレコム株の公開とともにドイツで始まった株式ブームの牽引の中で、有価証券取引の処理を万人のために自己のコンピュータから提供するオンライン証券業者が登場した。有価証券取引をサーヴィスとして提供するオンライン証券業者とオンライン銀行は、個人投資家向けに有価証券とその他の金融商品の取引を活発にした。九〇年代の初めに私人が有価証券取引を行おうとすれば、銀行に行かなければならず、たいてい、そこで銀行担当者による助言の後、有価証券の取得または売却の委託を行った。徐々に投資家は、有価証券取引を今日では自分のコンピュータからオンラインで行っている(1)。オンライン有価証券取引は、インターネット経由での契約の締結および処理が日常的になったインターネット領域の一つをなす。私の講演は、インターネット経由の証券取引の際に銀行および証券会社が負う義務〔の問題〕に捧げられる。その際、オンラインで締結されるあらゆる取引において生ずる諸問題が扱われるが、有価証券取引に特有の問題にも言及される。

2　オンライン有価証券取引の手順

インターネット経由で有価証券取引を締結し得るためには、オンライン銀行取引約定が必要である。そのために必要な合意は、有価証券取引の清算が行われる口座関係の基礎となる口座契約の付随的合意である。(2)投資家がインターネット経由で有価証券取引を行うことを決断すると、彼は取引銀行のホームページを呼び出し、マウスをクリックして「有価証券」または「有価証券取引」の機能を選び、自己の口座番号を入力する。オンライン接続の安全と統合を保証するために、二つの安全基準が利用されている。PIN/TAN手続においては、銀行の顧客は、銀行へのオンラインアクセスを得る（freischalten）ために、口座番号のほか自分のＩＤ番号を開示しなければならない。(3)顧客が取引を締結することを望む場合には、彼はその他、取引番号を入力しなければならない。投資家が五〇から一〇〇までもっている、この取引番号は一回だけ使用でき、一つの取引の後は捨てられる。(4)最新の安全基準である、ホームバンキング・コンピュータ・インターフェイス・ダイアローグ手続（Homebanking Computer Interface Dialog Verfahren（HBCI））は、暗号解読技術によっている。この技術では、暗号アルゴリズムにより二つの電子鍵、すなわち秘密鍵と公開鍵が作られる。これらの鍵は、それ自体、非常に複雑な施錠と解錠のプログラムである。ある書類は顧客がもっている二つの鍵の一つで暗号化され、銀行にある他の鍵によってのみ解錠することができる。(5)銀行顧客がインターネット経由で取引をする場合、彼は公開鍵を用いて送付書類を施錠し、彼の私的な署名鍵を用いて書類に署名する。銀行は各々の対鍵、すなわち秘密施錠鍵と公開の署名鍵を持っている。銀行は秘密の鍵（Chiffrierschlüssel）を用いて書類を解錠する。それによって、書類は文字文章（Klartext）の形で現われ、通知を発したのが誰で、その通知が変造されているかどうかを公開の署名鍵によって確認することができる。(6)

投資家は、インプット書式に記入し、銀行に送付することによって、銀行または証券会社にオンラインで有価証券取引の執行の委託を行う。書式には、たとえばダイムラークライスラー株式会社の株式のような有価証券の種類、有価証券の数、銘柄のコード番号、および売買されるべき値段ならびに執行時間および執行地のようなその他の詳細事項が記入される。委託の送付と銀行による承諾によって銀行と顧客との間でコミッション契約が成立する（ドイツ商法三八三条）。[7] 銀行は、顧客の申込を通常確認の注文番号を送付することにより承諾する。銀行は、取引所または取引所外で締結される売買契約により委託を執行する。銀行は自己の名で、かつ、顧客の計算において売買契約を締結する。買付けられた有価証券は投資家の保管口座に預かり記入される。売買代金は顧客の当座口座または他の金銭口座から引き落とされる。[8]

3　オンライン有価証券取引の特殊性

オンライン有価証券取引では、顧客の有価証券の注文は銀行によって執行されるだけである。[9] それゆえ、この取引形式は執行のみのビジネス（executive only business）と呼ばれる。通常、投資家に対する助言は行われず、説明は、書面による情報、たとえば、各銀行が顧客のために作成する「有価証券投資に関する基本情報（Basisinformationen über die Vermögensanlagen in Wertpapieren）」に限られる。投資家が銀行で締結する伝統的な有価証券コミッション取引の場合には、適式な助言と説明が銀行のサーヴィスの重要な部分をなす。オンライン証券業者のサーヴィス提供が少ないことは、銀行支店の伝統的な証券取引業務（Effektengeschäften）と比べ明らかに安い取引コストによって投資家に報いられる。[10] サーヴィスが少ないのと、費用の安さのゆえ、オンライン有価証券取引にディスカウント証券業の呼び名が与えられている。「格安有価証券取引（Billig-Wertpapierhandel）」の概念が、私には、この取引形態の適切な呼称のように思われ、以下ではこれを用いる。

二　説明義務と助言義務

1　ディスカウント証券業の特殊性についての説明

オンライン銀行取引の合意を締結する前に、銀行はディスカウント証券業者の特殊性について顧客に説明しなければならない。銀行は投資家に、ディスカウント証券業者の給付は単なる委託の執行だけであり、投資助言は行われず、標準化された情報文書による限られた商品説明だけが行われること、助言・説明を伴う証券取引業務(Effektengeschäft)と比較して安い手数料はサーヴィス提供が少ないことによって説明されることを、明瞭かつ誤解のないように説明しなければならない。(11) 格安有価証券取引業者は、一般にこの説明義務を守っている。たとえば、あるダイレクト銀行(Direktbank)の口座開設申込書には「私は、銀行がよりよい条件のために、あらゆる形式の助言をしないことを知っています」と書かれている。(12)

オンライン銀行取引の合意を締結した後、しかし最初の委託執行前に、現代的な通信手段を用いた有価証券取引のやり方が顧客に説明される。これは、通常、オンラインでやり方を指示するか、情報パンフレットによって行われる。(13) しかし、うまく構成された画面による自明の利用者案内でも、説明として十分であり得る。(14) 顧客は、秘密保持の意味と、彼のPINとTANsについての、ないしHBCI手続の場合には顧客のパスワードについての顧客の秘密保持義務、および解錠ソフトのデータキャリアの秘密保持義務、および権限のない第三者がこの安全手段を知った場合に口を開ける著しい濫用危険につき指摘を受けなければならない。投資家はPINおよびTANs(七号)(15) によるオンライン銀行取引の特別約款のなかで、ならびにホームバンキング約款(四号、五号)(16) において十分明瞭に秘密保持と濫用の危険を指摘される。(17)

2　投資家および投資に適合する助言と説明

有価証券取引の場合の投資家保護は、判例により、まさに包括的な助言=説明義務の上に築かれた。そのボンド判決において、連邦通常裁判所は一九九三年に投資業務の際に銀行に生ずる助言=説明義務を要約的に次のように確定した。すなわち、銀行は、投資家にその個人的な事情に応じて、念頭に置く投資のチャンスとリスクにつき包括的に説明し、助言しなければならない[18]、と。この要求を格安有価証券取引に当てはめると、投資家保護義務はディスカウント証券業の場合にどの程度引き下げられ得るかという問題が生ずる。ちょっと誇張した表現をすれば、銀行は廉価な価格により、いわば国王への免罪金の形で金で顧客に対する助言=説明義務を免れることができるかと問うことができる。投資家保護が、第一に、投資家は十分な情報により投資に関して意識的で自己決定的な判断を行うという理念に基づくことを考えれば[19]、情報水準の引下げは考え難い。まさに安い費用で有価証券業務を行う誘因がたいていの投資家には誘惑的に作用し、投資家に必要な助言と説明を放棄させる。インターネット経由の注文の場合の、軽はずみな有価証券取引の危険は、もっと大きい。注文を出すには、コンピュータ画面上の書式を埋め、家のパソコンでマウスをクリックするだけでよいからである。以上すべては、むしろ、ディスカウント証券業における助言=説明義務の強化を支持するように思われる。全く支配的な見解は、助言を排除し、説明を標準化された情報冊子に限る格安有価証券業者の、普通に行われている実務を適法と見る[20]。連邦通常裁判所は、明示的に、よく知り経験のある投資家だけを相手にし、あらゆる助言を拒否し、注文執行するだけのディスカウント証券業者は、取引き関係開始の際に、標準化された情報を顧客に伝達することにより原則として履行される、軽減された説明義務に服すると判断した[21]。

(a)　助言義務の欠缺

顧客との助言契約が締結された場合にのみ、銀行には助言義務が生ずる。顧客が投資可能性について助言を受けるために、銀行に赴く場合は通常そうである。[22]助言契約は、銀行の投資助言者が顧客に会談を求める場合にも成立する。助言契約から、銀行には投資にとって重要な事実を評価し、その顧客に投資を推奨する義務が生ずる。[23]ディスカウント証券業者の場合には、銀行は投資家の助言に応じないので手数料が安いことを明瞭に説明する。顧客と銀行は、銀行の給付が有価証券の注文の執行だけであり、助言は行われないことを合意する。それゆえ、助言契約は初めから成立しない。[24]ただ、誤った助言による責任を確実に排除するために、銀行は投資家に渡す情報書において、情報資料が情報にだけ資し、推奨を含まないことを指摘すべきであろう。

(b)　有価証券取引における銀行の説明義務

助言義務と区別すべきものに、説明義務がある。説明は、自己の危険評価と顧客の投資判断に必要な事実の提供を目的とする。事実の評価と投資推奨は、説明の内容ではない。説明義務は、銀行の基本的な保護義務として、あらゆる有価証券取引の義務標準に属する。投資に定型的に結びつく危険と有価証券に付着する特別の危険とが、投資家に示されなければならない。説明は、投資家の個人的事情と向けられる投資客体に合っていなければならない。銀行顧客は当然説明を放棄することができる。明示の放棄とならんで、投資家が有価証券を正確に表示した正確な有価証券注文をもって銀行に近づく場合には、黙示の放棄がある。なぜなら、それによって、投資家が有価証券について知り、または第三者から説明を受け、それゆえ、それ以上情報を望んでいないことを示しているからである。[25]

固有の放棄事例は、ディスカウント証券業者の場合にも問題を生じない。決定的な問題は、ディスカウント証券業務という取引形態にあらゆる説明の放棄が随伴するかどうか、したがってディスカウント証券業に特別の合意がなくても、説明を伴わない有価証券取引が許されるか否かである。連邦通常裁判所と学説の大部分は、これを肯定する。[26]理由づけとして、格安有価証券取引業者が限られた範囲でのみ投資客体の危険について情報を提供することを知ったうえで、投資家は注文を出すのだと述べられている。この行動様式には、情報を必要としない意思が少なくとも黙示的に表わされている、それゆえ、顧客は、ディスカウント業者を利用する場合には、包括的説明に対して意識的に反対しているというのである。

(c)　銀行の照会義務

銀行の説明義務の存在と範囲の基準をなすのは、投資家の要保護性である。知っている投資家は、原則として説明を要せず、したがって保護を要しない。取引経験のある投資家は、未経験の投資家よりも説明を必要としない。銀行は、投資決定にとって本質的な顧客の事情を知る場合にのみ、顧客の要保護性を判断することができる。それゆえ、銀行には投資家の個人的事情について照会する義務がある。銀行は、顧客の有価証券取引についての知識と経験、投資目的、および、リスクをとる用意があるかどうか、ならびに、その資産状況を顧客に照会しなければならない。照会義務は信義則（ドイツ民法二四二条）から引き出され、原則として有価証券取引に関するあらゆる契約開始関係において存在する。[27] 顧客の個人的な事情について照会する義務は、銀行が有価証券取引をディスカウント証券業者として行うか、伝統的な態様で行うかを問わず、すべての銀行にある。必要な情報を、銀行は顧客との取引関係に基づき得るか、顧客に照会しなければならないかのいずれかである。銀行は、あらゆる必要な細目を含み、そして、それに基づき投資助言者が顧客に対する質問を実施する調査用紙を開発した。[28] 顧客と直接個人的な接触をもたない、格安有価証券取引を行っているオンライン銀行は、顧客に質問用紙を送付する。

(d)　投資家保護のコンセプト――リスク等級割と説明義務の軽減

できるだけ説明を少なくするディスカウント証券業者の利益と、有効な投資家保護との間の相克の解消は、リスク等級を形成し監視する義務と、リスク等級の必要に適合した標準化された説明によって、到達することができる。ディスカウント証券業者は、照会またはその他の方法で判った個人的事情に基づき、要保護性の観点に従い顧客をグループ分けしなければならない。[29] 考慮すべき個人的事情には、有価証券取引の経験、投資目的、リスクを引き受ける用意および資産状況が含まれる。安全型の投資戦略から高度の投機的な有価証券取引まで、六つのリスク等級への分類が一般的である。(30) 要保護性に応じた商品が顧客グループに割り当てられる。たとえば、第一級の発行者の確定利回り有価証券は、第一クラスの顧客に、変動幅証券またはバスケット・オプション証券(Bandbreiten-oder Basket-Optionsscheine)のような複雑な投機的商品は最高のリスク等級に割り当てられる。たとえば自動遮断のような組織的措置によって、ディスカウント証券業者は、投資家が彼のリスク段階に合った商品の取引だけできるよう確保しなければならない。(31)

投資家が彼のために予定されていないリスク等級の有価証券取引をしたがる場合、ディスカウント業者には取引を拒否するか、または、意図された取引の高いリスクを顧客に指摘する選択肢がある。(32) 連邦通常裁判所は、かかる警告義務を、よく情報を得ており経験のある投資家については拒否した。ディスカウント証券業者に執行を委託するかかる投資家は、黙示的に、引き受けられるリスクを知り、それ以上情報を必要としないことを表わしている。(33) 連邦通常裁判所判決と結びつく投資家保護の限定にどう対応するかと同様に、この言明があまり経験のない投資家にも妥当するか否かはまだ解明されていない。これは否定されるべきであろう。なぜなら、そうでなければ、ディスカウント証券業者は大した費用なしにここで説明した保護システムを維持できるにもかかわらず、投資家にとくに危険な販売方法のために、やすやすと投資家保護の低下が生ずるからである。(34)

投資家が一定の事項について開示を拒否する場合、ディスカウント証券業者の利益擁護義務から、ディスカウント証券業者はその投資家のために最少リスク等級となる開示があったものと措定しなければならない。ディスカウント証券業者は、投資家が有価証券に経験をもたず安全な投資戦略を追求していると仮定しなければならない。(35)

このようなリスクのクラス分けのシステムにおいては、ディスカウント証券業者が、完全な助言＝説明義務のある有価証券取引の場合のように、各取引において選択された投資のリスクについて投資家に個別に説明することは必要でない。[36] 説明義務は、むしろ、投資家にはその投資家のリスク等級の商品について、標準化された情報資料を届けまたは送付するだけで足りるというように軽減される。[37] 投資家がより高いリスク等級に位置づけられる場合、格安有価証券業者は高いリスクの警告に加え、投資家に、よりリスクの高い商品における最初の取引の前に、新商品についての情報資料を届けなければならない。[38] 紹介されたこの投資家保護モデルは、文献において前面に出ているものである。判例では、説明義務の軽減は認められたが、しかし、これまではリスク等級に分ける義務は定立されていない。[39]

説明義務の水準の引下げは、前述のように、有価証券の注文を執行する段階にのみ関する。ディスカウント証券取引に関する基本契約（Rahmenvertrag）を締結する前に、銀行は投資家に、格安有価証券取引において助言は行われず、銀行の給付は委託の執行と制限的な説明にあることを明瞭かつ誤解のない形で指摘しなければならない。

(e)　利益擁護義務

当座関係からも、有価証券取引の基礎にあるコミッション取引からも、銀行は顧客の利益を期待可能な範囲において擁護する義務を負う。[40] この利益擁護義務から、とくに認識でき回避できる損害から投資家を守り、投資家に警告する義務が生ずる。投資家が有価証券の買い注文を出すが、この取引のために、有価証券取引が金銭で決済される投資家の当座口座が必要な残高またはクレジットラインをもたない場合、ニュルンベルク-フュルト・ラント裁判所の判決によれば、委託は執行されてはならない。[41] 同様の自動的遮断は、ダイレクト銀行も大きな費用なしに設けることができる。加えて、投資家は多分知り得ないが、たとえば発行者の倒産のように有価証券取引にとって基本的な意味をもつ事情が証券業者に知れている場合、警告義務が認められる。

(f)　有価証券取引法による説明と助言

一九九五年一月一日以来、ドイツでは有価証券取引法（WpHG）が実施されている。これはヨーロッパ共同体の正しい振舞指令（Wohlverhaltensrichtlinie）に基づくものであり、資本市場法の基本的な問題を取り扱う。われわれの関連では、有価証券サーヴィス企業につき照会＝説明義務を定める有価証券取引法三一条二項だけが関心を惹く。ディスカウント証券業者が有価証券取引法により履行しなければならない投資家保護義務は、監督法的性質を有するが、内容上は本質的に契約上の義務に対応する。有価証券取引法三一条二項一文一号によれば、有価証券取引サーヴィス企業は、顧客に、顧客の有価証券取引の経験および知識、顧客の財産状態および取引によって追求する目的についての開示を要求しなければならない。顧客は、しかし、この開示を行う義務を負わない（有価証券取引法三一条二項二文）。さらに、有価証券サーヴィス企業は有価証券取引法三一条二項一文二号により、自己の顧客の利益の擁護のために、かつ、意図された取引の種類と範囲に鑑み必要である限りにおいて、顧客に目的に適合するすべての情報を通知しなければならない。

ディスカウント証券業における助言の排除は、有価証券取引法によれば問題を提起しない。なぜなら、有価証券取引法三一条二項一文二号は助言義務でなく説明義務だけを定めているからである[42]。答えが困難なのは、説明義務の軽減が有価証券取引法三一条二項一文二号と合致するかという問題である。有価証券取引法三一条は監督法的規範であるので、そこにおいて命じられた保護は放棄できない[43]。有価証券取引法三一条二項一文二号は、顧客の利益を擁護するために、かつ意図された取引に鑑み必要である限りでのみ、銀行に説明義務を負わせている。説明の基準としての必要性は、投資家の専門家性と、経験と知識・投資目的と資産状態によって判断される要保護性による説明強度の差別化を許す[44]。有価証券取引法三一条二項一文二号の指令適合解釈は、投資家の要保護性のみによる説明の差別化が可能であることを明らかにする。なぜなら、有価証券取引法三一条が基礎とする、有価証券サーヴィス指令の一一条一項一文と考慮事由三二[45]は、専門家性と要保護性による段階化だけを規定しているからである。ディスカウント証券業の特殊性についての説明に基づき、商品について標準化された情報資料によってのみ説明を受けることを知り、格安有価証券取引を決める顧客は、それ以上情報を必要としないことを気づかせるからである。投資家には有価証券取引法により説明が強いられてはならない。それとともに、それ以上の説明の必要性はなくなる。(46)

(g) 金融サーヴィスについての通信販売指令(Fernabsatzrichtlinie)
ヨーロッパ共同体委員会は一九九九年に金融サーヴィスの通信販売の指令草案を作成した。(47) しかし、この指令草案は理事会において僅かな政治的不一致のため、とくに、完全調和の原則、最低調和の原則のいずれが指令の基礎とされるべきかという点の不一致のため、この形では可決されないであろう。(48) 委員会は二〇〇一年二月に意見書(Positionspaper)を提出したが、そこでは、構成国での金融サーヴィスにおける投資家保護の現状に関する、なお作成されるべき鑑定書に基づき新たな指令を予告している。(49)

三 システム技術の適性

1 システム装備とシステムの保安

格安有価証券取引業者の義務には、よく機能するコンピュータ装置を用意することが含まれる。(50) システムの安定と信頼性は分野標準(Branchenstandard)に合致しなければならない。それは、とりわけ、システム故障の場合に、少なくとも緊急運転を維持する予備システムが用意されていることを意味する。また、装置が火災、落雷および水害に対して十分守られ、ウイルス保護プログラムによりコンピュータ・ウイルスから保護されていなければならない。(51) 必要な保守と修理の迅速な処理が保証されていなければならない。遵守すべき保安基準には、オンライン銀行取引の場合、コンピュータシステムへのハッカーの侵入を阻止し、ファイアーウオールや銀行内部の指示により、システムにアクセスするためのパスワードを規則正しい短い時間内に替える措置も入る。(52) 無権限で顧客のパスワードや暗号化手段へのアクセスを取得した第三者によって、濫用の危険が生ずる。濫用の可能性を阻止するために、銀行は三回のPINまたはTANのミス入力、ないし三回の瑕疵ある電子署名の伝達がある場合、オンラインアクセスを遮断する義務を負う(53)。コンピュータシステムに問題が生ずる場合には、瑕疵を迅速に認識し円滑に除去するための技術的および人的要件が備わっていなければならない(54)。システム配置＝保安義務違反は、ドイツ民法二八一条および、二八一条ないし二八三条との関連でのドイツ民法二八〇条二項による（旧法によるコンピュータ銀行取引合意の積極的契約侵害による）損害賠償請求権を根拠づける。

2　責任問題

コンピュータ装置の故障が生ずると、システムが機能しない場合のリスクを銀行と顧客との間でどのように分配するかが問題となり、それは銀行の責任の問題へと導く。ありうる損害賠償請求権はオンライン銀行取引合意の有責な違反、したがってドイツ民法二八〇条一項、および契約上の付随義務違反の場合にも損害賠償請求権を付与するドイツ民法二八一条ないし二八三条との関連での二八〇条二項から（旧法によれば積極的契約侵害から）、および遅滞（ドイツ民法二八六条一項＝ドイツ民法旧二八六条一項）から生ずる(55)。システムの故障および、これと顧客に生ずる損害との間の因果関係は、稀にしか問題にならないであろう。責任問題を決定する基準は、銀行の帰責事由である。検討に値すると思われるのは、技術装置へのドイツ民法二七八条（ドイツ民法旧二七八条）の類推適用である。類推適用の結果は、コンピュータ装置という「電子的履行補助者」の故障はつねに銀行の責任になるということである(56)。技術装置は多くの場合、人にとって代わったのであり、技術装置は人的補助者の投入と同様、雇い主にメリットをもたらす、それゆえ雇い主は人の過失に対してと同様に、技術装置の故障にも責任を負わなければならないことが、この類推の理由である。

この考え方は説得力を有する。もっとも、コンピュータ装置は、人間より瑕疵を生み出さないとか、ダイレクト銀行取引は顧客をも利しているとか、ドイツ民法二七八条は人の帰責事由を要件としており、それゆえ過失とは関係しない技術装置には適用できないという異論に曝されている(57)。ドイツ民法二七八条の類推適用をめぐる争いは、だが、ほとんど実際には重要とならないであろう。というのは、類推の反対者は、正しく、システム装備=システム保安義務は広範であるので、故障の場合、通常、銀行の帰責事由（ドイツ民法二七六条一項=ドイツ民法旧二七六条一項）または人たる履行補助者（ドイツ民法二七八条）のそれが存在するであろうと指摘しているからである(58)。その他、旧法によればドイツ民法旧二八二条の類推適用の方法で、付随的に、システム故障の場合に銀行顧客に有利な証明責任の転換に至った(59)。新法によればドイツ民法二八〇条一項二文により、債務者はつねに、自分が義務違反につき責めに帰さないことを証明しなければならない。もっとも、銀行は第三者が設置した電話ネットが機能することにつき責任を負わない。銀行は顧客と同じく、電話ネットの無故障に影響を及ぼすことができないからである(60)。

3　迅速な注文の執行と達成可能性

私の知る限り、ニュルンベルク‐フュルト・ラント裁判所が一番早くシステム瑕疵に基づくダイレクト銀行の責任を扱った(61)。このケイスでは、オンライン銀行のある銀行顧客が、八時一八分に五〇〇株の買い注文を出したが、八時一九分に確認の注文番号を得た。この投資家が指定したベルリン市場の始値は、八時三一分に二四四マルクであった。投資家の注文は、この値で全部執行され得たであろう。ソフトウエアの瑕疵により銀行は顧客数増大のため繁忙に耐えることができず、そのため委託は遅れて二七〇マルクの相場で執行された。二四四マルクの相場と比較して五〇〇株で約一万二千マルク高くなり、投資家は銀行にこれを賠償してもらおうとした。

銀行は口座開設書類とともに投資家に複数のパンフレットを送付したが、その中で秒単位の委託の執行を約束した。これは、銀行が広告でも絶えず指摘した保証であった。ニュルンベルク‐フュルト・ラント裁判所は、秒単位の委託執行義務が存在したこと、この義務が有責に違反されたこと、それゆえ投資家にはドイツ民法二八〇

条一項（旧法による積極的契約侵害）に基づく損害賠償請求権が帰属したことを正当に認めた。(62)

判決の核心問題は、広告における言明とパンフレットにおける表示（Angaben）が契約内容になったか否かであった。売買法では、いつ広告およびパンフレットにおける表示がドイツ民法旧四五九条二項にいう保証を基礎づけるかという問題について多数の判例がある。(63)売買法以外では、広告における言明が契約内容に対していかなる意味をもつべきかという問題は、まれにしか扱われていない。一方の契約当事者が、広告または、契約の相手方に契約締結の際に提出するパンフレットにおいて、契約の相手方にとって見分けられる重要な契約義務について具体的表示をし、この表示通りに義務を引き受ける場合、ドイツ民法旧四五九条二項による保証が存在するであろう。いずれにせよ、なされた表示は契約内容になる。(64)この評価は新しいドイツ民法四三四条一項三文によって確認されている。この規範によれば、売主が広告においてした表示に基づき買主が期待してよかった性状は売買目的物の性状に属する。一方の契約当事者は広告およびパンフレットの表示により自ら引き起こした契約内容への信頼に縛られなければならないという原則が、すべての契約類型についてドイツ民法四三四条一項三文から引き出されることができる。

ニュルンベルク-フュルト・ラント裁判所のケイスでは、口座開設書類と一緒に渡された二つのパンフレットには多くの個所で、コンピュータまたは電話による委託は瞬時に執行されるという言明を含んでいた。有価証券委託を現代的な通信手段によって快適に行う可能性のほかに、オンライン銀行の顧客にとっては、とりわけ注文執行の迅速性の問題が重要である。なぜなら、委託ができるだけ早く処理される場合にのみ相場の変動の利用が最適に可能になるからである。委託を瞬時に執行するというオンライン銀行の言明は、それゆえ顧客にとって契約内容に関する中心的意義を有する表示であることが明らかになり、オンライン銀行契約の給付内容となる。(65)その上このケイスでは、顧客は、口座開設書類のほかには、たった二つのパンフレットを受け取っただけであった。口座開設書類は契約内容についての言明を何ら含んでいなかったので、ディスカウント証券業者の給付義務はパ

ンフレットのみから明らかになり得た。(66)

4　契約上の組織義務

システム稼動義務と密接な関係にあるのが、組織義務である。オンライン銀行取引を行う銀行は、この取引領域を、顧客の委託を何時でも適正に執行し処理することが確保されるよう人的かつ技術的に装備し、組織しなければならない。平均以上の注文が現われた時にも、委託を迅速にはかせ、合意されたタイムリッミト内での委託の執行をあらゆる顧客に保証するために、コンピュータ・システムへのアクセスが十分（genügend）存在し、担当者がまあ十分（ausreichend）存在し、および十分な（hinreichend）システム能力が存在しなければならない。(67)顧客数の増大により、やがて能力の限界に達することが予想できる場合には、人と技術を取引の増大に適合させなければならない。担当者はその任務を果たし得るよう有能でなければならない。担当者は、定型的に生ずる仕事を自ら実施できるよう、必要な代理権を有していなければならない。

格安有価証券取引業者を通した有価証券取引の増大と随伴するのが、投資家が組織義務違反に基づく損害の賠償を請求する訴えである。連邦通常裁判所が裁判したある事件では、顧客は一月一六日金曜日一二時に五〇株の売り注文を「できるだけ高く、当日限り、成行き（bestens, tagesgültig, variabel）」の指示とともに出した。担当者は誤って「できるだけ高く、固定値による売り（bestens, Verkauf Kassa）」を銀行の作業システムに入力した。担当者の更なるミスによって、委託は一月一九日月曜日になって一株六四マルクの相場で執行された。一月一六日、相場は五九マルクであった。一月一六日、つまり注文の日の一八時の問い合せ対して、顧客は注文が執行されなかったとの情報を得た。そこから顧客は、彼の指示により一月一六日のみ有効な委託がこの日には市場原因により執行できなかったと推論した。新たな情報に基づきこの株式をなお保有しようと決めたので、それは顧客の新たな計画にとって有利であった。彼は、もし一月一六日に委託が執行されていたとすれば、一月一九日に株式を買い戻していたであろう。彼は一月二〇日に前日の売却についての計算書を受け取った時、彼は一月二〇日に被告銀行に電話し、取得された売却代金の返還と引換えに即時に訂正記帳をし、株式を自分の保管口座に再登録するよう要求し、この要求を一月二七日と二月二〇日にも繰り返した。

誤った注文の入力により一月一六日の当日限りの委託が執行されなかったことは、ドイツ民法二八三条、二七五条一項、二七八条（ドイツ民法旧三二五条一項・ドイツ民法旧二七八条）により銀行が責任を負わなければならない定期行為の不能と評価される。もっとも、顧客の売却委託は、五九マルクでなく、六四マルクでの誤った注文処理によって、すなわち五マルクの利益を得て執行されたので、顧客は一体損害を受けたのかという問題が生ずる。しかし、この評価は、銀行の義務違反が専ら一月一六日の委託を執行しなかったことにある場合にのみ当てはまる。(68) しかし、正しく連邦通常裁判所は、銀行は二つの義務違反を犯したと確定している。(69) 第一は、委託を指示どおりに一月一六日に執行し得たのに、委託が執行されなかったことにある。銀行の第二の義務違反は、銀行がもはや株式を処分する権限を有していなかった時点における株式の売却に見られる。なぜなら、顧客の指示により銀行は一月一六日にのみ顧客の株式を売却することができたからである。したがって、銀行は無権限で株式を処分したのである。それゆえ、株式の売却は契約義務の違反を惹起したのみならず、それは株主としての顧客の物権的地位に対する違法な侵害、したがってドイツ民法八二三条一項違反でもあった。(70) 委託の適時でない執行と株式の無権限売却は、それらが顧客の注文の誤った受入れという同一の原因に基づく場合にも、二つの独立の義務違反をなす。(71) したがって、それらは損害賠償法上も独自に評価されるべきである。顧客は、株式が一月一六日に売却されなかったとすればいるであろう状態に置かれるべきである（ドイツ民法二四九条一文）。それゆえ、銀行は売買によって得られた一株六四マルクの売買代金の返還と引換えに株式を顧客のために再調達しなければならない。

イツェホエ・ラント裁判所の判決では、ディスカウント証券業者は委託日の注文執行を約束した。(72) 顧客はオンラインで八四〇株の売り注文を出した。処理の際に起きた担当者の複数のミスとソフトウエアの瑕疵により、ディスカウント証券業者は八四〇株を売り、後にもう一度七四〇株を売り、その結果、口座は七四〇株の不足となった。ディスカウント証券業者は自ら反対売買を行い四万マルクの買い代金を投資家の日々勘定に付け、入金するよう催告したが、支払われなかったので、最後に投資家の保管口座（Depotbestände）を閉鎖した。投資家はオンライン銀行による保管口座の解放と差額の補償を要求した。裁判所は、訴えを正しく認容した。銀行の担当者は、顧客の注文と指示を正しく同日に執行することができなかった。このひどい組織上の欠陥に、さらにソフトウエアの瑕疵が加わったのである。

5　普通取引約款における責任条項

金融機関は、分かりやすいことだが、コンピュータ・システムの故障の責任を普通取引約款（AGB）の条項によって制限しようとする。「技術上および営業上の理由からオンラインサーヴィスへのアクセスの一時的制限および中断があり得る」という、郵便銀行のオンライン特別約款中の一条項を、連邦通常裁判所は普通取引約款法（AGBG）一一条七号、現在ではドイツ民法三〇九条七b号違反により無効と判示した。(73) この条項は、普通取引約款法八条、現在ではドイツ民法三〇七条三項(75)の意味でのコントロールのない給付記述（kontrollfreie Leistungsbeschreibung）をなすものでない。というのは、オンライン銀行取引合意からは、銀行のコンピュータシステムへの顧客のオンラインアクセスの一時的利用制限は生じなかったからである。それゆえ、この普通取引約款条項には、普通取引約款法九条以下、現在ではドイツ民法三〇七条以下に服する給付義務の制限が見られる。普通取引約款法一一条七号、現在ではドイツ民法三〇九条七b号は、普通取引約款の利用者とその履行補助者の責任を重過失についても排除または制限する条項を無効と宣言する。普通取引約款法一一条七号、現在ではドイツ民法三〇九条七b号の意味での責任排除は、すでに客観的義務、ここでは二四時間のオンラインアクセスの保証が排除され、それによって、リスクが専ら契約の相手方、すなわち銀行顧客にのみ課される場合にも存在する[76]。郵便銀行の条項は、銀行とその履行補助者の責に帰するアクセス制限または中断と、彼らの責に帰さないそれとにより差別していない。したがって、重過失や故意によるものも含め、銀行の責に帰すべきすべてのアクセス障害につき責任が排除されるので、この条項は普通取引約款法一一条七号、現在ではドイツ民法三〇九条七b号により無効である[77]。

銀行自身およびその履行補助者の帰責事由に対する責任を重過失に制限する条項は、普通取引約款法九条（現在ではドイツ民法三〇九条七b号）に反しない[78]。もっとも、判例が一定のシステム装備＝システム保安義務を、あらゆる免責が無効とされる普通取引約款法一一条七号、現在ではドイツ民法三〇七条の意味での基本義務（Kardinalpflicht）と見なしていることは排除されない。基本義務とは、契約がその適正な履行と運命をともにする義務である。

6　有価証券取引法による組織義務

有価証券取引法三三条一項一号によれば、有価証券取引を行う銀行はすべて、有価証券取引サーヴィスに必要な手段を保持し有効に投入する義務を負う。この純然たる公法上の組織義務[79]は、連邦有価証券取引監督局により法令遵守指令のなかで具体化された[80]。指令は行政規定であり、行政内部的効力のみを有する。対外関係では、それは実際に銀行実務において重要であるが、法的には外に向かって効力を生じない[81]。指令の二、二によれば、システムの不稼動およびシステムの障害の際、委託の執行と委託の取次の遅延をできるだけ少なくするための措置をとることは銀行の組織義務に属する。また、担当者が提供されるサーヴィスを必要な注意と専門知識をもって顧客の利益のために行うことができるよう、必要な手段と手続が用意されなければならない。これは、ダイレクト銀行にとっては、有価証券取引法上も、適正で迅速な顧客委託の執行に必要な人的、物的手段と技術的システ

ムを十分に（in ausreichendem Maße）用意する義務を負うことを意味する。(82)

※ 書面の形の講演においては、二〇〇二年一月に施行される債務法現代化法による民法の改正が組み込まれた。民法典の規範がこの改正により内容上または編集上変更された限り、旧法文は二〇〇二年一月一日以後適用される法文の後に括弧内に付加される。変更のない規範は、たとえば「旧」または「新」のような付加なしに引用される。

（1） *Wiesgickl*, WM 2000, 1039; Birkelbach, Onlinebanking-Bankgeschäfte rund um die Uhr, bank-verlag köln, 1998, S. 11 ff.

（2） *Wiesgickl*, a.a.O. (N. 1), S. 1042 f.; *Gößmann*, in: Schmansky/Bunte/Lwowsky, Bankrechts-Handbuch, Bd. I, C. H. Beck, München, 2. Aufl., 2001, § 55 Rdnr. 15.

（3） PIN および TAN によるオンライン銀行取引の約定書2号3号一項、*Gößmann*, a.a.O. (N. 2), Anhang 6 zu § 55 に掲載されている。

（4） PIN および TAN によるオンライン銀行取引の約定書4号二項、Gößmann, a.a.O. (N. 2), Anhang 6 zu § 55 に掲載されている；*Birkelbach*, a.a.O. (N. 1), S. 60 f.

（5） *Siebert*, Das Direktbankgeschäft, Nomos Verlagsgesellschaft, Baden-Baden, 1998, S. 117 ff.; Wiesgickl, a.a.O. (N. 1), S. 1041 f.

（6） *Siebert*, a.a.O. (N. 5), S. 117 ff.; *Wiesgickl*, a.a.O. (N. 1), S. 1042; *Birkelbach*, a.a.O. (N. 1), S. S. 70 f.

（7） *Lenenbach*, Kapitalmarkt-und Börsenrecht, RWS-Verlag, Köln 2002, § 4 Rdnr. 8.

（8） 有価証券取引の手順の詳細については、*Lenenbach*, a.a.O. (N. 7), § 4 Rdnr. 12., § 5 Rdnr. 48 ff.

（9） *Siol*, Festschrift für Schimansky, 1999, S. 781.

（10） ドレスナー銀行はオンラインで締結され執行される有価証券取引につき、銀行において銀行員を介して締結される取引について計算される手数料の半額を求めるに過ぎない。

（11） *Siol*, a.a.O. (N. 9), S. 787 f.

(12) *Siol,* a.a.O. (N. 9), S. 782.

(13) PIN および TAN によるオンライン銀行取引の約定書3号二項' *Gößmann,* a.a.O. (N. 2), Anhang 6 zu § 55 に掲載。

(14) *Gößmann,* a.a.O. (N. 2), § 55 Rdnr. 21 ; Siebert, a.a.O. (N. 5), S. 125.

(15) *Gößmann,* a.a.O. (N. 2), Anhang 6 zu § 55 に掲載されている。

(16) *Gößmann,* a.a.O. (N. 2), Anhang 7 zu § 55 に掲載されている。

(17) *Gößmann,* a.a.O. (N. 2), § 55 Rdnr. 20 f. ; *Siebert,* a.a.O. (N. 5), S. 70 f., 125.

(18) BGHZ 123, 126.

(19) *Lenenbach,* a.a.O. (N. 7), § 8 Rdnr. 4, 13 ff.

(20) BGHZ 142, 345 ; OLG München, WM 1998, 2188 ; *Horn,* Festschrift für Schimansky, 1999, S. 653, 662 ff. ; *Heinsius,* Festschrift für Kübler, 1997, S. 405, 432 f.

(21) BGHZ 142, 345.

(22) BGHZ 123, 126, 128.

(23) BGHZ 123, 126, 128 ff.

(24) BGHZ 142, 345, 353 ff. ; Horn, a.a.O. (N. 20), S. 657 ; *Balzer,* DB 1997, 2311, 2314.

(25) BGH ZIP 1998, 285.

(26) BGHZ 142, 345, 354 ff. ; OLG München, WM 1998, 2188 ; Horn, a.a.O. (N. 20), S. 662 ff. ; *Heinsius,* a.a.O. (N. 20), S. 432 f.

(27) BGHZ 123, 126 ; *Horn,* a.a.O. (N. 26), S. 4 f.

(28) 模範質問票は' *Jütten,* in ; Hellner/Steuer, Bankrecht und Bankpraxis, Loseblattsammlung, Stand März 1996, bank-verlag köln, Teil 7 Rdnr. 11 に掲載されている。

(29) *Jütten,* a.a.O. (N. 28), Teil 7 Rdnr. 17 ff. ; *Balzer,* a.a.O. (N. 24), S. 2316 ; *Kümpel,* Bank-und Kapitalmar-

ktrecht, Verlag Dr. Otto Schmidt, Köln, 2. Aufl., 2000, Rdnr. 16. 482.

(30) *Siol*, Festschrift für Schimansky, 1999, S. 781, 788.

(31) *Jütten*, a.a.O. (N. 28), Teil 7, Rdnr. 19.

(32) *Jütten*, a.a.O. (N. 28), Teil 7, Rdnr. 20; *Siol*, a.a.O. (N. 30), S. 789.

(33) BGHZ 142, 345, 357 f.

(34) *Schwintowski*, ZBB 1999, 385 も連邦通常裁判所判決に批判的である。

(35) *Siol*, a.a.O. (N. 30), S. 788 f.

(36) *Möllers/Ganten*, ZGR 1998, 773, 793 は異見。

(37) BGHZ 142, 345, 354 ff.; OLG München, WM 1998, 2188; Horn, a.a.O. (N. 20), S. 662 ff.; *Heinsius*, a.a.O. (N. 20), S. 432 f.

(38) *Jütten*, a.a.O. (N. 28), Teil 7, Rdnr. 20.

(39) BGHZ 142, 345, 354 ff.

(40) *Horn*, ZBB 1997, 139, 142 ff.; *Lenenbach*, a.a.O. (N. 7), § 8, Rdnr. 17.

(41) LG Nürnberg-Fürth, WM 2001, 988.

(42) *Koller*, in: Assmann/Schneider, WpHG, 2. Aufl., Verlag Dr. Otto Schmidt, Köln 1999, § 31 Rdnr. 96; 異見: Cahn, ZHR 162 (1998), 1, 33 ff.

(43) *Koller*, a.a.O. (N. 42), § 31 Rdnr. 126; 異見; *Kümpel*, a.a.O. (N. 29), Rdnr. 16. 477, 16. 485.

(44) Finanzausschuß, BT-Drs. 12/7918, S. 104; *Balzer*, a.a.O. (N. 24), S. 2313 f.; *Köndgen*, ZBB 1996, 361, 362 f.

(45) Richtlinie v. 10. 05. 1993, EG-ABl. 1993, Nr. L 141, S. 27.

(46) BGHZ 142, 345, 356; *Köndgen*, a.a.O. (N. 44), 362 f.; *Koller*, a.a.O. (N. 42), § 31, Rdnr. 130.

(47) Entwurf der Kommision, EG-ABl 2000, Nr. C 177 E, S. 21.

（48）　*Meyer,* Brüssel aktuell, WM 2000, 266 f.
（49）　Mitteilung der Kommission an den Rat und das Europäische Parlament - Elektronischer Geschäftsverkehr und Finanzdienstleistungen, KOM (2001), 66 endg.
（50）　BGH WM 2001, 196, 198; *Blaurock,* in: Köndgen, Neue Entwicklungen im Bankhaftungsrecht, 1987, S. 35, 43.
（51）　BGH WM 2001, 196, 198; *Siebert,* a.a.O. (N. 5), S. 64, 122.
（52）　*Siebert,* a.a.O. (N. 5), S. 122 f.
（53）　PINおよびTANによるオンライン銀行取引の約定書９号，*Gößmann,* a.a.O. (N. 2), Anhang 6 zu § 55 に掲載されている。ホームバンキング取引約款Ｖ号三項四項，*Gößmann,* a.a.O. (N. 2), Anhang 7 zu § 55 に掲載されている。
（54）　*Schneider,* Die Geschäftsbeziehungen der Banken mit ihren Kunden auf dem Wege des Bildschirmtextes, Bankrechtliche Sonderveröffentlichungen des Instituts für Bankwirtschaft und Bankrecht an der Universität zu Köln, Bd. 44, 1990, S. 40.
（55）　*Siebert,* a.a.O. (N. 5), S. 75 ff.（銀行のコンピュータ装置についての銀行の保証責任を認める他の諸見解についても。）
（56）　*Möschel,* AcP 186 (1986), 187, 200; *Krüger/Bütter,* WM 2001, 221, 226.
（57）　*Siebert,* a.a.O. (N. 5), S. 78 ff.; *Lieser,* JZ 1971, 759, 760.
（58）　*Siebert,* a.a.O. (N. 5), S. 79.
（59）　*Siebert,* a.a.O. (N. 5), S. 79.
（60）　*Rutke,* in: Scherer, Telekommunikation und Wirtschaftsrecht, Verlag Dr. Otto Schmidt, Köln 1988, S. 139, 156.
（61）　LG Nürnberg-Fürth, WM 2000, 1005.

(62) LG Nürnberg-Fürth, WM 2000, 1005, 1006. 裁判所はしかし不適切にもドイツ民法三一五条一項に基づく請求権を認めている。

(63) *Westermann*, in: Münchener Kommentar zum BGB, 3. Aufl., Verlag C. H. Beck, München 1995, § 459 Rdnr. 60 ff. mwN.

(64) BGHZ 70, 356, 361（証券新聞の責任）; BGHZ 48, 118, 122 f.; BGH ZIP 1997, 1547; Westermann, a.a.O. (N. 63), § 459 Rdnr. 60, 63 f., 67.

(65) *Krüger/Bütter*, a.a.O. (N. 56), S. 225; 異見: *Balzer*, WM 2001, 1533, 1537.

(66) LG Nürnberg-Fürth, WM 2000, 1005, 1006; *Krüger/Bütter*, a.a.O. (N. 56), 225 f.

(67) *Balzer*, a.a.O. (N. 65), S. 1539.

(68) So *Balzer*, Die Bank, 2001, 51, 54.

(69) BGH NJW 2001, 3257.

(70) BGH NJW 2001, 3257.

(71) BGH NJW 2001, 3257.

(72) LG Itzehoe ZIP 2001, 154.

(73) 債務法現化法は普通取引約款法を廃止し、従前の普通取引約款法の規定を民法典に統合する（ドイツ民法三〇五条以下）。

(74) BGH WM 2001, 196 = JZ 2001, 607 (Anm. Einsele).

(75) ドイツ民法三〇七条三項は正確には普通取引約款法八条に対応するものではない。普通取引約款法八条と異なり、純然たる給付記述は全面的に内容上のコントロールを免れているのではなく、ドイツ民法三〇七条一項一文により透明性要請と一致するかどうかにつき調査され得るからである。しかし、そこから法状態の変更は生じない。透明性要請はすでに旧法状態によって給付記述に適用されたからである。

(76) BGH WM 2001, 196, 198.

(77)　BGH WM 2001, 196, 198.

(78)　*Siebert*, a.a.O. (N. 5), S. 127 ff.

(79)　BGH BKR 2001, 39, 41.

(80)　一九九九年一〇月二五日の法令遵守指令、BAnz Nr. 210, v. 06. 10. 1999, S. 18453；*Kümpel/Ott*, Kapitalmarktrecht, Loseblattsammlung, Erich Schmidt Verlag, Berlin, Stand September 2001, Kennziffer. 633/2 に掲載されている。

(81)　BGH BKR 2001, 39, 41.

(82)　*Balzer*, a.a.O. (N. 65), 1539.

第四部　刑　法

日本におけるハイテク犯罪の現状と問題点

浅田和茂

一　はじめに

コンピュータの急速な普及は、刑法・刑法学にも新たな問題を提起し、その解決を迫っている。データの破壊や不正作出・改ざん、不正アクセス、インターネット上のポルノグラフィーないしチャイルド・ポルノの氾濫や名誉毀損行為などは、いわゆる現代型犯罪の一つであり、往々にしてこれまでの刑法の枠組みでは捉えることが難しい。そこで、解釈で対応することが可能か、新たな立法を要するかが問題になるが、前者の場合には罪刑法定主義を堅持しうるか、後者の場合にはその是非と射程とが検討されなければならない。

ここで扱われる情報（データ）は、様々な側面を有しており、それに応じて問題になる局面を異にしている。財産的情報については知的所有権としての保護や電子商取引の規制が問題になり、個人の秘密情報についてはプライヴァシー保護と表現の自由との関係が問題になり、国家の秘密情報についてはその保護と同時に情報の公開が問題になる（企業秘密には財産的情報としての側面と秘密情報としての側面がある）。

わが国では、一九七〇年代からコンピュータに関わる犯罪が顕在化し、「カード犯罪」と並んで「コンピュータ犯罪」という用語が定着した（一九八一年はコンピュータ犯罪元年と呼ばれた）。警察統計では、当初「コンピュータシステムの機能を阻害する犯罪」と「コンピュータシステムを不正に使用する犯罪」とに分けられていた（その大部分は後者のうち「データ又はプログラムの改ざん・消去」が占めていた）が、近年では、「ネットワーク利用犯罪」と「その他のコンピュータ犯罪」とに分けられている。それに伴って「インターネット犯罪」ないし「ネットワーク犯罪」という用語が普及したが、最近では、「ハイテク犯罪」という用語が用いられるようになっている。これは、「ネットワーク利用犯罪」と「その他のコンピュータ犯罪」とに加えて、さらに証拠として電磁的記録が含まれる犯罪をも含む概念であり、対象となる領域の拡大を窺い知ることができる。(1)

他方、国際的には、一九九七年一二月、ワシントンで初回のG8司法内務閣僚級会合が開催され「ハイテク犯罪と闘うための原則と行動計画」が策定された。そこでは、二四時間体制の連絡要員、要員の装備・訓練、各国法制度の検討、国際捜査共助、産業界との協調などが合意された。一九九九年一〇月、モスクワで第二回の同閣僚級会合が開催され「蔵置されたデータに対する国境を越えるアクセスに関する原則」が合意された。さらに、二〇〇〇年五月にはパリで初のG8政府・産業界合同の会議「サイバー空間の安全性と信頼性に関する政府と産業界との対話」が開催された。そして、二〇〇〇年七月の九州沖縄サミットでは、ハイテク犯罪対策のための政府と産業界の対話の促進が合意され、(2)その後、二〇〇一年七月のジェノヴァ・サミットでも、サイバー犯罪、オンライン上の児童ポルノとの闘いの継続が確認された。さらに、一九九六年一一月から欧州評議会（加盟四三カ国）の専門委員会で検討されてきた「サイバー犯罪条約」が、二〇〇一年一一月八日に加盟国外相による閣僚委員会で正式採択され、同年一一月二三日、ブタペストにおいて日本政府もこの条約に署名した。(3)このような背景の下で、わが国においても急速にハイテク犯罪対策の整備が進められてきているのである。問題は、その対策が妥当か、刑法の基本原則と調和しうるかという点にある。

二　ハイテク犯罪の現状

わが国における一九九九年のハイテク犯罪の検挙件数は三五七件で、その内訳は、ネットワーク利用犯罪二四七件（その内、わいせつ物頒布等一四七件、詐欺二三件、著作権法違反二一件、名誉毀損一二件、児童ポルノ法違反九件、その他三五件）、電子計算機使用詐欺九八件、その他一二件であった。(4)

近年の動向を見ると、ネットワーク利用犯罪の検挙件数につき統計が見られるようになった一九九五年以降五年間で、ハイテク犯罪総数は、一一〇件、一七六件、二六二件、四一五件、三五七件と推移し、そのうちネットワーク利用犯罪は、それぞれ二五件、七九件、八三件、一一六件、二四七件を占めていて、年々増加の傾向が顕著である。その他、コンピュータ緊急対応センターに届出があった不正アクセスを受けたという件数は、一九九六年一三件、一九九七年四九二件、一九九八年九二三件、一九九九年七八八件であったと報告されている。(5)

インターネットのホームページ開設者に、アメリカのレンタルサーバー会社から借りたサーバーの一部を転貸し、インターネット上にわいせつ図画の陳列場を提供したわいせつ物公然陳列罪のケース（一九九八年一〇月頃～一九九九年四月）、学校の電子メールアドレスに、同校の職員・生徒に危害を加える旨を記載した電子メールを送信した脅迫罪のケース（一九九九年八月）、インターネットのホームページに青酸カリやクロロホルムを販売するという虚偽の情報を掲載し、他人のパスワードを窃用して電子メールで注文を取り、代金を架空名義の口座に振り込ませたという詐欺罪のケース（一九九九年七月～九月）などが紹介されている。

他方「カード犯罪」の認知件数・検挙件数・検挙人員は、一九八〇年にはそれぞれ約四〇〇〇件・約二〇〇〇件・二五〇〇人であったが、その後、急速に増加し、一九八五年には約一万六〇〇〇件・約一万四〇〇〇件・約一一〇〇〇人となってピークに達し、その後、漸減して、約八〇〇〇件から一万件・ほぼ同数・一〇〇〇人から一二〇〇人となっていた。一九九九年は、五九九一件・五〇三二件・一二一三人となっている。

マレーシア人が偽造クレジットカード約四五〇枚を輸入しようとして発覚し、その後の捜査で、マレーシア人の犯罪組織が、東京都内にカード偽造工場を設け大量の偽造カードを作成していたことが判明したケース（一九九九年六月）、中国人とマレーシア人とが共謀して、不正に入手したアメリカ人のクレジットカードを都内のマンションで偽造したケース（一九九九年一二月検挙）など、外国人による犯罪が目立っている。(6)

三　立法の動向

1　一九八七年の刑法一部改正

一九八七年の刑法一部改正により、コンピュータ犯罪に関する規定が刑法にはじめて導入された。そこでは、①電磁的記録の定義規定（七条の二）のほか、②公正証書原本不実記載罪の客体として「権利若しくは義務に関する公正証書の原本として用いられる電磁的記録」の追加（一五七条）、③公電磁的記録および私電磁的記録の不正作出罪および供用罪の新設（一六一条の二）、④電子計算機・電磁的記録の損壊等による業務妨害罪の新設（二三四条の二）、⑤詐欺罪の補充規定として電子計算機使用不正利得罪の新設（二四六条の二）、⑥公用文書毀棄罪（二五八条）および私用文書毀棄罪（二五九条）の客体として「電磁的記録」の追加の各改正が行われた。もっとも、この改正に当たっても、異論がなかったわけではない。(7)主な問題点は以下のとおりである。

②については、立法自体に異論はなかったが、最高裁昭和五八年一一月二四日決定（刑集三七巻九号一五三八頁）が、電磁的記録である自動車登録ファイルを改正前の公正証書の原本に当たるとしたことが、罪刑法定主義との関係で問題になった。もしこの最高裁決定が正しいとすれば、改正は必要ではなかったことになるからである。最高裁としては、むしろ電磁的記録は原本（文書）には当たらないとして立法を促すべきであったといえよ

う。

③については、公文書については有形偽造・無形偽造の双方を処罰し、私文書については有形偽造のみを処罰して無形偽造は原則として処罰しない現行法の下で、私電磁的記録についても公電磁的記録についても、行為は「不正作出」とされており、両者の区別が明らかではないという批判があった。

④については、通常の業務妨害罪（二三三条、二三四条）は三年以下の懲役又は五〇万円以下の罰金であるのに、電子計算機に関わる場合についてだけ五年以下の懲役又は一〇〇万円以下の罰金としているのは、コンピュータを特権化するもので、前者にも重大な損害を発生させる場合があることからも納得がいかないという批判があった。

⑤についても、本来、不処罰であるはずの利益窃盗や利益横領をも処罰するものではないか、「虚偽の電磁的記録を人の事務処理の用に供する」といういわゆる携帯型の場合、自動設備の不正使用という詐欺罪に比べて軽微な犯罪類型が含まれることになるという批判があった。

この改正に当たって、とくにデータの探知ないし不正入手の問題と、コンピュータの無権限使用については、今後の検討課題とされた。前者は、企業秘密の保護に関わる問題であることから、後者は利益窃盗の処罰に通ずることから、さらに議論を要するとして見送られたのである。

2　その後の改正

企業秘密の保護に関しては、一九九〇年の不正競争防止法の改正によって対処することになった。不正の手段により営業秘密を取得・使用・開示する行為等を不正競争行為とし、不正競争によって営業上の利益が侵害されまたは侵害されるおそれがある者は、侵害の停止または予防を請求することができるとして差止請求権を認め、損害賠償の対象としたが、処罰の対象とはしなかった。(8)

一九九九年八月に「不正アクセス行為等に関する法律」が制定された（二〇〇〇年二月施行）。この法律では、①他人の識別符号を用いて不正にネットワークにアクセスする行為、②アクセス制御されているネットワーク・コンピュータに識別符号以外のデータやコマンドを入力してその制御をかいくぐって侵入する行為、③コンピュータのアクセス制御によって他のネットワーク・コンピュータの利用が制限されているときに、その制御を免れるためのデータやコマンドを入力してネットワーク・コンピュータに侵入する行為、を不正アクセス行為とし、それを禁止するとともに、その違反に対して一年以下の懲役又は五〇万円以下の罰金を規定した。いわゆるハッキングを広く処罰するものであり、データの改ざんはもちろんデータ探知やその不正入手も要件とはされていない。(9)

さらに、二〇〇〇年制定の電子署名法（二〇〇一年四月一日施行）は、「認定認証事業者または認定外国認証事業者に対し、その認定に係る認証業務に関し、虚偽の申込みをして、利用者について不実の証明をさせた者」は三年以下の懲役または二〇〇万円以下の罰金に処するとし、未遂を罰すること、国外犯の処罰を規定した。今後、電子取引の普及に伴い、このような「なりすまし」行為の処罰の他にも、安全な電子取引の確保のために、システムの整備を要することになるであろう。(10)

なお、ここ数年、前述のように、主として外国人グループによる大量のクレジットカード偽造事件が発生しており、対策が要請されていた。カード・リーダーの傍らにカード情報の読取・記憶装置を設置して（あるいは密かに同装置を接続させて）大量のカード情報を収集し（これをスキミングという）、それを用いて偽造カードを作成するというのが主な手口である。(11)二〇〇〇年一〇月から、法制審議会刑事法部会において「支払用カードの偽造等犯罪に対処するための罰則整備」に関する審議が開始され、その結果、次のような刑法の一部改正が、二〇〇一年六月二四日に制定・公布された（二〇〇一年七月二四日施行）。すなわち、第一八章の二「支払用カード電磁的記録に関する罪」の下に、支払用カードの不正作出およびその供用・譲渡・貸渡・輸入につき一〇年以下の懲役又は一〇〇万円以下の罰金（一六三条の二）、人の財産上の事務処理を誤らせる目的で不正作出された支払用カードの電磁的記録の所持につき五年以下の懲役又は五〇万円以下の罰金（一六三条の三）、支払用カードの電磁的記録情報の取得・提供・保管、そのための器械・原料の準備につき三年以下の懲役又は五〇万円以下の罰金（一六三条の四）、一六三条の二および一六三条の四のうち情報の取得・提供の未遂の処罰（一六三条の五）、これらの罪の国外犯処罰（二条七号）が規定された[12]。

これに対しては、法制審議会における審議の際（主として弁護士委員から）、支払用カードにクレジットカード、キャッシュカードのほかプリペイドカードも含むとされていることに批判があり、また、カード情報のＩＴ化による犯罪防止が犯罪化に優先されるべきであるという批判、目的犯とされているとはいえ単なる所持を罰することや準備罪（予備罪の一種）の未遂の処罰は行き過ぎであるという批判、刑法ではなく特別法（時限立法）で対処すべきであるという主張などがあった。

最近の立法作業としては、前述した「サイバー犯罪条約」の署名に伴う国内法整備の動向が注目に値する。同条約は、実体法部分として、不正アクセス、不正傍受、データの妨害、システムの妨害、装置の濫用、コンピュータ関連偽造、コンピュータ関連詐欺、児童ポルノ関連犯罪、著作権侵害関連犯罪、それらの未遂・教唆・幇助を処罰すべきことを要求し、さらに法人の責任について規定し、その手続法部分として、コンピュータ・データの迅速な保全、通信記録の迅速な保全・部分開示、データの提出命令、データの捜索・押収、通信記録のリアルタイム収集、通信内容の傍受、および裁判権について規定し、最後に国際協力について詳細な規定を置いている。これらの中には、すでに現行法によって対処可能なものもあるが、新たな立法を要する事項もある（二〇〇二年九月現在、法制審議会において、組織的な犯罪の共謀罪・証人等買収罪の新設等を内容とする法律案の審議が行われている）。この機会に、関連規定を含めて全体としてサイバー犯罪対策の見直しを行う必要があると思われるが、その際にはとりわけ日本国憲法の制約があることに留意しつつ、慎重な判断を要するであろう。

四　わいせつ情報の「公然陳列」

1　刑法一七五条とサイバー・ポルノ

刑法一七五条は「わいせつな文書、図画その他の物を頒布し、販売し、又は公然と陳列した者は、二年以下の懲役又は二五〇万円以下の罰金若しくは科料に処する。販売の目的でこれらの物を所持した者も、同様とする」と規定している。本条については、その法益の点で、健全な性風俗は刑法上保護に値する法益とはいえず、侵害原理による修正を要するのではないかという問題、「わいせつ」とは何か明らかではなく、その不明確性と過度の広汎性のゆえに罪刑法定主義に反するのではないかという問題があり、これまで多くの文芸作品について裁判上争われてきた(13)。

わが国では、現在、たとえば女性の裸体写真についてヘアの画像までは許容されるが性器や性交を直接映したものはわいせつ物として禁止されている。しかし、外国ではこれらも許容している国が多く、近時、インターネットを通じて外国のホームページにアクセスすることにより、容易にそのような画像に接することが可能になってきた。また、わいせつ画像データを大量に自己のコンピュータのハードディスク内に記憶させて蔵置し、パソコン通信によりアクセスしてくる会員に閲覧させるという事件が発生している。このような事件を、刑法一七五条によって処罰することの可否が問題になっているのである(14)。

2　アルファー・ネット事件

たとえば、電話回線を利用した「アルファー・ネット」と称するパソコンネットを開設・運営していた被告人が、同ネットのホストコンピュータのハードディスクにわいせつ画像データ四一八二画像分を記憶させ（約七〇

○は被告人自身が入力し、約三五○○は会員がアップロードしてきた）、管理し、多数の会員が再生閲覧することを可能にしたとして、わいせつ物公然陳列罪で起訴された。この画像データは「わいせつ物」か、それを会員に閲覧可能にしたことが「公然陳列」といえるかが問題になった。すなわち、「物」は有体物を指すがデータも画像も有体物ではない、自室のコンピュータで見ている状態は「公然」とはいえない、ハードディスク内にデータが蔵地されている状態を「陳列」とはいえない、といった主張がなされ、判決が、それらにどのように答えるかが問題になったのである。

この事件につき、大阪高裁平成一一年八月二六日判決（判時一六九二号一四八頁）は、本件における「わいせつ物」は、わいせつ画像データが記憶・蔵置されたハードディスクであり、それに無関係なデータが含まれているとしても全体として一個のわいせつ物であるとしたうえ、会員が被告人のハードディスクにアクセスしさえすれば、何時でも容易にダウンロードして閲覧しうる状態を作出したものであるから、公然陳列したものであり、公然陳列罪の既遂時期は、（会員が閲覧した時点ではなく）会員のアクセスを可能にした時点であるとし、会員がアップロードしてきた画像データについてもこれを積極的に管理していたものであるから、単に削除しなかったという不作為の問題ではない、と判示した。(15)

さらに、最高裁第三小法廷平成一三年七月一六日決定（刑集五五巻五号三一七頁）は、ハードディスクはわいせつ物に当たるとしたうえ、公然陳列につき、その物のわいせつな内容を特段の行為を要することなく直ちに認識できる状態にするまでのことは必要ではないとし、本件会員が画像データを再生閲覧するために必要な操作は簡単な操作にすぎないから、会員は比較的容易にわいせつな画像を再生閲覧することが可能であったとし、「そうすると、被告人の行為は、ホストコンピュータのハードディスクに記憶、蔵置された画像データを不特定多数の者が認識できる状態に置いたものというべきであり、わいせつ物を『公然と陳列した』ことに当たる」として、上告を棄却した。(16)

3　問題点の検討

第一に、わいせつ物については、かつてわいせつ映画につき、映像ではなくフィルムがわいせつ物であるとした判例があり（大判大一五・六・一九刑集五巻二六七頁）、それに従って録音テープがわいせつ物であるとされ（東京高判昭四六・一二・二三高刑集二四巻四号七八九頁）、また、ビデオテープがわいせつ物とされてきた（最決昭五四・一一・一九判時九五一号一三頁）。これに対して、一七五条の客体は、実質的には情報を化体している物ではなく、物に化体されている情報であるとし、サーバー内に電磁化され保存されているわいせつ情報は一七五条の「図画」にあたるという見解も有力に主張されている。(17)

しかし、刑法は図画も物であるとし、文書と電磁的記録とを区別しているのであるから、わいせつ情報そのものをわいせつ物とすることには、解釈論上は、無理がある。他方、わいせつ情報を化体した物がわいせつ物に当たるからといって、コンピュータやハードディスクがわいせつ物であるとするのは、あまりに不自然である。わいせつな画像を含むビデオテープを頒布・販売すれば一七五条が成立するが、そのビデオテープを並べて置いたからといって、公然陳列罪が成立するわけではない。もし処罰の必要性があるというのであれば、わいせつ画像そのものを客体とするような法改正を要するといえよう（ドイツ刑法一一条三項参照）。

第二に、公然陳列については、不特定または多数の人が認識しうる状態に置くことをいうとするのが、判例・通説である。さらに、認識しうる状態にすれば足りる（抽象的危険犯である）から、実際に認識することを要しないとされ、また、わいせつ画像データをハードディスクに記憶・蔵置させ、会員のアクセスを可能にした時点で公然陳列罪は既遂に達するとされている。(18) これに対して、公然陳列罪は、観覧・閲覧させた場合に成立する結果犯であり、行為者の行為は閲覧可能な状態を設定することであるが、その行為が陳列行為として刑法上意味を有するのは、画像が画面上に再生され閲覧に供された時点であるという主張もある。(19) もっとも、そのように解すると、画像を見ている会員個々人について、「公然」の要件を充たさないのではないか、という問題が生ずる。この状態は、頒布されたポルノ写真を自室で見ている状態に近いからである。

また、岡山地裁平成九年一二月一五日判決（判タ九七二号二八〇頁）は、いわゆるFL・MASKによりマスク処理された画像データの公然陳列につき、有罪判決を下したが、それとの関係で、たとえばわいせつ物にカヴァーを掛けて展示してあっても、容易に除去できる状態にあれば公然陳列罪が認められる（潜在的わいせつ性で足りる）という主張がなされている。[20] しかし、終始カヴァーされている状態に止まるかぎり、わいせつ物を公然陳列しているとは言えないであろう。やはり観覧・認識しようとすれば直接観覧・認識しうる状態に置くことを要すると解すべきである。[21]「認識可能な状態を設定する」という基準だけでは、わいせつ物の所持も公然でないわいせつ行為も、すべて公然陳列ということになりかねないからである。さらに、認識可能な状態の設定という基準から、リンクを張る行為も公然陳列罪に当たるとする見解もあるが、[22] 到底賛成できない。

第三に、判例・通説のように、インターネットを通じたわいせつ画像データの提供がわいせつ物公然陳列罪に当たるとした場合には、さらにユーザーにインターネットへのアクセス可能性を提供するプロバイダーの刑事責任が問題になる。プロバイダーが自ら情報を提供した場合や、他人のデータを編集・選択している場合は、正犯となりうるが、多くの場合プロバイダーは、すでにサーバーに記憶されたデータを技術的に移送するのみか、ユーザーのためにインターネットへのアクセスを技術的に準備し実施するのみに止まり、これらの場合は、データを管理すること自体が不可能である。後者の場合、ユーザーにわいせつ情報の掲載を唆した場合やそれを促進した場合は教唆・幇助になりうるが、通常、プロバイダーは、電気通信事業法により登録ないし届出を要し、通信の検閲を禁止されているのであるから、データ内容についての監督義務は認められない。そこで、たまたまわいせつ情報の掲載を発見した場合や、通報があってそれが分かった場合、削除義務が生ずるか、削除義務があるにもかかわらず削除しなかった場合は、正犯か幇助かが問題とされている。[23] わいせつ情報を提供した正犯の実行行為が終了している以上、幇助が成立する余地はなく、むしろ正犯になるという見解もあるが[24]、データを蓄積した段階ではなく、ユーザーが閲覧する時点ではじめて既遂になるとすれば、幇助とすることも可能といえよう。

なお、一九九八年の風俗営業法の改正（一九九九年四月一日施行）により、「専ら、性的好奇心をそそるため性的な行為を表す場面又は衣服を脱いだ人の姿態の映像を見せる営業で、電気通信設備を用いてその客に当該映像を伝達すること（放送又は有線放送に該当するものを除く）により営むもの」は「映像送信型性風俗特殊営業」と呼ばれ、営業等の届出義務、広告・宣伝の規制、公安委員会による指示、年少者の利用防止のための命令、必要な措置の命令、これらの命令違反に対する罰則の諸規定が置かれるとともに、その営業者に提供している自動公衆送信装置の設置者は、その記録媒体に営業者がわいせつな映像を記録したことを知ったときは、「当該映像の放送を防止するため必要な措置を講ずるよう努めなければならない」とされた。プロバイダーは、この自動公衆送信装置設置者にあたるが、その努力義務規定によって刑法上の作為義務が基礎づけられるわけではない。

第四に、刑法一七五条は国内犯のみを罰することから、海外のサーバーを経由した場合の取り扱い（いわゆる国境を越える犯罪）が問題になる。インターネットで海外のホームページにアクセスしてわいせつ画像データを閲覧したとしても、公然陳列でも販売目的の所持でもないので、刑法一七五条の対象にはならない。積極説の立場から、日本国内からわいせつ画像データを海外のサーバーにアップロードした場合、実行行為の一部が日本で行われている以上、国内犯ではあり処罰可能とする説もあるが、それを外国でのみ閲覧可能にしたときは、わが国において法益侵害の危険（既遂結果）が生じていない以上、処罰に値しないといえよう。日本国内にいる者がダウンロードして閲覧したときにはじめて、処罰の対象になるという説も有力である[25]。

五　おわりに

「ハイテク犯罪」は、コンピュータ社会の発展に伴い、いわば必然的に発生する現象である。たしかに、新しい技術の発展には、便利さの裏面で、それを悪用する行為が伴うのであり、一定の範囲で刑法による対処も必要である。しかし、第一に考えられるべきは、技術の発展と同時に、悪用ができないような技術を開発することである。容易に悪用できるようなシステムをそのままにして、悪用を犯罪として処罰するのでは、犯罪者を創り出していると言わざるを得ない。たとえば、カードのスキミングによる偽造はカード情報のIC化によって防止できるといわれる。そうであれば、たとえかなりの費用がかかるとしてもIC化を実施すべきである。十分なセキュリティーを整備したにもかかわらず、それを掻い潜って行われる悪質な行為について、しかも重大な被害が発生する危険がある場合に限って、処罰の対象になるものと考えるべきであろう。そのような観点からは、たとえばテレホンカードの変造を有価証券変造罪とし、中間転売者に変造有価証券交付罪を認め、カード式電話機への使用を変造有価証券行使および電子計算機使用詐欺罪に当たるとする判例（最決平三・四・五刑集四五巻四号一七一頁）・学説には疑問がある。

真に処罰に値する場合であっても、それが現行法の解釈で可能かについては慎重な吟味を要する。わいせつ映画の上映を陳列とし、フィルムがわいせつ物であるとした大審院判例にすでに無理があったのであり、大審院としては無罪とした上で、映像・映写を含めるような立法を促すべきであったと思われる。わいせつ物の公然陳列の処罰根拠については再検討を要するが、パソコンネットを利用したわいせつ画像データの提供が、たとえ処罰に値するとしても、それは明確な立法によるべきであって、類推によるべきではない。わが国では、立法による改正が困難なので柔軟な解釈が要求されるとも言われるが、むしろ判例の柔軟過ぎる解釈が立法エネルギーを削いできたように思われるのである。

なお、ハイテク犯罪については、その捜査方法とりわけ証拠の収集と保全が問題になるが、それらの検討は、前述の「サイバー犯罪条約」と密接に関連しており、他日を期すことにせざるをえない。

(1) 前田雅英「ハイテク犯罪の現状と課題」ジュリスト一一四〇号（一九九八年）九二頁以下、園田寿＝牧野二郎＝露木康治＝前田雅英「座談会・ハイテク社会と刑事法」現代刑事法八号（一九九九年）四頁以下、警察庁編『平成12年版・警察白書』（二〇〇〇年）八三頁以下、特集「ハイテク犯罪対策の推進」警察学論集五三巻八号（二〇〇〇年）一頁以下、特集「ハイテク犯罪対策」法律のひろば五三巻六号（二〇〇〇年）四頁以下など。

(2) 前掲注(1)警察白書八四頁以下、河原淳平＝角野然生「サイバー空間上の犯罪対策への国際的取組み」前掲注(1)警察学論集五三巻八号七三頁以下など。

(3) 園田寿「サイバー犯罪条約」現代刑事法二九号（二〇〇一年）二九頁以下参照。

(4) 前掲注(1)警察白書八四頁、関聡司「ハイテク犯罪の現状と対策」前掲注(1)法律のひろば五三巻六号四頁以下。警察庁編『平成13年版・警察白書』（二〇〇一年）によれば、二〇〇〇年のハイテク犯罪の検挙件数は五五九件で、その内訳は、ネットワーク利用犯罪四八四件（その内、わいせつ物頒布等一五四件、詐欺五三件、著作権法違反二九件、名誉毀損三〇件、児童ポルノ法違反一二一件、その他九七件）、電子計算機使用詐欺三三件、不正アクセス禁止法違反三一件、その他一一件であった。児童ポルノ法違反の急増、二〇〇〇年二月施行の不正アクセス禁止法違反が加わったことが、その特徴である。

(5) 後藤啓二「ハイテク犯罪の現状と対策」前掲注(1)警察学論集五三巻八号四頁。

(6) 前掲注(1)警察白書八七頁以下。『平成13年版・警察白書』によれば、二〇〇〇年のカード犯罪は、認知件数六九七〇件、検挙件数四五一四件、検挙人員一八〇三人であった。

(7) 中山研一＝神山敏雄編著『コンピュータ犯罪等に関する刑法一部改正（注釈）』（改訂増補版・一九八九年・成文堂）、日弁連刑法改正対策委員会『コンピュータ犯罪と現代刑法』（一九九〇年・三省堂）、加藤敏幸「コンピュータ犯罪」中山研一ほか編『経済刑法入門』（三版、一九九九年・成文堂）二〇六頁以下など。

(8) 通産省知的財産政策室監修『営業秘密・逐条解説改正不正競争防止法』（一九九一年）、荒川雅行「改正不正競争防止法における営業秘密の概念」犯罪と刑罰八号（一九九一年）七三頁以下、佐久間修「企業情報をめぐる犯罪―秘密の保持と情報の利用」前掲注(7)経済刑法入門二五七頁以下など。

(9) 園田寿＝野村隆昌＝山川健『ハッカーvs不正アクセス禁止法』（二〇〇〇年・日本評論社）参照。

(10) 佐久間修「電子取引と刑法―詐欺、違法な取引、コンピュータ犯罪」高橋和之＝松井茂記編『インターネットと法』（二版、二〇〇一年・有斐閣）一七九頁以下参照。

(11) 長井圓『カード犯罪対策法の最先端』（二〇〇〇年）参照。

(12) 井上宏「刑法の一部を改正する法律」ジュリスト一二〇九号（二〇〇一年）一〇頁以下、西田典之「カード犯罪と刑法改正」ジュリスト一二〇九号一六頁以下、日本クレジット産業協会「クレジット犯罪の現状」ジュリスト一二〇九号二三頁以下、川端博「刑法の一部を改正する法律―支払用カード電磁的記録に関する罪―」法学教室二五三号（二〇〇一年）九三頁以下。

(13) 武田誠『わいせつ規制の限界』（一九九五年・成文堂）など。

(14) 山中敬一「インターネットとわいせつ罪」前掲注(10)『インターネットと法』七三頁以下、前田雅英「インターネットとわいせつ罪」ジュリスト一一一二号（一九九七年）七七頁以下、山口厚「コンピュータ・ネットワークと犯罪」ジュリスト一一一七号（一九九七年）七三頁以下、塩見淳「インターネットとわいせつ罪」現代刑事法八号（一九九九年）三五頁以下など。

(15) 浅田和茂「判例評釈」判例評論五〇八号（二〇〇一年）五四頁以下および同所に引用の文献参照。

(16) 只木誠「サイバーポルノとわいせつ物公然陳列罪の成否」法学教室二五八号別冊・判例セレクト二〇〇一（二〇〇二年）三五頁参照。

(17) 堀内捷三「インターネットとポルノグラフィー」研修五八八号（一九九七年）三頁以下。

(18) 山口厚「情報通信ネットワークと刑法」岩波講座『現代の法六巻』（一九九八年・岩波書店）一〇五頁以下、佐久間修「ネットワーク犯罪におけるわいせつ物の公然陳列」『西原先生古稀祝賀論文集三巻』（一九九八年・成文堂）二一七頁以下、塩見・前掲注(14)三七頁以下など。

(19)　堀内・前掲注(17)六頁以下。

(20)　園田寿「陳列概念の弛緩―『アルファーネット事件』控訴審判決―」現代刑事法一一号（二〇〇〇年）一〇頁以下。

(21)　臼木豊「判例評釈」刑法判例百選II各論（四版、一九九七年・有斐閣）一八八頁以下。

(22)　山口・前掲注(14)七六頁、前田・前掲注(14)八五頁など。

(23)　山口厚「プロバイダーの刑事責任」法曹時報五二巻四号（二〇〇〇年）九頁、山中・前掲注(14)九五頁以下。

(24)　山口・前掲注(23)九頁、山中・前掲注(14)九七頁以下。

(25)　山中・前掲注(14)九二頁以下など。

インターネットと国際刑法

アルビン・エーザー〔浅田和茂訳〕

一　問題領域

「インターネットにおける無制限の自由か、あるいは境界なき（grenzenlos）処罰か」と、最近、トーマス・ヴァイゲントが対比して述べたような[1]、極端なことだけが、国境を越えるインターネットの濫用との関わりにおける唯一の選択肢なのであろうか。たとえ、一方でインターネットにとって自由は無制限ではなく、他方でその濫用が境界なしに処罰可能なわけではないとしても、この挑発的な対置によって、刑法がその前に立たされているジレンマ、すなわち、現代のテレコミュニケーションおよび情報ネットワークと、それによって同時に可能となるその犯罪目的のための使用によって立たされることになるジレンマは、明瞭になる。たしかに、たとえば、エリック・ヒルゲンドルフが、今年〔二〇〇一年〕パッサウでの刑法学会で述べたように[2]、国際刑法をその茨姫の眠りから覚ますためにインターネットが必要であったというわけではない。しかし、国際刑法（das internationale Strafrecht）は、かなり以前から――とりわけ国際間刑法（das Völkerstrafrecht）のレベルで――きわめて現実的なものになっていると解されてきた[3]。それにもかかわらず、忘れてならないことは、伝統的な国際刑法は、容易に国境を越え普遍的な射程を有するインターネットの挑戦に対して、何の用意もしてこなかったということである。

ここですでに個別問題に立ち入る必要はないと思われるが、問題の背景を明らかにするために、広義において「インターネット犯罪」と呼ぶことができるものにつき、少なくとも、国境を越えるという点で特徴的な若干の現象を挙げておくことにしたい。ここでは、本質的に以下の三つの事例グループを区別することができる。

第一は、インターネット・メディアを通じて、すでに「古典的な」犯罪の実行のための場が、実際上、無境界に拡大されるという事例である。たとえば、フライブルクから、航空機のコンピュータ・システムに作用を及ぼすことによって、その航空機が大阪上空で墜落させられることや、(4) 東京のコンピュータからベルリンの企業に虚偽のデータが入力され、それによってその企業が詐欺の被害者とされるようなことが起こりうる。

第二は、インターネットが犯罪的表現の媒体として利用される事例である。たとえば、ポルノ表現物やアラスカのイグルー族に対する民族迫害煽動的な広告が、同時的に、しかも世界中の居間において、任意に繰り返しダウンロード可能な状態で伝達されるというようなことが起こりうる。その場合、それが、ある国では高度に可罰的なものとして制裁の対象とされているのに対して、他の国では表現の自由の現れとして甘受されるということもありうる。

第三は、インターネット・システムに接続しているコンピュータ自体が犯罪的攻撃の客体になる事例である。たとえば、許可なしに他人のデータ・バンクに侵入して、その内容を探索し、あるいはデータを変更ないし破壊するといった場合である。

それらの犯罪において何らかの方法で国境が越えられたとき、インターネットを使用して「伝統的な」犯罪を実行するという第一の事例グループの場合は、ドイツの――もしくは同様に他国の――刑法の適用可能性という点で、何ら本質的に新しい問題は生じない。たとえその場合に越境が迅速に行われ広範に及ぶことがあったとしても、そこでインターネットは、郵送その他の技術的な手の延長と比較して、単により精錬された犯行の補助手段の役割を果たすだけであって、その技術的新規性が法的にも新たな次元を拓くということにはならないからである。すなわち、この事例グループは、すでにこれまでに周知の「離隔犯」であり、[5] さらに詳しい考察を要するということもない。これに対して、インターネット・システム自体が犯行の客体となる第三の事例グループにおいては、越境の場合、コンピュータに特殊な国際刑法上の問題が生じうる。もっとも、この問題は、まだ比較的容易に解決されうる。むしろ、もっとも扱いが困難なのは、インターネットを用い、場合によっては世界中に流布しダウンロード可能な状態で、犯罪的内容を伝達することが問題になる第二の事例グループである。したがって、この事例グループに特に注目する必要があろう。

個別問題に専念する前に熟慮するに値すると思われるのは、何故に、国際刑法は、正にインターネットによって、他の技術的革新とは必ずしも容易に結びつかないような問題を抱えることになるのか、ということである。そこでは、明らかに二つの異なる世界が衝突しているのであり、そのことを予め簡単に明らかにしておかなければならない。すなわち、伝統的な国家（国際）刑法の表象する世界（二）と、インターネットの実際上の普遍性（三）とである。さらに、ドイツ刑法を外国におけるインターネットを用いた活動に適用する可能性に関して生ずる拡張的な帰結（四）との関係で、それに代わるような適用戦略（五）が探究されなければならない。そこで国家的（national）および間国家的（transnational）な保護の要求を充たすために実行可能な道を見出すこと、その際に国家刑法を無限定に国境を越えて拡張させないことが、さらに解決されるべき課題となるが、それは、ここではせいぜい示唆しうるだけで決して最終的に解決することはできないような課題である（六）。

二　伝統的な「国際刑法」の表象する世界

1　用語についての事前説明

ここで「国際（international）」という用語を括弧に入れたのは、それを強調するためではなく、ありうべき誤解に対して警鐘を鳴らすためである。ドイツ刑法の場所的適用領域に関する刑法三条ないし七条および九条の規定は、伝統的に「国際刑法」と呼ばれてきたが、それは、次の三つの点で正しくない。

第一に、これらの刑罰適用に関する諸規定で問題になっているのは、その「国際」という慣用的呼称が思いを抱かせるような「国際法（Völkerrecht）」ではなく、国内法であり、それが国際法と接点を有するのは、せいぜいのところ、国家刑法はその適用領域を随意に自国の境界を越えて拡張してはならず、ある犯罪に共に関係することがありうる他の国家主権にその限界を見出しうる、というかぎりにおいてである。

第二に、これらの刑罰適用の諸規定自体、ドイツ刑法が他国の犯罪に適用されることを許容している点で、「国際的」ではない。たしかに、ここでは国境を越えることが問題になってはいるが、それは全く一方的に行われうるのであって、必ずしも関係する国家間の国際条約を前提にしているわけではないからである。そのかぎりでは、国境を越える国内法の刑罰拡張であって、むしろ「間国家的（transnational）」刑法と呼ぶ方がベターである。(6)

せいぜいのところ、ある国が国家間の条約によって、一定の犯罪の訴追および処罰の義務を有している場合、ここで問題になっているインターネットの領域ではハード・ポルノについて考えられるところであるが、そのような場合に「国際的」ということができるであろう。さらにそれを越えて「超国家的（supernational）」刑法とまではいえないとしても。(7)

しかしながら――第三に――そのようにしてドイツの刑罰権が他国の犯罪に適用されうる場合でさえ、適用されるのは国家刑法（ドイツ刑法）であって、たとえば犯行地の他国の法ではない。

この用語に関する事前の指摘によってすでに、若干の原則および概念が提起されており、それらについて、さらに詳しい考察を要する。

2　基本原則としての属地主義

刑法三条によれば、ドイツ刑法は「国内で犯された」犯行に適用される。この属地主義は、同じように――日本を含む――全ての法秩序に見出されるといってもよく、これ以上の考察を必要としないように思われるほど自明であるように見える。(8) しかし、それが自明であるのは、――国家の本質に内在する理由により――国家の刑罰権は、いずれにせよ自国の領土に、必ずしも及ばなければならないわけではないが、及ぶことが許される、というかぎりにおいてである。しかし、刑罰権は必ず自国の領土に限定されなければならず、したがって領土外の犯罪に及んではならないのか（あるいは、外国に及ぶことがありうるとした場合、その場合にも属地主義はいずれにせよ基本原則でなければならないのか）、という点に問題が及ぶと、決してまだ自明であると言ってはおられないことになる。すなわち、一方では、ほぼ一〇〇年前に、著名な刑法学者であるカール・ビンディングは、刑法は「それぞれの領土の限界において消失する」と考えていたのに対し、(9) 他方では、一九四〇年の命令により、属地主義ではなく、ドイツ国民が国内であろうと国外であろうと犯罪を行った場合にはドイツ刑法を適用することができるという積極的属人主義が、基準となる基本原則となり、それは一九七五年の刑法改正法が施行されるまで続いていたのである。(10) ここでそのことを想起するのは、――ここでは場違いと思われるかもしれない――法制史的関心によるものではなく、むしろ刑罰適用の法の可変性について法政策的な示唆を与えるという意味においてである。では、それが、何故に、現代のインターネット問題を解決するための勧告であってはならないのか。

それにもかかわらず、いずれにせよ現行法は、現在のドイツ刑法の適用可能性が属地主義に基づくことを維持し続けており、それは、とりわけコモン・ローの長い伝統にも合致していると言ってよい。

3　国外犯への適用――適用のための連結点

以上のように、基本的に国家刑罰権は国土に結びついているが、厳格にそれに限定するのはあまりに狭すぎるということは、古くから判明していた。それゆえに、以前から、自国の刑法を国外犯にも適用するさまざまな方向での試みが行われてきた。しかしながら、それによって同時に主権国家の限界を越え、あるいは自国民を対象にしうることになるのであるから、それは、今日の国際法上の原則によれば、随意に行われうるものではなく、支持するに足りる連結点によって正当化される場合にのみ限られる。(11) この点で考慮の対象になるのは、次の三つの正当化根拠である。

第一は、国家のその国民に対する責任である。すなわち、自国の国民は、どこで犯罪を行ったとしても、その国の刑法に服するというのである。この「積極的属人主義」は、とりわけ刑法七条二項一号に示されたところである。それによれば、すべてのドイツ人のインターネット犯罪者は、世界中どこで活動していようと、ドイツ刑法によって責任を問われなければならない。もっとも、犯行地における処罰可能性という留保があることに注意しなければならない。

第二に、国家は、国家自身の保護のために、またその国民に対する保護義務から、自国の刑法を国外犯に適用することが正当化されうる。一方では、刑法五条のさまざまな事例グループの基になっているような、国家利益の保護に奉仕する「現実主義［保護主義］」、［他方では］、刑法七条一項に体現されているような「消極的属人主義」によるならば、もっぱら外国においてインターネットにより媒介されたドイツ連邦共和国に対する外患も、データの偽造によりドイツ人に対して犯された国外における詐欺も、ドイツ刑法によって訴追されうる。

第三に、国家は、普遍的に認められている法益の保護のために、または国際的な義務に基づいて、一定の犯罪を、犯行地にかかわりなく――したがって犯行が国外で行われた場合にも――自国の刑法に従って訴追する権限を有しうる。とりわけ刑法六条に体現されているこの「普遍主義」ないし「世界主義」によれば、たとえば、インターネットを用いた航空機への攻撃は、何処から行われようと、何処にその作用が及ぼうと、ドイツ刑法に服するということになりうる。刑法七条二項二号に表現されている、いわゆる「代理刑事司法」の場合についても、同様のことを予期することができる。それは、たとえば、ある国の銀行コード・システムへのハッキングにより、その国で行動しているハッカーが、その間にドイツ連邦共和国に移住してきたような場合、現実の問題になりうる。もっとも、この原則に基づいて「国際的連帯」の意味におけるドイツ刑法の投入が可能になるのは、そのハッキング行為が犯行地の法によっても可罰的な場合だけである。

このドイツ刑法と「同一の犯行地規範」という要求は、実際には「二重の可罰性」ということになる。それは、前述した刑法七条一項および二項一号の積極的および消極的属人主義にも、同様に当てはまるが、刑法五条および六条の現実主義［保護主義］および普遍主義の場合には当てはまらない。このことは、インターネット犯罪にとっても重要である。すなわち、インターネットを用いて刑法五条および六条に掲げられた犯罪が行われた場合に限っては――そこに掲げられているのは本質的に自国の利益または普遍的に保護される法益のみである――、ドイツ刑法を適用するために、犯行地ならびにそこで通用している法は問題外ということになるからである。これに対して、インターネットを犯罪に使用する他の全ての場合において、犯行が国内で行われたのか、外国で行われたのか、が問題になる。犯行が外国で行われた場合、積極的属人主義に従い、行為者がドイツ人の場合か（刑法七条二項一号）、消極的属人主義に従い、被害者がドイツ人の場合か（刑法七条一項）、あるいは外国人の行為者であって、国内で所在が確認されたがその国への引渡しが困難な場合に、「代理刑事司法」に従い（刑法七条二項二号）ドイツ刑法に服すべき場合か、いずれかの場合にのみ、可罰的だからである。しかし、この三つの連結点のうちいずれの場合にも、その犯行は外国の犯行地においても可罰的でなければならない。外国における処罰が、ドイツ刑法と比較して、どの程度行われているかということは、もちろん、必ずしも常に容易に確認しうることではない[12]。

4　内国と外国の限界――遍在主義による相対化

以上のことによって同時に要求されることになる国内犯と国外犯との区別、その際、後者に対してドイツ刑法は限定的にのみ適用可能であるのだが、その区別という観点からすると、外国のインターネット犯罪者は、次のような場合、一見、ドイツ刑法による介入はないものと安心できるように見える。すなわち、彼らが、民族迫害煽動的な意見表明あるいはコンピュータに対する攻撃を外国から行い、ドイツ人の潜在的被害者を大きく回避し、あるいは――さらにベターと思われるのは――攻撃のためにインターネット犯罪の処罰がまだ進んでいない国を選択するといった場合である。しかし、その見かけは当てにならない。というのも、刑法九条によれば、「犯行は、行為者が行為した場所、もしくは不作為の場合には行為しなければならなかった場所、または構成要件に属する結果が発生した場所、もしくは行為者の表象によれば結果が発生するはずであった場所のいずれにおいても、行われたものとする」とされており、それによれば「行為地」および「不作為地」のみならず（現実のもしくは予期される）「結果地」もまた、犯行の場所となるからである。

このいわゆる「遍在主義」によって[13]、国内犯と国外犯との境界線は、後者の犠牲において少なからず移動させられており、その結果、行為者がいかにドイツから離れた所でハッキングを行おうとも、その効果がドイツの地に生ずる場合には、ドイツ刑法に服することになりうる。そこで問題になっているのは国内犯であるから、行為者は刑法三条の属地主義に基づいて可罰的であり、何らかの形で行為地での可罰性が問題になる、ということはないからである。国境を越えるテレコミュニケーションに関してそこから生ずる帰結を個々に描写し尽くすまでもなく、遍在主義がインターネット犯罪にとって広範に及ぶ意義を有していることは、すでに窺い知ることができる。「古典的な」刑法に基づくこのような結果は、容易に予期しがたいことであった。

国内領域は、共犯の場所の広い規定（刑法九条二項）によって、さらに補充的に拡張されているが、それにもかかわらず、それによって開かれたドイツ刑法の国境を越える適用は、さしあたってはとくに問題があるものと感じられることはなかった。詐欺や殺人といった「古典的な」侵害犯が問題になっているかぎり、外国で行われた犯行が、ドイツにおける結果発生を理由に、国内的「離隔犯」として扱われるべきであるような事例は、ほとんど数えるほどしかなかったからである。しかし、遅くともすでに、外国の行為地から国内にまで影響を及ぼしうるような単なる危殆化も、国内結果地を根拠づけうるものとされ(14)、危険犯というカテゴリーが次第に増加してきて以降は(15)、遍在主義により国内を拡張するという帰結は、もはや無視できないものとなってきた。現代のインターネット犯罪と共に、この拡張傾向が疑いもなく新たな次元に入った、ということに異論は見られない。

三　インターネットの境界なき普遍性

1　場所的限界および時間的限界の意味の喪失

インターネットの現実は、伝統的な国際刑法が表象するような国内と外国とで異なる世界を顧慮することなく、境界がなくかつ普遍的である。インターネットのヴァーチャルな空間において、世界は、最近マックス・プランク研究所でインドからきた客員教授が「地理学は歴史になった(16)」と定式化したのと同様に、一つの「地球村」になった。分散的に配分された、自律的に行動する諸部隊の、潜在的には世界規模のネット化が問題になっているのであるから、越境すなわち境界の無視は、このような形式のコミュニケーションおよび情報交換にとって、その存在基盤とまでは言わないものの、正に原則になっている。

時間という次元も、行為とその効果との同時性によって無効となる。ベルリンからニューヨークに郵便で送られた郵便爆弾は、国境でのコントロールをパスしなければならず、国連の建物内で殺戮を惹起するためには時間が必要であり、このような恐ろしい犯罪でさえ、その効果が及ぶのは、そこに居合わせた外交官や訪問者に限られている。これに対して、たった一つのコンピュータ・ウィルスが、どのような現場からであれ、全世界的なインターネット・ネットワークに送り込まれることにより、一瞬のうちに全ヴァーチャル世界を汚染することができる。簡単に言えば、インターネットにとって、国境は何らバリアーではなく、場所的および時間的な離隔は、容易かつ迅速に克服され、潜在的には同時的・全世界的な遍在性が、そのトレードマークとなるのである。

2　インターネットにおける犯罪的攻撃とインターネットによる犯罪的攻撃

どのような方法でインターネットが犯罪的目的のための媒体として投入され、さらに場合によっては自ら被害者となりうるのかについて、大まかな印象を伝えるために、以下では――考えられるインターネット犯罪の完全なリストアップを、[17]要求するというのではなく――ドイツ法により可罰的と表明されているインターネット犯罪の最も重要な類型のみを挙げておくことにしたい。

ここでは可罰性自体が問題であるから、ドイツ刑法による訴追の可能性にとって、国内または外国の犯罪地が、どの程度影響を及ぼしているかという問題は、さしあたりペンディングにしておく。また、ここでは、冒頭に挙げた第一グループの意味における「古典的」犯罪の実行のためにインターネットを間接的に利用する場合も、あまり問題はならない。たとえば、インターネット・サボタージュによって惹起された航空機の墜落や、最近、ハンブルク上級裁判所のおそらく異国風と思われるような判決で具体的に示された、禁止されたギャンブルにヴァーチャルに影響を及ぼした事例が、[18]それにあたる。むしろ、ここで重要なのは、インターネットに特殊な犯罪である他の二つの事例グループである。

(1)　第一に――いわばコンピュータ犯罪の原型として――挙げられるべきものは、データを権限なしに認知・

変更・消去・複写するために、他人のコンピュータないしコンピュータ・ネット内に侵入する、いわゆる「ハッキング」である。ここでは、――インターネットによる道徳的汚染といった非物質的な価値［法益］の喪失とは異なり――単に財産的な価値が問題になっているにすぎない。とはいっても、最近の司法省の査定によれば、詐欺およびスパイによる財産的損害は約三〇〇億マルク（一兆八〇〇〇億円）に達しており、この数字は国民経済的にも「取るに足りない量」ではない。[19]

この犯罪グループに属するものは、次のとおりである。

・いわゆる「電子的住居侵入」（刑法二〇二a条）

・データの消去・抑制・使用不能化または改変（刑法三〇三a条）。これは、たとえばコンピュータ・ウィルスを送り込むことによって行われるが、企業および官庁に不利益を及ぼすコンピュータ・サボタージュは刑が加重されている（刑法三〇三b条）。

・証拠として重要なデータの偽造（刑法二六九条）。たとえば、行為者が身元を欺いて商品取引または銀行取引を行うために、第三者のパスワードを使用する場合である。

・現代的なデータの移転を手段とする他人の営業秘密の探知（不正競争防止法一七条二項、一八条）。それは、とりわけ一定の探知プログラムの使用によって容易になる。

・最後に、個人情報保護の観点から、たとえば医師や弁護士のような職業上の秘密保有者が、データの可能な暗号化を怠ることにより、無権限者によるメールの傍受を阻止しなかったような場合、不作為を理由とする処罰も排除されるとはいえない（刑法二〇三条、一三条、連邦データ保護法四三条）。[20]

(2)　他人のデータの利用は、すでに「ハッキング」に際して同時に行われうるが、さらに「ナスパー（Nasper）」の名で知られるようになった、著作権法上保護されている作品の提供および交換という現象におけるように、それが主目的になりうる。その現象は、明らかに模倣の蔓延をもたらした。[21] ここでは、次の二つの形態の可能な犯罪活動を観察することができる。

・第一は、いわゆる「ダウンロード」である。それは、音楽・映画ないしビデオのファイルのダウンロードを通じて、それを「多数複写」することにより行われる（著作権法一〇六条、二条）[22]。

・第二は、いわゆる「アップロード」である。それは、インターネットを通じて、作品を、私人・営利企業もしくは非営利のヴァーチャルな交換所によって「流布」することによって行われる（著作権法一〇六条）。そのようなインターネットの濫用に刑法を適用することについては、なお非常に争いがあるが、その当罰性を疑問視することは困難であろう。

3　犯罪的な意思表明ないしコミュニケーションの媒体としてのインターネット

前述の諸犯罪類型に特徴的なのは、インターネットの技術を操作的に利用し、その技術を目的外に使用すること、あるいは、目的に適った使用ではあるが、他人の著作権を大幅に侵害することによって行われる、濫用的な使用方法である。他方、インターネットは、それがその本来の目的である情報伝達手段ないしコミュニケーション手段として使用される場合であっても、それによって伝達される内容それ自体が犯罪的性質を有する場合には、やはり犯罪の媒体となりうる。この場合――その限界は流動的であるが――とりわけ次の二種類の犯罪を区別することができる。

(1)　第一に、インターネットによって、その表明ないし流布が可罰的となりうる意思が伝達されるような犯罪である。これは、憲法に反する宣伝手段ないし標識の流布（刑法八六条、八六a条）、および、たとえばいわゆる「アウシュヴィッツの嘘」の形態で行われる、とりわけ民族迫害煽動的な呼びかけないし誹謗（刑法一三〇条）に当てはまるが[23]、さらに、侮辱的主張や名誉毀損（刑法一八五条～一八七条）によっても行われる。

(2)　第二に、ポルノ文書の流布（刑法一八四条）がそれに属する。「文書」には、録音機・写真機・ハードディスク・図画その他の表現が含まれる（刑法一一条三項）。その危険性は、決して、ありうべき道徳的堕落といった私的欲求の充足に尽きるものではなく、むしろ、その種のヴァーチャルな上映ないし伝達には、とりわけ児童ポルノおよび暴力的ポルノの場合、現実の世界で、それに相応したサド・マゾ行為から拷問にまで至るような性的な人間の尊厳の侵害が、写実的ドキュメントを作成するために、先行せざるをえないという点にある。その種の表現のインターネットによる流布を構成要件に取り入れることについては、個別的には争いがあるが、ドイツの立法者が、この領域において有する闘いの意思は紛れもない。その意思は、現在のドイツを「コントロール狂」あるいは「インターネット恐怖症」と称する外国の声が増大していることを認めたとしても[24]、そのことによって拒絶されるべきものではない。この点では――オランダにおけると同様に――日本においても、問題意識が、ようやくかすかに生じてきているといえよう[25]。

4　可能な犯行関与者――ユーザーおよびプロヴァイダー

インターネットの濫用を刑法で捕捉することは、さらに、コミュニケーションの進行に様々なユーザーおよびプロヴァイダーが関与しうること、しかもこれらの者が様々な国に存在していることによって、複雑にされる。たとえば、日本人が東京でポルノ的暴力表現をインターネットにインプットし、それがカリフォルニアのサーヴィス・プロヴァイダーに受信され、さらにドイツの子会社の支配人によって、ヨーロッパ中でアクセス可能にされ、最終的に無数のユーザーによって呼び出されるといったことが起こりうるのであり、実際にもそのような事件が起きているのである。この種の可罰的表現の国境を越える流布の場合に、常に繰り返し観察されるのは、次のような関与行為の問題と国際的な刑罰適用の問題との混同であり、解決の難しい問題である。

・たとえばそのような暴力的表現の作成ないし呼び出しがドイツ法によれば可罰的である場合、そのかぎりでは、それに該当するプロヴァイダーないしユーザーは、ドイツ国内における作為または義務に反する不作為により、国内犯を犯すものであり、それに対しては刑法三条および九条によりドイツ刑法の適用が可能であって、何らかのあり方で外国における可罰性が問題になることはない。このことは、とりわけ前述のドイツにいるアメリカのサーヴィス・プロヴァイダーの子会社の支配人について、問題になっている暴力的表現をドイツにおいて拒絶しなかったことを理由に、総則の正犯・共犯の規定に従って、不作為による共同正犯もしくは共犯という非難が可能な場合に、当てはまる。というのも、その点でドイツ人の支配人について問題になるのは、刑法三条と結びついた刑法九条一項ないし二項による国内犯だからである。この点で、著名なコンピュサーブ（CompuServe）裁判は、結果的に、一方では共同正犯が肯定され[26]、一方では否定されたが[27]、両裁判所がドイツ刑法のみに従って判断したのは、方法論的に適切であった。

・したがって、ドイツ刑法の国境を越える外国への適用という問題は、総じて、ドイツへの流入を阻止しなかったことおよび（または）国内での単なる呼び出し（および外国におけるその共犯）が、ドイツ法によれば可罰的ではなく、それゆえに〔その処罰のためには、それが〕日本において暴力的表現をインプットしたことおよびカリフォルニアにおいてプロヴァイダーが国際的にアクセス可能にしたことに関連づけられるべきであるような場合にはじめて――しかもその場合にかぎって――生ずる。その場合、ドイツ刑法の適用可能性は、次の二つの方法で根拠づけが可能である。第一には、外国におけるインプットおよびアクセス可能化が、同時に、国内における「結果地」の意味において効果を生じ（刑法九条）、その結果（国内犯）として扱われることによってである。あるいは第二に、たしかに行為地ないし犯行地が国内では欠けているため国外犯の問題であるが、場合によっては刑法五条から七条の規定によって、ドイツ刑法が適用可能であるとすること、すなわちドイツで行動しているユーザーのみならず、外国で活動しているユーザーおよびプロヴァイダーにも適用可能とすることによってである。

この問によって同時に、われわれは問題領域の真っ只中に位置することになるのであり、この点は、さらに詳しく解明されなければならない。

四　外国におけるインターネット活動に対するドイツ刑法の適用可能性

データが外国でインプットされまたは専ら外国からアクセス可能にされた場合であっても、ドイツ刑法は、場合に応じて、次の三つの方法で適用されうる（相応する適用規定がある場合には、同じことが外国の刑法についても当てはまる）。

1　同時に国内犯である場合（のみ）の処罰

ここで考えられているのは、外国におけるインターネット活動を越えて、規範的になお国内の行為地ないし結果地が認められるような事例である。

・このことは、一方では、構成要件上特殊な犯行の記述から生ずる。それは、たとえば、最初の外国のインプット地ないしプロヴァイダー所在地におけるインターネットへの情報のインプットのみならず、最終的には国内にまで至る、その後のすべてのプロヴァイダー活動が「アクセス可能化」行為に当たるとすることによって行われる（これは、国内犯行地（刑法九条一項前段）または不作為地（同後段）と同様の根拠づけによる）(28)。このようにして、たとえば、国内のプロヴァイダーが、それによって外国のサーバーに国内の顧客がアクセスできるようにするような、いわゆるホスト・サーバーを設置する行為は、国内犯になりうる。その場合は、国内で活動している仲介者のみならず、外国のユーザーおよびプロヴァイダーも、ドイツ刑法によって処罰可能となる。国内犯に関与した場合には、外国の共犯者にもドイツ刑法が適用可能だからであり、しかも、この場合、外国の行為地でその行為が万一不可罰であったとしても、それを顧慮する必要はないのである

（刑法九条二項）。

・同じ結論は、一般的に——すなわち多少とも偶然的な構成要件規定に関わりなく——、身体的な行為地と並んで、行為者がデータを意図的かつ統制的に保有するためおよび（または）データを呼び出すために用意するサーバーの所在地も犯行地に組み入れ、それによって国内の行為地を根拠づけることによって得られる。[29]

・他方、完全に外国で行われるインターネット活動でさえ、危険犯の場合であれば、国内でも危険が発生しうるときは、遍く国内「結果地」を認めることが可能と解されている。[30] このことは、国内で「呼び出し可能性」があるすべての場合に認められるというのが、今日有力な見解であるが、[31] もしそうだとすると、ドイツ刑法は、意見表明犯罪を越えて、多くの財産犯上の危険犯、たとえば投資詐欺（刑法二六四a条）の場合にも、虚偽の予想もしくは財産の見込みがドイツでも呼び出し可能なようにインターネット内に示されただけで、適用可能となる。

そのようなドイツ刑法拡張の可能性が支持に値するのか、それとも反対する必要があるのか、またどの程度にそうかは、インターネットにおける行為地および結果地の相応する解釈に、決定的に依存している。この点の決定は、とりわけ原則的な適用戦略に依存しているので、引き続き次章（**五**）において、さらに法政策的な観点から改めて取り上げることにする。

2　犯行地とは無関係な処罰

ここでとりわけ重要なのは、犯行地の法とは無関係にドイツ刑法が適用可能な、刑法五条および六条に挙げられている構成要件である。この規定の文言は「外国における実行」を出発点としているが、それにもかかわらず、五条および六条にリストアップされている構成要件の場合、これらの犯行が国内で行われた場合は、すでに刑法三条によりドイツ刑法に服するのであるから、むしろ犯行地と無関係なドイツ法による処罰と言ってよい。すなわち、三条によれば国内で、五条・六条によれば外国で実行された犯行が問題になるが、そのいずれかに関係なく、そこに挙げられた犯行にはドイツ刑法が適用可能なのである。

犯行の可能な媒体としてのインターネットに目を向けるならば、とりわけ六条四号から六号までの規定に基づき、ハードポルノの流布（刑法一八四条三項、四項）、インターネットによって仲介された人身売買（同一八〇b条、一八一条）、薬物販売（麻薬取締法）、ならびに五条二号、四号、七号に基づき、内乱の呼びかけないし外患の表明（刑法八一条から八三条まで、九四条から一〇〇a条まで）、ドイツ企業の営業秘密の探知（刑法二〇二a条、不正競争防止法一七条二項、二〇一条）について、このことが当てはまる。臓器売買の仲介も、この点はドイツのインターネット利用者に限られるが、刑法五条一五号、臓器移植法一八条により、犯行地とは無関係に、ドイツ法による処罰が可能である。

3 （純）国外犯としての処罰

さらに、犯罪的なインターネット活動は、それが専ら外国において実行され効果を生ずる場合でさえ、ドイツ刑法に服することがありうる。すなわち、第一に、積極的属人主義に従い、行為者がドイツ人である場合（刑法七条二項一号）、あるいは第二に、消極的属人主義に従い、インターネット被害者がドイツ国籍を有している場合、たとえばニューヨークから日本に住むドイツ人に向けられたハッキングの場合（七条一項）、あるいは第三に、外国で行為する外国人、たとえばシンガポールから行動するインド人のハッカーが、フランクフルト空港で乗り換えの際に逮捕され、引渡し不可能なために「代理的司法」に従ってドイツ刑法に服することが許容されるような場合（七条二項二号）である。

七条の規定するこれら三つの事例のすべてについて、しかし、そのインターネット犯行が行為地においても可罰的でなければならないという、重要な留保があることに注意しなければならない（七条二項二号）。「同一の犯行地規範」という要請によって、ドイツ刑法を、属地主義により優先的に管轄を有する外国が刑法的保護を必要と考えていないような領域にまで、不遜に通用させることは、阻止されるべきものとされているのである。「同一の」犯行地規範については、たしかに一方では、すでにインターネット構成要件の存在それ自体で十分であるが、他方において、外国の構成要件がドイツのそれに含まれていることは必要ではなく、また同じ法的思考を追求している必要もない。通説によれば、むしろ、具体的な犯行が、ドイツの犯罪成立要件にも、外国の刑罰規範の犯罪成立要件にも服しうるということで、必要かつ十分である。(32)

4　「正統化する内国関連性」の付加的な要請？

外国におけるインターネット活動にドイツ刑法を適用する可能性についての以上の概観は、さらに、連邦裁判所が、最近、ドイツの刑罰権を発動するために必要であると解した書かれざる要件、すなわち、いわゆる「正統化する内国関連性」に触れないとすれば、不完全と思われるであろう。このような要請は、当初、比較的適用し易いという意味で、薬物犯罪との関係で展開された。(33)しかしながら、その後、それが過大要求になりうることに対し、ジェノサイド訴訟を通じて、むしろ反対方向の制御要因として用いられ、(34)さらに、オーストラリア事件において、インターネット訴訟における適用可否のフィルターとして用いられることになった。もっとも、連邦裁判所は、そこで問題になっていた「アウシュヴィッツの嘘」の場合に、ドイツ刑法の適用可能性を根拠づけるようなドイツ連邦共和国との関連を、苦も無く作り上げたのであった。(35)

しかし、そのような刑罰適用のハードルは、私が他の所で明らかにしたように、(36)必ずしも該当するすべての法益について、国際法上要求される制限へと導くようなものではなく、むしろ逆に、とりわけ「人権的法益」の場合には、普遍的な刑事訴追へと促すものなのである。さらに、刑法五条および六条の現実主義〔保護主義〕および普遍主義というそれに関連する事由の点からも、連邦裁判所によって採用された道は、ドイツ刑法の制限とい

う志向された目標を達成するために、たとえその関心が全く正当であったとしても、適切ではなかったように思われる。(37)

以上、インターネット犯罪につきドイツ刑法の適用領域は必ずしも狭くはないことを示したが、それでは、そのような所見をどのように評価すべきかという問題が残ることになる。この点は、ドイツ刑法の適用可能性を、最善のインターネット・コントロールのための歓迎すべきチャンスと見るか、それとも国境を越える刑法の競合のありうべき一資料と見るか、という基本的な考え方の違いに依存しており、その違いに応じて、表面化した問題について、どちらかといえば広い解釈か狭い解釈か、いずれかに傾くことになる。

五　拡張的な適用戦略と制限的な適用戦略

1　国家横断的な拡張傾向

すでに「古典的な」犯罪の領域において、ドイツ刑法は、必ずしも国家的に控えめな態度のものとして知られているわけではない。一九七五年改正による属地主義への原則的な回帰は、ドイツ刑罰権の国内犯への退却を示唆しうるものであったが、それにもかかわらず、ドイツ刑法は、すでに積極的および消極的属人主義、現実主義〔保護主義〕、代理的刑事司法を含む普遍主義という付加的な連結点によって、決して控えめとはいえない適用領域を保つことができた。ことに遍在主義によって、国内犯と国外犯との限界は、少なからず国内領域の拡大に有利なように、移動した。(38)このようなただでさえすでに強度なドイツ刑法の拡張傾向は――それゆえに正当にも批判なしには済まなかったのであるが(39)――、インターネットの潜在的な境界喪失とともに、完全にコントロールが失われ、インターネットそのものと同様に、ドイツ法によるインターネット犯罪の処罰もまた、何らの境界も知らないという結果に至っているように思われる。

もし遍在主義の潜在的な力が、今日観察されうるようなあり方で利用し尽くされるとすれば、そのような方向へとさらに駆り立てられることになると言ってよいであろう。

(1)　そのような拡張の危険は、最初にカリン・コルニルスが提案し、[40]私もシェンケ＝シュレーダーのコンメンタールで[41]——さらに拡張的な傾向に対する防護のためではあったが——賛成したように、身体的な行為地と並んで、別のサーバーのヴァーチャルな所在地から、さらには万一にもありうる国内のアクセス・プロヴァイダーに至るまで、すべて九条一項前段の意味における行為地に含めるという点に、すでに存しうる。このことは、いずれにせよ、国内に在住するサービス業者が、「プッシュ技術」の形態により、意図的かつ統制的にデータをさらに流布させる目的で保有し、および（または）呼び出しのために準備しておく場合には、生ずることである。[42]

(2)　このような行為地の「ヴァーチャル化」以上に本質的な拡張をはらんでいるのは、結果地の「脱実体化」である。それは、刑法九条一項後段により必要とされている（実際のまたは予期された）「構成要件に属する結果」の発生が、ますます——物理的、経済的またはその他明示された——「捕捉可能な」損害から、何らかの潜在的な作用へと気化されることによって行われる。

この点について、すでに示唆したこのような傾向（前述**四1**）のすべてのニュアンスに触れる必要はなく、直ちに抽象的危険犯の場合に存する決定的な核心問題に向かうことができる。結果犯の場合、「構成要件に属する結果」は、それが国内で発生した場合に国内の犯行地を根拠づけうるのであるが、通常は、該当する法益の具体的な侵害の形で、容易にそれを突き止めることができる。これに対し、具体的危険犯の場合、国内における当該法益の具体的な危殆化のみで、犯行地を根拠づける「結果」と認めることは、すでに必ずしも自明のことではなかった。

いずれにせよ、そのような拡張は、次のことによって正当化されうる。すなわち、刑法九条一項の第四選択肢は、未遂の場合を念頭に置いた規定であるが、すでに表象されただけの結果で十分であるとしており、それと比較して具体的な危殆化は、法益の毀損の点でそれ以上のものを意味し、この場合に、刑法の介入を――実際にしばしば生ずる――侵害の発生まで待とうとはしない、ということによってである。かくして、具体的危殆化の発生地が結果地でありうることは、今日、正当にも広く承認されている。しかし、多くの論者は、とりわけベルント・ハインリッヒがそうであるが、(43)さらにそれを越えて、抽象的危険犯の場合も、抽象的危険犯創設の理由となった法益の抽象的危殆化で、すでに結果地として十分であるとしようとしているのである。その見解に従うならば、インターネット犯罪の場合、すでに国内における「呼び出し可能性」が結果地の根拠になりうるということにならざるをえない。(44)

連邦裁判所は、まだ完全にそこまでは行っていないが、それにしても、連邦裁判所は、七〇年代にホルスト・シュレーダーが異なる背景の下に展開した、(45)抽象的・具体的危険犯という概念に遡及することによって、そのような方向へと進んでいる。すなわち、連邦裁判所は、ドイツのインターネット・ユーザーがアクセス可能なあるオーストラリアのサーバーで、「アウシュヴィッツの嘘」をアクセス可能にした場合につき、その民族迫害煽動的な表現が（刑法一三〇条）具体的に国内の平穏を害するのに適していたという理由で、国内結果地を認めた。(46)さらに連邦裁判所は、国内のインターネット利用者が、外国のサーバーのページを呼び出し、同時にそのデータをドイツに「ダウンロード」した場合につき、すでに外国のサーヴィス・プロヴァイダーの国内における（結果地のみならず）行為地が認められるか否かについてはペンディングにしたが、そうではあっても、結果地を抽象的危殆化の地にまで拡張した点に、ドイツ刑法の将来的な拡張の地平を窺うことは、預言者でなくともできるところである。

(3)　このようにして開かれた水門は、侵害犯または（具体的ないし抽象的）危険犯という犯罪の性質を顧慮することなく、国内における現実の効果こそが決定的であるとすることによっても、それを閉じることは難しい。このような道に進むことを試みたのは、とりわけウーリッヒ・ズィーバーであり、彼は、刑法九条の結果概念を独自に解釈し、いかなる「犯行の結果」であっても結果としては十分であると解しようとした。(47) それによれば、構成要件に記述された（外国における）行為のすべての国内での効果が、国内の犯行地を根拠づけうるのであり、たとえば、外国のポルノ文書に、その文書の内容を国内で認識する可能性が開かれるというあり方で、「アクセス可能にすること」によって、国内の犯行地が認められる。(48)

しかし、たしかにそれによって行為地の拡張（これは行為の展開も行為に取り込むことによって行われる）も結果地の拡張も問題になっているわけではないが、(49) そのことは措くとしても、そのような効果概念の拡張によって、ドイツ刑法の適用領域は、同様に制限されるよりはむしろ拡張されることになる。他方、行為の記述を強調することは、ただでさえしばしば疑問が生ずる侵害犯か危険犯かの位置づけに比べれば長所はあるにしても、それはそれで、国内犯の根拠づけが――適用という観点に合わせて熟慮されているとはいえない――行為記述の偶然性に依存するという短所を有することになる。(50) ここで想起されるのは、ポルノ文書の「流布」に関する相違する解釈である。すなわち、一方では物体的な手交を要するとされ、(51) 他方でその「アクセス可能化」については、その内容に関するあらゆる種類の認識可能性で十分であるとされているのである。(52)

2　国家的な刑法の競合による葛藤

ただでさえすでに外国のインターネット活動にドイツ刑法を適用する多くの可能性があることを、もう一度繰り返して述べるまでもないが、それにしても、ドイツ刑罰権の国内の行為地および結果地は、前述のように拡張されており、そのことが、ほとんど境界のない干渉領域を開いていることは、看過されてはならない。

このことは、一面では、インターネットの正しい使用に関するドイツ刑法の考え方を世界中に尊重させ、起こりうるその濫用を外国の活動の場においてまで訴追するという点、しかも、大部分は犯行地の国の法およびその国でありうるコミュニケーション政策や刑事政策を顧慮することなしにそうするという点で、ドイツ法にとってのチャンスとも解されうる。

しかし、他面、それによって同時に国際的な葛藤が、正に事前にプログラム化されることにもなる。[53] 法秩序が競合する場合に、一方または他方に優先権を認め、それによってありうる葛藤を回避しようとする「国際私法」の規範の衝突と異なり、[54] いわゆる「国際刑法」で問題になるのは、刑罰適用の準則である。それは、一方的に国家刑罰権の適用領域を規定するものであり、その際、領土外の犯行にもそれを及ぼすことを許容する。その結果、同様に適用可能な犯行地の刑法との葛藤に至りうるのである。[55] しかし、それだけではまだ十分ではなく、別形態の刑法の競合がありうる。すなわち、犯行地の国家が、属地主義に基づいてその刑法を適用し、第二の国家が、行為者であるその国民を自国の刑法で訴追すべきであると考え、さらに第三の国家が、被害にあった自国民の保護のために自国の刑法を適用しようとするような場合である。

インターネット犯罪について、多くの国が、すでにあらゆる抽象的危険の存在で国内犯を認め、そのためにはその領域から呼び出しうるだけで十分であるとしている事態を熟考するならば、地球規模の刑法の競合は、不可避的な結論であろう。その際、たしかに通常は、第一の国が行為者を逮捕する優先権を有してはいる。しかし、そのような場合でさえ、もし行為者の母国が、たとえばその行為者をより重く罰するために、おそらくはより軽く罰するための場合が多いであろうが、自国の国民を自国の法廷に立たせたいと考えた場合には、逮捕国は、その事実上の優先権を必ずしも保証されているわけではない。このようなシナリオが考えられる場合、それぞれの国の刑法と競合する諸国が、国際法上正当化されるような論拠を主張しうるということから出発するとしても、国際的な争いの種は、ある国がその国家刑法を自国の領土を越えて及ぼすことが多ければ多いほど、より大きくなるのである。[56]

国家の刑罰高権のこのような競合は、国家間の問題であるばかりではなく、個人の観点においても重要である。もしインターネットの利用者が、さまざまな刑法規定によって訴追されうること、場合によってはデータおよび情報を外国において呼び出し可能にしただけで可罰的でありうることを、顧慮しなければならないとすれば、彼らは、インターネットが使用可能なように開発されているすべての国の刑罰規定を揃えておかなければならないことになり、その数は容易に一〇〇を越えることになる。このことは、明らかに普遍的に可罰的な内容が問題となっているかぎりでは、無害といえるかもしれない。しかし、インターネット犯罪者については、民族謀殺の呼びかけあるいはそれに比肩しうるような急進的なプロパガンダについて、世界中いかなる国でももはや刑事訴追はされないものと思っているようなことが、当然に生じうるであろう。また、ドイツでは日常的に耳にする事柄（たとえばアルコールや婦人の下着の宣伝）が、外国ではそれに反してタブー視され、さらには禁止にまで至っている場合、そのような禁止はドイツの人権観に基本的に反するものでありうるが、そのような行為の外国における刑罰化ということも、考えておかなければならない(57)。

そのことを考えるには、単に、決して架空とはいえない次のような事例を想起することで足りる。すなわち、あるドイツ人の学生が、アムネスティ・インターナショナルの活動中に、人権侵害例のリストをインターネット上に掲載したが、その際、後に彼が当該の国に若い研究者として旅行に行った場合には逮捕されうるということ、しかも彼のアムネスティのページがその国で呼び出し可能であることを理由に、国内犯として逮捕されうるということを、全く考えなかったという事例である。逆に、ドイツの刑事司法も、そのことを驚くには当たらない。すなわち、インターネット上の民族迫害煽動の表現を理由として、オーストラリア人をドイツ刑法によって訴追したことは、彼の母国における表現の自由についての異なる理解のゆえに、苛立ちを引き起こしたからである。かくして、国によって異なりうる諸刑法の競合は、個人の犠牲をも伴うのである。

したがって、ドイツ刑法の拡張傾向が、とりわけインターネット犯罪において、次第に強い批判に晒されているということも、驚くには値しない(58)。

3　制限の試み

国家刑法の競合に基づく葛藤を最小限に抑えようとする実務的な努力からにせよ、自国の刑法の適用領域を不当に拡張しないという自己批判的な洞察からにせよ、いずれにしても、ドイツ刑法の適用領域を、極端に縮減するとはいわないまでも、あまりに広く氾濫させないためのさまざまな努力が見られる。網羅的なものではないが、以下のような制限の努力を挙げることができるであろう。

・まず第一に、遍在主義を手掛かりとし、結果地に関して、国内における抽象的危殆化のみですでに十分とはしないという試みである。そこでは、とりわけ外国でインターネットに掲載された情報の単なる呼び出し可能性だけでは、国内犯を基礎づけるのに十分ではないとされる。私自身が、すでに別稿で述べた見解も、この延長線上にある。この見解は、行為地を、人的に活動しているプロヴァイダーの所在地を越えて、サーバーのヴァーチャルな所在地にも及ぼすのであるが[59]、それによって、しかし、結果地が拡張されることは決してなく、むしろ逆に結果地の拡張を不要にするのである。なお、「危険ゾーン（Risikozonen）」という主張は、イェルク・マルティンが、国境を越える環境破壊につき、外国の危険源に隣接している国内領域を取り込むために展開したものであるが[60]、多くの論者のこれとパラレルに考える主張も、隣接する危険領域にインターネット結果地を拡張することに、賛成ではなく反対することになる。国境を越える環境破壊は、空間的に隣接する危険ゾーンに限定されうるのに対し、インターネット犯罪の場合は、正にその無境界性が特徴だからである。

・以上の制限の試みが、客観的に方向づけられているのに対し、主観的な出発点を取るものもある。これによれば、ドイツの刑罰権は、行為者が、目的的にその行為の結果をドイツ国内で発生させようとしている場合にのみ、存在するものとされる[61]。しかしながら、これは、すでに実務上、証明の困難な基準であり、また、刑法九条からそのような基準を読み取ることも困難である。

・さらに別の試みとして、外国のインターネット活動を国内と捉えることを、構成要件に特殊な要求によって阻止しようとするものがある。たとえば――すでに触れたように――ハード・ポルノの「流布」について、ヴァーチャルな内容の伝達ですでに十分であるとすることなく、文書が物理的に多数の人に届くことが必要であるとするのである。(62) そのような空間的な制限の強化が可能であれば、それは賞賛に値するであろうが、しかし、それは、限定された偶然的解決を与えるものでしかない。

・すでに以前から、より根本的になされてきた制限の試みは、――最近のエリック・ヒルゲンドルフのように(63)――「領土的特殊化」を要求するか、あるいは――ミヒャエル・キーンレのように(64)――遍在主義についても二重の可罰性を要件にしようとするものである。刑法七条の場合について類似の主張をしているのは、バーバラ・ブロイアーである。そこでは、インターネット犯罪は、国内で結果が発生した場合であっても、それがドイツ人によって行われたか、もしくはドイツ人に向けられている場合、または外国のインターネット行為者が、ドイツ国内で逮捕されかつ引渡しが不可能な場合にのみ、訴追可能とされるべきであるとされている。(65) しかし、そのような提案が考慮に値することは認められるとしても、それは、それに対応する法律上の調整なしには実現不可能であろう。したがって――最終的には――立法者が予定に入れられることになる。

六　展　　望

――立法による弊害の除去

実際、一方で国境を越えるインターネット犯罪に対する戦いにおいて、簡単にギブ・アップしようとせず、(66) 他方でドイツの刑罰権に普遍的なインターネット監視人の役割を担うことを免れさせたいと考えるならば、純解釈学的な対症療法では十分ではない。立法による弊害の除去もまた必要であり、その本質的な目標は、国境を越えるインターネット犯罪への国家刑法の適用可能性について、効果的で同時に国際的に支持されうるような規制システムを創出することに置かれなければならない。

その場合、まず第一に――しかも、ドイツ刑法のみを考慮するのではなく――、属地主義の原則が検討の対象にされなければならず(67)、場合によっては、他の適用原理によって代替させられなければならない。このような主張は、前述のとおり、国内領域の過度に広範な拡張に対して、繰り返し批判が向けられてきたこと、およびそのことが刑法を自国の地理的領土へと後退させようとする訴えと解されうるものであったことからすると、一見、唐突に思われるかもしれない。しかし、刑法の後退という方向に歩を進めたとしても、伝統的な境界設定の回復以上に及ぶものではなく、これでは、領土を考えることによって正に現代のインターネット犯罪の特徴を見失うことになる。その特徴は潜在的に普遍的な境界喪失性にあり、そこでは設定された境界は、なんらの役割も果たさないのである。それにもかかわらず、なおそれに固執しようとするならば、それは、せいぜいのところ、遍在主義、それも行為地とのみ結びついた遍在主義の任務とするしかないであろう。というのも、もし結果地も国内の刑罰権を根拠づけることができるとし、すでにすべての抽象的な危殆化で足りるとするかぎり、――その際に、正当にも、他のすべての国家にも同じ権利が容認されなければならないとした場合――不可避的に領土上の刑法の競合に至ることになるからである。それによって同時に、属地主義に本来割り当てられてきた限定的機能は、それとは逆のものに転ずることにならざるをえないであろう。刑罰権を相互に限界づける代わりに、結果の遍在ということによって、刑罰権は、不吉な地球規模の競合へと導かれることになるであろう。しかし、それは、決して国際的に通用するインターネット刑法の意味ある将来の姿ではありえない。

インターネットが刑罰高権の属地主義を価値低下させたのと同様に、――犯罪的利用者を含む――インターネット利用者にとっても、国境は、他の場合であれば越境と結びついて生ずるはずの「シグナル作用」を喪失した。

フライブルクで仕事をし、日常的に独仏の国境をコントロールなしに越えているアルザスの住人は、すぐに、自分がどの国にいてどの国の法を遵守しなければならないのか、全く考えないようになるが、それと同様に、インターネット利用者にとっても、自分が、原語および文化が異なるのみならず、別種の法的理解が支配していることもありうる、異国の高権領域に赴いていることを指示しうるような境界の意識は、消え失せている。[68] たとえそのことを遺憾に思ったとしても、インターネットによる交流は、正に可能な越境を事実上不問に付すことによって行われるのであり、したがってそこから何らかの法的な規範の提訴が生ずることもありえないのである。

特定の種類の犯罪について特別の適用領域を規定することは、決して通常のことではないが、私には、この犯罪領域の特性は、特別の規定を正当化するのに十分な広がりを有しているように思われる。[69] さらに、サイバー犯罪の刑事訴追について、必ずしも一般犯罪と一致することを要しない裁判管轄の設定を推奨している、ヨーロッパ評議会の「サイバー犯罪協定」草案（二二条）によっても、そのような方向に進むことが勧められていると言ってよいであろう。[70]

インターネット犯罪に関するそのような特別の適用規定が、どのようなものになりうるかについては、もちろん、ここで行いうる以上の立ち入った検討を要する。それにもかかわらず、以下のとおり、それについて若干の暫定的考察を行うことは許されるであろう。

・属地主義の代わりに、普遍主義が、文明化されたすべての国民の評価において、普遍的に、したがって犯行地とは無関係に、訴追されるに十分重大であると考えられるようなインターネット犯罪について、基本原則とされるべきである。

・普遍主義の対象として指示されるような重大性に達しないインターネット犯罪は、行為者――自国民か外国人かにかかわりなく――が、当該国の領土内で行為した場合にかぎり（外国で行った犯行の何らかの効果が国内で発生したというだけでは足りない）、属地主義に従って訴追されうるものとする。

・これによって国内を根拠づける犯行地として「結果地」を放棄することになるが、その点は、制裁を必要とする法益侵害が発生した場合は、国家の保護を役割とする現実主義〔保護主義〕によって、[71]あるいは自国民が〔被害者に〕該当する場合は、消極的属人主義によって、受け皿が用意されるべきである。その際、後者については、犯行地でも同様に可罰性を有することの必要性に配慮すべきである。

・「代理的刑事司法」については、国際社会の連帯的行動が、すでに適切に構成された普遍主義によって保障されるとすれば、とくにその必要はないであろう。

・積極的属人主義に関しては、境界の相対化によって、またかつては異国であった地域への多くの人々の定住によって、国家による拘束が義務づけの力を失っている今の時代に、したがってまた、そのような「脱国家化した」生活関係の下で、はたして、一つの国が、インターネット活動に従事する自国民を、地球の隅々に至るまでコントロールするために、訴追しなければならないのか、ということが問題とされるべきである。

もちろん、以上のような規定によって形成される刑罰適用法においても、国家刑罰権の競合は起こりうるであろう。この場合について、サイバー犯罪協定草案は、コンサルタントの方法により、最も適切と思われる裁判管轄を有するところに、訴追を委任すべきであるとしている（二二条五項）。これによって同時に、実際には、一つのフォーラムが開設されうるのであり、その結果、今日観察されうるようなインターネット規制をめぐる諸国家の「独占競争」[72]に、一つの逃げ道が開かれることになる。おそらく、そのようにして最終的には、私の助手のミヒャエル・クビシールが「ネチケット」という洒落た呼び名を発見したのに相応するような、世界規模のインターネット法典が登場しうることになるであろう。

（1） *Th. Weigend*, Unbegrenzte Freiheit oder grenzenlose Strafbarkeit im Internet?, in: G. Hohloch (Hrsg.), Recht und Internet, Baden-Baden 2001, S. 85-92. インターネットにおける規制戦略に関する議論につき、一般

的なものとして，一方では，*D. R. Johnson / D. Post,* A Rise of Law in Cyberspace, in : Stanford Law Review 48（1995/1996）, S. 1367-1402. 他方では，*J. L. Goldsmith,* Against Cyberanarchy, in : The University of Chicago Law Review 65（1998）, S. 1199-1250 参照。

（2）近刊の ZStW Heft 4 / 2001 参照。

（3）連邦裁判所の判例における国際刑法の意義を概観したものとして，*A. Eser,* Das „internationale“ Strafrecht in der Rechtsprechung des BGH, in : C. W. Canaris / C. Roxin / G. Widmaier（Hrsg.）, 50 Jahre Bundesgerichtshof-Festgabe aus der Wissenschaft, München 2000, S. 1-26 参照。

（4）この設例および他の設例につき，*C. Wong,* Criminal Jurisdiction over Internet Crimes, in : Hohloch, a.a.O.（N. 1）, S. 93-107 参照。

（5）これについて一般的に，*A. Eser,* in : A. Schönke / H. Schröder, StGB, 26. Auflage, München 2001, § 9 Rn. 3, 12 ff. 参照。

（6）すでに，*A. Eser,* Grundsatzfragen transnationaler Kooperation in Strafsachen, in : Bundesministerium der Justiz, Verbrechensverhütung und Behandlung Straffälliger, 8. Kongreß der Vereinten Nationen, 1990, S. 15 ff. sowie in : Schönke / Schröder, a.a.O.（N. 5）, Vorbem. 1 f. §§ 3-7 においてそのように主張した。

（7）諸概念につき，*O. Oehler,* Internationales Strafrecht, 2. Auflage, Köln 1982, S. 1 ff. をも参照。

（8）さまざまなあり方で処罰が国境を越えて及びうるという「国際刑法」の基本的諸原則につき，とくに *A. Eser,* in : Schönke / Schröder, a.a.O.（N. 5）, Vorbem. 4 ff. zu §§ 3-7 ; *H. -H, Jescheck / Th. Weigend,* Strafrecht Allgemeiner Teil, 5, Auflage, Berlin 1996, S. 171 ff. これらの諸原則の起源につき，*Oehler,* a.a.O.（N. 7）, S. 47 ff. ドイツにおける最近の展開につき，*A. Eser,* Die Entwicklung des Internationalen Strafrechts im Lichte des Werks von Hans-Heinrich Jescheck, in : Th. Vogler（Hrsg.）, Festschrift für Hans-Heinrich Jescheck, Band II, Berlin 1985, S. 1353-1377（1362 ff.）諸外国の文献として，Halsbury's Law of England, 4. Auflage, London 1990, S. 462 ff. ; *M. Cobo Del Rosal / T. S. Vives Antõn,* Derecho Penal, Parte General, 5. Aufl.,

Valencia 1999, S. 209 ff.; *F. Mantovani,* Deritto Penale, 3. Aufl., Padua 1992, S. 959 f.; *W. LaFave / A. W. Scott, J. R.*, Substantive Criminal Law, 1, St. Paul 1986, S. 179 ff.; *A. Huet / R. Koering-Joulin,* Droit pénal international, Paris 1993, S. 209 ff.; *St. Trechsel,* Starfrecht Allgemeiner Teil, 5. Aufl., Zürich 1998, S. 58 ff. 各参照。

(9) *K. Binding,* Handbuch des Strafrechts, Band 1, Leipzig 1885, S. 370 ff. によれば、「国内刑事裁判所の領土的限界を、誤って、各領土の限界において消失する諸刑法に」移すことはできない（S. 371）。

(10) このような展開につき詳しくは、*Eser,* a.a.O.（N. 8）, S. 1362 ff. 参照。

(11) ところで、国家が、その刑罰権を、いずれにせよ、その点について自国に対する「有意味な連結点」が存在している場合に、自国の領土の限界を越えて及ぼしうるということは、しばしば引用される常設国際裁判所の一九二七年九月七日「ロータス」判決以来、裁判上、確認されてきた。そこでは、フランスの将校が彼に責任のある船の操縦を通じてトルコ人の水夫の死亡を惹起したという事件で、その将校に対するトルコでの刑事手続が問題になった（Court Permanent de Justice Internationale（CPJI), Recueil des Arrêts, Sér. A, No. 10（1927)）. *Weigend,* a.a.O.（N. 1）, S. 87 参照。そのことは、“UN Declaration on Principles of International Law concerning Friendly Relations and Cooperation among States in accordance with the Charter of the UN” vom 24. 10. 1970. において確認されている。*Oehler,* a.a.O.（N. 7）, S. 124 参照。本文後述のさまざまな連結原理につき個別的には、注(8)の文献の引用文献参照。

(12) この点につき詳しくは、*Eser,* in: Schönke / Schröder, a.a.O.（N. 5）, § 7 Rn. 7 ff.; *J. Scholten,* Das Erfordernis der Tatortstrafbarkeit nach § 7 StGB, Freiburg 1995 参照。

(13) すでに帝国裁判所の判例（とりわけ、RGSt 74, 56, 58 参照）に由来するこの原則については、*Eser,* in: Schönke / Schröder, a.a.O.（N. 5）, § 9 Rn. 3; *Oehler,* a.a.O.（N. 7）, S. 246 ff.; *Jescheck / Weigend,* a.a.O.（N. 8）, S. 178 参照。

(14) いずれにせよ具体的危険犯については、それが通説である。詳しくは、*Eser,* in: Schönke/Schröder, a.a.O.

（N. 5），§ 9 Rn. 6；*H. Tröndle/Th. Fischer,* StGB, 50. Aufl., München 2001, § 9 Rn. 4；*G. Gribbohm,* in: Leipziger Kommentar（LK），StGB, 11. Aufl., Berlin/New York 1997, § 9 Rn. 20 およびそれぞれの指示文献参照。抽象的危険犯に関する議論状況につき，*K. Cornils,* Die territorialen Grenzen der Strafgerichtsbarkeit und Internet, in: Hohloch, a.a.O.（N. 1），S. 71-86（74 ff.）; *Tröndle/Fischer,* a.a.O.（N. 14），§ 9 Rn. 5 ff. 参照。

（15）刑法的保護のこのような早期化に批判的なものとして，とくに，*W. Hassemer,* Symborisches Strafrecht und Rechtsgüterschutz, NStZ 1989, S. 553-559 （557）がある。もっともこの犯罪類型につき憲法上異議が唱えられるべきであるとは言えないであろう。*O. Lagodny,* Strafrecht vor den Schranken der Grundrechte, Tübingen 1996, S. 185 ff., 437 ff. 参照。

（16）二〇〇一年六月二九日に行われたヨーガ・ラオ（S. V. Joga Rao）教授の講演 "Internet Crime and Legal Response: An Overview of Indian Initiative"による。

（17）これに関する最近の文献として，*W. Heinz,* Computerkriminalität und Computerstrafrecht, in: Hanyang Law Review（Korea）17（2000），S. 287-329（289 ff.）参照。

（18）OLG Hamburg, MMR 2000, 92 全体の状況につき，*A. Leupold/P. Bachmann/Ch. Pelz,* Russisches Roulette im Internet, MMR 2000, S. 648-655（652 ff.）; *M. Laukemann/M. Junker,* Neues Spiel, neues Glück - Zur strafrechtlichen Zulässigkeit von Lotterien und Ausspielungen im Internet, AfP 2000, S. 254-257 参照。

（19）"Betrug im Internet", in: Frankfurter Allgemeine Zeitung v. 13. 6. 2001, S. 17.

（20）これについては，*N. Härting,* Unverschlüsselte E-Mails im anwaltschaftlichen Geschäftsverkehr, MDR 2001, S. 61-63（61 f.）参照。

（21）技術的な詳細およびそこから生ずる著作権法上の問題に立ち入った最近の文献として，*T. Kreutzer,* Napster, Gnutella & Co.: Rechtsfragen zu Filesharing-Netzen aus der Sicht des deutschen Urheberrechts de lege lata und de lege ferenda, GRUR 2001, S. 193-204, 307-312 参照。

(22) これについては、*G. Haß*, in: G. Schricker (Hrsg.), Urheberrecht, 2. Aufl., München 1999, § 106 Rn. 3 参照。RAM記憶装置内におけるデータの自動的蓄積に関して、可罰的な多数複写を肯定するものとして、*C. F. Hoebbel*, in: M.Lehmann (Hrsg.), Rechtsschutz und Verwertung von Computerprogrammen, 2. Aufl., Köln 1993, Kapitel XXII Rn. 37; *U. Sieber*, in: T. Hoeren / U. Sieber (Hrsg.), Handbuch Multimedia-Recht, München 2000, Teil 19 Rn. 454. 最近のものとして、*J. M. Bosak*, Urheberrechtliche Zulässigkeit privaten Downloadings von Musikdateien, CR 2001, S. 176-181 (176 f.); AG Freising CR 1990, S. 55 異説として、*T. Hoeren / D. Schumacher*, Verwendungsbeschränkungen im Softwarevertrag, CR 2000, S. 137-146 (142). 同様に可罰性を否定するものとして、LG Mannheim CR 1999, S. 360; ペンディングにしたものとして、BGHZ 112, 264, 278 各参照。

(23) この点については、後述注(35)参照。

(24) この引用につき、*T. Park*, Strafbarkeit von Internet-Providern wegen rechtswidriger Internet-Inhalte, GA 2001, S. 27-36 (24) 参照。

(25) *M. Paulus*, Pädo-Kriminelle im Internet, Kriminalistik 2000, S. 390-394 (391 f.) 参照。

(26) AG München NJW 1998, S. 2836. これについては、*Ch. Pelz*, Die Strafbarkeit von Online-Anbietern, wistra 1999, S. 53-59 参照。

(27) LG München CR 2000, S. 117.

(28) とりわけ、前述注(26)に挙げたコンピュサーヴ事件における、AG München NJW 1998, S. 2836 がその立場である。

(29) とりわけ、*K. Cornils*, Der Begehungsort von Äußerungsdelikten im Internet, JZ 1999, S. 394-398 (396), sowie in: *Hohloch* (N. 1) S. 79 ff. がその立場である。私見も、この見解は受け入れ可能と考えている。*Eser*, a.a.O. (N. 3), S. 24 sowie in: Schönke / Schröder, a.a.O. (N. 5), § 9 Rn. 4 参照。ただし、後述注（40）も参照。

（30）　前掲注(14)以下参照。

（31）　*M. Collardin,* Straftaten im Internet, CR 1995, S. 618-622（620）; *C. Kuner,* Internationale Zuständigkeitskonflikte im Internet, CR 1996, S. 453-458（455 f.）; *U. Conradi*/U. Schlömer, Die Strafbarkeit der Internet-Provider, NStZ 1996, S. 366-369（368 f.）参照。*Sieber,* Internationales Strafrecht im Internet, NJW 1999, S. 2065-2073 ; *T. Hörnle,* NstY 2001, S. 309, 311 in Anm. zu BGH NJW 2001, S. 624 も結論は同じである。

（32）　詳細については、*Eser,* in : Schönke / Schröder, a.a.O.（N. 5）, § 7 Rn. 7 ff. ; *Gribbohm,* a.a.O.（N. 14）, LK（N. 14）, § 7 Rn. 16 ff. 参照。

（33）　BGHSt 27, S. 30 ; 34, 334 ; BGHR StGB § 6 Nr. 5 Vertrieb 2.

（34）　まず、BGH NStZ 1994, 232 f., BGHR StGB § 6 Nr. 1 Völkermord および BGH NStZ 1999, S. 236 において開始され、その後、BGHSt 45, 64 m. Anm. K. Ambos NStZ 1999, S. 396, m. Anm. G. Weerle, JZ 1999, S. 1176 und m. Anm. O. Lagodny / C. Nill-Theobald, JR 2000, S. 202 において展開された。

（35）　BGH NJW 2001, 624, 628.

（36）　*A. Eser,* Völkermord und deutsche Strafgewalt - Zum Spannungsverhältnis von Weltrechtsprinzip und legitimierender Inlandsbezug, in : A. Eser/J. Goydke/K. R. Maaty/D. Meurer（Hrsg.）, Strafverfahrensrecht in Theorie und Praxis. Festschrift für Lutz Meyer-Goßner, München 2001, S. 1-29 およびそこに掲げた議論状況に関する文献参照。

（37）　連邦裁判所も、この間、明らかにそのように解するようになってきている。すなわち、すでに連邦憲法裁判所は、BGHSt 45, 64（前掲注34）において要求されている「正統化する内国関連性」に関し、「連邦裁判所による国際法上の管轄制限の拡張」になりうると述べており（BverfG NJW 2001, 975, 980）、そのことは、連邦裁判所第三刑事部も、「そのような追加的な正統化的関連刑事事件」は必要ではないと解する傾向にあることに示されている（BGH NJW 2001, 2728, 2732）。

（38）　この点につき詳しくは、*Eser,* in : Jescheck-FS（N. 8）, S. 1369 ff. sowie in : Schönke/Schröder, a.a.O.（N.

5), Vorbem. 12 zu §§ 3-7 およびそこに掲げた文献参照。

(39) 判例の側からさらに追加的な一押しが与えられた。それは、とりわけ道路交通犯罪および供述犯罪における法益の国際性に関する拡張的な判例（この点につき、*Eser*, a.a.O.（N. 3), S. 6 ff. 参照）ないし麻薬犯罪に関する普遍主義の強度の拡張（この点につき、*Eser*, a.a.O.（N. 36), S. 9 ff. 参照）によって行われた。ドイツ国際刑法の現状に対する批判として、*O. Lagodny/Ch. Nill-Theobald*, IR 2000, S. 205-207（206 f.）in Anm. zu BGHSt 45, 64 をも参照。

(40) *Cornils*（N. 29), JZ 1999, 394-398.

(41) *Eser*, in: Schönke / Schröder, a.a.O.（N. 5), § 9 Rn. 4 参照。同様の方向をさらに進めたものとして、*Fischer*, in: Tröndle / Fischer, a.a.O.（N. 14), § 9 Rn. 8 をも参照。

(42) 多行為犯の場合と同様に、サーバーへのデータの蓄積は、ホスト・コンピューターへのインプット経過と合わせて、統一的に捉えられる（Cornils, a.a.O.（N. 14), S. 79)。行為の展開の枠内にサーバー〔へのデータ蓄積〕を含めることに関しては、データがその場所で第三者による制御不能な破壊の意のままにされること、したがって、行為者のコンピュータへの保存行為は、サーバーへの蓄積後にはじめて、その段階ではじめて行為者が手放した状態になるのであるから、社会侵害性および構成要件上の危険性を有するに至ること（Eser, in: BGH-FS（前掲注3), S. 24)、といった考慮も、それに賛成する根拠となる。

(43) *B. Heinrich*, Der Erfolgsort beim abstrakten Gefährdungsdelikte, GA 1999, S. 73-84（78 ff.).

(44) ズィーバー（後掲注47参照）の立場も、結局はそのようになる。前掲注（31）の文献およびその引用文献参照。

(45) *H. Schröder*, Abstrakt-konkrete Gefährdungsdelikte, JZ 1967, 522-525.

(46) BGH NJW 2001, S. 624.

(47) *Sieber*（N. 31), NJW 1999, 2068 ff. これに批判的なのは、*Cornils*, a.a.O.（N. 14), S. 78 である。

(48) *Sieber*（N. 31), NJW 1999, 2068 f., 2071.

(49) この両者の拡張という点は、*Sieber*, a.a.O.（N. 31), NJW 1999, 2070 も気づいているところであり、彼は、

「歴史的かつ体系的な」考慮から、行為地の定義のこのような拡張を優先することは許されないとしている。

(50) この点については、*Weigend*, a.a.O.（N. 1), S. 90 の例および *H. Kudlich*, Strafverteidiger 2001, S. 397-399 zu BGH NJW 2001, 624 の指摘参照。

(51) *Th. Lenckner/W. Perron*, in: Schönke/Schröder, a.a.O.（N. 5), § 184 Rn. 57 最近のものとして、BayObLG NJW 2000, 2911 参照。明らかにより広い解釈として、BGH v. 27. 6. 2001 - 1 StR 66/01（未公刊）がある。

(52) *Lenckner/Perron*, in: Schönke/Schröder, a.a.O.（N. 5), § 184 Rn. 9

(53) その点で、国家刑罰権を自国の境界を越えて無制限に拡張することには、国際法上の正当化が必要であるが、その正当化は、正に、地上の諸国および諸文化には、必ずしも同じ社会倫理的および法倫理的な確信が見出されるわけではないということが当てはまるこのようなところでは、発見が難しいということを、熟考しなければならない。*Weigend*, a.a.O.（N. 1), S. 85 ff. 参照。インターネットによって強化されている、名誉の保護および特別名誉の保護（「アウシュヴィッツの嘘」）の領域における軋轢につき、*M. Kubiciel/Th. Winter*, Strafbarkeitsinseln und Globalisierungsfluten - Ein Plädoyer für die Abschaffung des strafrechtlichen Ehren 参照。なお、アメリカにおける表現の自由の広い理解につき、*F. Kübler*, Rassenhetze und Meinungsfreiheit, AöR 2000, S. 109-130, 参照。

(54) *F. Sturm/G. Strum*, in: J. Staudinger, Kommentar zum BGB, 13. Bearbeitung, Berlin 1996, Einleitung zum IPR Rn. 9 ff.

(55) *Tröndle/Fischer*, a.a.O.（N. 14), Vorbem. 1 zu § 3 さらに、*K. Lackner/K. Kühl*, StGB, 24. Aufl., München 1999, Vorbem. 1 vor §§ 3-7（「一方的衝突規範」）参照。BGHSt 6, 176 ff. 参照。

(56) 衝突事例の解決の可能性につき、*Eser*, in: Schönke/Schrödery, a.a.O.（N. 5), Vorbem. 60 zu §§ 3-7.

(57) *Weigend*, a.a.O.（N. 1), S. 85, 92 ならびに、*U. Sieber*, Die Bekämpfung von Haß im Internet, ZRP 2001, 97-103（100 f.）参照。

(58) とりわけ、*Sieber*, a.a.O.（N. 57), ZRP 2001, S. 97 ff.; *O. Lagodny*, JZ 2001, 1198 in Anm. zu BGH NJW

2001, 624 参照。

(59) 前掲注(40)以下参照。

(60) *J. Martin*, Strafbarkeit grenzüberschreitender Umweltbeeinträchtigungen, Freiburg 1989, passim; ders., Grenzüberschreitende Umweltbeeinträchtigungen im deutschen Strafrecht, ZRP 1992, 19-27.

(61) *Collardin* (N. 31), CR 1995, S. 618-622 (621) がそうである。*Oehler*, a.a.O. (N. 7), S. 213 の見解もそのような方向にあると解される。それによれば、「いずれにせよ離隔犯については」、偶然的な結果地との連結を除外するために、外国で行為する行為者が、正に国内における結果の発生を認識しえたこと、または認識しなければならなかったことが必要であるとされている。

(62) 一八四条三項・四項につき、*Lenckner/Perron*, in: Schönke/Schröder, a.a.O. (N. 5), § 185 Rn. 57; BayObLG NJW 2000, 2911 およびその引用文献参照。これに対する反対意見としては、いずれにせよ、電子的な転送は、当該のデータが新たな記憶媒体に保有された場合に、達せられる (*Pelz*, a.a.O. (N. 26), wistra 1999, S. 54) ということで、十分であろう。

(63) 本稿の冒頭に挙げた刑法学会での発言(前掲注2)。これについてはすでに、*E. Hilgendorf*, Überlegungen zur strafrechtlichen Interpretation des Ubiquitätsprinzips im Zeitalter des Internet, NJW 1997, 1873-1878 (1876 f.) がある。

(64) *M. Kienle*, Internationales Strafrecht und Straftaten im Internet, Konstanz 1998, S. 173 ff.

(65) *B. Breuer*, Anwendung des deutschen Strafrechts auf exterritorial handelnde Internet-Benutzer, MMR 1998, 141-145 (144 f.).

(66) このことは、Lagodny, a.a.O. (N. 58), により記述されたインターネット犯罪の訴追可能性の問題との関係で、一層当然と考えられるところである。

(67) *Lagodny*, a.a.O. (N. 58), S. 1200 も同様の意味の主張をしている。

(68) *Johnston/Post*, a.a.O. (N. 1), S. 1370.

(69) *Weigend*, a.a.O. (N. 1), S. 90 もこの意味の主張をしている。
(70) http://convebtions.coe.int/Treaty/EN/projects/finalcybercrime.html. のテクスト参照。
(71) もっとも、その際、現実主義〔保護主義〕によって保護される国家の法益は、狭く捉えられるべきであり、とくに「公の秩序」といった「超越的法益」(Gribbohm, a.a.O. (N. 14), LK, Vorbem. 129 vor § 13 参照) は除外されるべきである。それは、この方法によって、他の諸国の法倫理的および社会倫理的な——たとえば表現の自由に関する——見解との葛藤を、国家横断的な刑法に担わせないためである。
(72) *Ch. Engel*, in: "Auch Datenschutz ist ein Gemeinschaftsgut", Max Planck Forschung Heft 2/2001, 34 f. の社会法益の規制に関する検討に基づく評価が、そのように指摘している。

〔ドイツ刑法典・関連条文・試訳〕

第三条（国内犯への適用）ドイツ刑法は、国内において行われた犯行に適用される。

第四条（ドイツの船舶および航空機における犯行への適用）——略——

第五条（内国の法益に対する外国での犯行）ドイツ刑法は、犯行地とは無関係に、外国において行われた以下の犯行に適用される。

1　侵略戦争の準備（八〇条）
2　内乱（八一条〜八三条）
3　民主的法治国家の危殆化のうち、(a) 行為者がドイツ人であってその生活基盤が本法の場所的適用領域内にある場合における八九条、九〇ａ条一項、および、(b) 九〇条、九〇ａ条二項
4　外患および対外的安全の危殆化（九四条〜一〇〇ａ条）
5　国防に対する罪のうち、(a) 一〇九条ならびに一〇九ｅ条〜一〇九ｇ条、および、(b) 行為者がドイツ人であってその生活基盤が本法の場所的適用領域内にある場合における一〇九ａ条、一〇九ｄ条ならびに一〇九ｈ条
6　犯行が国内に住所または通常の居所を有するドイツ人に対して向けられた場合における拉致および政治的誣告

（二三四a条、二四一a条）

6a　二三五条二項三号の場合における子供の拐取のうち、犯行が国内に住所または通常の居所を有する者に向けられた場合

7　本法の場所的適用領域内にある営業所、同所にその所在地を有する企業、または外国に所在地を有する企業であって本法の場所的適用領域内に所在地を有する企業に属し、かつ、これとコンツェルンを形成している企業の、営業秘密もしくは業務秘密の侵害

8　性的自己決定に対する罪のうち、(a) 行為者および犯行の対象となった者が、犯行時、共にドイツ人であり、かつ、その生活基盤が国内にあるばあいにおける一七四条一項および三項、および、(b) 行為者がドイツ人である場合における一七六条～一七六b条ならびに一八二条

9　妊娠中絶（二一八条）のうち、行為者が犯行時にドイツ人であり、かつ、その者の生活基盤が国内にある場合

10　宣誓を伴わない偽証、偽聖および宣誓に代わる保証の虚偽（一五三条～一五六条）のうち、本法の場所的適用領域内において、宣誓をさせもしくは宣誓に代わる保証をさせることにつき管轄を有する裁判所もしくは他のドイツの機関に係属している手続の場合

11　三二四条、三二六条、三三〇条および三三〇a条の環境に対する罪、ただし、海洋の保護のための国際法上の協定が犯罪として訴追することを許容している場合は、ドイツ専有の経済ゾーンの範囲内で行われたそれらの罪

11a　三二八条二項三号ならびに四号、四項、五項およびそのとくに重い場合（三三〇条）のうち、行為者が犯行時にドイツ人であった場合

12　ドイツの職務担当者または公的職務につき特別の義務を有する者が、職務上の滞在中もしくは職務との関連で犯した罪

13　外国人が、職務担当者または公的職務につき特別の義務を有する者として犯した罪

14　職務担当者、公的職務につき特別の義務を有する者または連邦国防軍の兵士に対して、その職務の遂行中もしく

はその職務との関連で犯した罪

14a　議員の買収（一〇八e条）のうち、行為者が犯行時にドイツ人であるかまたは犯行がドイツ人に対して行われた場合

15　臓器売買（臓器移植法一八条）のうち、行為者が犯行時にドイツ人であった場合。

第六条（国際的に保護される法益に対する外国での犯行）ドイツ刑法は、さらに、犯行地とは無関係に、外国で行われた以下の犯罪に適用される。

1　民族謀殺（二二〇a条）

2　三〇七条、三〇八条一項～四項、三〇九条二項および三一〇条の場合における核エネルギー、爆薬ならびに放射線に関する重罪

3　航空交通および海上交通への攻撃（三一六c条）

4　人身売買（一八〇b条）および重い人身売買（一八一条）

5　麻薬の無権限販売

6　一八四条三項および四項の場合におけるポルノ文書の頒布

7　通貨偽造および有価証券偽造（一四六条、一五一条、一五二条）、支払用カードおよびユーロ小切手の印字の偽造（一五二a条一項～四項）ならびにそれらの準備（一四九条、一五一条、一五二条、一五二a条五項）

8　補助金詐欺（二六四条）

9　ドイツ連邦共和国に対し拘束力のある国家間の協定に基づき、外国において行われた場合にも訴追されるべき犯罪。

第七条（その他の場合における国外犯への適用）①　ドイツ刑法は、当該犯行が犯行地において処罰の対象とされているか、または犯行地がいかなる刑罰権にも服していない場合、外国においてドイツ人に対して行われた犯行に適用される。

② ドイツ刑法は、当該犯行が犯行地において処罰の対象とされているか、または犯行地がいかなる刑罰権にも服していない場合であって、かつ、以下の場合、外国において行われた他の犯行に適用される。

1 行為者が犯行時にドイツ人であるか、もしくは犯行後にドイツ人になった場合、または、

2 行為者が犯行時に国内にいる外国人であった場合であって、〔犯罪者〕引渡し法は犯行の種類に応じて引渡しを許容しているにもかかわらず、引渡し請求が行われず、もしくは引渡しを拒絶されたために、もしくは引渡しが実行不可能なために、引渡されなかった場合。

第八条（犯行の時）犯行は、行為者もしくは共犯者が行為した時、または不作為の場合、行為しなければならなかった時に、行われたものとする。結果が発生した時は、基準にならない。

第九条（犯行の場所）① 犯行は、行為者が行為した場所、もしくは不作為の場合には行為しなければならなかった場所、または構成要件に属する結果が発生した場所、もしくは行為者の表象によれば結果が発生するはずであった場所のいずれにおいても、行われたものとする。

② 共犯は、犯行が行われた場所、共犯者が行為した場所もしくは不作為の場合に行為しなければならなかった場所、もしくはその者の表象によれば犯行が行われるはずであった場所の、いずれにおいても行われたものとする。

③ 国外犯の共犯者が国内で行為したときは、その犯行が、犯行地の法によれば処罰の対象とされていない場合であっても、当該共犯に対してドイツ刑法が適用される。

――以上――

第五部　国際民事手続法

サイバースペースと国際裁判管轄

松本博之

一　はじめに

1　インターネットの普及による国境を越えた電子商取引の増大

今日インターネットによる社会の情報化は急速に進展し、人々に様々な恩恵をもたらしている。インターネットは自由な意見交換の機会を増大する。人々はオンラインショッピングやインターネットによる証券売買や銀行取引により、手軽に様々な商品・サーヴィスを手に入れ、また投資活動を行うことができる。事業者も少ない事業資金で事業を行うことができ、ビジネスチャンスの拡大の恩恵に与ることができる。とくに電子商取引は少ない初期投資で、国境を越えて世界中の事業者と取引を行うことを容易にするので、事業者にとっては有利な事業環境を創出するものとして歓迎されるであろう(1)。

2　電子商取引に伴う争訟の増大

しかし、電子商取引が普及すればするほど、そこから予期しないトラブルが多数発生し、法的争訟にまで発展することがあるであろう。現在のところ、トラブルが訴訟にまで発展したケイスは報告されていないが、消費生活センターに寄せられる苦情や相談の事例は急増していると言われている。(2) インターネットを用いた国際的な電子商取引の場合には、取引の相手方が外国企業であるため、国際取引に伴う紛争解決の困難が増大するであろう。また、電子商取引を行う事業者も、世界中から顧客を得ることができると同時に、問題が起こると、外国の裁判所に訴えられる危険が高まる。この場合、言葉や費用の点で相手方の請求に対して十分に防御するうえで困難が生ずるであろう。(3)

さらに、インターネットは名誉毀損のような不法行為をも容易にする。インターネットに他人の名誉を毀損する言辞を発表すれば、世界中のあらゆる地域において受信される可能性が生じる。ここでは、行為地と権利侵害の結果の発生地とが異なる（隔地不法行為）、しかも多数の土地に結果が発生する（拡散不法行為）。この種の不法行為は、従来は新聞、雑誌、ラジオ、テレビのようなマスメディアによって行われたものである。国際的に活動するマスメディアによる名誉毀損の場合には、侵害結果は国境を越えて多数の国・地域において生じ得る。この場合には、どこで訴訟を提起することができるかが問題となる。具体的には行為地はどこで、結果発生地はどこかが問題になる。この問題については、後に述べるように見解が分かれる。インターネットに関する国際裁判管轄との関係では、この問題についての解決がインターネット不法行為にも適用できるか否かが、問題となる。両者の間には名誉毀損言辞の国境を越えた頒布という点で共通性が存在するからである。国際裁判管轄の問題は、適用される抵触法規や適用される実質法いかんもこの問題の解決にかかっているので、非常に重要である。

3　本報告の構成

本報告はインターネット領域における国際裁判管轄について日本で行われている議論を概観することを目的とする。その際、インターネット取引（ウェブサイト上の取引）と名誉毀損のようなインターネット上で行われる不法行為に限定することとし、その問題点を明らかにするとともに、将来あるべき国際裁判管轄のルールについて展望を行おうとするものである。日本では、今のところ、純然たる国内事件であっても、電子商取引に基づく法的争訟やインターネット不法行為が裁判所で審理された事件は少ない。それゆえ、文献における見解が検討の中心となる。ただ、従来の国際裁判管轄の考え方を整理し、その問題点を明らかにしなければ、私の報告は全く不十分なものになると思われるので、本論に入る前に日本における国際裁判管轄論の現状について判例・学説を紹介し問題点を指摘することから始めたい。

二　日本における国際裁判管轄の考え方

1　法状態

国際裁判管轄を定める国際法上の一般原則は存在しない。日本が締結した多国間または二国間条約も、「国際航空運送についてのある規則の統一に関する条約」(the Convention for the Unification of Certain Rules for International Carriage by Air) や「油による汚染損害賠償についての民事責任に関する国際条約」(Internatinal Convention on Civil Liability for Oil Pollution Damage of 1969) 等を除き、存在しない。また、日本の裁判所の国際裁判管轄を——いずれにせよ直接に——規定する国内法の明文規定も存在しないと見られてきたし、今日でもそう見られている。もっとも、民事訴訟法はほんとうに国際裁判管轄を規定していないのかという点については、今日では正当に疑いがもたれている。(4) 明治二三年に初めて民事訴訟法が制定されたとき、起草者はまさに渉外訴訟、したがって裁判所の国際裁判管轄を考慮に入れたからである。当時、民事訴訟法の制定、とくに外国人当事者との訴訟における公正な訴訟追行を確保することが、幕末に締結された不平等条約を改正するための一つの条件であったのである。しかし、民事訴訟法には国際裁判管轄の規定が含まれているという見解は少数であり、長い間、土地管轄規定の二重機能性に慎重な注意が払われなかったために、民事訴訟法には国際裁判管轄の定めが含まれていないという認識が一般化した。そこから、国際裁判管轄に関する規定を解釈により定立することが必要と見なされてきた。

かつては、国際裁判管轄の存在は民事訴訟法上の土地管轄規定、したがって裁判籍に関する規定から逆に推知されるという逆推知説と呼ばれる見解[5]が有力であった。しかし、その後は、国際裁判管轄を定める規定が存在しないので、事件に関係のある国の間で国際裁判管轄を配分すべきであること、そして、いずれの国で裁判を行うことが当事者間の公平、裁判の適正および紛争の迅速な解決という要請に適うかを総合的に判断して「条理」により国際裁判管轄を決定すべきであること、しかし、国内法上の土地管轄の定めは管轄権の場所的配分という点では一応の合理性を有するから、国際裁判管轄の決定に当たり、これを参考にすることができるとする管轄配分説[6]が、国際協調の立場（普遍主義）から強く主張されるようになった。裁判実務は、以前は民事訴訟法の定める裁判籍の有無により日本の国際裁判管轄権の有無を判断していたといってよい。判例の新たな展開は、次に述べる昭和五六年のマレーシア航空機の墜落事故に関する損害賠償訴訟に始まるということができる。

2　判例法の形成と展開

(1)　マレーシア航空判決

この訴訟は、マレーシア国内で搭乗券を購入し、マレーシア航空の国内線に搭乗した日本人乗客が航空機の墜落により死亡した事故につき、日本に住所を有するその遺族（妻子）が航空運送契約の不履行により被害者が取得した損害賠償請求権を相続により取得したと主張してマレーシア航空に対して損害賠償金の支払いを求めたものである。原告は、原告の住所地を管轄する名古屋地裁に訴えを提起した。そこで、日本に国際裁判管轄権が存在するか否かが争われた。名古屋地裁は日本の国際裁判管轄権を否定して訴え却下の判決をしたが、控訴裁判所（名古屋高裁）は、マレーシア航空が東京都に営業所を有すること、および、原告の住所地が損害賠償義務の履行地であることを理由に国際裁判管轄権を肯定して事件を名古屋地裁に差し戻したため[7]、この判決に対して被告マレーシア航空が上告を提起した。最高裁判所は、次のように国際裁判管轄についての一般論を示して上告を棄却した[8]。

「本来国の裁判権はその主権の一作用としてされるものであり、裁判権の及ぶ範囲は原則として主権の及ぶ範囲と同一であるから、被告が外国に本店を有する外国法人である場合はその法人が進んで服する場合のほか日本の裁判権が及ばないのが原則である。しかしながら、その例外として、わが国の領土の一部である土地に関する事件その他被告がわが国となんらかの法的関連を有する事件については、被告の国籍、所在のいかんを問わず、その者をわが国の裁判権に服させるのを相当とする場合のあることをも否定し難いところである。そして、この例外的扱いの範囲については、この点に関する国際裁判管轄を直接規定する法規もなく、また、よるべき条約も一般に承認された明確な国際法上の原則もいまだ確立していない現状のもとにおいては、当事者間の公平、裁判の適正・迅速を期するという理念により条理にしたがって決定するのが相当であり、わが民訴法の国内の土地管轄に関する規定、たとえば、被告の居所（民訴法二条＝新民事訴訟法四条二項）、法人その他の団体の事務所又は営業所（同四条＝新民事訴訟法五条五号）、義務履行地（同五条＝新民事訴訟法五条一号）、被告の財産所在地（同八条＝新民事訴訟法五条四号）、不法行為地（同一五条＝新民事訴訟法五条九号）、その他民訴法の規定する裁判籍のいずれかがわが国内にあるときは、これらに関する訴訟事件につき、被告をわが国の裁判権に服させるのが右条理に適うものというべきである」。

この判例は国際裁判管轄の問題を司法権の限界の問題と捉えており、その出発点において問題を含んでいる。民事事件の裁判管轄権に関して、一般国際法は主権免除を除き制約を設けていないからである[9]。さらに、この判例は国際裁判管轄の決定は条理によるべきだとし、日本における被告の営業所所在地のように、土地管轄を基礎づける裁判籍が日本国内にあるときは、被告を日本の裁判権に服させることが条理に適うとするものであり、決して裁判籍の有無をもって一義的に国際裁判管轄を決定するものでなく、条理が前面に出ていた。

(2)　その後の下級審実務

マレーシア航空判決はその後の下級審の裁判実務にいかなる影響を及ぼしたか。この判決における一般論は当該事件の具体的事実関係を前提とする立論であり、その射程距離は今後の判例によって解明されるべきであるとの指摘が当初から最高裁調査官によって行われていたし[10]、この判決の一般論の指導性についての疑問が提起されていた[11]。その後の展開では、民事訴訟法の裁判籍の定めを基準に国際裁判管轄を判断するものもあったが[12]、多数の下級審裁判例は最高裁の判例の立場に基本的に依拠しつつも、日本の民事訴訟法の規定する裁判籍のいずれかが日本国内に存する場合であっても、当該事件を日本で審理した場合に、当事者間の公平、裁判の適正、迅速を期するという民事訴訟法の基本理念に著しく反する結果をもたらすであろう特段の事情が存在するときは、例外的に右裁判籍による日本の裁判所の管轄を否定するのが相当だとする態度を示した[13]。その後、最高裁判所は、財産権上の訴訟に関して再び国際裁判管轄について判断を示す機会を得た。平成九年一一月一一日の判決[14]がそれである。

事案は、自動車および自動車部品の輸入等を目的とする日本法人である原告（X）が、昭和四〇年頃よりドイツ・フランクフルト・アムマインを本拠として国際運送等を業としていた被告（Y）に対して提起した不法行為に基づく損害賠償請求訴訟である。Xは請求原因として、Yと訴外A（日本人）の共謀による詐欺により、Aにドイツからの自動車の輸出手続の代行の委託をし、自動車の購入代金八一三万円余を送金し、かつ送金手数料六万円余を銀行に支払ったと主張し、予備的に、YとAとの共謀が認められないとしても、Yは自動車購入および輸出代行者に適した者としてXに紹介したAが代行契約を履行する意思も能力もないことを知っていながらXに知らせなかったのは信義則に反すると主張した。Xは、本件契約の効力についての準拠法は日本法であり、右預託金返還債務の義務履行地は債権者が住所を有する日本国内にあるので、義務履行地としての日本の国際裁判管轄が肯定されるべきであると主張した。第一審裁判所（静岡地裁沼津支部）は、Aの欺罔によって送金手数料を払って自動車購入代金を送金した地が損害発生地であり、不法行為地に該当し、また不法行為に基づく損害賠償債務の履行地も民法四八四条により債権者の住所地であるとして、国際裁判管轄権を肯定した。これに対して、控訴裁判所（東京高裁）は国際裁判管轄を否定して訴えを却下した。最高裁は次のように判示してXの上告を棄却した。

「被告が我が国に住所を有しない場合であっても、我が国と法的関連を有する事件について我が国の国際裁判管轄を肯定すべきかについては、国際的に承認された一般的準則が存在せず、国際的慣習の成熟も十分でないため、当事者間の公平や裁判の公正・迅速の理念により条理に従って決定するのが相当である。そして、我が国の民訴法の規定する裁判籍のいずれかが我が国内にあるときは、原則として、我が国の裁判所に提起された損害賠償事件につき、被告を我が国の裁判権に服させるのが相当であるが、我が国で裁判を行うことが当事者間の公平、裁判の適正・迅速を期するという理念に反する特段の事情があると認められる場合には、我が国の国際裁判管轄を否定すべきである」。

本件において、最高裁は「特段の事情」として、①本件契約がドイツ連邦共和国内で締結され、ドイツ国内における種々の業務委託をすることと目的とし、日本国内を債務履行地とすることまたは準拠法を日本法とする明示的な合意のなかったことから、債務の履行請求が日本の裁判所に提起されることはYの予想の範囲を超えること、②Yが二〇年以上にわたりドイツに生活上および営業上の本拠を置き、Yの防御のための証拠方法もドイツ国内に集中していること、③原告にドイツの裁判所に訴えを提起させることは原告に過大な負担を課することにならないこと、という本件の事情のもとでは、準拠法が日本法であるか否かを問わず日本の国際裁判管轄権を否定すべき特段の事情があるとした。この判決は、準拠法はどの法律かの判断、および、日本が義務履行地になるかどうかの判断を行わず、専ら特段の事情論により利益考量を行って結論を出した。

(2)　「特段の事情」の位置と審理

民事訴訟法の定める裁判籍が日本にあるかという基準と、日本の国際裁判管轄権を否定すべき特段の事情の関係をどう見るかが問題になる。裁判例および文献では、二つの傾向があるように思われる。一つは、法的安定性をより重視し、「特段の事情」を、例外的事例を救済するための「安全弁」と見る見解である。もう一つの傾向は、結果の具体的妥当性をより重視し、「特段の事情」を個別事案の具体的事情を総合的に考量する場と捉える見解である。例示的に二、三の裁判例を見てみよう。

(a)　東京地裁昭和六一年六月二〇日判決判時一一九六号八七頁＝判タ六〇四号一三八頁（遠東航空事故訴訟）

遠島航空機が台湾上空で墜落した事故で死亡した日本人乗客の遺族（Xら）が、アメリカ合衆国の航空機製造・販売会社（Y_1）と同機を遠島航空に転売したアメリカ合衆国の航空会社（Y_2）に対して、機体の金属疲労等の欠陥が事故の原因であったと主張して損害賠償を請求した訴訟である。Y_2が日本に営業所を有すること、Y_1に対する訴訟とY_2に対する訴訟とは同一の法律上、事実上の原因による共同訴訟であり、民事訴訟法旧二一条（現行民事訴訟法七条）により共同訴訟の特別裁判籍が存在した。しかし、東京地裁は、これらの裁判籍では日本の国際裁判管轄権を認めるのに不十分であるとした。本件事故はY_2の日本における営業所の業務と全く関係がないこと、台湾と日本との間には国交がなく、台湾に存在する証拠を司法共助の方法で取り調べることができないこと、および、Xらが多人数の集団でありアメリカ合衆国でも訴訟活動を行ったことなどを考慮すると台湾における訴訟の追行はXらに困難を強いるものでないことを理由に、本件では、「当該訴訟における具体的事実関係に照らして、当事者間の公平、裁判の適正・迅速を期するという理念に反する結果となる」特段の事情があるとして、日本の国際裁判管轄権を否定した。

(b)　東京地裁昭和六二年六月一日判決金商七九〇号三二頁

日本に住所を有する原告（X）は、日本の会社Y_1、香港に本店を置くY_1の一〇〇パーセント出資子会社Y_2および香港に住所を有する外国人（Y_3）を弁論分離前の相被告として、この三者が香港におけるXの銀行預金を無断で引き出し横領したと主張して東京地方裁判所に損害賠償請求訴訟を提起した。Y_3は国際裁判管轄を争った。問題となる裁判籍として、義務履行地の裁判籍と関連事件の裁判籍があった。裁判所は、義務履行地の裁判籍について「本件のように日本に住所を有する原告からの不法行為に基づく損害賠償請求の場合、日本の法律によって義務履行地を定め、それを基準に常に日本の裁判所の管轄を認めることは、被告においてそのことを予測することが不可能であって、当事者間の公平に反するおそれが大きい。したがって、不法行為事件の国際裁判管轄の決定について民訴法（旧）五条の義務履行地を基準にすることは、前記の条理に反する結果を招来する」と述べ、これに基づく国際裁判管轄を否定した。関連事件の裁判籍については、「関連裁判籍の規定を無条件に準用すると、被告は自己と生活上の関係がなく、また自己に対する請求と関連を有しない地にその意に反して訴えられる結果となるおそれがあり、妥当でない。したがって、被告が自己と生活上の関係がなく、また自己に対する請求と関連を有しない地にその意に反して訴えられた場合などの特段の事情があるときは、国際裁判管轄の決定について主観的併合に関連裁判管轄権を認めることはできない」として、これによる国際裁判管轄権をも否定し、結局訴えを却下した。

(c)　東京地裁平成二年一〇月二三日判決判時一三九八号八七頁＝判タ七五六号二六一頁

イギリスの美術商Aが日本法人である美術商Y_2に対して条件付き売買契約により本件美術品を売却し、これをY_2の使者で香港に住所を持ちイギリス国籍を有するY_1にロンドンで交付したところ、翌日ロンドンのホテルで盗まれたので、Aとの保険契約に基づき保険金をAに支払ったと主張して、原告保険会社（X）が保険代位に基づき、Y_1に対して保管上の過失を理由に六二七九万円の損害賠償金の支払いを、Y_2に対して条件付売買に基づく同額の請求をした事件である。東京地裁は、Y_1に対する訴えとY_2に対する訴えとは、物の盗難という同一の原因に基づく損害賠償請求であるからY_1に関して併合請求の裁判籍が日本国内にあることを認めたが、当事者間の公平に関して、「日本の裁判所に裁判権を認めないことによって訴訟追行上原告が受けるであろう不利益は、大きいとは言えない」が、「時々来日するにすぎないY_1が日本の裁判所において応訴する場合の負担は大きいと言えるし、また応訴の負担が、証人としての出頭による負担と比較して、はるかに大きいことは言うまでもない」と述べる。裁判の適正・迅速に関しては、Y_1に対する受託者としての責任または不法行為責任の追及、Y_2に対する債務不履行責任の追及とでは争点は別個で、両請求を併合することにより統一的な認定、判断をする必要性は高いとは言えないとし、逆に、両請求を併合することは審理を遅らせる結果となるとする。結果として、裁判所はY_1に対する日本の国際裁判管轄を否定した。

3　法的安定性の欠如

(1)　以上のごく僅かな裁判例の概観からも明らかになるように、日本の国際裁判管轄の捉え方は、結局、個別事案の諸事情を当事者間の公平、裁判の適正・迅速を期するという民事訴訟法の理念に基づき個別的に考量して結論を出すというものであることに大きな特徴を有する。

しかし、個別事情の考慮にウエイトをおくやり方は、看過できない弱点を有する。それは法的安定性の著しい欠如である[15]。当事者は国際裁判管轄をめぐり膨大なエネルギーを用いなければならず、審理が何年にもわたり、最終的には国際裁判管轄が存在しないという結論になって訴え却下で終わることが生ずる。また、考慮される事情が多種多様であり、しかも、どの要素にウエイトを置くかは裁判官の裁量に委ねられることになる。たとえば、前掲東京地裁昭和六一年六月二〇日判決（遠島航空事故訴訟）では、審理の便宜または証拠収集の実施可能性が台湾の裁判所に訴えを提起すべき根拠とされているが、被告Y_1が航空機を製造販売している巨大企業であり、事故に関する重要な証拠を収集していると見られるという点は考慮されていない。前掲東京地裁昭和六二年六月一日判決に関して言えば、本件では被告らの共謀による共同不法行為が主張されているのであるから、共通の弁論と裁判を正当化するほどの密接な関係が被告らの間に存在すると見られる。しかも、判決が認定したように、取調べが予想される不法行為当時のY_2の社員ら三名は日本に帰国しているという事実が存在する。判決は、Y_3が日本国内に住所や居所および営業上の事務所を有していない一個人に過ぎないと強調するが、Xによれば、Y_3はかつてY_1およびY_2と取引関係にあったのであり、またY_3自身も「原告以上の経済力を有するとはいえない一私人」と主張しており、日本での訴訟追行をとくに不公平ならしめるかは疑問である。前掲東京地裁平成二年一〇月二三日判決においても、Y_1はY_2の取締役として登記されており、香港で会社を経営していることが認定されていながら、この点は重視されていない。要するに、特段の事情により日本の国際裁判管轄権が認められなくなるかどうかは、裁判官の裁量にかかっていると言えるが、国際裁判管轄権を否定する場合の重大な効果に鑑み疑問である。特段の事情論とアメリカ合衆国のフォーラム・ノン・コンビニエンスの理論を比べると、両者には大きな差異がある。後者は当該事件につき他に適切な裁判所が存在することを要件とするのに対して、日本の裁判所はそれを不可欠とは見ていない。(16) また、アメリカ合衆国の裁判所はフォーラム・ノン・コンビニエンス法理を適用する場合、条件付で訴えを却下したり、手続を停止することができるが、日本では管轄権の不存在を理由に訴えの却下になることを看過すべきでない。特段の事情論はフォーラム・ノン・コンビニエンスの理論によって正当化することはできないと考えられる。

(2) 加えて、外国判決の承認の際に問題になる間接管轄の判断基準について見解が分かれるが、間接管轄と直接管轄を同一の基準により判断する考え方（鏡像理論）によると、「特段の事情」についての判断は、間接管轄の有無の判断においても必要となる。その結果、国際裁判管轄についての判断の不安定は、外国判決の承認執行の段階においても生ずることになる。(17)

(3) 法的安定性の欠如にもかかわらず、上述の国際裁判管轄の原則、とくに特段の事情論は支配的見解によって正当と見なされている。(18) 支配的見解は個別事案の正義の追求で満足する。この態度は、国際裁判管轄決定のための明確で、予見可能で、かつ実務上扱い易い基準を提供するという国際裁判管轄法の使命を正しく見ていない。[19] 私見によれば、過剰な管轄を排除し、日本の裁判所の国際裁判管轄を適正な範囲に保つために、個々の裁判籍に関する規定を再検討すべきである。[20] しかし、この解釈による国際裁判管轄の要件を明らかにした後は、いったん肯定した国際裁判管轄を排除すべき個別事案の具体的事情をさらに斟酌することは正当でないであろう。[21] かくては、基準定立の意味がなくなるからである。

三　電子商取引と国際裁判管轄

日本における国際裁判管轄の原則を概観した後、電子商取引において生ずる国際裁判管轄の問題の検討に進みたい。日本に居住する者がインターネットにより外国の業者から物品の購入等を行った場合、買主が契約の相手方の普通裁判籍所在地国で訴えを提起できるのは当然である。しかし、相手方の普通裁判籍所在国での訴えの提起は、訴訟に要する費用や時間、場合により係争金額が比較的少ないことを考慮に入れると、これは買主にとって負担が大きく、多くの場合現実的な救済にはならないであろう。売主が日本に事務所、営業所等の拠点を有していない場合には、事務所、営業所等の普通裁判籍（民訴四条四項）による管轄権も基礎づけられない。それゆえ、義務履行地の特別裁判籍（民訴五条一号）に依拠し得るか否かが、決定的な重要性を有する。日本でインターネット上の国際取引に関して国際裁判管轄権が問題になった事例はまだ報告されていないようであるが、文献では、徐々に議論され始めている。

1　電子商取引に関する国際裁判管轄に関する種々の見解

(1)　もっとも文献においても、この問題を論ずるものは、今のところ多くはない。見解を表明するものでは、問題の解決を裁判官の裁量に委ねるもの[22]があるが、日本の消費者による訴えの提起につき日本の国際裁判管轄権を肯定しようとするものもある。

たとえば、売買目的物の未到着の場合、届け先である消費者の常居所地国が義務履行地国であるとする見解[23]が道垣内正人教授によって主張されている。なぜ商品の届け先が義務履行地になるのかについて、持参債務の原則を定める民法四八四条によっても（もっとも、この条文が持参債務の原則を定めるというのはミスリーディングであり、給付結果発生地を履行地と定めたものと見るべきだとする見解[24]がある）、当該契約の準拠法によっても、また国際民事訴訟法独自の立場によっても、結論は異ならないとされるが[25]、いずれの理由によるかは明確にされていない。国際民事訴訟法独自の解釈による場合には、商品の購入についての契約の趣旨から、買主が給付結果について場所的利益を有する買主の常居所地国を義務履行地国とする趣旨であろう。この点、不特定物の引渡債務で債権者の住所に送付すべき債務の場合にも、民法四八四条にいう「弁済ヲ為スヘキ場所」は、民法自身、給付結果発生地と考えているとされているが[26]、日本の国際民事訴訟法独自の立場から、送付債務の場合、種類物の集中・特定の生ずる送付地を履行地と見る余地は全面的には排除されないであろう[27]。また、当事者が一歩進んで目的物の送付地を債務の履行地と合意すれば、送付債務の場合は送付地が履行地となる。もっとも、この点は管轄合意の問題とも絡んで消費者保護の観点から問題となろう。

消費者保護の観点を強調し、商品引渡債務の履行地は原則として、買主が実際に商品を受領した地を基準とすべきとし、買主が実際に商品を日本で受領した場合に日本の国際裁判管轄を認めるべきだとする見解が渡辺惺之教授によって主張されている[28]。この見解は、商品がすでに引き渡されている限り、引き渡された地が事件および証拠に近い（Sach-und Beweisnähe）という管轄利益を重視し、担保請求や清算関係請求権について、この物の所在地を履行地と見るものであろう。これに対して、この見解は、商品がまだ引き渡されていない場合には、契約締結時の債務者の本拠地を履行地と見るものと思われる。コンピュータソフトの販売や、音楽やニュースの配信契約など買主のコンピュータに直接ダウンロードされることにより履行もオンラインでなされる契約については、渡辺教授はこれをサーヴィス供給契約の一種と捉え、ダウンロードされるコンピュータの所在地を履行地と見るべきだとする。(29) この見解は、ホテルの宿泊等、特定の場所でサーヴィスの供与を行う契約では、契約を特徴づける義務の履行場所のある国の国際裁判管轄を認めることができるとする。(30)

(2) 以上に紹介した見解は、しかし、十分な理論的根拠に基づくものであろうか。後に述べるように日本の通説は義務履行地の合意に管轄根拠原因としての意義を認めるので、電子商取引に義務履行地条項が含まれていた場合には、買主は売主の選択した義務履行地国で訴訟をしなければならなくなるであろう。また、消費者保護の観点を取り込むべきことも主張されているが、それが管轄法上どう位置づけられるか、また消費者の概念をどう規定するかという問題は明らかにされておらず、不十分だと感じられる。

また、以上のような議論により義務履行地による日本の国際裁判管轄が存在し得る場合にも、前述の判例および今日の多数説によれば、さらに、日本の国際裁判管轄を否定すべき「特段の事情」がないかどうかが検討されることになろう。(31) ここで必要な「特段の事情」判断の程度も判断要素のウエイトも、論者（裁判所）によって異なるであろう。しかし、当事者間の公平、裁判の適正・迅速を強調すると、たとえば、ネット販売の事業者が中規模ないし小規模事業者である場合、単純に消費者の住所地国の国際裁判管轄を承認することはできないのではないかという疑問も生じよう。このことは、電子商取引にかかる義務履行地の国際裁判管轄の問題を検討する際にも、義務履行地の特別裁判籍についての確実な理解が必要なことを示している。

2　義務履行地の特別裁判籍

民事訴訟法五条一号は、財産権上の訴えは「義務履行地」を管轄する裁判所に提起することができると規定する。この規定は、裁判所の管轄を著しく拡げるものとして、とりわけ国際裁判管轄との関係で疑問視されてきた。

なぜなら、第一に、この規定は、契約上の義務のみならず、不法行為法上の損害賠償請求権や債務不履行による損害賠償請求権など法定債務を含め財産権上の訴え一般について履行地管轄を認めることを内容とするからである。しかし、不法行為に基づく損害賠償債務については、不法行為地の特別裁判籍（民訴五条九号）が定められているのであるから、それ以上に不法行為債務の履行地の特別裁判籍を認める必要性に乏しいことは確かである。[32] 第二に、民法四八四条が当事者間に明示または黙示の合意がない限り、特定物の引渡債務の履行地を債権発生当時の物の所在地と規定し、その他の債務については債権者の現時の住所地を義務履行地とする旨（持参債務の原則）を規定しているため、義務履行地の裁判籍と結びつき債権者の住所地国の国際裁判管轄を基礎づけることになり、過剰管轄をもたらす危険があるからである。

文献においては、契約債務に限らない義務履行地の裁判籍はとくに国際裁判管轄との関係では不適切で、したがって、契約上の請求に限定して民事訴訟法五条一号の適用を認めるべきだとするのが支配的見解である。[33]

3　契約の特別裁判籍

(1)　契約事件に限り義務履行地の特別裁判籍を認める場合、次に問題になるのは、義務履行地がどこかがいかなる基準により決定されるかである。種々の見解が主張される。まず、履行地が合意されているか、それが契約の内容上一義的に決まる場合には契約裁判籍を認める点では見解の一致が見られる。それ以外の場合については、①法廷地の国際私法によって指定される準拠法の定める実体法上の義務履行地に管轄発生原因としての意味を認める見解[34]がある。裁判実務においてはこの見解が行われているように思われる。[35] ②履行地は国際民事訴訟法独自に決められるべきだとするが、履行地が合意されているか、それが契約の内容上一義的に決まる場合に限って履行地管轄を認めるのが通説とされる。

しかし、これらの見解には問題が多い。①説によると契約の種類・内容を考慮して国際民事訴訟法独自の立場から国際裁判管轄の有無の判断を行うことはできないという不都合がある。そもそも国際裁判管轄があってはじめて法廷地の国際私法が適用され準拠法が決まるのに、準拠法によらなければ国際裁判管轄が決まらないというのは順序が逆であるし、また、準拠法による履行地の決定は、不必要に複雑である。それは、解決困難な抵触法上の前提問題、場合によっては外国実体法上の前提問題にかからしめられることになる。その結果、履行地の判断を一義的に行うのは困難だという事情もある。(36) その他、準拠法を介して決定された履行地が事件の実情に合致しないことも生ずる。(37) しかも日本では、前述のように民法四八四条が持参債務原則を規定しているため、日本法が準拠法になる場合には債権者の住所地の裁判籍を根拠づけることになり、弊害が大きい。②説は、履行地の合意に無条件で管轄法上の意義を認める点で問題がある。管轄の合意ができる以上――しかし、それには書面の作成が要件である――国際裁判管轄との関係では履行地の合意は正当な独自の目的を果たすものとは言えない。義務履行地の合意は、しばしば普通取引約款において約款利用者に有利な裁判籍をこっそりと手に入れるために用いられるのであり、実体法上真摯に考えられているものではない。当事者が合意管轄を望むならば、管轄の合意をすれば足りるから、履行地の合意には管轄権を根拠づける効果を否定するのが正当であると思われる。(38)

それゆえ、①説および②説は、支持することができない。義務履行地は国際民事訴訟法独自の立場から規定されるべきであろう。その際、ドイツで主張されている、(39) ③各当事者の主たる契約上の義務について国際民事訴訟法独自に履行地を合理的に決定すべきだとする見解と、④契約の裁判籍は契約上のすべての紛争に適する管轄法上の概念であることを理由に、契約全体について特徴的な給付義務を基準に国際裁判管轄を決定すべきだとする見解(40)が注目に値する。

Schack は、重要な契約を、所有権の取得または物の用益を内容とする契約、雇用、商業代理人、請負契約のように一定の活動を内容とする契約、および非有体物とくに債権、無体財産権を内容とする契約の三つのグループに分け、各々について義務履行地を提案する。第一のグループについて、不動産についてはその所在地が給付義務の履行地とされ、動産の場合には物がすでに引き渡された場合には、実際に引渡しが行われた地が履行地であり、また引き渡されていない場合には契約締結時の各債務者の本拠地が義務履行地になるとされる[41]。金銭給付請求権については、金銭債務の債務者の契約締結時の本拠地が義務履行地であるとされる[42]。活動（Tätigkeiten）を主たる給付対象とする契約の場合、家を建築するとか、屋根を葺くとか客を宿泊させるとか、給付がそれ自体場所に関連する場合には、履行地は契約上定められた地が義務履行地であるとする。この活動地はとくに事件および証拠への近さから履行地管轄を支持する事情だとされる[43]。

Schackが金銭債務について独自の履行地を観念し、そのことによって一つの紛争について複数の義務履行地が生ずることを甘受するのに対して、④説は特徴的な給付義務を基準に一つの契約関係には一つの義務履行地のみを認めようとする点に大きな差異が見られる。金銭支払義務について独自の履行地を考える必要はないであろう。被告の普通裁判籍とならんで被告の住所地（本拠地）を義務履行地と認める必要はないであろう。または債権者の住所地を直ちに義務履行地とすることも正しくない。さらに、たとえば税法上の理由などで、債務者が契約関係と何らの関係のない第三国にある債権者の口座に振り込むべき場合もある[44]。他方、一つの契約関係に基づく数個の義務について数個の履行地裁判籍を認めると、異なる国で数個の訴訟が提起される可能性がある。その結果、各裁判所が独自の国際私法を適用して、契約の成立・効力と請求権の存否を判断することになる[45]。このような契約の分断（Aufspaltung）は避けるべきであろう。とくに給付と反対給付の交換（Synallagma）が特徴である双務契約の場合、統一的な履行地裁判籍は、一つの契約に基づくすべての訴訟が一つの地で係属しうるということによって正当化されるであろう[46]。これは普通裁判籍ではできないことである。このように見れば、契約に特徴的な義務への連結は、正当な根拠を有する。

問題は、特徴的な給付義務の履行地の決定方法である。上述の理由から準拠法による決定は否定すべきである。「特別の管轄法上の履行地概念」を決定的なものと見るべきであろう。問題は、いかなる基準でそれを決めることができるかである。最近、Buchner はこの問題を詳論した。(47) 特徴的給付の債務者の住所や目的物の所在地、役務を行うべき場所といった一つの基準を決定的なものとすべきでなく、個別事案に関連する諸事情の全体評価による性質決定（einzelfallbezogene Qualifizierung）によるべきだとする。Buchner によれば、出発点は、契約に特徴的な義務の債務者がどこで給付行為を実際に行わなければならないか、またはすでに行ったかであり、この場所は、店舗営業（Ladengeschäft）や場所に縛られた労働契約・請負契約（ortgebundene Dienst- und Werkverträge）のように、多くの契約において、明確かつ一義的に決定できる。そうでない場合には、事案の具体的事情に基づき、問題となる給付地のどれに契約関係を重点的に配属すべきかを判断すべきものとされる。考慮されるべき事情として、契約関係の一方が意識的に（gezielt）相手方の国に営業努力を向けたという事情、契約交渉・契約締結が行われた場所、準拠法の合意の有無・内容、契約用語・合意された通貨のような随伴事情があるとされる。また、金銭債務の支払地すら考慮されるべき一ファクターに過ぎないとされる。(48) 義務履行地の合意については、抽象的な履行地の合意（単に管轄権を発生させるためだけに履行地が見せかけられる場合）は裁判籍を発生させないけれども、「個別事案において契約関係の実際の給付重点が合意にかかる履行地に結びつけられ得る場合、またはまさに合意によってかかる重点が基礎づけられるべき場合に」、当事者がそこで法律関係の重点を根拠づけようとし、かつ管轄を根拠づける活動をまずこの場所に合わせたことの可能な徴表だとする。(49) この見解の方が優れている。契約に特徴的な義務の履行地を確実に決定するために、種々の契約について特徴的給付義務の類型化が有益であろう。

4　インターネットによるオンライン・サーヴィス

インターネットによるオンライン・サーヴィスの場合、契約に特徴的な義務の履行地を決めるのがとくに困難である。インターネットよるサーヴィスが場所との結び付きをもたないという事情は実際の履行地の特定を困難ならしめる。ウェブサイトの利用者は提供者の国からサーヴィスを求め、したがってインターネットに接続されたデータバンクの所在地に居ると見なされるとして、情報提供義務の履行地はデータバンクの所在地であるとする見解[50]があり、これとは逆に、提供者は、提供された情報が引き出せる世界中のどこにおいても裁判を受ける義務を負う（gerichtspflichtig）とする見解もある。いずれの見解も説得力に乏しいのではなかろうか。データバンクが存在する場所が利用者にとって通常何らの意味も持たないことは、前説にとって不利な事情である。Buchner が指摘するように、オンラインベースでの情報の提供者は、その営業活動において意図的に営業努力を本国の外に向け、それによってできるだけ多くの顧客を獲得しようとしている。この事情は契約関係の重点の決定にとっても重要である。提供者はアクセスできるマーケット拡大の利点を得るので、経済活動の重点は契約の相手方が提供者に出会った国にもある。それに対して、契約締結地または利用料支払地は確定できないか、または重要ではない。したがって、この両当事者の出会いの地を契約に特徴的な給付の履行地と見なすことは、提供者に期待可能であろう[51]。

5　国際裁判管轄の合意

(1)　電子商取引の当事者が国際裁判管轄の合意をしておくことが考えられる。日本では民事訴訟法上、ドイツ法のように管轄の合意は商人間の法律行為に限られていない。そのため、消費者契約の場合には事業者のみに有利な裁判所を管轄裁判所とする専属的合意により消費者が実際上裁判を受けることができなくなることが生じ得る。

(2)　日本では有効な管轄の合意の要件は、民事訴訟法上、次のとおりである。民事訴訟法一一条によれば、管轄の合意は一定の法律関係に基づく訴えに関し、かつ特定の裁判所、少なくとも特定可能な裁判所を管轄裁判所とするのでなければならない。法律上の専属管轄の定めがある場合には、当事者の合意によって、これを排除することはできない。管轄合意は書面の作成を要件とする。申込みと承諾が別々の書面であっても差し支えない。申し込む時点で相手方が特定していることは、必要ではない。承諾の意思表示は、申込人が指定した裁判所に訴えが提起されることによっても明らかになるので、合意の成立が認められる。もっとも、判例[52]と支配的見解は、民事訴訟法一一条二項は内国の管轄合意にのみ適用のある規定だとして、国際裁判管轄の合意は国際取引の障害とならないよう書面による必要はないとする。そして、この判例は、日本の裁判所の国際裁判管轄を創設する合意のみならず、外国裁判所を専属的合意管轄裁判所と定め、もともと存在する日本の裁判所の国際裁判管轄権を排除する合意も、当該事件が日本の裁判権に専属するものでなく、かつ、その外国の裁判所が当該外国法上その事件につき管轄権を有する場合には適法・有効とする。別の機会に取り上げた[53]この判例の立場は多くの問題を含むが、ここでは取り上げない。

日本の民事訴訟法においては、一般に消費者保護政策が貧困である。通常の専属的管轄合意も、両当事者が商人であるか否かを問わず適法である。合意された裁判所で審理を行う場合に著しい遅滞が生じたり、当事者間の衡平が害される場合に裁判所が当事者の申立てまたは職権により事件の全部または一部を他の管轄裁判所に移送することができるに過ぎない（裁量移送）。

(3)　電子商取引に関しては、書面要件と消費者契約の約款において商品の売主またはサーヴィス提供者の本拠地を専属的合意管轄裁判所とする条項が含まれている場合のその効力が問題となる。書面要件に関して、ネット上に表示された管轄約款の付された契約が法律の要件を満たす電子署名によって成立した場合、署名の要件は満たされると見ることができる。この場合には、一定の電磁的記録が法律の定める要件のもとで真正と推定される（電子署名及び認証業務に関する法律三条）。したがって、この場合は、書面要件も当然満たされる。問題は、電子的署名がない場合である。この場合でも、書面は合意内容の明確化のためにのみ必要であり、したがって国際取引においては必ずしも必要でないとする上述の判例の立場によれば、管轄の合意の効果が認められることができる。判例は、運送品の喪失または毀損に基づく訴訟について外国裁判所の管轄を定める、船荷証券における専属的管轄の合意に関するものであった。判例の事案では、船荷証券には運送人の署名がなかった。当事者が訴訟においてフロッピーディスクまたは電磁的記録をプリントアウトした書面を訴訟において提出できる限り、署名を欠くにもかかわらず合意が有効と見なされる可能性がある。これらは、準文書として書証の方法で取り調べることができ、それにより通常、合意の内容を確定することができるからである（民訴法二三一条）。[54]他方、判例の見解を直ちに消費者契約に持ち込むことは、とくに疑問である。前述のように、民事訴訟法一七条は、専属的管轄合意が有効な場合にも、合意された裁判所で事件を審理すると訴訟の著しい遅滞が生じまたは当事者間の衡平を害する場合で裁判所が移送を必要と認める場合には、他の管轄裁判所への移送を許している。私見によれば、消費者事件においては管轄の合意を制限することが是非とも必要である。二〇〇〇年一二月二二日のヨーロッパ管轄執行規則一七条は、

「本節の規定は次の場合にのみ合意の方法で離反することができる。

1　合意が争訟の発生後に行われる場合、

2　合意が消費者に本節に挙げた裁判所以外の裁判所に訴えを提起する権能を付与する場合、または、

3　合意が契約締結時点において同じ構成国に住所または常居所を有する消費者と契約の相手方の間で行われ、かつ、この構成国の裁判所の管轄を基礎づける場合。ただし、かかる合意がこの構成国の法により不適法である場合はこの限りでない。」

と定め、消費者が管轄の合意によって不利益に曝されないよう対処する。日本では専属的合意管轄に対しても裁量移送によって対応するというのが立法者の意思であり、移送制度によることのできない国際裁判管轄の合意の場合、とくに外国裁判所を専属的合意管轄裁判所とする管轄の合意の場合には、これを無効と見るべきであろう。

四　インターネット不法行為と国際裁判管轄

1　不法行為の特別裁判籍

インターネット上での不法行為の場合、加害者たる被告の住所地国に国際裁判管轄が認められるのは当然であるが、その他、不法行為地の特別裁判籍（民訴五条九号）が問題になる。日本法では不法行為地として、加害行為が行われた地と損害（結果）発生地の両者が考慮される。民事訴訟法五条九号は、不法行為に関する訴えは「不法行為があった地」を管轄する裁判所に提起することができると定める。

内国の土地管轄について、加害行為地と損害の発生地とが異なる場合、加害行為地を管轄する裁判所にも、損害発生地を管轄する裁判所にも――ただし、特段の事情の考慮による管轄の否定の余地を留保して――いずれにも土地管轄が認められる(55)。不法行為地の特別裁判籍は種々の理由から正当化される。すなわち、被害者による訴え提起を容易にすること、証拠への近さ、裁判管轄についての加害者の予見可能性、および法的平和の維持に対する不法行為地の利益である(56)。原告はいずれかを選択することができる。日本では、結果発生地と損害発生地とはもともと区別されていない。支配的見解によれば、民法七〇九条は違法に他人に損害を加えた者に損害賠償義務を課しており、一般条項の性質を有する規定である。もっとも、損害発生地は不法行為から生ずる第一次的損害の発生地に限られると解すべきであろう。派生的、第二次的損害の発生地を含めると、債権者の住所地の管轄を認めるのと変らなくなり、過剰管轄をもたらすからである(57)。

2　インターネットにおける行為地と（第一次的）損害発生地

インターネットによって他人の名誉を毀損する言辞が流布される場合、種々のコンピュータ、サーヴァーを通って、情報が流布され、世界中のどこからでも、これを呼び出すことができる。そこから、行為地と（第一次的）損害発生地がどこかという問題が生ずる。そして、管轄裁判所は、数個の（第一次的）損害発生地（結果発生地）が認められる場合にも被害者の全損害の賠償を命ずることができるかも問題になる。

最近の日本では、この問題について見解の対立が見られる。伝統的な見解（多数説）は、同一人に一つの法益侵害が生じていると見て、被害者は加害行為地または第一次的損害発生地（結果発生地）の裁判所で全損害を主張することができ、したがって管轄裁判所は全損害について裁判することができると見る。この見解によれば、原告が特定の国だけで生じた損害に限定して賠償を請求する場合は、（特定的）一部請求訴訟であり、結果発生地での応訴が被告にとって予測可能性を欠く等の事情がある場合には公平の観点から国際裁判管轄を否定する「特段の事情」があるとされ得ると言われている。[58] インターネットにおける名誉毀損的言辞の場合、インターネットにこれを保存すること（Einspeisen）は不法性を持つ。この入力の地は疑いなく行為地である。[59] 他の行為地も考慮され得るかもしれないが、ここでは立ち入ることができない。インターネットでは、結果発生地または第一次的損害発生地がどこであるか、疑問である。インターネットでは、情報は世界中至るところに頒布されるので、法益侵害はその情報を呼び出せるところであれば、世界中で生じ得る。もっとも、法益侵害は単なる呼出可能性によってでなく、呼出しによって、しかも、保護された法益の所在地において生ずる。[60] したがって、被害者は従来の見解によれば、法益が侵害された世界中の地で訴えを提起することができる。逆に、加害者はどこででも応訴を強いられ、敗訴すれば大きなリスクを負うことになる。そして、一つの管轄裁判所が全損害の賠償を命じ得るならば、原告のフォーラム・ショッピングを助長することになる。このことは、呼出地としての結果発生地の裁判所はその高権領域で生じた損害に審理権限を制限する見解の登場の機縁を与えるであろう。

第二の見解は、統一的な不法行為地裁判籍を求め、直接の人格侵害が生じた地は人格の主体たる被害者の生活の中心地であり、それゆえ通常、被害者の住所を行為地と見なすのが適切だと主張する。[61] この見解は、被害者が住所地国でのみ知名度を有する場合には適切である。しかし、この見解は、被害者が住所地を超えて世界中に知名度を有する場合を正当に把握することができない。この場合には、被害者の法益は種々の国において侵害されるので、法益の存在する諸国における損害賠償請求権の発生が認められなければならない[62]。この場合、被害者が身の回りで自己の人格について論じられるのを避けたいからであれ、外国の裁判所の判決を当該外国で執行する簡便さを期待するからであれ、被害者は住所地国以外で訴えを提起することに正当な利益を有するであろう[63]。被害者のこの利益を否定する見解には、従うことができない。

その他、名誉毀損言辞がマスメディアにより、またはインターネットにおいて国境を越えて頒布され、法益侵害が多数の国で発生する場合、多数の不法行為が存在するという見解がある。その際、日本の裁判所が国際裁判管轄を有する場合には、日本で生じた損害について日本で訴えを提起する原告は、他の国で生じた損害についての請求を併合することができ、他国で発生した損害についても請求の併合のゆえに民事訴訟法七条により日本に国際裁判管轄があるとの見解[64]も主張されている。しかし、この見解には疑問がある。訴えの併合は、他国での法益侵害ごとに別個の不法行為の存在を認める場合にも一つの訴えで全損害を主張することを可能にする。しかし、このような場合、法廷地国が他国で生じた法益侵害について事件や証拠への近さを有しているのではない。加えて、あるのは加害者の共通の行為だけであり、損害賠償請求権のその他の要件は共通ではない。法益侵害の生じた各国の異なる実質法がその国で生じた（部分）損害について適用され得るからである。結局、加害者の行為によって発生する種々の損害賠償請求権の間には、共通の弁論を正当化する密接な関係が存在しないと解すべきである。

結果発生地（第一次的損害発生地）の位置決定は、困難な問題である。私見によれば、内国でのみ知名度を有する被害者と国際的に一定の知名度を有する被害者とを区別して考える必要がある。前者では、直接的な人格権侵害の生ずる場所は人格権の主体で被害者だと主張する当事者の生活の中心地であるから、通常、被害者の住所地の裁判所が全損害につき国際裁判管轄権を有する。それに対して、国際的知名度のある被害者の場合には、各国で法益侵害が生じ得る。この場合には、法益侵害の生じた関係国の裁判所の国際裁判管轄が認められなければならない。新聞・雑誌による名誉毀損の場合には、新聞社や雑誌社は頒布場所をみずから特定することができるのに対して、インターネットによる情報伝達においては提供者は名宛人を限定することができないが、呼出地における侵害の発生は提供者に起因するものだからである。したがって、インターネットによって配信される名誉毀損的言辞を呼び出せるあらゆる国に潜在的に管轄権があることになる。これによって、多数の管轄裁判所が存在し得る結果、多数の国で訴訟が並行して係属するという危険は、理論上大きな問題であるが、実際上はあまり生じないのではないか。もちろん、世界的なフォーラム・ショッピングが行われる可能性は排除されない。

私の相報告者であるLeonhard氏は、人格権はその法益の主体の感じ方と切り離せず、この者が声価の喪失(Reputationsverlust)と感じ得たことが決定的だという理由で、被害者がたとえば恒常的な滞在等によって法廷地と近しい関係を有していることを証明し得なければならないと主張する。(65) しかし、人格自体と人格権を十分に区別する必要があるのではなかろうか。「人格保護のための法的抽象」としての人格権は法益主体の感情からかなり切り離されており、各国・地域に存在し得るからである。したがって、人格権が侵害されたかどうかと、被害者がどこに常居所を有しているかとは直接関係がないであろう。

3　行為地裁判所の審理範囲の制限か

次に、あらゆる頒布地の裁判所は、結果発生地裁判所として被害者の全損害について国際裁判管轄権を有するのか、それとも当該国で生じた損害についてのみ国際裁判管轄権を有するのかが問題となる。これは、ヨーロッパで長い間議論のある問題であるが、ヨーロッパ裁判所(EuGH)は最近の判例でこの問題を扱った。フランスのある夕刊紙にマネーロンダリングに関与したとの誹謗記事を掲載されたイギリス国籍でイギリス在住の女性が、名誉毀損を理由にこのフランスの新聞社を被告としてイギリスの高等法院に損害賠償請求の訴えを提起した事件において、ヨーロッパ裁判所は、新聞が販売された各国は結果発生地であり、結果発生地である限りヨーロッパ管轄執行条約（当時）の五条三項の定める結果発生地であるが、単に新聞が販売されただけの結果発生地国の裁判所は当該国で発生した損害についてのみ裁判できるという制限説に立った[66]。このヨーロッパ裁判所の見解は、日本でも紹介され注目を集めている[67]。

ヨーロッパ裁判所の見解によれば、被害者は加害者の本拠地または行為地（新聞社の支店所在地を含む）では、全損害の賠償を請求することができるが、それ以外では、全損害の賠償を得るためには、結果の生じたすべての地で訴えを提起しなければならないことになる。結果として、原告にとって権利保護が不必要に困難になるので、被害者の権利保護を容易にしようとする不法行為地管轄の立法目的に反するであろう。もともと、普通裁判籍と特別裁判籍の区別は審理の範囲の差異を伴わない。このことはヨーロッパ裁判所の見方の支持に不利な事情である[68]。他方、それによって世界的なフォーラム・ショッピングの試みが阻止され、被害者は主たる損害を受けた国の裁判所に訴えを起こすよう奨励されることになる。また、結果発生地裁判所が損害の全部の審理権限を有する場合に生ずる加害者の法適用リスクを軽減させ、加害者に対する公正を確保するという利点がある[69]。この問題は将来の研究課題とさせていただきたい。

いずれにせよ、日本から見て、ヨーロッパ裁判所の見解は、それが「民事及び商事に関する裁判管轄権及び外国判決に関する条約準備草案」の一〇条四項に採用されているので、とくに興味深い。ただ、この準備草案一〇条四項は、ただし書きで、「損害を被った当事者が当該国に常居所を有する場合」には結果発生地国の裁判所において全損害の賠償を請求し得ると定めていることが注目される[70]。

五　要　約

日本の国際裁判管轄法は確固とした基礎に据えられていないように思われる。これは法的不安定をもたらしている。インターネットのような新たなコミュニケーション手段の発展が従来の国際裁判管轄法にも挑戦を突きつける。それには法解釈により対応することができるにせよ、日本では国際裁判管轄の原則的問題を再検討することが確かに必要である。私の報告では、契約裁判籍における履行地は当該契約に典型的な給付に基づき位置決定されるべき旨を主張した。インターネットによる名誉毀損的言辞について、世界的な知名度を有する人物の場合、結果発生地の管轄として頒布地の管轄を承認すべき旨を主張した。国際裁判管轄法における法的安定性の欠如に鑑み、管轄執行条約の国際的取組みの進展が期待される。

(1) もっとも、この点については反対の見方もある。五味俊夫『インターネット取引は安全か』(二〇〇〇年・文芸春秋)一一四頁。

(2) 斎藤雅弘「電子商取引で発生する最近のトラブル」法律のひろば一九九九年二号一〇頁以下、野村美明「消費者向け電子商取引と紛争解決」クレジット研究二五号(二〇〇一年)一一一頁、一一三頁以下参照。

(3) 企業が自己の製品をインターネットにより宣伝しまたは販売する場合には、アメリカ合衆国においても呼出可能(abrufbar)であるが、この企業はインターネットによる活動によりアメリカ合衆国の裁判所で訴えられること、場合によっては当該インターネット活動とは何ら関係をもたない事件についても訴えられることを予期しなければならないかという問題が生じている。Vgl. *Rau*, "Minimum Contacts" und "Personal Jurisdiction" über auswärtige Gesellschaften im Cyberspace, RIW 2000, 761；早川吉尚「米国におけるサイバースペース上の紛争と裁判管轄(1)〜(3)」NBL六六三号三六頁以下、六七一号四六頁以下、六七二号四二頁以下(いずれも一九九九年)、牧野和男「相次ぐ国際紛争に対応する電子商取引の国際裁判管轄と法的整備」ビジネス法務一巻三号（二〇〇一年）七四頁。

（4）石黒一憲『現代国際私法［上］』（一九八六年・東京大学出版会）二六一頁以下、同『国際私法〔補訂版〕』（一九九〇年・有斐閣）一四七頁、藤田泰弘「『国際的裁判管轄』法規とその比較法的研究」判タ八五六号（一九九四年）一〇頁。

（5）兼子一『新修民事訴訟法体系〔増訂版〕』（一九六五年・酒井書店）八四頁、江川英文「国際私法における裁判管轄権」法協六〇巻三号（一九四二年）三六九頁、三七三頁。

（6）池原季雄＝平塚真「渉外訴訟における裁判管轄」鈴木忠一＝三ケ月章監修『実務民事訴訟講座第六巻』（一九七一年・日本評論社）三頁、一三頁、池原季雄「国際的裁判管轄権」鈴木忠一＝三ケ月章監修『新・実務民事訴訟講座第七巻』（一九八二年・日本評論社）三頁以下、新堂幸司『新民事訴訟法〔第二版〕』（二〇〇一年・弘文堂）七七頁。

（7）名古屋高判昭和五四年一一月二日判タ四〇二号一〇二頁。

（8）最判昭和五六年一〇月一六日民集三五巻七号一二二四頁。評釈として、道垣内正人・法協一〇五巻七号九七四頁以下、山田鐐一・民商八八巻一号（一九八三年）一〇〇頁以下、小林秀之・法学セミナー一九八二年二号二〇頁以下、平塚真・ジュリスト七七〇号（一九八二年）一三九頁以下、竹下守夫・金商六三七号四九頁以下、後藤明史・昭和五六年度重要判例解説（ジュリスト七六八号）二七八頁以下、渡辺惺之・民事訴訟法判例百選Ⅰ〔新法対応補正版〕四〇頁以下、高桑昭・渉外判例百選〈第二版〉一九六頁以下などがある。

（9）石黒一憲『国際民事訴訟法』（一九九六年・新世社）四一頁。

（10）塩崎勉・ジュリスト七五八号（一九八二年）八六頁、同『最高裁判所判例解説民事編昭和五六年度』（法曹会）五九二頁、六一一頁。

（11）石黒一憲「渉外訴訟における訴え提起――国際裁判管轄に重点を置きつつ――」新堂幸司＝谷口安平編『講座民事訴訟第二巻』（一九八四年・弘文堂）二七頁、五六頁。

(12) たとえば、東京地判昭和五七年四月二二日判タ四七六号一一八頁、東京地判平成元年八月二八日判タ七一〇号二四九頁（もっとも、後者は特段の事情と無関係に国際裁判管轄を否定した判決である）。

(13) たとえば、東京地中間判昭和五七年九月二七日判時一〇七五号一三七頁＝判タ四八七号一六七頁、東京地中間判昭和五九年三月二七日下民集三五巻一＝四号一一〇頁＝判時一一一三号二六頁、東京地判昭和五九年二月一五日下民集三五巻一＝四号六九頁＝判時一一三五号七〇頁＝判タ五二五号一三二頁。

(14) 最〔三小〕判平成九年一一月一一日民集五一巻一〇号四〇五五頁。

(15) 同旨、上村明広「国際裁判管轄論序説」佐々木吉男先生追悼論集『民事紛争の解決と手続』（二〇〇〇年・信山社）三三一頁、三四六頁。

(16) *Dogauchi*, "Japan", in: *J.J. Fawcett* ed., Declining Jurisdiction in Private International Law, Oxford 1995, S. 303.

(17) 中野俊一郎「国際裁判管轄の決定における例外的処理の判断枠組」民訴雑誌四五号（一九九九年）一三二頁、一三四頁。

(18) 石黒・前掲注(4)『現代国際私法〔下〕』三三二頁、兼子一＝松浦馨＝新堂幸司＝竹下守夫『条解民事訴訟法』（一九八六年・弘文堂）二八頁以下〔新堂〕、竹下守夫「判例から見た国際裁判管轄」NBL三八六号（一九八七年）一九頁以下、小林秀之『国際取引紛争〔新版〕』（二〇〇〇年・弘文堂）六二頁、六六頁以下、これに対して批判的なのは、道垣内正人「立法論としての国際裁判管轄」国際法外交雑誌九一巻二号（一九九二年）一一七頁、一二三頁以下──「『特段の事情』による例外的処理の膨張」と言う。

(19) Vgl. *Schack*, Jurisdictional Minimum Contacts Scrutinized, Heidelberg 1983, S. 1; *Friedrich K. Juenger*, American Jurisdiction: A Story of Comparative Neglect, 65 U. Colo. L. Rev. 1, 22 (1993)

(20) 松本博之＝上野泰男『民事訴訟法〔第二版〕』（二〇〇一年・弘文堂）一八五頁参照。

(21) 新堂幸司＝小島武司編『注釈民事訴訟法（1）』（一九九一年・有斐閣）一〇六頁〔道垣内正人〕は、しかし、このような立場である。

(22) 石黒一憲『国際知的財産権――サイバースペースvs.リアル・ワールド』(一九九八年・NTT出版) 二三頁以下。
(23) 道垣内正人「サイバースペースと国際私法」ジュリスト一一一七号 (一九九七年) 六〇頁、六四頁。
(24) 磯村哲編『注釈民法(12)』(一九七〇年・有斐閣) 一七三頁、一七九頁〔北川善太郎〕。
(25) 道垣内・前掲注(23)六六頁注(17)。
(26) 前掲注(24)『注釈民法(12)』一七三頁、一七九頁〔北川善太郎〕。
(27) 宮武敏夫＝若井隆「裁判管轄」元木伸＝細川清編『裁判実務大系 (10) 渉外訴訟法』(一九八九年・青林書院) 三頁、八頁参照。
(28) 渡辺惺之「インターネットによる国際的な民事紛争と裁判」高橋和之ほか編『インターネットと法〔第2版〕』(二〇〇一年・有斐閣) 二八一頁、二九二頁。
(29) 渡辺・前掲注(28)二九三頁。
(30) 渡辺・前掲注(28)二九三頁。
(31) 横溝大「電子商取引に関する抵触法上の諸問題」民商一二四巻二号 (二〇〇一年) 一六三頁、一七〇頁参照。
(32) 池原・前掲注(6)二六頁、長田真里「義務履行地と国際裁判管轄」阪大法学四六巻二号 (一九九六年) 三二一頁、三二九頁。裁判例では、東京地判昭和五九年二月一五日判タ五二五号一三二頁、東京地判昭和六二年六月一日金商七九〇号三二頁がある。
(33) 池原・前掲注(6)二六頁、渡辺惺之「国際裁判管轄」三ケ月章＝青山善充編『民事訴訟法の争点〔新版〕』(一九八八年・有斐閣) 六六頁、六八頁、高橋宏志「国際裁判管轄――財産関係事件を中心にして――」沢木敬郎＝青山善充編『国際民事訴訟法の理論』(一九八七年・有斐閣) 三一頁、六〇頁、櫻田嘉章・判例評論三五七号 (一九九八年) 一八六頁、一九三頁、前掲注(23)『注釈民事訴訟法(1)』一二六頁以下〔道垣内正人〕。
(34) 山田恒久「義務履行地の国際裁判管轄」法学研究六七巻一号 (一九九四年) 五四頁、六六頁、中野俊一郎・ジュリスト九八〇号 (一九九一年) 二六二頁、二六四頁、中山代志子・ジュリスト一〇七四号 (一九九五年) 一九三頁、一九五頁、岡本善八・ジュリスト一八九号 (一九五九年) 七一頁、七二頁、横溝・前掲注(31)一七〇頁。

(35) 東京地判昭和三四年六月一一日下民集一〇巻五号一二〇四頁、東京地判昭和四二年一〇月一七日下民集一八巻九＝一〇号一〇〇二頁、一〇一一頁、東京地判平成五年四月二三日判タ八四〇号一九七頁、神戸地判平成五年九月二二日判タ八二六号二〇六頁など。

(36) *Schack*, Internationales Zivilverfahrensrecht, 2. Aufl., München 1996, Rdnr.271; *Leipold*, Internationale Zuständigkeit am Erfüllungsort - das Neueste aus Luxemburg und Brüssel, Gedächtnisschrift für Alexander Lüderitz, München 2000, S. 431, 436.

(37) 準拠法経由で履行地を決めたのでは、たとえば労働契約や請負契約のように合意によりまたは性質上給付をすべき場所が決まる場合にも、準拠法上その地以外の地が義務履行地とされる場合が生ずる。たとえば、東京地判昭和三四年六月一一日下民集一〇巻六号一二〇四頁は、原告が被告とカリフォルニアで労働契約を締結し、契約に従って日本で仕事をしたが、解雇されたので解雇の効力を争い東京地裁にアメリカへの帰国費用の支払い等を求めて提訴したケイスにつき、裁判所が準拠法であるカリフォルニア法によって義務履行地を判断し、日本の国際裁判管轄の欠缺を理由に訴えを却下した裁判例である。

(38) Vgl. *Schack*, Entscheidungszuständigkeiten in einem weltweiten Gerichtsstands- und Vollstreckungsübereinkommen, ZEuP 1998, 931, 939.

(39) *Schack*, a.a.O. (N.38), S. 939.

(40) *Spellenberg*, Der Gerichtsstand des Erfüllungsortes im europäischen Gerichtsstands- und Vollstreckungsübereinkommen, ZZP 91 (1978), 38, 58; *Piltz*, Der Gerichtsstand des Erfüllungsortes nach dem EuGVÜ, NJW 1981, 1876; *Rauscher*, Der Arbeitnehmergerichtsstand im EuGVÜ, IPRax 1990, 152; *Buchner*, Kläger- und Beklagtenschutz im Recht der internationalen Zuständigkeit, Tübingen 1998, S. 109 ff.; 長田・前掲注(32)三三一頁以下、上村・前掲注(15)三三九頁。

(41) *Schack*, a.a.O. (N. 38), S. 940.

(42) *Schack*, a.a.O. (N. 38), S. 941.

(43) *Schack*, a.a.O. (N. 38), S. 941.

(44) 前掲注(21)『注釈民事訴訟法(1)』一二六頁〔道垣内正人〕。

(45) *Spellenberg*, a.a.O. (N. 40), S. 54.

(46) *Spellenberg*, a.a.O. (N. 40), S. 56 f.

(47) *Buchner*, a.a.O. (N. 40), S. 99 ff.

(48) *Buchner*, a.a.O. (N. 40), S. 111；上村・前掲注(15)三四〇頁は、Buchner の見解に全面的に従う。

(49) A.a.O.(N. 40), S. 113 ff.

(50) *Kuner*, Internationale Zuständigkeitskonflikte im Internet, CR 1996, 453, 458.

(51) *Buchner*, a.a.O. (N. 40), S. 122. なお、ヘルムート・リュスマン（酒井一訳）「インターネット上の取引および競争行為から生じる請求権の実現に関する国際裁判管轄」甲南法学三八巻三・四号（一九九八年）二三九頁、二五三頁以下も参照。

(52) 最判昭和五〇年一一月二八日民集二九巻一〇号一五五四頁。

(53) *H. Matsumoto*, Zur Vereinbarung der internationalen Zuständigkeit nach dem japanischen Zivilprozeßrecht, Festschrift für Gerhard Lüke, München 1997, S. 449 ff.

(54) 渡辺・前掲注(28)二九五頁。

(55) 前掲注（13）東京地中間判昭和五九年三月二七日、東京地中間判平成元年六月一九日判タ七〇三号二四六頁。なお、東京地判平成元年八月二八日判時一三三八号一二一頁＝判タ七一〇号二四九頁も参照。

(56) 池原・前掲注(6)三一頁。ただし、加害者の予見可能性を考慮して一定の制限が必要と指摘する。前掲注(21)『注釈民事訴訟法(1)』一三一頁〔道垣内正人〕。

(57) 国際裁判管轄についての裁判例であるが、東京地判昭和五九年二月一五日下民集三五巻一＝四号六九頁、前掲注(21)『注釈民事訴訟法(1)』一三一頁〔道垣内正人〕、中西康「出版物による名誉毀損事件の国際裁判管轄に関する欧州司法裁判所一九九五年三月七日判決について」法学論叢一四二巻五・六号（一九九八年）一八一頁、二〇七頁。

(58) 渡辺・前掲注(28)三一一頁参照。

(59) *Mankowski*, Das Internet im Internationalen Vertrags- und Deliktsrecht, RabelsZ 63 (1999), 203, 257；渡辺・前掲注(28)三〇九頁。

(60) *Mankowski*, a.a.O. (N. 59), 269.

(61) *Buchner*, a.a.O. (N. 40), S. 141；上村・前掲注(15)三三四頁。

(62) Vgl. *Wagner*, Ehrenschutz und Pressefreiheit im europäischen Zivilverfahrens- und Internationalen Privatrecht, RabelsZ 62 (1998), 243, 273.

(63) *Coester-Waltjen*, Internationale Zuständigkeit bei Persönlichkeitsrechtsverletzungen, Festschrift für Schütze, München 1999, S. 175, 183.

(64) 道垣内・前掲注(23)六六頁注(20)、同『ポイント国際私法各論』（二〇〇〇年・有斐閣）二四九頁以下。

(65) *Leonhard*, Persönlichkeitsverletzungen im Internet - internationale Zuständigkeit und anwendbares Recht (Vortrag), S.7.（本書四六九頁以下）

(66) Schevill./Presse Alliance, EuGH 7. 3. 1995, EuGHE 1995, 450 = NJW 1995, 1881.

(67) 中西・前掲注(57)一八一頁以下。

(68) *Schack*, a.a.O. (N. 38) 948, 951; *ders.*, Neue Techniken und Geistiges Eigentum, JZ 1998, 753, 763は、ヨーロッパ裁判所の見解に反対する。

(69) *Mankowski*, a.a.O. (N. 59), S. 276.

(70) この準備草案については、道垣内正人「『民事及び商事に関する裁判管轄権及び外国判決に関する条約準備草案』について」ジュリスト一一七二号（二〇〇〇年）八二頁以下、同「ミックス条約としての国際裁判管轄及び外国判決承認執行条約案の作成（上）（中）（下）」ジュリスト一一六二号一〇七頁以下、一一六三号一三〇頁以下、一一六四号一一八頁以下（いずれも一九九九年）参照。

インターネットにおける人格侵害
――国際裁判管轄と準拠法――

マルク・レオンハルト〔松本博之訳〕

一　序

社会への情報の頒布はごく最近まで、新聞、ラジオおよびテレビのような専ら専門的なメディア企業に留保されていた。そうこうするうちに、インターネットの発展によって、アクセス権者は誰でも、内容的なコントロールなしに世界にまたがる公衆に向かうことができる。それによって、無比の国境のない通信プロセスが可能になる。すなわち、インターネットは、社会的確信の自由な形成を促進できるのみならず、アクチュアルで詳細な情報に対する社会の増大する需要をも満たすことができる。新聞またはラジオのような従来のマスメディアと違い、それは、適切に「地球村（global village）」の概念で書き換えられるグローバル性（Globalität）の域に達している。(1)

いかに多様な法文化が今や相互に接触し、あるいは、むしろ衝突し得るかということを想起するならば、この一見したところ全く量的な場所的到達距離の変動は質的な変動になる。それによって、一方では、報道の自由が保障されず、または、制限的な範囲でしか保障されていない諸国の住民の一部とも多元論的な意見交換が可能になる。北朝鮮、イラクまたはリビアのような諸国でさえ、ニューヨークタイムズ、フランクフルターアルゲマイネ、またはシュピーゲルのオンライン版を読むことが可能である。

他方、この意見表明の自由と結びつくものは、この新種の通信手段が他人の名誉および私的領域を侵害するプラットホームとして濫用される危険である。それによって、自由な意見の交換が、容易に、世界中の公衆の注意を惹くための容赦のない戦いに陥ることがある。その有名な例が、アメリカ合衆国大統領 Bill Clinton（ビル・クリントン）と実習生 Monika Lewinsky（モニカ・ルウィンスキー）とのスキャンダルに関する詳細なイメージを実際上全世界が作りあげ得た、インターネットによるスター誌レポート（Starr-Report）の公表である。

裁判所も徐々にインターネットにおける名誉毀損言辞を扱っている。イギリスの貴族院は、最近、ロシアの政治家で商人である Boris Beresowsky（ボリス・ベレゾフスキー）の、アメリカの経済雑誌フォーブスに対する訴えにつき裁判しなければならなかった(2)。インターネット上でも流布されたある記事において、Beresowsky は、シチリアのマフィアのボス等に思い知らせることすらできる、ロシアにおける腐敗と組織犯罪の大物の一人だと称された。フランクフルト上級ラント裁判所は、あるアメリカの大学が開設した人文社会科学のインターネット討論フォーラムの枠内での人格侵害を扱わなければならなかった。そこでは、ドイツに居住する歴史家が、彼を「転向したユダヤ人（konvertierter Juden）」と呼んだあるアメリカ人同僚の討論報告により、その名誉を侵害された(3)。

以下において、伝統的なメディアによる人格侵害について形成された国際民事手続法と抵触法の諸原則をインターネットにも移すことができるか、という問題を論ずることにする。その際、前面に出るのは次の諸問題である。インターネットにおける人格侵害についての裁判籍の根拠づけにとって、いかなる基準が決定的であるか。損害賠償請求および不作為請求において不法行為地の裁判所の審理権能はどこまで及ぶか。不法行為地裁判籍の決定のために形成された基準は、抵触法にも移すことができるか。不作為請求の場合に、いかなる抵触法上の特殊性が生ずるか。

二　インターネットにおける人格侵害の場合の国際裁判管轄

インターネットにおける人格侵害の場合にドイツ民事訴訟法一二条、一三条またはEuGVÜ/LugÜ二条一項による被告の本拠地の裁判所とならんで、ドイツ民事訴訟法三二条ないしEuGVÜ/LugÜ五条三号による不法行為に基づく請求権についての特別裁判籍の裁判所も、国際裁判管轄権を有する。[4] 不法行為地裁判所の管轄権は、事案解明や証拠調べが不法行為地でもっともよく、かつ最少の費用で行うことができるという事物接近の論拠によって正当化されている。[5]

1　伝統的マスメディアの場合の国際裁判管轄

国境を越えるマスメディアによる人格侵害の場合の、不法行為地管轄の根拠づけについて、裁判所と文献は依然として、行為地も結果発生地も裁判籍を基礎づけるとする遍在原則（Ubiquitätsprinzip）から出発する。[6] だが、これらの地の正確な位置決定は困難をもたらす。

ドイツの判例は、印刷物の発行地を行為地と見なす。[7] それに対して、文献は、目的的な頒布地をも行為地と性質決定することに賛成する。[8] ヨーロッパ裁判所は、それに対して、新聞社の支店（Niederlassung）を行為地と見る。ヨーロッパ裁判所が言うには、名誉を毀損する言辞はこの地で構想され流布されるのだから、加害行為(das schädigende Ereignis) はそこから発する。[9]

ドイツの判例[10]は、ヨーロッパ裁判所[11]と同じく、当該出版物が頒布された地を結果発生地と性質決定する。これに対して、ドイツの一部の文献は被害者の住所に結果発生地を位置決定することを提案し[12]、他の一部は人格権の遍在性（Ubiquität）に基づき結果発生地自体は全く存在しないと考える[13]。

新聞による不法行為について発展したこの行為地決定基準を、インターネットにおける出版に移すと、行為地として問題になるのは次の地である[14]。すなわち、提供の構想および展開（Angebotskonzeption und Entwicklung）の地、サーバーの所在地、接続または中継レヒナー（Durchleitungs-oder Vermittlungsrechner）の所在地ならびにインターネットへのアップ・ロードの地である。それに対して、実際に呼出し（Abruf）がなされた地、潜在的な呼出し可能性のある地ならびに被害者の常居所地は結果発生地として挙げられている。

潜在的行為地、それによって開かれる裁判管轄がこのように多様であるため、遍在原則（Ubiquitätsprinzip）が、インターネット不法行為において、行為地決定（Tatortlokalisierung）のための明確で予見可能な基準を用意するという使命を実際に正しく果たすことができるかどうか疑問である。すなわち、伝統的な遍在原則の理論は、メディアによる不法行為の場合には、損害を惹起する行為と生じた結果との間の厳格な区別が可能であるとの前提に立つ。その点につき模範的なのは、有名な「国境越えの射撃（Schuss über die Grenze）」[15]であり、人格侵害の領域では、たとえば手紙[16]または電子メールによる侮辱である。それに対して、大きな拡散効を伴うマスメディアによる人格侵害の場合には、責任を根拠づける行為と生じた結果は、場所的にも時間的にも正確に固定することはできない。したがって、損害を惹起する行為と生じた法益侵害との境界はぼやけるのである。

多国間にまたがる競争違反（multistate-Wettbewerbsverstöße）の衝突法上の取扱いに準じて、支配的見解によって従来行われてきた行為地と結果地との区別を放棄し、特徴的な侵害行為の地への統一的な連結（eine einheitliche Anknüpfung an den Ort der charakteristischen Verletzungshandlung）に置き代えるべきであろう[17]。メディアによる不法行為の場合の決定的な侵害行為は、名誉毀損言辞を社会に近づけること（Zugänglichmachen der ehrverletzenden Äußerung an die Öffentlichkeit）にある。それゆえ、古典的なメディアによる不法行為の場合には、新聞またはラジオ・テレビ放送がメディア企業の意思によって定め通りに（bestimmungsgemäß）頒布される地に連結されるべきである。それによってメディア企業にとって明確に予見できる、潜在的な裁判籍（potenzielle Gerichtsstände）が人格侵害に基づく訴えにつき創設される。

2　インターネット出版の場合の特殊性

インターネットのもつワールドワイドの頒布可能性に基づき、すでに概念的に、頒布地（Verbreitungsort）はなく、あるのは呼出地（Abrufort）だけである。伝統的メディアでは、その頒布地域の決定は本質的に当該メディア企業の手中にあるが、インターネットの場合には、これと異なり、あらゆる地理的な制限可能性がなくなる。情報はすべて世界中のどこででも、いつでも任意に呼び出すことができる。したがってインターネットでは、受取手がグローバルに呼び出せる情報の実際の場所的頒布地域を決定する。[18] それによって、首謀者（Urheber）側のあらゆる統制可能性がなくなる。すなわち、自分のホームページで情報を提供する者は、世界のどの果てで彼の記事が受け手に出会い、そこでひょっとすると名誉毀損と感じられるかということを知らない。

それゆえ、呼出地への連結だけでは、インターネットによる人格侵害の場合、実際上、世界中のすべての裁判所が国際裁判管轄権を有することになろう。[19] 名誉を毀損する言辞という全体事象と弱い関連しかもたない裁判所が争訟において訴えられるので、それは行為地に不法行為管轄を認める立法目的に反するであろう。その上、フォーラム・ショッピングを過度に助長することになる。それゆえ、単なる呼出可能性では、まだ裁判籍を認めるのに必要な証拠への近さ（Beweisnähe）を生み出さない。というのは、この証拠への近さは、インターネット不法行為の遍在的特性（die ubiquitäre Eigenart）により、世界中のあらゆる場所に存在するからである。それゆえ、単なる呼出地から管轄権を根拠づける行為地が生ずるためには、他の基準がさらに加わらなければならない。

インターネット不法行為における裁判管轄の問題について、アメリカの判例は豊富な教材（Anschauungsmaterial）を提供するが、その際、そこで得られた結果を一律にドイツの法状態に移すことはできない。すなわち、われわれの法は法律上定められた管轄規定から出発するのに対して、アメリカの裁判所は、柔軟なフォーラム・ノン・コンビニエンス法理に基づき、インターネットにおける人格侵害の場合における管轄（jurisdiction）の決定につき広範な裁量権を有する。[20] 法廷地国（Forumstaat）との被告の唯一のコンタクトが被告の情報をインターネットから法廷地国で呼び出せることにある場合の、被告に対する裁判高権（Gerichtshoheit）の行使は、通常、手続が伝統的なフェアープレーと実質的正義の観念（traditional notions of fair play and substantial justice）に反しないことにかからしめられている。[21]

その際、インターネットにおける活動が目的的に（final）法廷地国に向けられている場合に、管轄が肯定され、したがって被告はそこで裁判を受ける義務を負うようになる（gerichtspflichtig zu werden）ことをも計算しなければならないという方向での、一定のコンセンサスの兆候が現われている。[22] たとえば、あるアリゾナの裁判所は、そこに所在するコンピュータ企業がニューメキシコ州のかつての契約の相手方に対してインターネットにおける営業毀損言辞（geschäftsschädigende Äußerungen）による損害賠償を請求した事案において、自らの管轄権を肯定した。[23] 相手方は、原告が自分の顧客に対して法外な価格を要求し、ソフトウエアのインストールの際、技術的支援をしなかったという情報を自己のウェブサイトに載せたのであった。裁判所は、ウェブサイトに含まれた情報が専ら原告をその中心的業務地であるアリゾナにおいて侵害するようなものであり、被告もそれを意識していたことをもって自己の管轄権を基礎づけた。[24]

それに対して、意図的に各々の呼出地の人々に向けられたのでないウェブサイトまたはインターネット討論サークルでの単純な言辞は、裁判籍の根拠づけにとって十分とは見なされていない。[25] すなわち、この発言者は、どの地で彼が裁判上、責任を問われ得るかを通常は予見することができない。だが、原告が呼出地に生活の中心地点をも有するという事実は、アメリカの裁判所にとって、名誉毀損言辞の目的性（Finalität）の一つの重要な徴表である。たとえば、より高額の損害賠償額が約束されるため、または、多くの州では人格侵害の場合に非常に短い消滅時効期間が定められているが、希望する裁判籍においては時効期間がまだ経過していないため、誰かが自己の常居所地外で訴える場合、裁判所は通常、管轄を否定している。(26)

アメリカ合衆国で論じられている行為地裁判籍決定基準は、基本的なコンセプトは異なるにもかかわらず、ドイツ法にも利用することができる。ドイツ民事訴訟法三二条による行為地裁判籍を基礎づけるため、原告は周知のように、主張された人格侵害がまさに裁判所地区（Gerichtsbezirk）において行われたことを、具体的に（substantiiert）陳述しなければならない。(27)

それゆえ、インターネットにおける名誉毀損言辞の場合、呼出地の裁判所は、原告が呼出地に住所を有している場合、原告が一定の知名度を有するか否かを問わず国際裁判管轄権を有するであろう。正当にも、連邦通常裁判所は、新聞の不法行為の枠内において、被害者が社会の中で享受する名声と尊敬は、通常、その住所地または常居所地に定着しているので、被害者の住所地または常居所地が人格権の侵害地と見なされると判示した。(28)それとならんで、効率的な訴訟処理に対する法廷地国の利益も、かかる解釈のために持ち出すことができる。被害者の住所地の裁判所だけが、場所的事情を知っており、関係証拠方法に近く、かつ、その証拠価値を被害者への近さにより、とくによく評価することができるからである。

原告が法廷地国において住所を有しない場合は、状況を判断するのはより困難である。行為地裁判籍は、被害者の住所地にではなく、生じた法益侵害に連結され、そして国際的知名度を有する人は実際上世界のあらゆる地で人格侵害を受け得るので、インターネットにおける当該名誉毀損言辞を呼び出し得るあらゆる国が潜在的に管轄権を有すると見なされる傾向がある。インターネットにおける言辞により国際的に知られた人の信用を毀損する者は、その人が当該頒布国に住所を有するか否かを問わず、頒布国の裁判所において裁判を受ける義務を負うようになることを計算に入れなければならない。

このような見方は、だが、人格権は各々の法益主体の主観的感じ方（subjektives Empfinden）と切り離せないことを看過している。重要なのは、インターネットにおける一定の報道によってある人の声望が貶められたことだけではない。むしろ、法益の主体がそれを可能な声価の喪失（Reputationsverlust）としても感じ得たことが決定的である。それゆえ、国際的に知られた人格の場合にも、原告がたとえば恒常的な滞在によって法廷地国との一定の近しい関係を証明し得ることが要求されなければならないであろう。イギリスの貴族院は、冒頭に言及したロシアの政治家 Beresowsky の、アメリカの雑誌フォーブスに対する損害賠償の訴えにおいて、原告が一九九三年以来ロンドンに住居を有し、年に数度イギリスに滞在し、家族の一部はそこに常居所を有していたという理由で、その管轄権を認めた。(29) それによって、潜在的に管轄権を有する裁判所の数が見通しの利く数まで限定され、フォーラム・ショッピングの危険にストップがかかる。

3　行為地裁判所の審理権能

(a)　損害賠償請求

行為地裁判所の審理権限は当該国において生じた損害に限られるか、それとも名誉毀損によって生じた損害全部が（行為地裁判所において）主張され得るかという問題は、EuGVÜ 五条三号について長い間争われてきた。(30) ドイツで支配的な見解は、行為地裁判所の審理権限の限定を拒否したのに対して、とくにフランスの裁判所は、ドイツの出版物による国境を越えた人格侵害に関する多数の裁判において、フランスの行為地裁判所の管轄権をフランスで生じた人格侵害についてのみ認めた。(31)

ヨーロッパ裁判所は、フランスの新聞に出た名誉毀損記事に基づくイギリス人女性の損害賠償の訴えが問題になった *Schevill/Presse Alliance* の裁判において、(32) 最後に挙げた見解に従った。これによれば、被告の普通裁判籍の裁判所は印刷物の刊行によって生じた全損害につき管轄権を有するが、各々の頒布地の裁判所は全損害のうち、その高権領域において生じた損害部分に関してのみ管轄権を有する。(33)

この原則は、インターネットによる人格侵害にも移すことができる。頒布地の裁判所は、そこに生活している原告の知名度をもっともよく確定することができるので、その領域で生じた名声の毀損を最もよく判断することができる。しかしそこから生ずるのは、他の国々で生じた侵害結果に関しは、特別の事件または証拠への近さ(eine besondere Sach-oder Beweisnähe)が存在しないことである。(34)

頒布地の裁判所の審理権限が限定されると、当事者は不必要に何回も訴訟に曝されるという異論は、結局は貫徹できない。一方で、被害者は頒布地域で生じた全損害を包含する統一的な判決を得るために、EuGVÜ/LugÜ二条一項による被告の普通裁判籍を択ぶことができる。他方、先に明らかにされた基準により、インターネットによる人格侵害の場合に潜在的に管轄権を有する裁判所の数は、それでも見通しの利く範囲に保たれる。国境を越えた新聞による不法行為につき言い渡されたフランスの多数の判決は、国際的に著名な人格は、法廷地国で受けた損害の賠償しか与えられないことが判っている場合にも、しばしば自己の住所地の裁判所に訴えることを明らかにしている。このことは、住所地で受けた名誉毀損の回復だけが問題となるような、世界的な知名度をもたない人についてまさに当てはまる。

(b)　不作為請求

種々の国ごとの部分損害に分けられ、したがって場所的に限定される損害賠償請求とは異なり、インターネット領域における不作為処分はグローバルな効果をもつ。管轄権をもつ行為地裁判所が名誉毀損言辞のインターネットにおける頒布をその裁判管轄権の限界内でのみ禁止する場合にも、その結果として、当該言辞が全体としてネットから削除されなければならないことになる。

Schevill./Presse Alliance の裁判において、行為地裁判所の管轄権は、各高権領域において生じた損害に制限されたので、この種の場合には、行為地裁判所の管轄は否定されるかもしれない。この裁判によれば、行為地裁判所は、効果に関しても法廷地国に限定できる場合にのみ、不作為請求につき裁判できるが、そうでなければ訴えは管轄を欠くため却下されるはずである。

だが、かかる見解は、不適法な方法で国際裁判管轄の問題を不作為処分の合法性の問題と混同している。法廷地国の領域にのみ限られた不作為判決がそれを超える効果をもつか否かは、適用実質法の決定の際、および、衝突する利益を考量する際の一つの観点かもしれないが、それは不作為処分における行為地裁判所の管轄権の範囲に影響を与えるものではない。それゆえ、EuGVÜ/LugÜ五条三号またはドイツ民事訴訟法三二条により管轄権を有する裁判所は、かかる判決が事実上他国においても効力を有するか否かを問わず、その高権領域内での不作為請求、撤回請求および反論掲載請求を裁判する権限をも有する。

かかる判決が他国において執行力を有するか否かは、全く別の問題である。その明瞭な例は、フランスで禁じられた、フランス大統領François Mitterand（フランソワ・ミッテラン）の長年にわたる家庭医であったClaude Gublerの書物Le Grand Secretの出版である。(35)この本においてGublerは、Mitterandが二期目の任期の終わりごろ癌により職務を適切に遂行できなかったと書いた。ミッテランの家族は、死後の人格権の侵害の観点から、この本の出版に反対した。彼らはフランスの裁判所では勝訴したが、アメリカのサーバーによるインターネットでの本の出版は阻止できなかった。それにより、フランスの裁判所の不作為処分は実際上無価値となった。この場合には、インターネットに名誉毀損言辞を載せることをいわば「発生源で」阻止する、被告の普通裁判籍の裁判所での不作為処分だけが、救済をもたらすことができる。

三　インターネットにおける人格侵害の場合の準拠法

1　損害賠償請求

国際裁判管轄の決定の場合と同様に、ドイツ抵触法においても、手紙を用いた不法行為（Briefdelikte）による信用毀損（Kreditgefährdung）に関する一八八八年のライヒ裁判所のリーディング判決[36]以来、国境を越える人格権侵害は隔地的不法行為（Distanzdelikt）と見られている。その結果、行為地と結果地の選択が被害者に認められている。[37]一九九九年の国際不法行為法の改正は、ドイツ民法施行法四〇条において遍在原則（Ubiquitätsprinzip）を法定した。ただし、メディアによる不法行為の場合の、行為地と結果地の明確な限界づけのための正確な基準は与えていない。

それゆえ、国際裁判管轄のみならず、準拠法の領域でも、伝統的な行為地と結果地の区別を統一的な行為地連結（eine einheitliche Tatortanknüpfung）に代える見解が登場している。[38]決定的な連結基準は、ここでも再び特徴的侵害行為（die charakteristische Verletzungshandlung）である。[39]それは数的に制限されない公衆（Öffentlichkeit）に対する名誉毀損的言辞の流布である。それによって、関係メディア企業にとって明確に前示される、潜在的に適用される法秩序のためのパラメーターが設定され、その結果、マスメディアの利用と結びつく責任危険についてのその時々の注意水準に適応できることになる。[40]それとならんで、かかる見方は被害者の利益をも正しく評価する。なぜなら、名誉を傷付ける言辞の犠牲者が、この犠牲者を頼りにしている周囲の人々の民事法上の保護を享受するからである。

最後に、頒布地への連結は国際的に展開するメディアと単にローカルに活動する競業者との平等扱いを許す。すなわち、遍在原則を厳格に適用するとグローバルなメディア企業は、会社所在地の法のみならず自己のメディア作品を販売する諸国の法をも考慮しなければならないのに対して、単にローカルに活動するメディア企業は会社所在地の法だけを考慮すれば足りる。この議論こそ、連邦通常裁判所をして、伝統的な遍在原則を、衝突する競争利益の地への統一的行為地連結のために放棄させたものである。[41]

だが、インターネットによるニュースのグローバルな頒布に基づき、問題となる法秩序を有意的に制限することが必要である。ここで、行為地管轄の制限のために選ばれた基準に立ち返ることができる。その時々の名誉毀損言辞が特定の実質法の妥当領域において呼び出され得ることは、それゆえ、この実質法の適用可能性にとって十分ではない。むしろ原告は、呼出地において自己の人格を侵害されたことを陳述しなければならない。

それゆえ準拠法の枠内でも、被害者が世界的な知名度を有する人か、それともその住所を超えて広範な社会に知られていない人かを区別すべきである。後者の場合には、常居所地において被害者の社会的環境との関係がもっとも強く侵害されたのであるから、人格侵害は常居所地でのみ発生したのである。[42]フランクフルト上級ラント裁判所は、ドイツのある歴史家がインターネット討論ラウンドにおいてアメリカの同僚により侮辱された事件についての、冒頭で触れた裁判において、ドイツ法を呼出地の法として適用した。[43]

それに対して、国際的に知られた人格の場合、インターネットにおける名誉毀損言辞の単なる頒布が、その人が一定の知名度をもつ各国において声価の喪失になり得る。たとえば、インターネットでも公表される、ドイツで発刊されている日刊紙が著名な人物についての名誉を害する記事を載せる場合、この公表によって被られた全損害はドイツ民事訴訟法一二条、一三条、EuGVÜ/LugÜ二条による被告の普通裁判籍としての新聞社の所在地で主張することができる。もっとも、ドイツで生じた損害にはドイツ法が、スイスで生じた損害にはスイス法が、オーストリーで生じた損害にはオーストリー法がそれぞれ適用される。それゆえ、各呼出地で適用される実質法はその適用領域で生じた損害についてのみ適用されるから、モザイク的考察が生ずる。[44]

このような連結は、国家を超えて妥当する統一的な、世界を包含する人格権はなく、あるのは各々の法秩序によって規範的に定められた法だけであるという事実を正しく見る。各国の人格権は、当該内国法によって与えられた、法益主体の有する社会的尊重請求権の内容に現われる行為規範の束と見なされる。[45]しかし適用される法秩序の数を見通し得る範囲に保つために、準拠法の決定に当たっては、当地の法の適用を正当化するために、たとえば規則的な滞在による、単なる知名度を超えた呼出地との関係が要求されなければならないであろう。

また抵触法自体からも、適用実質法の制限が生ずる。加害者と被害者の共通の常居所がある場合には、ドイツ民法施行法四〇条二項により、もともと共通の本国法が全侵害行為に適用される。さらに、外国法の適用は、ドイツ民法施行法四〇条三項一号の留保のもとにある。これによれば、呼出地の法による請求権は、被害者の適切な補償のために必要なよりも本質的に広い場合には、排除される。

2　不作為請求

準拠法の問題は、インターネットにおける名誉毀損言辞の場合、損害賠償とならび、またはこれに代えて当該言辞の差止めが要求される場合に、別のディメンションを得る。新聞やラジオによる不法行為とは異なり、人格侵害は一回の発刊または放送に尽きるのでなく、問題の言辞がネットから除かれるまで、あたかも継続的不法行為として作用する。したがって、インターネットにおける名誉毀損言辞の場合の不作為の訴えは、伝統的なメディアの場合よりも重要な役割を果たすであろう。

グローバルな不作為権能を余りにも太っ腹に認めると、結局は、その都度最も厳格な法秩序がインターネット行動者（Internetakteur）の行動を規定することになり、それによってグローバルな情報手段としてのインターネットの存在が疑がわしくなる。不作為を命じるべきか否かは、それゆえ、適用される実質法の枠内での、メディア企業の発刊の利益と被害者の保護請求権との間の考量を前提とする。

その際、次のような考量基準が、不作為請求の法適合性につき考慮されるべきである。すなわち、問題のオンライン出版が内国で頒布される程度、被害者の知名性、被った人格侵害の程度ならびに、とくに当該行動がメディア企業の本拠地において合法か否かである。たとえばインターネットによっても頒布されるイギリスの雑誌がドイツの著名人についての名誉侵害記事を掲載する場合、ドイツの実質法適用の枠内においても、イギリスの基準がいわば「ローカルデータ」として不作為処分の法適合性の問題につき利用されるべきである。これを命ずるのは、インターネットのようなグローバルな通信手段における、他国の利益と見方を尊重すべしとの要請である。

四　要　約

インターネットは、国家的に打刻された個々の法秩序を新たな挑戦の前に置く。商標権侵害、不正競争、ソフトウエアの無断複写、そして、なかんずく人格侵害は、それによって、これまで予期されなかった世界的なディメンションを得る。国際民事手続法と抵触法は、問題となる数え切れないほど多数の裁判籍と法秩序を限定するための、予見可能で適正で、かつ、なかんずく実際に扱い易い基準を作り出すことにある。そうでなければ、適用できる手続法も準拠法も、ひょっとすると被害を受けたかもしれない者の任意とされるであろう。それによって、濫用の誘惑が生ずることは明らかである。

それゆえ、インターネットにおける人格侵害の場合の、行為地裁判籍の根拠づけのためには、名誉毀損言辞の呼出可能性を超えて、人格侵害の具体的事実陳述（eine substantiierte Darlegung）が必要である。加えて、原告は、法廷地国に住所を有するか、または、そこで一定の知名度を持ち、かつ行為地裁判籍との一定の結びつきをもたなければならない。この原則は、不法行為地管轄の決定のみならず、準拠法についても妥当する。その結果、国際裁判管轄権を有する行為地裁判所は、つねにその法廷地法を適用するのに対して、被告の普通裁判籍での訴えの場合には、複数の法秩序が並列的に適用されうるのである。

インターネットにおける名誉毀損言辞に基づく行為地裁判籍での訴えは制限的な審理権限をもたらす。行為地裁判所はその高権領域で生じた損害のみ判断することができるからである。それ以上は、不作為判決の枠内で情報の自由と人格保護の間の包括的な考量が適用実質法の平面で行われなければならない。

以上の考え方は、一見すると、サイバースペースにおいてあらゆる国家的干渉から解放されて独自の行動法典を発展させる、国家法上の規制を受けない共同体という観念[46]と矛盾するかもしれない。しかし、この見解は、二つの点で不十分である。一方で、それはインターネットという現象を正しく評価していない。人格侵害が法的に制裁され得るかどうかは、それがオンラインで頒布されたか、伝統的なメディアによって頒布されたかに依存するものではない。他方、インターネットに対する、まさに明確で、予見可能で、かつ拘束力のある法的規範によって、はじめて秩序枠組が生み出され、その中で関係行為者（Akteure）自身が情報基準と行動準則を設定することができる。[47] それによって、そのためにインターネットが構想された機能、すなわち国境のないグローバルな意見交換のためのフォーラムを提供するという機能が可能になるのである。

（1） *Simitis*, Festschrift Kübler (1997), S. 285, 287 f. アメリカの判例からは、*American Civil Liberties Union v. Reno*, 929 F.Supp. 824, 830 (E.D. Pa. 1996), aff'd 521 U.S. 844 (1997).

（2） *Berezovsky v. Forbes, Inc.* [2000] 1 W.L.R 1004 (H.L.) = [2000] 2 All E.R. 986, hierzu Rimell/Curtis, Entertainment L. Rev. 2000, 11 (7) N84.

（3） OLG Frankfurt, 10.2.1997, Az. 16 W 6/97.

（4） ヨーロッパ管轄執行条約に代わるであろう、二〇〇二年三月一日に施行されるEG規則Nr. 44/2001のための立法手続において、国境を越えるメディアによるたとえば人格侵害または競争違反のような、複数の国家に及ぶ不法行為についての不法行為地管轄の精緻化が論じられた。しかし最終的には、EuGVÜ五条三号のもとの法文が維持された。この点につき、Wagner, IPRax 1998, 241, 243 und Micklitz, EuZW 2001, 325, 329.

（5） *Stein/Jonas-Schumann*, § 32 Rdnr. 1; *Zöller/Vollkommer*, § 32 Rdnr. 1; MünchKomm-ZPO/Gottwald, Art. 5 EuGVÜ Rdnr. 24; *Wieczorek/Schütze/Hausmann*, Art. 5 EuGVÜ Rdnr. 49.

（6） リーディングケイスは、RG 15.5.1891, RGZ 27, 418, 419 f.（株式の引受けの勧誘を伴う宣伝広告）; RG 10.4.1905, RGZ 60, 363, 364（書物の酷評）; RG (VS) 18.10.1909, RGZ 72, 41, 42（商標侵害）。

（7） BGH 3.5.1977, NJW 1977, 1590, 1591; テレビ放送の場合には送信地（Ausstrahlungsort）が行為地と見なさ

れた。OLG München, 17.9.1986, OLGZ 1987, 216, 218.

(8) *Schack,* Rechtsschutz gegen grenzüberschreitende Persönlichkeitsverletzung, S. 113, 127; *ders.,* UFITA 108 (1988), 51, 70 f.; *ders.,* Internationales Zivilverfahrensrecht, 2. Aufl., 1996, Rdnr. 303; 抵触法について, *v. Bar,* Festschrift Waseda (1988), S. 575, 589; *ders.,* Internationales Privatrecht, Bd. II (1991), Rdnr. 662; *Staudinger/v. Hoffmann,* Art. 38 EGBGB Rdnr. 259 b.

(9) EuGH 7.3.1995 (Shevill./. Presse Alliance), EuGHE 1995, 450, 460 f. (Erwägung Nr. 24). これに批判的なのは, *Kreuzer/Klötgen,* IPRax 1997, 90, 93; *Lagarde,* Rev. crit. DIP 1996, 495, 501; *Wagner,* RabelsZ 62 (1998), 243, 281 ならびに抵触法につき, *Stoll,* Gedächtnisschrift für Lüderitz (2000), S. 733, 744. これに対して, 支持するのは, *Auer,* in: Bülow/Böckstiegel, Art. 5 EuGVÜ Rdnr. 111.

(10) BGH 3.5.1977, NJW 1977, 1590, 1591.

(11) EuGH 7.3.1995 (Shevill./. Presse Alliance), EuGHE 1995, 450, 461 f. (Erwägungen Nr. 28-30).

(12) 抵触法につき, *Hohloch,* ZUM 1986, 165, 178.

(13) *Schack,* UFITA 108 (1988), 51, 70; *ders.,* Internationales Zivilverfahrensrecht, 2. Aufl., 1996, Rdnr. 303; ならびに抵触法について, *v. Bar,* Festschrift Waseda (1988), S. 575, 589; *ders.,* Internationales Privatrecht, Bd. II (1991), Rdnr. 664.

(14) 広範な概観を与えるのは, *v. Hinden,* Persönlichkeitsverletzungen im Internet (1999), S. 61 ff. インターネット不法行為における偏在原則一般について, *Mankowski,* RabelsZ 63 (1999), 256 ff.

(15) RG 30.3.1903, RGZ 54, 198, 205.

(16) RG 23.9.1887, RGZ 19, 382, 383; RG 20.11.1888, RGZ 23, 305, 306; BGH 5.6.1962, NJW 1962, 1438, hierzu Lüderitz, NJW 1962, 2142 ならびにフランスの判例 Trib. de la Seine, 16.6.1936, Gaz. Pal. 1936. 2. 744, S. 1939. 2.1, Anm. Niboyet; CA Paris, 30.1.1947, D. 1947, 154 およびイギリスの判例 *Bata v. Bata,* [1948] W.N. 366 (C.A). アメリカ法からは, *Campbell v. Willmark Service System,* 123 F. 2d 204 (3d Cir. 1941).

(17) *Schack,* UFITA 108 (1988), 51, 65 ; *Kubis,* Internationale Zuständigkeit bei Persönlichkeits-und Immaterialgüterrechtsverletzungen (1999), S. 150 ff. ならびに抵触法について, *v. Bar,* Festschrift Waseda (1988), S. 575, 588 f.

(18) *v. Hinden,* Persönlichkeitsverletzungen im Internet (1999), S. 13 f..

(19) 頒布地としての呼出地について詳しくは, *Bachmann,* IPRax 1998, 179, 184.

(20) リーディングケイスは, *Internatinal Shoe Co. v. Washington,* 326 U.S. 310 (1945) und *World-Wide Volkswagen Corp. v. Woodson,* 444 U.S. 286, 297 (1980). インターネット不法行為における管轄について, *Stravitz,* 49 S.C. L. Rev. 925 (*1998*) ; *Waldmann,* 6 Rich. J.L. & Tech. 9 (1999), ; *Weber,* 36 Tort and Insurance L.J 803 (2001), *Zuckman,* Entertainment L. Rev. 2001, 53. これらすべて, アメリカの判例からの包括的な引証を伴う。

(21) *Internatinal Shoe Co. v. Washington,* 326 U.S. 310, 316 (1945).

(22) 競争=商標侵害の場合, 取引きが行われる「積極的」ウェブサイトであるか, 単に情報目的に資する「消極的」ウェブサイトであるかによってしばしば区別される。そのリーディングケイスは, *Zippo Manufacturing v. Zippo Dot Com, Inc.*, 952 F. Supp 1119, 1124 (W.D. Pa. 1997) である。さらに, しばしば議論されている, インターネットによる商標侵害に関する *Bensusan Restraurant Corp. v. King,* 126 F. 3d 25, 27 (2d Cir. 1997) を参照。

(23) *EDIAS Software Int'l. L.L.C. v. BASIS Int' l Ltd*. 947 F. Supp. 413 (D. Ariz. 1996).

(24) *EDIAS Software Int'l. L.L.C. v. BASIS Int' l Ltd*. 947 F. Supp. 413 (D. Ariz. 1996) ; vgl. ferner die Entscheidungen *Panavision International L.P v. Toeppen,* 141 F.3d 1316 (9th Cir. 1998) ; *Blumenthal v. Drudge,* 992 F. Supp. 44, 57 (D.D.C. 1998) ; *TELCO Communications v. An Apple A Day,* 977 F. Supp. 404, 408 (E.D. Va. 1997) ; *Bochan v. La Fontaine,* 68 F.Supp. 2d 692 (E.D. Va. 1999).

(25) *Naxos Resources* (*U.S.A.*) *Ltd. v. Southam Inc.*, 24 Media L. Rep. (BNA) 2265, 2267 f. (C.D. Cal. 1996) ; *Mallinckrodt Medical, Inc. v. Sonus Pharmaceuticals, Inc.*, 989 F.Supp. 265, 272 f. (D.D.C. 1998).

(26) *Clayton v. Farb,* 1998 WL 283468 (Del. Super. 1998).

(27) RG 12.12.1918, RGZ 95, 268, 270 ; BGH 24. 9. 1986, BGHZ 98, 263, 273 ; BGH 25. 11. 1993, BGHZ 124, 237, 240 f. これにつき、*Stein/Jonas-Schumann,* ZPO, 21. Aufl., 1993, § 32 Rdnr. 16 ; *Zöller/Vollkommer,* § 32 Rdnr. 19 ; *Würthwein,* ZZP 106 (1993), 51, 55 ff. ; *Schumann,* Festschrift für Nagel, S. 402, 414 ff.および EuGVÜ 五条三号につき、*Geimer/Schütze,* Europäisches Zivilverfahrensrecht, Art. 5 Rdnr. 198 (もっとも、裁判所側の管轄権調査の拡大に賛成する)。

(28) BGH 3.5.1977, NJW 1977, 1590, 1591.

(29) *Berezovsky v. Forbes, Inc.* [2000] 1 W.L.R 1004, 1010 (H.L.).

(30) リーディングケイスは RG (VS) 18.10.1909, RGZ 72, 41 ; この点につき、*Wagner,* RabelsZ 62 (1998), 243, 252.

(31) 内国法に関し、TGI Paris, 18.4.1969, Rev. crit. DIP 1971, 281, Anm. Bourel (zu Art. 59 Code de Procedure civile ancien) ; TGI Paris, 30.6.1984, Rev. crit. DIP 1985, 144, Anm. Gaudemet-Tallon (zu Art. 46 nouv. c. pr. civ.) ; しかし、結果地の裁判籍として異議なき応訴により、ドイツで被られた損害の賠償をも認めた TGI Paris 23.6.1976. Rev. crit. DIP 1978, 132 の裁判を参照。

ヨーロッパ管轄執行条約については、TGI Paris, 19.6.1974, Rev. crit. DIP 1974, 696, Anm. Lagarde ; D. 1975, 639, Anm. Droz ; TGI Paris, 29.9.1982, Rev. crit. DIP 1983, 670, TGI Paris, 27.4.1983, Rev. crit. DIP 1983, 672, beide mit Anmerkung Gaudemet-Tallon, Rev. crit. DIP 1983, 674 ; CA Paris, 19.3.1984, Rev. crit. DIP 1984, 141, Anm. Gaudemet-Tallon, Gaz. Pal. 1985, 6, Anm. Mauro ; D. 1985 IR 179, obs. Audit ; sowie TGI Paris, 20.2.1992, Riv. dir. int. priv. proc. 1994, 916 ; JDI 1994, 168. obs. Huet. Hierzu aus deutscher Sicht, *Reinmüller,* IPRax 1985, 233 ; *Stauder,* GRUR Int. 1986, 556 sowie *Löffler,* Mediendelikte im IPR und IZPR, S. 183 ff.

(32) Shevill./. Presse Alliance, EuGH 7.3.1995, EuGHE 1995, 450, 461 f. (Nr. 25, 33). In diesem Sinne auch die

Schlussanträge des Generalanwalts Darmon, EuGHE 1995, 415, 431 (Nr. 70, 71) und die Schlussanträge des Generalanwalts Léger, EuGHE 1995, 440, 441 (Nr. 11), dem EuGH folgend CA Paris, 5.11.1997, D. 1997, IR 260.

(33) 行為地裁判所の審理権能の制限に批判的なのは，*Geimer/Schütze*, Europäisches Zivilverfahrensrecht (1997), Art. 5 Rdnr. 183; *dies.*, Internationale Urteilsanerkennung (1983), S. 631 f.; *Wieczorek/Schütze/Hausmann*, Zivilprozessordnung (1994), Art. 5 EuGVÜ Rdnr. 62; *Staudinger/v. Hoffmann*, Art. 38 EGBGB Rdnr. 255a; *Kreuzer/Klötgen*, IPRax 1997, 90, 94 f.; *Schack*, ZEuP 1998, 931, 948; *ders.*, MMR 2000, 135, 138; *ders.*, Internationales Zivilverfahrensrecht, 2. Aufl., 1996, Rdnr. 306. それに対して審理権能の制限に賛成するのは，*Löffler*, Mediendelikte im IPR und IZPR, S. 201 ff.; *Wagner*, RabelsZ 62 (1998), S. 243, 280.

(34) Schlussanträge des Generalanwalts Darmon in der Entscheidung Shevill./. Presse Alliance, EuGH 7.3.1995, EuGHE 1995, 415, 431 (Nr. 71).

(35) Le Monde, 20.1.1996, Seite 6; *Ginsburg*, 15 Cardozo Arts & Ent. L. J 153 (1997); *Gigante*, 14 Cardozo Arts & Entertainment L. J. 523, 546 (1996).

(36) RG 20.11.1888, RGZ 23, 305, 306——手紙による不法行為については専ら受領地の法が基準となるとする RG 23.9.1887, RGZ 19, 382, 383 で主張された見解を放棄した。

(37) BGH, 19.12.1995, NJW 1996, 1128. 文献では，*Staudinger/v. Hoffmann*, Art. 38 EGBGB Rdnr.482 ff.; *MünchKomm/Kreuzer*, Art. 38 EGBGB Rdnr. 213, 216; *v. Hein*, Das Günstigkeitsprinzip im Internationalen Deliktsrecht, S. 320 ff.; *Ehmann/Thorn*, AfP 1996, 20, 22; *Looschelders*, ZVglRWiss 95 (1996), 48, 59 f. sowie umfassend *Löffler*, Mediendelikte im IPR und IZPR, S. 23 ff

(38) 遍在原則の制限的取扱いに賛成するものとして，*Schack*, UFITA 108 (1988), 51, 61; *ders.*, Rechtsschutz gegen grenzüberschreitende Persönlichkeitsverletzung, S. 113, 121 sowie jüngst *Stoll*, Gedächtnisschrift für Lüderitz (2000), S. 733.

(39)　すでに，*Rabel,* The Conflict of Laws, S. 322（「唯一実行可能で理論的に正当化される解決は不法行為をもっとも特徴的な地に集中することによって与えられる。」）——ただし，メディア企業の所在地に連結する——がそうである。同じく，*Soergel/Lüderitz,* Art. 38 EGBGB, Rdnr. 22 は侵害行為地の法を適用可能と見る。

(40)　この基準につき，*Looschelders,* ZVglRWiss 95（1996）, 48, 70 f.

(41)　リーディングケイスは，BGH 30.6.1961, BGHZ 35, 329, 333 f.（子供の哺乳瓶）＝GRUR 1962, 243, Anm. Moser v. Filseck ＝ GRUR Int. 1962, 88, Anm. Wirner. 最近の判例では，BGH 15.11.1990, BGHZ 113, 11, 14 ff.（外国での買物），BGH 26.11.1997, GRUR 1998, 419, 420（外国における射幸）によっ確認された。

(42)　重点的結果地として常居所地への連結に賛成するのは，*v. Hinden,* Persönlichkeitsverletzungen im Internet（1999）, S. 168 ff.

(43)　OLG Frankfurt, 10.2.1997, Az. 16 W 6/97.

(44)　新聞において食料品を貶めた事案に関し，OLG Hamburg, 11.6.1897, HansGZ Bd. 19（1898）, Beiblatt Nr. 146 がすでにそうである。人格侵害につき，OLG Hamburg, 8.12.1994, NJW-RR 1995, 790,; *Spindler,* ZUM 1996, 533, 559. モザイク判断に批判的なのは，*Hohloch,* ZUM 1986, 165, 178；*Staudinger/v. Hoffmann,* Art. 38 EGBGB Rdnr. 484；*Ehmann/Thorn,* AfP 1996, 20, 23；*Nixdorf,* GRUR 1996, 842, 844.

(45)　はっきりとそう言うのは，*Looschelders,* ZVglRWiss 95（1996）, 48, 81.

(46)　かかる法から解放された領域は，たとえば，*Burnstein,* 29 Vand.J.Transnat.L. 75（1996）および *Johnson/Post,* 48 Stan.L.Rev. 1367（1996）によって宣伝されている。反対するのは，たとえば，*Simitis,* Festschrift Kübler（1997）, S. 285, 296 f. und *Goldsmith,* 65 U. Chi. L. Rev. 1199（1998）.

(47)　かかる自己規制道具（Selbstregulierungsinstrumente）について，*Jung,* GRUR Int. 1998, 841.

関係条文（仮訳）

ZPO 三二条　不法行為による訴えについては，行為が行われた区域の裁判所が管轄権を有する。

EuGVÜ五条三号　締約国の高権領域に住所を有する者は、……不法行為又は不法行為と同視される行為、若しくは、かかる行為から生ずる請求が手続の対象をなす場合、他の締約国において、損害をもたらす事件が発生し、又は発生するおそれのある地の裁判所に訴えられることができる。

EGBGB四〇条一項　不法行為による請求は賠償義務者が行為を行った国の法に服する。被害者は、この法に代えて、結果が発生した国の法の適用を求めることが出来る。（……）

INHALTSVERZEICHNIS

Vorwort

Öffnungsvorträge

Thomas Würtenberger

Dr. jur., Professor an der Universität Freiburg

Wandel des Rechts in der Informationsgesellschaft ······················ 3

Satoshi Nishitani

Dr. jur., Professor an der Städtischen Universität Osaka

Informationsgesellschaft und Recht aus japanischer Sicht ············29

I. Öffentliches Recht und Wirtschaftsrecht

Rainer Wahl

Dr. jur., Professor an der Universität Freiburg

Katrin Hölting

LL. M., Wiss. Assistentin an der Universität Freiburg

Internationalisierung der Informationsordnung ···························51

Masako Wakui

LL. M., Associate Professorin an der Städtischen Universität Osaka

Dominant firms' "special responsibility" in the era of information: Open access policy and competition law ···································83

Friedrich Schoch

Dr. jur., Professor an der Universität Freiburg

Die Rolle des Staates in der Informationsgesellschaft ……………… 113

Andreas Voßkuhle

Dr. jur., Professor an der Universität Freiburg

Die Verwaltung in der Informationsgesellschaft-Informationelles Verwaltungsorganisationsrecht ……………… 137

Shigeki Nakahara

LL. M., Associate Professor an der Städtischen Universität Osaka

Der Entwurf eines neuen Datenschutzgesetzes 2001 in Japan …… 167

II. Arbeitsrecht

Satoshi Nishitani

Dr. jur., Professor an der Städtischen Universität Osaka

Der arbeitsrechtliche Schutz von Geschäfts-und Betriebsgeheimnissen in Japan ……………… 181

Ursula Köbl

Dr. jur., Professorin an der Universität Freiburg

Der arbeitsrechtliche Schutz von Geschäfts-und Betriebsgeheimnissen in Deutschland ……………… 207

III. Zivil -und Handelsrecht

Peter Schlechtriem

Dr. jur., Professor an der Universität Freiburg

Elektronische Kommunikation und internationale Handelsverträge ……251

Katsutoshi Fujita

Professor an der Kinki Universität, Osaka

Legal Problems of E-Commerce in Japan ……273

Uwe Blaurock

Dr. jur., Professor an der Universität Freiburg

Zahlungsverkehr im Internet ……293

Kenji Hirata

LL. M., Professor an der Staatlichen Universität Osaka

Erklärung durch elektronische Mittel-inwieweit ist die herkömmliche Theorie zu ändern? ……309

Christoph Ann

Dr. jur., Professor an der Universität Freiburg

Vertragsschluß in der Welt des Virtuellen-Neues Recht für neue Technik? ……321

Markus Lenenbach

Dr. jur., LL. M. (Ann Arbor), Wiss. Assistent an der Universität Freiburg

Die Pflichten der Banken und Broker beim Online-Wertpapierhandel ······ 343

IV. Strafrecht

Kazushige Asada

Dr. jur., Professor an der Städtischen Universität Osaka

Gegenwärtige Lage und Probleme der High-Tech-Kriminalität in Japan ······ 369

Albin Eser

Dr. jur., Dr. h.c. Dresden, Professor an der Universität Freiburg

Internet und Internationales Strafrecht ······ 385

V. Internationales Zivilverfahrensrecht

Hiroyuki Matsumoto

Dr. jur., Professor an der Städtischen Universität Osaka

Cyberspace und Internationale Zuständigkeit ······ 429

Marc Leonhard

Dr. jur., LL. M., Wiss. Assistent an der Universität Freiburg

Persönlichkeitsverletzungen im Internet–Internationale Zuständigkeit und anwendbares Recht ······ 463

Internet und Informationsgesellschaft und Recht

Japanisch-deutsches Symposion

Freiburg 2001

〈編者紹介〉

松本博之（まつもと・ひろゆき）

大阪市立大学大学院教授

西谷　敏（にしたに・さとし）

大阪市立大学大学院教授

守矢健一（もりや・けんいち）

大阪市立大学大学院助教授

インターネット・情報社会と法
——日独シンポジウム——

2002年（平成14年）11月25日　初版第1刷発行

編　者　松本博之
　　　　西谷　敏
　　　　守矢健一

発行者　今井　貴
　　　　渡辺左近

発行所　信山社出版株式会社
〒113-0033　東京都文京区本郷6-2-9-102
電話　03（3818）1019
FAX　03（3818）0344

Printed in Japan.　印刷・製本／東洋印刷・大三製本

ISBN 4-7972-2236-0　C3332